8 → 2008

TOLÉRANCE ZÉRO ?
INCIVILITÉS ET INSÉCURITÉ

SEBASTIAN ROCHÉ

TOLÉRANCE ZÉRO ?
INCIVILITÉS ET INSÉCURITÉ

Odile
Jacob

15, rue Soufflot, 75005 Paris

www.odilejacob.fr

ISBN : 2-7381-1100-9

Pour Celia

Je tiens à remercier Sandrine Astor pour son aide précieuse dans la réalisation des enquêtes statistiques et leur exploitation ces dernières années. Je pense également à tous ceux sans qui je n'aurais pas mené à bien les recherches de terrain antérieures dans plusieurs villes de France, notamment à Pierre-Alain Four, Yves Grasset, Gilbert Berlioz, Louis Dubouchet, Karine Poisblaud, Catherine Blatier, Pascale Courtaud, et Sylvie Boulé. J'ai bénéficié de la patiente relecture de Gérard Jorland, Laurent Bègne et Jacques de Maillard qui reçoivent toute ma gratitude. Sans oublier Eli Silverman pour ses informations sur la ville de New York et Olivier Hassid sur les bailleurs sociaux.

J'adresse également mes remerciements aux nombreux financeurs des sondages ou études où j'ai puisé les chiffres et informations indispensables à ce livre, qu'il s'agisse de communes — Argenteuil, Arnouville, Belfort, Cergy-Pontoise, Chambéry, Éragny, Grenoble, Marseille, Orléans, Romans, Saint-Étienne, Vauréal, Vénissieux, Villefontaine, Villeurbanne, Villiers-le-Bel — ou d'organismes — Fondation MAIF, Union des Transports publics, ministère de la Justice, ministère de l'Intérieur, Centre de prospective de la Gendarmerie nationale, Délégation interministérielle à la Ville, Semitag, CODASE — et à ceux qui ont soutenu ces recherches — Stas, Éducation nationale —, ainsi qu'à la centaine d'établissements scolaires pour l'aide qu'ils nous ont apportée lors de la collecte de données.

Introduction

FACE AUX INCIVILITÉS : L'EXCUSE OU LA TOLÉRANCE ZÉRO ?

L'insécurité n'apparaît plus seulement comme une affaire de police, elle met en question le lien social lui-même, la civilité. Quels sont au juste les rapports entre incivilité et insécurité ? Ce livre montre comment les incivilités peuvent être à la fois cause d'une montée de la peur et point de départ de la délinquance de rue, c'est-à-dire des vols et des agressions sur la voie publique. Il s'appuie sur des données françaises. En effet, on ne peut pas faire comme si les choses se passent ici comme aux États-Unis, les deux pays sont trop différents l'un de l'autre pour que ce qui est vrai de l'un le soit immédiatement de l'autre.

Le rôle des désordres[1] dans la dynamique de l'insécurité, c'est-à-dire à la fois de la délinquance et de l'inquiétude, est de plus en plus discuté en criminologie parce qu'il a contribué au renouvellement des politiques de sécurité urbaine, notamment à New York. Mais la validité de la « théorie de la vitre cassée » — toute déprédation doit être réparée — n'implique pas qu'il faut s'engager sur la voie de la « tolérance zéro » — toute déprédation doit être sanctionnée. Il faut mieux distinguer ces deux théories qu'on ne le fait d'ordinaire.

Ce livre, à partir de l'analyse d'opérations dans des communes de différentes régions de France[2], décrit les réponses innovantes aux incivilités et les bénéfices qu'on peut en attendre pour endiguer la délinquance. Une révolution silencieuse est en marche dans les villes, elle mérite d'être mieux connue et surtout de ne pas être réduite aux couvre-feux. Il faut savoir que ce sont les élus locaux qui portent aujourd'hui les expériences les plus novatrices et porteuses d'espoir.

L'insécurité n'est pas la violence létale. Ce sont les maladies cardio-vasculaires, les accidents de la circulation, les suicides qui tuent le plus. Ils fauchent la population par dizaines voire centaines de milliers chaque année. Mais ils apparaissent comme non intentionnels, même s'ils sont le résultat d'imprudences. Ils ne suscitent pas une demande sociale, ils ne font donc pas l'objet de mesures inscrites dans les différents programmes électoraux, ils ne constituent pas un passage obligé des programmes des partis politiques aux élections. En effet, aussi tragiques soient-ils, ces événements ne remettent pas en question la cohésion interpersonnelle et sociale vécue au quotidien. Les incivilités, elles, ont bien cet effet délétère.

Faut-il, parce que ce sont de petites fautes, considérer les incivilités comme négligeables ? Je ne le pense pas car c'est précisément la raison pour laquelle elles ont des conséquences : elles sont tellement minuscules qu'il semble ridicule de les poursuivre et de les affronter. L'objet de ce livre est de souligner leur importance dans la vie sociale. Je défends que les incivilités, ou désordres en public, en souillant l'espace urbain, annulent l'idée même d'un monde commun à partager, c'est-à-dire d'un lieu où faire l'expérience de l'autre. En démoralisant la population, elles instaurent un espace public sans visage et encouragent la délinquance, comme les résultats présentés ici le montrent[3]. Enfin, elles s'attaquent à la constitution d'une cité politique, elles sapent l'idée de citoyenneté et la confiance dans les institutions publiques. Pourtant, ces actes ne sont ni des vols ni des agressions. C'est bien là le paradoxe qu'il faudra examiner : on peut détruire l'idée d'un monde commun sans toucher à un cheveu de la tête des individus.

Il faut bien admettre que la vie urbaine se prête admirablement à la prolifération des désordres et que l'organisation démocratique dissuade chacun de s'y opposer. Se pencher sur les incivilités conduit à regarder comment fonctionnent les institutions — communes, logeurs, transporteurs, polices, etc. — et à se demander si elles ne contribueraient pas d'une manière significative au malaise actuel. Le mythe des « habitants sauveurs » capables de « participation », c'est-à-dire l'idée qu'il existe une capacité d'autogestion des problèmes par les résidents d'un quartier, se voit d'autant plus volontiers invoqué que les organismes publics sont pris en défaut. Moins les administrations qui sont composées de professionnels formés pour traiter les problèmes et disposant d'un budget pour agir n'arrivent à en venir à bout, plus elles sont tentées de tenir un discours qui appelle à la participation des citoyens. Or ceux-ci sont de simples profanes, disposant de peu de temps à consacrer à ces problèmes — il leur faut travailler, s'occuper de leurs enfants, etc. — et manquant de ressources. On comprend mieux le paradoxe : dans le discours public des élites, la démocratie participative devrait s'appliquer aux « ghettos », les administrations prendre appui sur les plus démunis. Ce n'est qu'un vœu pieux. Ceux qui sont dans les situations les plus précaires s'en trouvent démobilisés, or c'est à eux qu'on voudrait assigner un rôle qu'ils ne peuvent évidemment pas tenir.

Les appels à la tolérance zéro comme à l'excuse sont inappropriés à la question des incivilités. Les injonctions à la tolérance se présentent comme des leçons de morale données par ceux qui savent parce qu'ils ont du recul à l'endroit de ceux qui vivent les situations pénibles. Lorsque des membres des élites appellent à la tolérance vis-à-vis des comportements déviants — nuisances, tags, tapage, etc. —, ils sont dans une posture confortable d'extériorité. On tolère d'autant plus facilement qu'on n'a pas à souffrir du trouble soi-même. C'est toute la différence entre la tolérance comme attitude morale guidant le comportement personnel et la tolérance comme leçon de morale adressée à autrui. La tolérance leçon de morale cache une profonde indifférence au problème de la civilité.

Il convient de se demander si prôner la tolérance pour les autres ne favorise pas la ségrégation sociale. On ne saurait réduire la dénonciation des incivilités à un défaut de tolérance de ceux qui les subissent. Plus on pose comme principe qu'on doit tolérer les désordres, moins on est prêt à se confronter à la question des règles communes. Il faut revenir sur une question que l'on répugne à poser, celle des règles de vie, ce que j'appelle « les règles d'usage des lieux collectifs ». Qu'est-ce qui est acceptable ? Comment se met-on d'accord sur un mode de vie ? Car plus on l'évince et plus les individus réagissent isolément, chacun pour son propre compte, alimentant « l'effet ghetto ». Devant la difficulté à construire un collectif qui réfléchit au caractère acceptable ou non des comportements et qui peut se mobiliser pour agir, la tentation est de fuir dans des lieux peuplés de gens « qui nous ressemblent ». La mixité sociale s'effiloche ou disparaît : les couches moyennes migrent vers de nouveaux espaces, seuls restent concentrés dans les grands ensembles les plus défavorisés.

Mais sait-on bien au juste ce qui favorise la croissance des incivilités ? Le raisonnement courant s'arrête lorsqu'il a pointé les difficultés économiques. C'est exact mais insuffisant. Il faut y ajouter le vide béant des lieux collectifs : d'une part, les individus n'y sont pas solidaires, on peut s'en prendre à l'un d'entre eux sans que les autres osent réagir ; d'autre part, les établissements qui vendent des biens ou des services ont tardé à considérer que la sécurité faisait partie de leurs missions. Les organismes qui gèrent ces lieux les ont rendus inhospitaliers en n'assurant plus de veille humaine et ont décrété que les usagers étaient trop incompétents pour donner un avis sur leur aménagement, la manière de les concevoir ou de les gérer, etc., et devaient se contenter de rester l'objet passif d'un service. Par exemple, l'opérateur d'un service de transport considère que son système fonctionne parfaitement lorsqu'il est inutile que les gens transportés aient à s'adresser les uns aux autres. La convivialité n'est pas recherchée, au contraire elle est implicitement tenue pour superflue. La parole de l'ingénieur a prévalu. Par contraste, on voit bien comment les dysfonctionnements obligent les usagers à se parler : lors des grèves des transports, la solidarité interpersonnelle renaît.

Revenons à l'absence de veille sur les espaces publics. Elle est implicitement reconnue par la manière dont ces organismes présentent actuellement leur prise en charge de la sécurité comme un véritable défi qu'ils ont à relever. Il est d'ailleurs exact qu'ils ont été, pour certains, capables de commencer à le relever depuis peu. Mais pendant des dizaines d'années, il en a été autrement, laissant par là même l'insécurité progresser. Assurer la supervision d'un lieu suppose d'y faire fonctionner des règles justes de manière homogène. Prenons l'exemple de l'école, elle-même n'est pas toujours cohérente, les règlements y fluctuent suivant le statut de la personne — élève ou membre de l'équipe pédagogique —, suivant les lieux — entrée de l'établissement, cour, couloir, et même d'une classe à l'autre. Autant qu'un problème de socialisation par la famille, l'école ou l'emploi, la sécurité ne serait-elle pas d'abord un problème de maîtrise des lieux collectifs ?

Les bureaucraties doivent innover elles aussi. En ce qui concerne la politique pénale, les gouvernements successifs reconnaissent qu'ils ne protègent plus efficacement les citadins mais en même temps ils les somment de rester citoyens, ce qui signifie bien souvent qu'ils sont censés attendre patiemment que la police et la justice fassent mieux leur travail. Or même les professionnels les plus consciencieux reconnaissent qu'en travaillant mieux, en arrêtant un peu plus de délinquants et en les condamnant plus sévèrement, cela contribuerait à améliorer la sécurité quotidienne mais ne saurait suffire, tant s'en faut. Surtout, une telle amélioration du système pénal n'est pas à l'ordre du jour : les tentatives de moderniser la police et la justice pour ce qui constitue le prélude nécessaire à tout changement d'envergure, l'implantation des agents, ont jusqu'à présent échoué. Les fonctionnaires sont en nombre dans les zones rurales et peu touchées par la délinquance alors que les infractions sont urbaines. Pour 1 000 habitants, la Lozère connaît 9 délits chaque année et dispose de 4,7 policiers ou gendarmes tandis que le Rhône connaît 55 délits et dispose de

2,3 policiers ou gendarmes[4]. L'implantation des forces publiques correspond à la réalité de la France rurale des années 1950.

C'est dire l'urgence de réfléchir à des actions publiques qui jouent sur plusieurs logiques. Voilà pourquoi nous insisterons sur l'importance de l'ordre en public et sur les règles d'usage dans les lieux collectifs. Voilà pourquoi nous nous sommes intéressés à l'hospitalité comme mode de relation à l'autre dans les espaces collectifs. Qui dit « incivilité » dit « civilité » et qui dit « règles de civilité » dit « construction » de celles-ci. Avec la civilité, on tire sur le fil qui s'enroule en pelote d'un certain pouvoir. Il ne s'agit pas d'un pouvoir économique ni d'un pouvoir politique au sens classique, mais du pouvoir de prescription et de proscription des comportements de la vie quotidienne, bref de l'ordre en public. Concevoir une vie démocratique où ces questions ne seraient pas posées constitue un véritable non-sens. Ce n'est pas parce qu'une question n'est pas posée que les individus ne mettent pas en œuvre les réponses. L'absence de règles ne promeut la liberté qu'à courte vue : en alimentant la violence, elle favorise à terme la ségrégation. Une politique d'inclusion sociale est inconcevable sans civilité.

Ce livre est une invitation à considérer qu'entre la « tolérance par indifférence » et la « tolérance zéro » il existe un espace d'action. C'est là que prolifèrent ces agents, appelés « médiateurs », dont les fonctions sont très hétérogènes et qui tendent à garantir le respect des usages dans les espaces collectifs. Ils représentent une démocratisation de la sécurité car leurs services ne sont pas destinés aux plus favorisés, et une spécialisation fonctionnelle de la paix civile qui est de plus en plus l'affaire de professionnels.

En effet, des « professionnels de l'ordre en public » (correspondants de nuit, agents d'accueil, « médiateurs », etc.) apparaissent. Ces agents viennent se nicher dans les interstices créés par la despatialisation de la vie urbaine, la fragmentation organisationnelle et la ségrégation sociale, ethnique et économique. L'essai qu'on va lire débouche sur une interrogation : serons-nous capables de créer des *règles d'hospitalité* susceptibles d'orienter ces innovations de telle sorte qu'elles ne se retournent pas contre les plus démunis, ce qui serait le cas d'une politique interdisant les centres-villes ou certains de ses espaces par des « videurs », comme dans les boîtes de nuit ?

Nombre d'organismes commencent à percevoir l'enjeu d'une réaction aux incivilités ou aux désordres. Les centres commerciaux ont été, pour des raisons évidentes, les premiers à réagir. Mais du côté des services, les choses évoluent et les gardiens d'immeubles commencent à faire leur retour, la présence humaine dans les transports en commun se renforce sous les doux noms d'« agents d'ambiance » ou « de médiation ». On se rend compte, par exemple, que les machines, si elles savent contrôler des titres de transport, ne peuvent faire respecter les règles d'usage des lieux : seuls les hommes en sont capables. Une large part des emplois-jeunes en milieu urbain est orientée dans cette direction par les municipalités. Ces diverses initiatives ne participent pas d'une offensive idéologique raisonnée et coordonnée. Elles traduisent plutôt une prise de conscience, par des élus et des professionnels, de l'évolution des besoins sociaux. La question est aujourd'hui de savoir si ces actions peuvent être pérennisées, non discriminatoires et constituer une parade efficace à la délinquance.

Ces règles d'hospitalité dans les espaces collectifs ne sont ni assimilables ni substituables à la prévention sociale — suivi individualisé des cas lourds, etc. — ou à la répression, elles ne remplacent pas non plus la politique de lutte contre le chômage. Elles ne s'imposent pas au nom de la loi — mais pas contre elle non plus —, elles se justifient par l'usage des lieux, par des manières d'être ensemble. Elles ne sont pas centrées sur le délit ou le crime mais sur la mécanique qui favorise les transgressions en profitant de l'absence de *garants des lieux*. Elles permettent d'associer les habitants à la sécurité sans en faire des policiers ou des magistrats.

Ce livre n'a pour ambition que de frayer un chemin qui permette d'aller de l'avant.

Chapitre premier

LA THÉORIE DE LA VITRE BRISÉE LA TOLÉRANCE ZÉRO

La notion d'incivilité fait évoluer la perception de la vie sociale, des politiques publiques à mettre en œuvre et des causes de la délinquance. On a découvert l'effet des petits désordres sur les vols et les agressions. On a été conduit à s'interroger sur les manières dont les hommes et les femmes partagent l'espace de la ville. On a redécouvert l'importance des relations sociales, des règles informelles dans la vie de la cité et pour la prévention de la délinquance. Les politiques publiques ont dû s'ouvrir aux interrogations et aux inquiétudes de la population : il n'était plus possible de repousser d'un revers de la main tous les troubles qui ne semblaient pas assez graves pour être classés comme des crimes. Enfin, se posait la question de savoir qui détient la légitimité nécessaire pour édicter les règles sociales.

Parallèlement, le mot d'ordre de la tolérance zéro se diffuse en France et en Europe où il semble trouver un accueil favorable. L'expression est reprise telle quelle dans de nombreux pays, par les gouvernements comme par les maires des grandes villes. Ainsi entend-on parler de « Null Tolleranz » en Allemagne et de « Tolleranza Zero » à Naples, par exemple. En France, la « réponse à tous les délits », affirmant la responsabilité individuelle quelles que soient les déterminations sociologiques, fait écho au slogan de Tony Blair « Dur avec le crime, dur avec les causes du crime ». Un ministre de l'Éducation nationale, Claude Allègre, avait proclamé la tolérance zéro à l'école en mars 2000. Pourquoi cette tendance ? Quelles relations présuppose-t-elle entre la tolérance zéro et l'incivilité ?

Incivilité : un mot ancien, une notion nouvelle

La notion d'incivilité a connu une certaine fortune ces dernières années. Mais le mot est fort ancien : il appartient au vocabulaire français depuis le XVIIe siècle, dérivé du latin *incivilitas* en 1426. Il ne s'agit donc pas de la traduction d'un mot anglais comme on l'entend dire parfois. Certes, il était largement tombé en désuétude. Il est revenu en usage par le biais de la criminologie — qui étudie la délinquance et la criminalité mais également l'ensemble des conditions sociales et économiques qui les favorisent — où son contenu a été élaboré.

Aux États-Unis, on trouve cette notion dès 1975, notamment dans le livre de John Conklin, *The Impact of Crime*. L'auteur souligne déjà l'effet des incivilités sur la vie sociale et le sentiment d'insécurité à partir d'une étude sur deux petites villes américaines. Mais c'est un article publié en 1982 par James Q. Wilson et Georges Kelling, intitulé « Fenêtres brisées » (*Broken Windows)* qui l'a imposée. Il sera traduit en 1994 sous le titre « Vitres cassées » tandis que l'intérêt pour les politiques américaines grandit en France. Cette notion d'incivilité s'est imposée d'autant plus facilement que l'un des auteurs, James Q. Wilson, qui analysait les résultats de l'enquête, jouissait d'une notoriété considérable en criminologie aux États-Unis[1].

En France, des réflexions et des recherches menées au milieu des années 1980 et poursuivies depuis ont également souligné l'impact des incivilités sur le sentiment d'insécurité et la dégradation soit des quartiers[2], soit des établissements scolaires[3]. À partir de 1996, la presse, notamment le journal *Le Monde,* a rendu compte de ces travaux et mis en avant le concept lui-même. Il fait désormais partie de la rhétorique publique nationale sur la sécurité (textes de lois, circulaires, discours des ministres sur la prévention et la sécurité, guide pratique de la police de proximité, etc.).

La tolérance zéro est plus un mot d'ordre que le résultat d'une analyse des mécanismes de la vie sociale et de la peur, voire même de la délinquance. C'est ni plus ni moins que l'affirmation de l'utilité d'une répression légale, formulée avec une certaine véhémence. Il serait réducteur de n'y voir qu'une vogue punitive sans relation aucune avec la vague délinquante en Europe et criminelle aux États-Unis. Elle ne peut être comprise si l'on ne sait pas qu'il y a eu une forte montée du nombre des vols, agressions et homicides dans les pays occidentaux depuis 1930 ou 1950 suivant les cas[4].

Aux États-Unis, la tolérance zéro est un appel à modifier les réponses policières. À New York, comme dans d'autres villes, l'expression résume toute une politique de lutte policière contre la grande criminalité mais également une réorganisation des services de police de la ville (cf. chapitre 7). Cela passe par une meilleure utilisation des effectifs disponibles. Il ne s'agit pas simplement de réclamer plus d'effectifs, mais surtout de modifier leur manière de travailler. À Philadelphie, le responsable de la police, John Timoney, qui avait été le bras droit de William Bratton, le patron de la police à New York, a insisté sur le fait que « dans le même service de police, avec le même nombre d'agents, rien n'a changé excepté la manière dont nous nous déployons et utilisons les policiers[5] » et cela suffit à faire baisser la criminalité. On associe également la tolérance zéro à la modernisation des outils policiers, notamment à l'utilisation des techniques de cartographie de la délinquance. Le symbole en est le « compstat » une expression qui fusionne *computer* (ordinateur) et statistique. David Anderson[6] évalue qu'un tiers des forces de polices municipales américaines de plus de 100 agents, c'est-à-dire des villes importantes, disposent d'une forme de « compstat », et qu'un quart supplémentaire se prépare à l'adopter.

En France, le mot d'ordre a été repris par des ministres de gauche comme par des élus de droite, tant et si bien qu'il est difficile de lui donner une couleur politique. On l'entend partout, à tel point que le spécialiste de la police de New York Eli Silverman, venu pour un colloque sur la question, m'a confié qu'il n'avait jamais autant entendu ces mots qu'à Paris. Mais il s'agit surtout d'une expression sans traduction concrète. La cartographie de la délinquance comme outil de gestion de la police est encore dans les limbes[7]. Il n'existe pas, dans l'Hexagone, de corpus théorique de la tolérance zéro ni de guide pratique et encore moins d'idée d'organiser le travail policier autour de cette idée. On ne saurait y voir une philosophie globale inspirant tous les aspects du travail de la police. Pour l'Angleterre, Martin Innes arrive aux mêmes conclusions : il ne trouve que des programmes d'envergure limitée dans des zones bien ciblées, comme lorsque la police métropolitaine de Londres avait chassé les sans-abri, mendiants et ivrognes du quartier de King's Cross en 1996[8].

Certes, l'expression tolérance zéro renvoie chez nous à la célérité et la sévérité de la sanction pénale. Elle est ainsi perçue comme l'arme des « durs[9] », de ceux qui ne sont pas convaincus par l'approche exclusivement en termes de prévention sociale. Ces tout derniers mois, l'utilisation du terme déborde largement ce cadre : on voit ainsi la nouvelle communauté urbaine de Lyon, qui a basculé à gauche après les élections municipales de 2001, mettre en avant une politique de « zéro agression, zéro nuisance ». On se rapproche ainsi de l'utilisation qui en est faite aux États-Unis ou au Canada, où la tolérance zéro est devenue un leitmotiv dans différents domaines : ce peut être les violences que les hommes exercent sur leurs épouses, la violence routière, les crimes de guerre, la qualité des grains d'orge, les problèmes d'allergie, etc.

La tolérance zéro n'est donc pas partout synonyme que de « manière forte », elle peut l'être aussi d'« application de la loi » ou de « zéro défaut ». On l'y réduit pourtant dans la presse hexagonale, en l'illustrant par les excès de violence de la police new-yorkaise. Sa dénonciation fait partie du fonds de commerce, au sens littéral d'ailleurs, de la presse qui se dit « de gauche » : mus par un sentiment de culpabilité vis-à-vis des couches défavorisées, certains journalistes pensent sans doute se racheter à leurs propres yeux en dénonçant les tentations « sécuritaires » dans la lutte contre les délinquants.

Il serait plus juste d'y voir simplement la volonté d'appliquer la loi pénale à une époque où le système judiciaire est surchargé et classe bien plus de dossiers qu'il n'en traite. Elle fait sans doute également écho à « l'interdiction d'interdire » et constitue donc à ce titre un retour de balancier, tout relatif d'ailleurs, dans le sens de la légitimité d'interdire et plus largement de réglementer. On recherche donc une réaction plus systématique aux délits. Ainsi en France, on s'interroge sur le statut des mineurs de moins de 13 ans. Le chef du gouvernement travailliste, Tony Blair, a déjà insisté sur l'abandon de la culture de l'excuse (*no more excuses*) et a supprimé l'immunité pénale des jeunes de moins de 14 ans. Cela dit, il ne faut pas se faire d'illusions sur la possibilité pratique de répondre pénalement à tous les comportements qui tombent sous le coup de la loi, nous y reviendrons au chapitre 7.

Que dit la théorie de la vitre brisée ?

On parle beaucoup de la théorie mais on prend rarement le temps de lire l'article de Wilson et Kelling. Que nous disent-ils ?

D'abord, que le sentiment d'insécurité contribue à détruire les voisinages[10]. Or moins un ensemble de personnes se sentent solidaires, moins elles sont impliquées dans leur quartier qu'elles ne vivent pas comme un espace commun. De ce fait, elles ne sont plus prêtes à défendre les règles informelles de la vie collective. Lorsque, dans un voisinage donné, la solidarité qui existait entre les habitants se défait ou lorsqu'elle ne peut se construire, ceux-ci se retrouvent dans l'incapacité de faire exister des « règles informelles », c'est-à-dire des cadres de comportement dont l'application incombe à chacun d'entre eux. Et cela revient à ouvrir la porte à la délinquance.

Les auteurs notent aussi que les policiers tendent à se détourner de la défense des usages de voisinage. Par exemple, ils se montrent réticents à effectuer des patrouilles à pied : le travail est difficile, il faut rester dehors le soir, même quand il pleut, et cela diminue la chance de tomber sur une « bonne affaire », c'est-à-dire l'arrestation d'un « vrai » criminel. Ils rappellent que, dans certaines villes, mettre les agents dans la rue était une forme de sanction hiérarchique. Pourtant, la population apprécie les patrouilles, elle se sent plus en sécurité quand il y en a.

La patrouille à pied contribue à maintenir les règles informelles, mais le policier préfère arrêter ceux qui violent la loi. Ce faisant, il néglige le lien qui existe entre l'ordre social ordinaire et les crimes ou délits. Lorsque arrêter un criminel devient une fin en soi et non un moyen de faire vivre une collectivité paisiblement, le lien avec la population résidente est rompu.

Sachant que les désordres ou les incivilités sont liés à la délinquance, les auteurs insistent sur les conséquences du fait que « si une vitre dans un immeuble n'est pas réparée, le reste des vitres sera rapidement cassé ». Une spirale débute : lorsque toutes les vitres sont brisées, les agressions et les vols commencent, car cela signale un lieu sans loi. Mais il peut aussi bien s'agir d'un problème de bruit dans le voisinage que de dégradations de vitres. On ne comprend l'importance de cette analyse qu'en ayant à l'esprit la première partie de la démonstration sur la force de la communauté de voisinage : les carreaux brisés en disent long sur le quartier. Ils informent les habitants sur le lieu de leur résidence : dégradations, insultes de la part des jeunes, familles qui déménagent, conflits sur l'occupation des trottoirs devant les commerces et altercations qui s'ensuivent, détritus qui s'accumulent. On apprend ainsi, par exemple, que les trois quarts des gens traversent la rue pour éviter de croiser les groupes de jeunes à Portland (Oregon) et la moitié pour éviter un jeune seul (à Baltimore). Si l'on n'y prête pas attention, « en quelques années ou même quelques mois, un quartier peut devenir une jungle inhospitalière ».

Les rondes des policiers en voiture ne leur permettent pas de nouer des liens avec la population. « Les agents n'apprennent rien des jeunes, et ces derniers considèrent le policier comme une force étrangère que l'on peut mépriser en toute sécurité, et dont on peut même se moquer ouvertement. » Ces patrouilles sont une forme de recherche du délinquant qui correspond à une vision individualiste de la loi : le policier traque l'individu qui transgresse un code général, il ne cherche pas à garantir les règles sociales du quartier qui peuvent être menacées par les incivilités. La vision individualiste de la loi (« la loi définit *mes* droits, punit *son* comportement ») n'est pas forcément positive pour la collectivité. Les auteurs insistent sur la dimension collective de la vie en société et donc sur ce qui rassemble les gens ou produit le contraire, la peur, le repli, la fuite.

La théorie de la vitre brisée met donc l'accent sur l'importance des liens sociaux de proximité. Elle confie à la police un rôle essentiel : « renforcer les mécanismes informels de veille de la communauté elle-même », sachant que « la police ne peut pas, sauf avec des ressources extraordinaires, assurer cette veille sociale ». Dans ce modèle, la police renforce les mécanismes informels de veille en passant du temps à écouter et à comprendre les habitants, en montrant son intérêt pour les petits désordres et en intervenant pour les faire cesser au lieu de considérer que c'est là une tâche indue, voire dégradante, et en tout cas éloignée de l'idéal professionnel. On est loin, il faut le souligner, de la « tolérance zéro » où il revient aux policiers et aux magistrats de réprimer toutes les infractions. Ici, il s'agit au contraire de mobiliser et de renforcer la société civile par le mode opératoire de la police. Un des experts les plus écoutés du sujet, et un de ceux qui furent à l'origine de la réflexion sur les incivilités comme nous allons le voir, George Kelling, l'a d'ailleurs souligné dans plusieurs déclarations en indiquant que la théorie de la réparation du carreau rejette explicitement les tactiques dans lesquelles la police est la pièce centrale du dispositif de lutte[11]. Lorsque la cohésion du voisinage est forte, les habitants se comportent comme des veilleurs naturels sur les lieux et les incivilités sont rares. Cela contribue à maintenir un faible niveau de délits. La police peut y contribuer, mais ne saurait se substituer au rôle joué par les citoyens.

Au plan médiatique, on a moins parlé de « réparer les vitres cassées » que de « tolérance zéro ». On notera que les deux expressions renvoient à une analyse de l'impact des incivilités, mais avec des accents distincts. La théorie de la vitre brisée met l'accent sur la dynamique sociale globale du déclin qui touche un quartier tandis que la tolérance zéro se focalise sur la réponse pénale. La distinction mérite d'être gardée à l'esprit : on peut faire le diagnostic de l'effet de décomposition de la vie de quartier par les incivilités sans pour autant imaginer que la réponse doive nécessairement être la tolérance zéro.

L'application de la théorie de la vitre brisée

L'intérêt de la théorie de la vitre brisée est de proposer des solutions. Elle suppose que si l'on traite les désordres, on pourra faire baisser le nombre de crimes et de délits dans un lieu, un quartier voire — pourquoi pas ? — une ville entière. Elle assigne également une place et une mission à la police, celle de protéger la collectivité autant que les individus qui la composent.

Quand James Wilson et Georges Kelling publient *Broken Windows* en 1982, ils mettent à la portée d'un public beaucoup plus large les résultats empiriques obtenus dans diverses enquêtes qui montrent le lien statistique entre la peur et la spirale de disqualification d'un quartier. Et surtout, ils en proposent une lecture politique qui n'est pas celle d'un commentaire de résultats. Leur texte, très littéraire, cherche à faire sentir et partager une problématique, une logique de dégradation de la qualité du voisinage puis de la sécurité des personnes dans un lieu donné — c'est pour cela qu'on parle aux États-Unis de « *quality of life crimes* » pour désigner les désordres. Ces qualités lui vaudront de devenir un classique. Et surtout d'inspirer des politiques de lutte contre la délinquance (cf. chapitre 8).

C'est autour de cette notion d'incivilité que le travail policier a été en partie réorganisé à New York. C'est ce qui lui a valu de faire le tour du monde, et avec elle l'ensemble des penseurs et acteurs de la politique. Georges Kelling, auréolé de sa collaboration avec James Wilson, a joué le rôle de conseiller du prince, d'abord auprès de la société mixte de transports en commun, puis de la municipalité. Il raconte en détail son rôle dans cette aventure de la « réparation des vitres brisées » dans un ouvrage publié en 1996, *Fixing Broken Windows*. Le chef de la police de New York (*the police commissionner*) entre 1994 et 1996, William Bratton, est également devenu célèbre. Il a raconté son expérience dans *Comment le meilleur flic d'Amérique a arrêté l'épidémie criminelle*[12]. Il a, depuis son départ en bonne partie lié au conflit sur le partage des bénéfices symboliques du succès avec le maire de New York Rudolph Giuliani, créé une société de conseil.

Soit dit en passant, on aimerait, en France, qu'il y ait une polémique pour savoir à qui revient le mérite de la baisse de la délinquance plutôt que la responsabilité de sa hausse comme c'est le cas actuellement et depuis des dizaines d'années.

Trouver des réponses pour demain matin

L'enjeu des désordres et de la réponse à leur donner — réparatrice ou répressive — est finalement celui de la possibilité d'agir à court terme sur la délinquance. Tout d'un coup — c'est-à-dire en vingt ans — des doctrines se construisent qui n'envisagent plus la délinquance comme une fatalité. Les motivations sont nouvelles : la sécurité n'est pas la recherche de l'ordre pour lui-même, je veux dire d'un ordre imposé par les puissants. La sécurité est recherchée parce qu'il s'agit d'une des conditions des relations sociales ordinaires. Parce que la sécurité produit la mixité sociale et que l'inverse n'est pas vrai : la mixité sociale en elle-même ne garantit pas la sécurité. On a bien vu comment, en France comme dans les autres pays industrialisés, la mixité de peuplement des années 1970 n'a pas entravé la poussée délinquante qui, à son tour, a renforcé la ségrégation dans les villes.

Si l'on identifie de nombreux facteurs qui accélèrent la délinquance, on entend moins souvent parler de ceux qui la freinent. Or on peut faire l'hypothèse que ce ne sont pas toujours les deux faces de la même pièce dès lors qu'il ne s'agit pas de spéculation intellectuelle, au sens noble de la recherche scientifique des facteurs qui déterminent un autre facteur, mais d'action publique. Certes, ces deux mondes ne sont pas complètement isolés l'un de l'autre. Mais, si l'on s'intéresse à la mise en œuvre pratique, il s'agit de réfléchir à des moyens d'action qui correspondent à ce que les pouvoirs publics peuvent raisonnablement faire à court terme et qui prennent en compte les impératifs liés à l'existence de mandats électifs (compétences, ressources, temporalités, groupes de pressions, etc.). Les décideurs cherchent à prendre des initiatives qui ont des chances d'aboutir dans un délai raisonnable — ils agissent dans un temps qui est celui de leur mandat politique — des initiatives qui ne consomment pas plus de ressources qu'ils n'en disposent — on peut dire qu'il faudrait éradiquer la pauvreté ou raser tous les immeubles d'habitat social mais comme on n'a pas le budget correspondant ou les compétences légales pour le faire, cela n'engage à rien — et qui ne leur vaudront pas une défaite aux prochaines élections. Bref, il peut être intéressant pour les décideurs de savoir ce qu'ils peuvent faire de concret en quelques années pour commencer à résoudre un problème.

On rencontre souvent l'argument suivant lequel les incivilités seraient des symptômes qui auraient des « causes profondes ». Jean-Claude Chamboredon et Madeleine Lemaire expliquaient ainsi que

« le bruit rappelle, jusque dans l'intimité, combien sont étrangers des voisins qui vivent selon d'autres horaires et d'autres mœurs (...), qui attestent "l'impolitesse" et "l'inculture"[13]. » Ces phrases définitives sur l'altérité laissent perplexe : l'idée d'altérité est aussi vague que celle de différence. Travailler à réduire les incivilités à court terme revient à se placer dans une logique différente : si l'insonorisation règle le problème, ne dissertons pas sur la perception de l'inculture en guise de réponse[14]. Dans le même esprit, le directeur des services techniques d'une ville qui refuse, au nom du malaise des jeunes défavorisés qui s'y exprime, de faire enlever un tas de pierres près d'un carrefour bien qu'ils servent à caillasser les voitures qui passent, est dangereux. Parce qu'on ne peut traiter les « causes profondes » (psychologiques, sociales), on ne veut pas limiter les risques d'un accident qui nuira autant à la victime qu'à celui qui l'aura provoqué.

On peut essayer d'analyser l'ensemble des causes supposées de la délinquance, notamment le poids démographique des jeunes, le chômage, l'immigration ou encore la fameuse « crise de la famille ». Il serait d'abord extrêmement difficile de donner un éclairage scientifique à des questions qui relèvent de jugements moraux idéalisés : l'image de la bonne famille nucléaire, aux parents soudés par le mariage et séparés par la mort, vivant dans un paisible village blotti autour de sa mairie et de son église. Même si des résultats d'études existaient, ils ne seraient pas nécessairement pris en considération. Ensuite, on trouverait vite des causes positives qui ont favorisé la délinquance, comme le fait que l'Éducation nationale s'ouvre à tous, augmente les attentes légitimes de trouver un emploi correspondant à la qualification obtenue, et finalement la frustration et l'agression.

Il y aurait enfin et surtout une inutilité de ces analyses pour l'action à court et moyen terme. Même si l'on arrivait à déterminer les causes sociales de la délinquance, seraient-elles prises en considération pour concevoir des politiques de réduction de la violence ? On peut en douter. Imaginons que la démographie soit un facteur clé. Qu'allons-nous faire du surplus de ces jeunes de moins de 25 ans qui sont plus nombreux qu'en moyenne dans la périphérie des grandes villes ? Les déplacer ? Pensons aussi au chômage. D'abord, la forte diminution du chômage des jeunes depuis plusieurs années ne se traduit pas par une baisse de la délinquance, puisqu'on constate au contraire une augmentation du nombre de mineurs mis en cause[15]. Ensuite, il n'y a pas besoin de la délinquance pour dire que favoriser l'emploi est une priorité et justifier une politique de diminution du chômage, notamment des jeunes, pas plus qu'on n'a besoin de la délinquance pour justifier une politique d'égalité des chances à l'école ou une politique sociale redistributrice. Une politique sécuritaire de répression et de prévention ne remplace pas une politique sociale. On devrait même se méfier de justifier le social par la lutte contre la délinquance. Encore que personne ne se plaigne que des bénéfices en soient tirés sur le plan des violences. Mettons que le chômage compte parmi les facteurs décisifs. Faut-il que tous ceux qui ne sont pas impliqués dans une politique de lutte contre le chômage (enseignants, policiers, éducateurs, etc.) se croisent les bras en attendant sa résorption ? Imaginons encore que la crise de la famille soit au cœur de la délinquance. Allons-nous favoriser le mariage, par exemple fiscalement, et interdire le divorce ou le pénaliser ? Cela garantirait-il que les parents assurent bien l'éducation de leurs enfants ? Bien sûr que non[16] ! On voit bien que l'action sur les causes dites « profondes » n'est pas forcément possible à court terme. Est-ce une raison pour ne rien faire ?

L'analyse de l'insécurité par les désordres est une incitation à rechercher les facteurs sur lesquels agir de sorte à diminuer la délinquance à brève échéance. Ce ne sont pas systématiquement les mêmes que ceux qui les font augmenter, pour ces raisons simples : une large partie des causes ont eu lieu dans le passé et sont actives aujourd'hui — démographie des quartiers prioritaires, taux de divorce, etc. — ou continuent à avoir des effets comme la faible qualification scolaire qui rend difficile l'accès à un emploi. On ne peut rétroagir sur elles dans le passé depuis le présent.

Les théories nouvelles ont pour particularité d'être utiles à ceux qui travaillent dans le secteur de la répression. Elles leur disent quoi faire, vers quoi tendre. Les criminologues, sociologues et autres politologues n'expliquent plus pourquoi les policiers sont nécessairement impuissants, mais comment ils peuvent être plus efficaces.

RÉSULTATS D'ENQUÊTE : LE RETARD FRANÇAIS

De nombreuses enquêtes quantitatives étrangères montrent empiriquement le lien entre les désordres et la peur du crime[17]. Aux États-Unis, les premiers résultats sont issus d'enquêtes sur des données individuelles. Un des travaux pionniers est celui de John E. Conklin[18] qui souligne, à partir d'un sondage sur deux villes américaines, le poids que jouent ces incivilités. Ce travail est moins connu que *Broken Windows*, il lui est pourtant nettement antérieur.

En Grande-Bretagne, selon les universitaires associés au dépouillement des sondages nationaux du *Home Office* dans le cadre du *British Crime Survey*, on retrouve les mêmes relations statistiques :

les personnes qui résident dans des quartiers marqués par les comportements incivils sont plus inquiètes pour leur sécurité personnelle que les autres individus[19]. Des travaux quantitatifs spécifiques aux commerçants trouvent la même relation, qu'ils soient localisés en centre-ville ou dans des centres commerciaux[20].

À la fois les résultats empiriques et l'interprétation semblent avoir rencontré un écho très favorable dans la communauté scientifique. Cependant, on trouve des données discordantes. C'est notamment le cas du travail de Ralph Taylor[21] publié récemment et qui utilise des données de sondages portant sur Minneapolis-St. Paul pour contester l'interprétation de Wilson et Kelling suivant laquelle les signes d'incivilité, et tout particulièrement les signes physiques, influencent le niveau du sentiment d'insécurité.

En France, au plan universitaire, les choses sont sensiblement différentes. La notion a été utilisée, certes plus tardivement, et l'on retrouve l'intuition de la relation des incivilités avec la peur. Quelques sociologues travaillant sur le milieu scolaire ont fait une utilisation du terme, c'est notamment le cas de Jean-Paul Payet[22]. Plusieurs auteurs ont noté que les désordres sont la première chose dont on parle à l'enquêteur lorsqu'il pose des questions aux habitants sur l'insécurité dans leur ville ou leur quartier[23]. Deux positions interprétatives ont été tenues : pour les uns, l'essentiel des choses dont les habitants ont à se plaindre a plutôt été assimilé à des nuisances au quotidien, des « bagatelles » qui sont assimilées à tort à l'insécurité par la population[24]. D'autres, par l'analyse qualitative, arrivent aux conclusions que « le sentiment d'insécurité se nourrit le plus souvent de l'accumulation de ces petits événements qui désorganisent la vie sociale » et de citer petits vols, vandalisme, différends de voisinage[25]. Certains auteurs ont souligné que les incivilités constituent en soi une source d'inégalité qui n'est pas prise en compte par le revenu. Elles rentrent dans l'évaluation des inégalités « intra-catégorielles[26] ». Enfin, des travaux à caractère plus opérationnel ont aussi vu le jour. Des monographies d'entretiens suggèrent l'effet de l'inscription et de la persistance de signes du désordre comme les tags, les carcasses de voiture, etc. : elle conduit l'usager ou l'habitant à ne plus se sentir « chez lui » : d'autres ont le pouvoir de marquer « son » territoire des signes de « leur » domination[27]. Il y a là un niveau d'analyse qui insiste sur le conflit pour le partage symbolique d'un territoire.

Il est donc nécessaire d'apporter des preuves de la validité de la théorie de la vitre brisée dans notre pays tant il est vrai que la France, en matière de délinquance, d'urbanisme ou de structuration ethnique des groupes, n'est pas les États-Unis (cf. chapitres 9 et 10). Car s'il est vrai que les incivilités favorisent la crainte, alors il est sans doute utile de chercher à les limiter.

Mais il est également utile de se demander s'il est souhaitable et envisageable d'appliquer une politique de réparation de la vitre brisée ou de tolérance zéro dans notre pays (cf. chapitre 7). En effet, l'organisation politique et administrative de la France n'est pas celle des autres nations. Les priorités politiques, qui ne peuvent s'inverser en un jour, ne sont pas semblables.

Des incivilités à la vie en commun

La question des incivilités nous paraît prendre une acuité particulière en ce début de XXIe siècle par ce qu'elles révèlent. Le contexte délinquant, à savoir l'existence d'une délinquance de masse qui fait du vol une banalité et la croissance rapide des agressions physiques, politique et social a changé. Alexis de Tocqueville ou Émile Durkheim voyaient dans la religion un des ciments des sociétés modernes. Lorsque ces principes transcendants déclinent, ils n'entraînent plus la conformité aux prescriptions qu'ils énoncent. Comment, dans cette période de « crise de la tradition », pour reprendre l'expression de Hannah Arendt, les gens peuvent-ils se mettre d'accord sur les règles collectives ? Plus que jamais, ils doivent le faire autour des règles de la vie ordinaire puisque les formes étatiques qui « instituaient le social[28] » ne sont plus autant entendues. Tout espace de vie, tout forum politique repose sur un fait : la pluralité. Or aujourd'hui, cette pluralité qui semble irréductible est perçue comme hétérogénéité ainsi qu'en témoignent l'insistance mise sur la mixité sociale et l'émergence d'un débat sur le multiculturalisme[29]. C'est pourquoi il nous semble que, dans les sociétés individualistes postmodernes, les incivilités posent cette question d'un monde commun. Les désordres en public sont un signe donné à chacun que, tous réunis, ils ne forment pas une communauté minimale susceptible de se concerter et de faire valoir ses préférences. Et de plus, en période de difficultés économiques, certaines incivilités traduisent des frustrations exacerbées.

Pour différentes raisons, les institutions qui peuvent incarner « la chose commune » ont du mal à entrer dans l'univers banal des désordres. Ces derniers ne sont pas grand-chose : ni spectacle ni crise. La perception d'un risque est en effet dominée par les faits dont l'occurrence est faible et les dégâts importants[30]. Les professionnels du pénal ne raisonnent pas autrement[31]. C'est ainsi, pour en revenir à nos incivilités et à leur classement dans une échelle de gravité, que l'émeute apparaît plus grave que l'odeur d'urine dans l'escalier. L'émeute équivaut à l'accident d'avion. Pourtant, la gravité d'un acte n'est pas celle d'un problème social. Les incivilités sont cruciales dès lors qu'on les envisage non pas sur une échelle de valeur, mais par leurs conséquences. Les actes ne sont pas perçus isolément les uns des autres, ils contribuent à générer un climat. Les institutions ont le plus grand mal à se saisir d'un tel objet car elles sont occupées par des « problèmes plus sérieux » qui se posent ailleurs. Pourquoi traiter des faits comme les dégradations de boîte aux lettres ? Le défi pour les organisations publiques est de se tourner vers les demandes des usagers. Et cela s'avère d'autant plus indispensable que les institutions ont perdu beaucoup de leur autorité.

Ces remarques permettent donc de préciser la place des incivilités par rapport au meurtre et au vol. Si le meurtre fait douter de l'idée d'humanité[32], si le vol compromet la réciprocité donc l'échange social[33], les incivilités font simplement soupçonner que l'idée de collectivité s'est affaissée. Or cette idée, pour vague qu'elle puisse être, affecte sans doute la confiance interpersonnelle et dans les institutions. Des comportements peuvent être jugés peu graves, mais cela ne les empêche pas de bousculer la « normalité d'arrière-plan » et de ruiner le « fondement de la compréhension mutuelle[34] ». La collectivité est affectée sans que, dans un premier temps tout au moins, ses membres soient touchés dans leurs biens ou leur intégrité physique. La peur augmente parce que les règles de l'ordre en public semblent disloquées.

Reportons-nous à ce qu'Hannah Arendt disait en 1954, de manière prémonitoire : « Vivre dans un domaine politique sans l'autorité ni le savoir concomitant que la source de l'autorité transcende le pouvoir et ceux qui sont au pouvoir veut dire se trouver à nouveau confronté (...) aux problèmes élémentaires du vivre ensemble des hommes[35]. » Le monde commun ne peut pas être un monde d'identiques même s'il y a une part de similitudes exigées. C'est pourquoi les processus par lesquels les hommes, dans une société démocratique et individualiste, caractérisée par la consommation de masse et la moyennisation, tombent d'accord sont tout à fait centraux. S'ils n'existent pas, la tentation est grande pour chacun de se réfugier dans une tolérance d'indifférence qui est très simple à mettre en œuvre. Le détour par les incivilités incite à considérer la complexité du travail de la société à réaliser sur elle-même pour se donner une existence. L'augmentation du sentiment d'insécurité à leur contact s'explique peut-être par le fait qu'elles manifestent à chacun l'abandon par lui-même de l'idée d'investissement collectif. Les ajustements des préférences se font plus souvent, mais pas exclusivement bien sûr, par l'évitement, le déménagement, le repli.

La réflexion sur les incivilités consiste à prendre au sérieux les apparences. Et à faire d'elles un facteur aussi prépondérant de désorganisation de la vie sociale que des causes dites « profondes ». C'est qu'en ville, on ne peut vivre sans se reposer sur les apparences des lieux ou des personnes. Elles nous apportent des éléments d'information essentiels sur ce qu'il en est de la vie locale. Ils nous permettent de nous orienter car nous ne savons jamais qui est l'autre.

Pour avancer dans cette exploration des incivilités, il est indispensable d'en passer par un préalable, à savoir chercher à cerner plus précisément ce que recouvre le terme. En effet, il a été beaucoup utilisé et on y range de nombreuses choses. Le succès de la notion a son revers : l'usage qui en est fait peut devenir tellement large et lâche que l'utilité même d'y recourir pourrait faire défaut. Il est donc nécessaire de définir au plus près la notion et de déterminer son contenu.

D'un point de vue factuel, que recouvrent les incivilités ? Elles sont d'une grande hétérogénéité les unes par rapport aux autres. Ce sont des actes humains dont les traces matérielles sont perçues comme des ruptures des codes élémentaires de la vie sociale — insultes, bruits, odeurs — ou encore des petits actes de vandalisme : boîtes aux lettres abîmées, vitres brisées, etc.. On peut ranger les plus courantes dans la typologie suivante : 1/les petites dégradations telles que boîtes aux lettres défoncées, ampoules cassées dans un escalier, incendies de poubelle dans un hall, etc. ; 2/les souillures, comme les jets d'objets ou leur abandon dans les espaces collectifs, les tags ; 3/les comportements qui sont de simples absences ou ruptures des codes de politesse, jusqu'aux défis, intimidations, insultes et menaces ; 4/les frictions, sur l'usage de l'espace, les odeurs, les bruits, etc.

On retrouve, avec la notion d'incivilité, les écueils connus avec celle de déviance. Comme Albert Ogien l'a noté[36], il est très délicat de parler de la déviance en général. Étant donné qu'elle renvoie à la normalité, elle suppose d'embrasser toute l'organisation sociale et politique d'une collectivité. David Downs et Paul Rock dans leur classique *Understanding Deviance* commencent leur introduction en indiquant que l'intitulé même « sociologie de la déviance » est « quelque peu trompeur[37] ». Des actes catalogués comme déviants par certaines théories ne le sont pas par d'autres, et les mêmes actes sont qualifiés de « régression » ou jugés positivement suivant les écoles[38]. Une sociologie des incivilités en général n'échappe pas à ces débats.

On peut donc se demander ce qui pousse à les rassembler. Il nous semble qu'un premier élément peut être noté en creux. Ce ne sont ni des vols ni des agressions. Lorsque les désordres touchent les biens, il ne s'agit pas de prédations importantes, tout au plus de larcins et de déprédations. Lorsqu'ils concernent les personnes, il ne s'agit pas d'agression physique mais tout au plus verbale et au minimum une rupture des codes de savoir-vivre. Au contraire du vol qui est une « ponction insidieuse » pour reprendre l'expression de l'historien Yves Castan[39], les désordres cherchent des cibles visibles (tags) et sonores (dégradations), se localisent là où la vie sociale se déroule, dans les halls d'immeubles plutôt qu'au dernier étage par exemple, et aucun profit économique n'est tiré de leur exécution[40].

On comprend mieux alors l'intérêt de la distinction entre la protection des personnes et des biens d'une part et celle de la collectivité d'autre part. Il faut en tout cas tenter d'y voir plus clair.

Chapitre 2

LA NOTION D'INCIVILITÉ

La population ou les professionnels des villes que nous avons étudiés utilisent désormais communément la notion d'incivilité. Les comportements qui ressortissent de ce label sont très semblables d'une commune à l'autre : menaces, injures, bruits, chahuts, décompression de portes dans les transports, jets de détritus ou tags, attroupement de jeunes, etc. Son emploi systématique finit par lasser, comme le dit explicitement ce magistrat : « On peut tout mettre dedans. » Il est vrai que l'usage à propos et hors de propos finit par irriter : incivilité rejoint ainsi la longue liste des mots slogans après « société civile », « citoyenneté », etc., qui finissent par ne plus avoir de contenu. Il convient donc d'être plus précis.

Le repérage des incivilités : ni vols ni agressions

Classons les comportements humains en fonction de trois types de motifs. D'abord, il y a les actes qui sont orientés vers le profit. Ceux qui les commettent veulent en tirer un bénéfice. La finalité du comportement est acquisitive. Ensuite, nous trouvons les comportements conflictuels : le plus souvent ils n'ont pas le profit pour but mais utilisent le vol ou la violence physique comme un moyen de se venger, de se faire justice, d'affirmer son pouvoir. Enfin, il y a les comportements démonstratifs qui ont pour objet d'être vu des autres. Ils ont donc une dimension statutaire et publique. Ils traduisent une interrogation sur la place qu'on occupe et ce que la société fixe comme limites. Les incivilités se trouvent à cheval sur les différents types de motifs, mais si l'on s'intéresse aux plus fréquentes, on les trouvera dans les actes démonstratifs (les cinq cases en bas à droite du tableau n° 1).

Examinons les exemples de comportements dans le tableau n° 1. Nous différencions les agressions physiques, contre soi-même et les autres, du reste des conduites. Quelle que soit leur motivation, acquisitive, démonstrative ou conflictuelle, elles forment une catégorie sans intersection avec les incivilités. Il en va de même avec les agressions contre les institutions, qu'il s'agisse de l'incendie de la préfecture au cours d'une manifestation de marins-pêcheurs ou de l'incendie d'un poste de police par des jeunes hommes de banlieue. Du fait de leur gravité, les agressions sortent du registre des incivilités.

D'une manière générale un comportement acquisitif comme le vol n'est pas une incivilité, c'est-à-dire une conduite démonstrative ou conflictuelle. Il convient toutefois de regarder les vols non comme un bloc homogène, mais en relation avec leurs motifs, leurs auteurs et leurs formes. Autrement dit, dérober une trousse à l'école ou des roses dans un massif n'est pas cambrioler une banque, bien qu'on puisse parler de vol dans tous les cas. Lorsque des enfants ou des adolescents commettent un larcin (vol de trousse, de bonbons dans un magasin) ou prennent des pots de fleurs sur le balcon de voisins avec qui ils ont des frictions, il nous semble que la possibilité existe d'inclure ces comportements dans la sphère des incivilités[1]. Il en va de même avec la vente plus ou moins forcée de faux services dans les transports : quelqu'un offre spontanément son aide à un voyageur pour trouver sa destination sur un distributeur automatique de billets et réclame ensuite une rétribution. Il peut même y avoir des péages mis en place par des groupes de jeunes dans les montées d'escaliers ou les parkings : ils exigent alors des sommes modiques pour laisser passer. Je me souviens encore du cas d'une dame, résidant à Orléans, qui m'avait raconté comment son voisin s'était fait voler son chien de garde *(sic)*, également difficile à classer, sans doute s'agit-il d'un vol par vengeance. Les frontières entre types d'actes ne sont jamais complètement hermétiques tout comme les limites entre types de motifs.

Si les dégradations et les destructions sont importantes et sont orientées vers le profit, comme détruire un véhicule après s'en être servi pour un vol, incendier un poste de police pour le faire déménager, nous ne les inscrivons pas au registre des incivilités. En revanche, si les déprédations sont réduites et de nature démonstrative ou frictionnelle, telles que lacérer un siège, brûler une poubelle en plastique dans un hall d'immeuble, abîmer une boîte aux lettres, ou même tactique comme souiller un lieu pour intimider les habitants et se livrer à un commerce illégal, nous les incluons dans le champ des incivilités.

TABLEAU N° 1 — Comportements classés par motifs
(Les incivilités sont concentrées dans le cadre inférieur droit)

	Types de motifs		
Comportement	Acquisitifs	Démonstratifs	Conflictuels
Agression contre soi-même	—	Suicide, jeu de la mort.	—
Agression de personnes	Agression pour vol. Homicide pour vol.	Agression pour intimidation.	Homicide, agression, relationnels (époux, amis, etc.).
Agression anti-institutionnelle	—	Incendie de poste de police. Révoltes ou émeutes. Défis.	Manifestation revendicative (y compris violente).
Vol de biens personnels	Vol de vélo, voiture, cambriolage. Vol de trousse.	Petits vols de harcèlement (en groupe).	Vols pour vengeance.
Dégradation et destruction	Destruction de véhicule après usage pour vol.	Souillures, petites dégradations, lacérations.	Petites dégradations pour vengeance (fleur sur balcon).
Nuisance, friction sur l'usage des lieux	Mendicité intimidante (sans violence), « vente » de faux services.	Bruit, odeur, boire en public, crachat, irrespect, rodéo, abandon d'objet, décompression de porte, irrespect, petits défis.	Quasi-conflits ou frictions. Occupation de lieux, insultes.

Les défis anti-institutionnels violents, comme les émeutes, les incendies de bâtiments, ainsi que toutes les agressions physiques, n'appartiennent pas, nous l'avons dit, à l'ensemble des incivilités. Parmi les comportements de défi, certains sont l'occasion de se frotter à la police ou la gendarmerie et font partie des agressions anti-institutionnelles.

Les défis ont une dimension symbolique importante. Les incendies de poubelles, les rodéos ou les provocations, procèdent d'une logique territoriale : il s'agit de marquer un lieu d'une empreinte, de marquer un périmètre et de faire savoir à tous qui en a la maîtrise. Il y a également un aspect festif — il s'agit d'un jeu et donc d'actes où le nombre de participants et le public sont des aspects forts — et un aspect rituel : le déroulement en est codifié. Il s'y combine enfin un aspect ordalique, c'est-à-dire de mise à l'épreuve. À Grenoble, les agents des sociétés HLM ou de transport perçoivent ainsi les comportements des populations : « Les jeunes montrent à la police qu'ils n'ont plus peur d'elle. » Prenons un exemple différent, à Villefontaine : un gérant de supermarché était aux prises avec des jeunes clients difficiles, à tel point qu'il obtint qu'une patrouille de quatre gendarmes soit envoyée sur place. Mais devant l'attroupement d'une vingtaine de personnes et la rébellion des clients, les gendarmes nous expliquent qu'ils ont préféré se replier. Leur était-il possible, pour des faits qui ne sont pas constitués — les gendarmes interviennent à chaud sans connaître les tenants et les aboutissants de la situation en question — et dont la gravité pénale n'est probablement pas élevée, de faire un autre choix ? La rébellion, qui n'est pas une agression, n'en constitue pas moins un défi, et son issue ne peut manquer d'être vécue comme une victoire. Ces rapports de tensions entre une partie de la jeunesse et les polices sont décryptés avec attention par tous les professionnels de terrain, c'est-à-dire les agents publics ou privés qui exercent leurs fonctions en contact avec le public, les conducteurs d'autobus, les gardiens d'immeubles, les policiers municipaux, les agents de médiation, etc.

Les nuisances forment l'essentiel des comportements incivils avec les dégradations. Ces conduites soulèvent la question des usages en vigueur dans différents endroits, des « règles d'usage des lieux collectifs » et des manifestations de respect interpersonnel. Ainsi, on peut avoir des comportements d'agressivité verbale entre adultes, ou de la part d'un groupe de jeunes vis-à-vis d'habitants d'un immeuble qui traversent le hall qu'ils occupent, ou des gestes déplacés de policiers qui patrouillent en voiture dans un quartier, comme un « doigt d'honneur » à destination d'un groupe de jeunes ou le tutoiement lors d'un contrôle d'identité. Nous allons y revenir plus longuement pour définir la logique de l'incivilité.

Si une partie des comportements humains répond à une logique de calcul, notamment les comportements acquisitifs[2], il semble qu'il faille prendre garde à ne pas subsumer toutes les conduites sous cette catégorie. En particulier les défis individuels ou collectifs. Les bravades se manifestent par l'usage d'engins motorisés pour faire des « rodéos » devant l'école ou sur une place publique, la provocation dans les soirées, etc. Ils sont une forme de « frime » un peu poussée, arrogante et parfois agressive. Les défis collectifs sont des comportements qui sont de nature provocatrice, ou à la limite de la provocation. On retrouve la même logique vis-à-vis des chauffeurs d'autobus lorsqu'on passe devant eux en fraudant ostensiblement. Les défis à l'ordre en public sont difficiles à quantifier. Mais par leur visibilité et leur concentration dans certains lieux, ils sont bien identifiés. Seuls les petits défis, par opposition aux défis violents, peuvent appartenir aux incivilités.

L'analyse typologique sert de cadre général. Cette classification ne prétend pas isoler des types qu'il faudrait étudier en soi. Ce qui prime à nos yeux, c'est la dimension de relations sociales, qu'elles soient civiles ou inciviles. Si l'on s'intéresse à l'enchaînement des interactions, on voit qu'il existe des liens entre différents désordres : une typologie statique ne renseigne pas sur les dynamiques à l'œuvre entre les individus.

« *Ce n'est pas grave* »

L'appréciation qu'en donnent les personnes est un autre élément à prendre en compte pour qualifier les désordres. Ces faits ont une caractéristique essentielle : ils ne sont ni jugés les plus graves, ni les plus condamnables. Par voie de conséquence, on admettra qu'une incivilité ne peut être un fait jugé grave.

Une enquête par sondage a été conduite par l'IFOP en 1998 pour la préfecture de Paris sur ce thème. Nous ne retiendrons ici que la hiérarchisation des réponses pour différents comportements car nous ne partageons pas la définition proposée des incivilités par les concepteurs des questions. La qualité des formulations laisse à désirer, mais, dans l'ensemble, la hiérarchie entre les conduites apparaît bien. Les risques d'atteintes physiques ou morales sont les moins supportables (les 3 premiers items ont le plus petit score de « supportables »), suivies des dégradations, puis des souillures et du manque de propreté, et des regroupements (usages de l'espace public), enfin des ventes à la sauvette qui ne font pas de victimes et sont jugées supportables par 70 % des gens.

Une enquête menée à Saint-Étienne en 1995 (cf. annexe 1) montre que, lorsqu'on introduit le vol, il est jugé plus condamnable, lorsqu'il se produit dans un supermarché et *a fortiori* chez un commerçant avec 78 % de tout à fait condamnable, que frauder dans les transports en commun et jeter des papiers par terre (44 %).

TABLEAU N° 2 — « Pouvez-vous me dire si les incivilités suivantes vous paraissent extrêmement insupportables, insupportables, supportables ? » % de « supportables »

le racolage et l'exhibitionnisme sexuels	10	les nuisances sonores	28
l'abandon de seringues usagées	10	les problèmes de propreté dans les immeubles, les espaces verts, les transports en commun	28
les animaux dangereux	12	les crottes de chien	29
les insultes et provocations	12	les inscriptions sauvages, les tags	36
les actes de vandalisme contre le mobilier urbain	10	le regroupement d'individus sans activité dans les lieux publics ou les parties publiques d'immeubles	44
les dégradations des parties communes d'immeuble	13	les troubles du voisinage	44
les dégradations de véhicules	16	les ventes à la sauvette	70

Source : sondage IFOP de janvier 1998, 1 004 personnes représentatives de la population de Paris âgées de 18 ans et plus, rapport pour la préfecture de police de Paris, *L'appréciation des actions de sécurité*, p. 40.

Dans une autre enquête conduite à Romans en 1998 (Cf. annexe 1), on a ajouté dans la liste l'agression physique et le regroupement de jeunes. Comme on pouvait s'y attendre, de ces deux conduites qui se situent à l'opposé l'une de l'autre dans la hiérarchie des actes condamnables, la première est tout à fait condamnée par 96,5 % des répondants et la seconde par 12 % (cf. tableau n° 4).

Ces chiffres recoupent et confirment des travaux comme le volet français des enquêtes européennes sur les valeurs, qui demandent aux citoyens de noter le caractère plus ou moins condamnable des comportements : ceux qui sont rangés sous le terme « incivilité » sont jugés les moins condamnables[3]. Ces sondages rejoignent aussi des travaux classiques[4] qui montrent que le jugement sur la gravité d'un fait est lié à la perception par le public de l'atteinte à l'intégrité physique, avérée et anticipée, les pertes monétaires, l'usage de la violence comme moyen d'action, la vulnérabilité de la victime et l'intention coupable de l'auteur, ce qui revient, par exemple, à distinguer la blessure selon qu'elle est la conséquence d'un accident ou d'une volonté de frapper la victime.

TABLEAU N° 3 — Condamner les comportements. Saint-Étienne, 1995

Est-ce que cela vous paraît	Jeter des papiers par terre	Frauder dans les transports en commun	Voler dans un grand magasin	Voler chez un petit commerçant
Tout à fait condamnable	44	54	70	78
Plutôt condamnable	23	21	19	15
Pas vraiment condamnable	21	15	5,5	3
Pas du tout condamnable	11	7,5	3	2
NR	1	2,5	2,5	2

TABLEAU N° 4 — Pour chacune des choses suivantes, pouvez-vous me dire dans quelle mesure elle vous paraît condamnable ? Romans, 1998

	Agression physique dans la rue	Dégradation de véhicules (rayures, etc.)	Vol dans un magasin	Fraude dans les transports en commun	Inscriptions sauvages, les tags	Regroupement de jeunes (lieux publics, immeubles)
tout à fait	96,5	82,5	75,0	44,5	44	12
plutôt	3	12	17,5	26,5	21	10,5
pas vraiment	0	4	5,5	21,5	27,5	47,5
pas du tout	0	0,5	1	4,0	6	27
NR	0,5	1,5	1	3,5	1,5	3

Ces résultats sont finalement simples et cohérents. En dépit des variations qui existent d'un lieu à l'autre ou d'une catégorie sociale à l'autre, des régularités apparaissent. Qu'on fasse un sondage dans la capitale (Paris), dans une grande agglomération de province (Saint-Étienne) ou dans une ville moyenne située hors d'une grande agglomération (Romans), les incivilités ont une qualité essentielle : elles sont jugées moins condamnables que des conduites agressives ou dangereuses ou que le vol. Insistons sur ce point : c'est relativement à des faits graves bien plus *rares par leur fréquence* qu'on demande de les juger dans ces sondages. L'agression physique est rare et condamnable, les nuisances dans les lieux publics fréquentes et peu condamnables. La première a, du fait de sa rareté et de sa brièveté, un plus faible pouvoir de gêne sociale que les secondes. La qualification morale des actes (est-ce grave ? est-ce condamnable ?) doit bien être distinguée du pouvoir de perturbation de la vie quotidienne que possèdent les actes, lequel est aussi fonction de leur fréquence.

Qualifier les incivilités : publicité et usage des lieux

Dans notre progression vers une définition des incivilités, nous retenons qu'il s'agit de désordres jugés peu graves, ce qui exclut les vols et les agressions. Il faut maintenant préciser qu'elles doivent avoir un caractère public : cela exclut de la définition les faits qui relèvent du familial et du privé[5]. D'un point de vue général, il peut paraître curieux de ne pas inclure les incivilités intra-familiales. Cette restriction est fondée sur le rapport entre la cohésion sociale locale et les incivilités. Le jeu des apparences normales est troublé lorsque les désordres affectent les relations en public, donc entrent dans un cadre où les relations ne sont pas intimes, entre individus qui ne sont pas des proches, et se déroulent dans un lieu collectif. Cette restriction pointe le fait que les incivilités désorganisent les relations entre les personnes lorsqu'elles se jouent dans les espaces publics.

Nous traiterons donc des incivilités qui se manifestent en public : elles se donnent à voir et à entendre. Elles visent à la publicité et à l'ostentation. Elles posent la question du rapport des individus à l'espace public : quel espace est public, comment se comporte-t-on dans un lieu collectif, à la fois vis-à-vis du lieu et de ceux qui en ont l'usage ? Les incivilités peuvent avoir comme conséquence de rendre public un lieu privé, nous allons y revenir. Elles soulèvent toujours la question de l'usage des lieux.

Publicité et ostentation

Les désordres en public se manifestent principalement sur le mode du petit défi, de la dégradation et de la souillure. Mais, naturellement tout défi ou tout acte de vandalisme n'est pas une incivilité, nous ne reviendrons pas sur la classification présentée au tableau n° 1.

Les comportements qui font partie des incivilités peuvent être des *défis sans agression* qui ne sont donc pas des affrontements violents, même s'ils peuvent avoir des conséquences sérieuses pour la vie sociale, notamment par la peur qu'ils engendrent, nous allons y revenir plus longuement. Ils s'exhibent. Nous en avons rencontré de très nombreux exemples. D'abord, le comportement de bravade. Prenons un exemple dans la commune de Villefontaine située dans la grande banlieue de Lyon : les équipements de la commune sont soumis à des dégradations. En conséquence, ils ne sont plus laissés sans surveillance : c'est notamment le cas des gymnases. Mais du coup, cela engendre des comportements de défi : « on va se frotter au gardien » de tel équipement, jouer à entrer dans le bâtiment. Autre exemple, un véhicule vient faire des dérapages devant les magasins, puis stationne ostensiblement sur la place du marché. Ainsi, les occupants montrent « qu'ils n'ont peur de personne ». Bien que ces comportements ne soient pas fréquents, on retrouve ces actes ailleurs dans la ville : des rodéos avec des tête-à-queue ont parfois lieu dans le champ qui se trouve devant un collège, de manière à être vus de nombreux jeunes. Les rodéos sont parfois assortis de menaces à ceux, comme cette femme du quartier de l'Argonne à Orléans, qui pourraient témoigner de l'identité du conducteur : « Si tu téléphones, on te brûle la baraque. »

L'étude de Safia Khir, qui a analysé ces situations dans le milieu HLM, présente les mêmes caractéristiques de comportements à partir des entretiens des agents d'entretien. Une concierge à l'OPAC du Rhône raconte : « Les graffitis dans les ascenseurs, normalement ils vous en mettent tous les jours, (...) je ne sais pas qui c'est. Le pipi c'est pareil, vous appelez l'ascenseur, il est propre, deux secondes après, il est sale et vous n'avez vu personne, mais alors le pipi et le vomi, ils doivent faire des concours de hauteur[6]. » Le choix du lieu — l'ascenseur — n'est pas anodin : tout le monde doit l'emprunter, à part les résidants du rez-de-chaussée. Et le côté démonstratif est fort : c'est à qui vomit ou urine le plus haut, sur la plus grande superficie de la paroi.

À Villefontaine, nous avons recueilli des témoignages à propos de défis lors des « soirées musique » organisées par une association de quartier. C'est le cas d'une soirée « hip hop » autorisée par la mairie et encadrée par des « grands frères[7] », qui a fait l'objet de désordres : « Il s'agissait essentiellement de jeunes venus de communes voisines pour perturber la soirée. » Refoulés par les grands frères, ces jeunes se sont « vengés sur la cabine téléphonique » : ainsi, ils sauvent la face, ils montrent qu'ils ne s'en laissent pas compter. Les tags participent de cette recherche de visibilité, il s'agit même de leur raison d'être. Les ampoules cassées dans les montées d'escalier, par l'obscurité qu'elles impliquent, se donnent à voir à tous. Dans le même ordre d'idées, le fait de brûler la corbeille à papier dans le hall d'un immeuble est une façon de laisser une trace, d'autant plus durable que la répétition de ce genre d'incidents ralentit la motivation des services techniques à intervenir. Joëlle Bordet dans son livre sur *Les Jeunes de la cité* a montré comment le positionnement dans l'espace du quartier était essentiel : on se place pour voir et être vu[8].

Pour expliquer certaines incivilités commises par les adolescents, Pierre Vidal-Naquet invoque « la construction d'une identité personnelle, par ailleurs impuissante à s'affirmer ». Cette construction se réaliserait alors par confrontation à l'autorité, « les jeunes défient l'autorité, ils en recherchent la manifestation[9] », mais échoueraient à la trouver. C'est pourquoi ils se livrent à des désordres qui peuvent apparaître gratuits ou sans objet. Dans la même veine, Robert Ballion écrit à propos de l'école qu'il y a une « dimension réactionnelle : je transgresse, donc je suis[10] ». Il y a là un élément d'explication. Mais, on ne saurait réduire l'incivilité à la jeunesse. Lorsqu'une ménagère vidange sa machine à laver sur le balcon, ou lorsque des habitants lancent par la fenêtre des détritus — écorces de melon, couches sales des enfants[11], etc. —, voire du mobilier ou de l'électroménager, nous avons bien affaire à des comportements ostentatoires qui ne peuvent pas être assimilés au vol ou à l'agression même s'ils présentent des risques : la chute d'objets lourds peut évidemment blesser ou tuer. Lorsque deux « mamies », comme les nomme le directeur des services techniques de Villefontaine, sont surprises en train d'abîmer un massif de fleurs planté par la municipalité pour en prendre quelques-unes, et que l'une des deux lui explique qu'elle « récupère ses impôts », il y a bien dégradation des lieux. Ces agissements traduisent un état d'esprit par rapport à l'espace collectif : il apparaît comme un lieu qu'on peut altérer en toute impunité, sans se soucier des conséquences de ses actes. À la différence de son espace privé personnel, l'individu n'a pas à souffrir des dégradations : il peut attendre que quelqu'un d'autre les répare ou les nettoie. Cela nous amène à réfléchir à la signification de l'usage des lieux collectifs dans les villes. Et à se demander comment il peut se faire qu'une partie importante de la population pense que les lieux publics peuvent être dégradés.

L'usage des lieux

Les tensions les plus fréquentes dans les relations de voisinage sont provoquées par l'usage des lieux. Au sein des « frictions d'usage », on peut distinguer ce qui a trait à l'espace physique, l'espace olfactif et l'espace sonore. Les trois aspects sont souvent mêlés, mais parfois dissociés.

Dans une montée d'immeuble de la commune de Vauréal, de jeunes hommes se coupent les cheveux sans se soucier ensuite de les ramasser. Cela provoque bien entendu l'irritation des habitants. Lors d'une étude dans le Val d'Oise, on nous rapporte que, du matin au soir, les enfants jouent au ballon sur une dalle en béton construite au milieu des barres d'immeubles : les impacts font un bruit qui résonne et incommode ceux qui ne sont pas impliqués dans le jeu. Les moyens de transport, pour les jeunes, sont souvent un terrain de jeu. Ils y viennent en groupe, c'est l'occasion de se rencontrer, de discuter en parlant fort, de chahuter. On voit que les incivilités des uns sont la sociabilité des autres. Les travailleurs sociaux soulignent régulièrement cet aspect. Ainsi, lors du séminaire d'accompagnement de la recherche menée à Cergy et à Argenteuil, un éducateur de prévention disait : « Boire dans une montée, c'est une forme de sociabilité des jeunes. »

À Orléans, dans le quartier de l'Argonne, un habitant des immeubles nous présente « les caves utilisées comme des latrines ». À Romans, dans une des tours du quartier étudié, une femme sort sa poubelle le soir et la laisse sur son palier, avec les effluves que l'on imagine. La responsable de la bibliothèque du quartier de l'Argonne, une femme de 55 ans, raconte comment, les mercredis et samedis, des jeunes de 8 à 18 ans, non lecteurs, mettent le feu à des papiers dans ses toilettes, urinent dans les escaliers, viennent en groupe, lancent des cailloux par les fenêtres, pour « occuper le terrain ». Une bibliothèque de Villefontaine est régulièrement l'objet de comportements rompant avec ses règles de fonctionnement. Le constat de la bibliothécaire est net : « Le mercredi après-midi c'est toujours le bazar, surtout en hiver, l'été ça se passe à la piscine » et « on a beaucoup de problèmes avec des jeunes à la limite de la délinquance. On ne sait pas comment les gérer ».

À Villefontaine, on rencontre des incidents dans les autobus lorsque de larges groupes se rendent visite d'un quartier à l'autre. On a ainsi pu compter jusqu'à 40 jeunes, assez animés, en transit. Dans ce contexte, le conducteur n'est plus en mesure d'assurer la tranquillité du véhicule et la vérification des titres de transport si bien que les autres usagers descendent. À Orléans, des habitants du quartier de l'Argonne racontent comment les autobus sont bloqués aux arrêts par des groupes de jeunes qui retiennent les portes. À d'autres moments, ils se massent sous l'abri sans intention de prendre l'autobus et obligent les usagers « à se tenir hors de l'abri quand il pleut ». À Grenoble, la décompression des portes est une activité qui se pratique à intervalles réguliers : on force l'ouverture des portes ou on empêche la fermeture automatique, l'autobus s'en trouvant bloqué. À Marseille, lors du diagnostic local de sécurité qui précède le contrat local de sécurité[12], un chauffeur nous explique comment des jeunes hommes se mettent devant le bus pour « faire le taxi » : le chauffeur s'arrête pour ne pas écraser la personne, qui ne s'écarte de la voie que si on la laisse monter dans le véhicule. L'autobus est utilisé comme un taxi puisqu'on l'arrête là où l'on veut. Le même récit nous a été fait à Orléans par le responsable des agents de la société de transports en commun, mais cette fois en parlant de « jeunes qui s'allongent devant le bus » pour l'obliger à s'arrêter.

Les transports ne sont pas les seuls lieux troublés. À Orléans, un homme raconte comment les voitures stationnent devant chez lui, avec les autoradios à tue-tête. Les occupants « gênent les jeunes filles qui veulent sortir de chez elles ». Il dénonce aussi la circulation à mobylette sur les aires de jeux. Une femme d'une quarantaine d'années m'a longuement décrit sa vie quotidienne depuis qu'elle s'est installée dans le quartier, six mois auparavant. Elle a acheté une maison à côté du terrain de sport, qui s'est avéré « un lieu infernal ». Il s'agit en principe d'un terrain fermé, qui plus est à usage scolaire. Pourtant s'y tiennent des tournois de foot « toujours du seul côté où il y a des maisons, avec le bruit des impacts de ballon sur les poteaux pendant des heures, accompagnés des "nique ta mère" et autres expressions », des combats de chiens, des rodéos de mobylettes. Les personnes interrogées parlent aussi de harcèlement, notamment lorsque des gamins sonnent régulièrement à la porte à 10 heures du soir. Ces agissements, qui sont souvent des jeux sans cible précise, sinon la vengeance consécutive à des altercations, sont pris par ceux qui en souffrent comme des actions ciblées et personnalisées. Le désordre est vécu à la première personne par celui qui en souffre.

On pourrait ainsi multiplier les exemples. La question posée est celle de l'usage des lieux collectifs : la dalle en béton est-elle un terrain de jeu ? la montée d'escalier un salon de coiffure ? ou un local de poubelle ? l'autobus est-il un taxi ? l'abribus un lieu destiné à ceux qui n'attendent pas l'autobus ? etc. Des travaux sur les sports de rue, dits « informels » ou « sauvages », soulèvent la même question. Ils indiquent qu'il y a là des formes de sociabilité certes difficilement contrôlables et souvent perçues comme inférieures[13]. Le *Street roller* revient à « utiliser l'espace urbain dans toute sa diversité, et en particulier l'ensemble du mobilier urbain, poubelles, rampes d'escaliers, murs, bancs[14] ».

Nous n'entrons pas pour le moment en détail dans l'analyse des raisons qui motivent les comportements. Mais, on voit que ces actes ne sont pas nécessairement motivés par le désir de nuire aux autres. Il y a plutôt là un signe d'indifférence aux autres, même si la nuisance est réelle. Il peut même y avoir des actes d'affection qui entrent dans le champ des incivilités. À Saint-Martin d'Hères, dans le collège Édouard-Vaillant, la question est posée de savoir si l'on peut s'embrasser au collège. « Ce n'est pas de la violence, on s'aime », expliquent les délégués des élèves dans l'enceinte qui a été créée pour débattre de la vie en commun. Le choix a été fait lors de la construction de la charte de vie, par les délégués et le principal au cours des deux années précédentes, de repousser les manifestations amoureuses dans les espaces privés. On peut discuter cette décision, mais elle illustre parfaitement le problème de l'usage des lieux collectifs et la difficulté à aborder cet enjeu[15] : qui est légitimé à dire la règle, et jusqu'où peut-on codifier les comportements ?

Un autre aspect des tensions dans un lieu tient aux bruits : la musique, écoutée à tue-tête et souvent toutes fenêtres ouvertes, les pétards lancés dans les appartements l'été quand il fait chaud et que les fenêtres sont ouvertes. À Vauréal, un homme qui vient de prendre sa retraite, résidant au rez-de-chaussée, se plaint du rassemblement bruyant des jeunes dans le hall : « J'ai l'impression qu'ils sont dans mon appartement », explique-t-il, tandis qu'on lui répond que « l'entrée est à tout le monde ».

Les incivilités annulent la coupure entre l'espace privé et l'espace public : elles font de l'appartement une extension des espaces collectifs de l'immeuble ou de ceux qui l'entourent. Le bruit est d'autant plus durement ressenti qu'il touche le domicile, le lieu cocon.

Lorsqu'on tend à se replier sur la vie domestique, objet d'un entretien méticuleux contrastant avec celui des parties communes, conçu comme le lieu de « l'être bien », toute intrusion viole le sanctuaire. Toute incivilité, ne serait-ce que sonore, est très mal supportée. En effet, on peut supporter bon nombre de gênes au cours de la journée, au travail avec toutes les formes de harcèlement qui y sont exercées, en pensant pouvoir s'isoler en fin de journée dans son domicile. On attend ce moment de « décompression » enfin seul avec soi-même ou avec ses proches. Avec le bruit, c'est l'espace public qui fait irruption dans le privé et laisse la personne sans autre lieu de repli possible.

Incivilités, souillures ou humiliations ?

Il y a, dans le contact avec les incivilités, une dimension de souillure des lieux mais aussi de la personne. Se faire cracher dessus en est l'exemple le plus fort, « et en plus on se fait insulter quand on se rebiffe », s'exclame une femme du quartier de l'Argonne à Orléans. À l'école, Jean-Paul Payet parle également de « la souillure pratiquée au sens concret du terme[16] », dégrader les lieux, salir. Une dévalorisation de soi a été notée par Ballion à l'école[17] et par les psychosociologues, notamment lors de l'analyse des réactions des conducteurs de transports en commun. Elle contribue à la destruction de l'estime de soi. « En travaillant sur les agressions subies par les conducteurs d'autobus de la RATP, nous avions été étonnés de découvrir qu'ils étaient parfois plus choqués par un crachat ou une insulte reçue de la part d'un préadolescent devant les autres passagers que par une agression physique de la part d'un usager adulte : leur estime de soi souffrait plus de la provocation du premier que de l'altercation avec le second[18]. » On trouve aussi des exemples qui sont de simples défauts de civilité, pas même des injures ni des insultes. Ainsi, Michèle Tribalat rapporte comment une personne d'origine maghrébine se sent déconsidérée au travail : « Ce qui me fait le plus de peine, c'est quand je dis "bonjour" et qu'ils ne me répondent pas [les collègues]... ça arrive souvent[19]. »

Certaines dégradations sont également vécues comme des humiliations. Une dame de 70 ans réside depuis 1930 dans le quartier de l'Argonne, à Orléans. Elle a fait construire un pavillon en 1952 et a planté des arbres dans son jardin pour en récolter les fruits. Depuis quelques années, elle vit une situation insoutenable pour elle. Ses clôtures sont endommagées, les morceaux de fer qui soutenaient les branches sont utilisés comme des échelles, un ballon tombe régulièrement dans ses carrés de légumes qui sont piétinés pour le récupérer. Elle est accablée par ces violations de son domicile et conclut : « Ces visites sont usantes et désespérantes. » Sans compter les injures, insultes, jets de pierre. Cette dame a fini par « faire abattre les arbres, après les avoir photographiés », ajoutant : « C'est un échec pour tous. » On a l'impression que c'est pour elle l'équivalent d'une amputation d'un de ses membres. Les désordres ont fait de son jardin privé un lieu qui ne l'est plus : comme le bruit, les dégradations peuvent faire basculer la nature des lieux du privé au public et provoquer des phénomènes de fuite, de repli et d'autodestruction.

Les entretiens conduits avec des élèves d'un établissement classé en zone d'éducation prioritaire à Belfort présentent les mêmes caractéristiques : ils décrivent le comportement de certains professeurs comme dévalorisant. Ainsi, ils citent des expressions comme « fais ce que tu veux, de toute façon je suis payé à la fin du mois », ou bien : « toi, tu n'arriveras jamais à rien », ou des phrases, traduisant sans doute l'exaspération mais qui heurtent profondément, comme « vous êtes des nuls » lancés à la classe entière. Non sans humour, ils indiquent que des caméras devraient être installées dans les classes « pour filmer le comportement des enseignants » à leur égard. Dans son travail ethnographique, David Lepoutre[20] a souligné l'importance du respect pour les jeunes de 11 à 16 ans qui vivent en banlieue et ses remarques peuvent être étendues à la ville en général. Mais on trouve des exemples qui laissent percevoir une vision assez unilatérale du respect. Une dame, responsable d'une amicale de locataires au centre-ville d'Argenteuil, raconte ceci en riant, à la fois scandalisée et désarmée : « Ce sont des jeunes, des gamins en particulier. L'autre jour, j'en ai attrapé un. Ses parents sont bouchers, il n'est pas malheureux du tout. Il a 12-13 ans, mais alors c'est une horreur. Eh bien, il pisse avec ses copains dans l'ascenseur, bien haut sur la moquette. Je lui ai dit : "Tiens, c'est tout chaud ça fume encore." Je lui demande pourquoi il fait ça. Il me dit que c'est pas lui et répond : "Parle-moi avec respect". Je lui ai répondu que je le respecterai quand il ne fera plus pipi dans les ascenseurs. Moi j'essaie de leur parler. Mais c'est épouvantable. Même moi je n'arrive pas à dialoguer avec ces gamins, ils s'en fichent éperdument. Ils nient toujours et demandent le respect. »

La reconnaissance des individus dans les relations de face-à-face, que ce soit celle du conducteur d'autobus ou de l'élève de collège, de l'habitant ou du concierge, de la bibliothécaire ou du policier, apparaît essentielle pour comprendre la constitution d'un climat d'incivilité, voire de violence. L'organisation des relations interindividuelles, si elle repose en partie sur des conditions économiques, n'est pas déterminée par ces dernières : cela explique d'ailleurs la différence de climat social qui existe d'un quartier comparable à un autre, d'une ligne d'autobus sensible à une autre, ou même d'un établissement scolaire en ZEP à un autre.

Le rapport à autrui questionné

Il est vrai que la notion d'incivilité est difficile à circonscrire de manière stricte. Il faut pourtant noter qu'elle n'est pas plus incertaine que les autres : « le groupe », « la société », « la communauté », « l'anomie », « l'institution », « la loi », etc. Ce sont autant de concepts utilisés le plus souvent sans explication précise et, quand une définition leur est attribuée, il s'avère bien rare que l'auteur s'y tienne.

Pour définir les incivilités, nous partons de la notion d'*ordre en public* que nous avions introduite dans *La Société incivile* en 1996 en nous appuyant sur l'analyse des relations en face-à-face du sociologue canadien Erwing Goffman. Une collectivité se constitue avec les civilités, des marqueurs de l'innocuité du rapport à autrui. Les codes de civilité servent à organiser les relations interpersonnelles en permettant leur ouverture et leur fermeture. Ils se jouent dans les interactions sociales ordinaires.

Nous proposons de parler des incivilités ou des désordres comme ruptures de l'ordre dans la vie de tous les jours, ce que nous avons nommé « l'ordre en public », car elles menacent l'innocuité du rapport public à autrui, son caractère prévisible et pacifique. Il s'agit d'une définition liée à ce que nombre d'acteurs ordinaires considèrent comme ordre et pas nécessairement à ce que les institutions qualifient tel. Cet ordre en public relève de petites choses *visibles*. Mais on comprend que l'évaluation de ce qu'est le « bon ordre » varie suivant les sensibilités ou les appartenances sociales. Il ne peut pas y avoir de définition intemporelle ou valable partout[21]. L'analyse des incivilités doit se faire en relation avec une étude des goûts et des sensibilités tels qu'ils sont socialement et politiquement construits dans une population[22] et des relations entre la société civile et l'État[23]. Ensuite, comme Howard Becker l'a noté à propos de la déviance dans *Outsiders*, « puisque la déviance est (...) une conséquence des réactions des autres à l'acte d'une personne, les chercheurs ne peuvent pas présupposer qu'il s'agit d'une catégorie homogène[24] ». Cette hétérogénéité est tout à fait caractéristique des désordres en public : nous en avons donné nombre d'illustrations.

Les incivilités ou désordres en public sont des choses qui bousculent les « apparences normales[25] ». Cette expression est tout à fait essentielle pour appréhender les désordres : il existe des règles de construction de l'ordre *en* public, et lorsqu'elles sont malmenées, les apparences ne sont plus normales. C'est à partir de ce moment-là qu'on peut enregistrer les effets sociaux des incivilités. Il nous semble que le phénomène observé est construit par une transaction entre une collectivité et un ou des individus. En conséquence, et bien que nous utilisions d'autres moyens empiriques d'investigation que ceux d'Howard Becker, comme lui, nous nous intéressons moins « aux caractéristiques personnelles et sociales des déviants » qu'aux processus qui se jouent[26]. Les réactions des personnes aux incivilités — la rétraction ou la défection — participent à la construction du problème de l'insécurité comme nous le verrons aux chapitres suivants.

Récapitulons. Ces désordres font peser un doute sur la possibilité d'avoir des relations civiles avec ceux que l'on côtoie et ils présentent plusieurs caractéristiques. La première est qu'il ne s'agit pas de vols personnels — leur motif n'est pas l'appropriation — ni d'agressions physiques, sans parler de l'exhibitionnisme ou de l'homicide. Le vol est un comportement calculé lié à la recherche du profit, qui nécessite une faible visibilité (éviter les témoins). Le conflit est une confrontation collective centrée sur les lieux de pouvoirs, que l'on pense aux agriculteurs devant les préfectures ou aux marins bretons qui s'attaquent au Parlement de Bretagne. Les incivilités sont des comportements non profitables, non conflictuels mais frictionnels, peu organisés et très visibles. La seconde caractéristique, qui découle en partie de la première, est qu'elles ne sont guère réprouvées : elles sont très rarement jugées graves et condamnables si on les compare à d'autres comportements déviants. Cela rend difficile de se mobiliser collectivement contre elles. Enfin, dernière caractéristique, les désordres sont publics, c'est-à-dire qu'ils se déroulent dans des lieux publics ou qu'ils rendent publics des lieux privés (cf. plus haut, les exemples du bruit ou des dégradations dans un jardin) : ils se donnent à voir. Il s'agit donc de tensions sur les modes d'occupation de l'espace et sur la négociation des relations interindividuelles.

Il y a une dimension ethnique à ces tensions sur les usages et à la visibilité dans les lieux collectifs qui a été décrit. Ce peut être à l'école[27] ou dans les cités. Agnès Villechaise-Dupont explique comment « la visibilité des Maghrébins, discutant en groupe dehors (...) aggrave les rancœurs[28] ». Les tensions sont, à notre sens, liées à des pratiques à propos desquelles il y a mésentente plus qu'à une vision raciste au sens de l'affirmation d'une « sous-race » comme dans l'idéologie néonazie, tout au moins dans les entretiens que nous avons réalisés. C'est ce que pense Claude Raffestin quand il écrit que « beaucoup des conflits qui surviennent ont pour origine des incompréhensions nourries par des conceptions et des pratiques différentielles de l'espace public[29] », des différences entre le lieu d'origine et le lieu d'accueil.

Enfin, l'aspect numérique des désordres est central. Répétons qu'ils ne choquent pas moralement mais souillent, humilient, *lorsque leur fréquence est très importante*. Ce n'est pas l'incivilité qu'on ne supporte pas, mais son accumulation. On ne peut séparer son analyse de celle de son empilement spatial. En indiquant que les incivilités ne font pas l'objet d'une forte réprobation morale, nous nous éloignons de la déviance telle que Howard Becker la définissait. En effet, il ne nous semble pas qu'il y ait application « de règles de sanctions à un transgresseur[30] » à propos des incivilités. Becker concevait la déviance comme le résultat d'une dénonciation — c'est parce qu'on est mis à l'index qu'on est déviant, et non le contraire — alors qu'il nous semble que, précisément, ce qui caractérise les incivilités aujourd'hui, c'est le fait qu'elles ne rencontrent aucune forme de sanction ou presque. Jugées peu condamnables, mais, par leur nombre, insupportables, ce qui est très différent, elles suscitent plus que tout autre chose des contournements d'un côté, la défection et la rétraction de l'autre. Les auteurs de désordres, y compris les plus défavorisés, développent une vision individualiste des choses tandis que l'indifférence progresse, paradoxalement alimentée par la tolérance. Le trouble causé par les incivilités ne peut être mis sur le compte d'une montée de l'intolérance en général. Au contraire[31]. Il faut rapprocher la multiplication des incivilités à la fois de la tolérance d'indifférence — je tolère d'autant mieux que je ne suis pas personnellement touché — et du déficit de conflit collectif, de contestation par le conflit. Lorsqu'on commet une incivilité, on ne conteste rien : il n'y a pas d'antagonisme autour d'une norme sociale et pas plus de dénonciation de l'iniquité de la règle, mais simplement son contournement et l'indifférence aux conséquences négatives pour les autres.

Chapitre 3

LES INCIVILITÉS SONT-ELLES DES DÉLITS ?

Du fait de son succès, la notion d'incivilité a reçu un certain nombre de critiques. L'une d'elles porte sur l'intérêt de parler d'incivilité : ce serait inutile puisqu'on dispose déjà de la catégorie d'infraction, qui rassemble les contraventions, les délits et les crimes. Nous allons revenir sur cette critique de même que sur les plus fréquentes des autres pour les situer socialement et politiquement — qui les formule ? comment ? — mais auparavant nous devons présenter en détail les relations qui existent entre les faits qui relèvent des infractions — contraventions, délits, crimes — et ceux qui ressortissent du domaine des incivilités.

Délinquance et désordres : l'un ou l'autre ?

Dans une société d'organisations et de professionnels comme la nôtre, les incivilités vont être décryptées en termes légaux : on voudra savoir quelle structure, la police, le bailleur, le maire, etc., est compétente pour faire quoi, qui est responsable, y compris pénalement, lorsqu'elles se produisent. En conséquence, on sera tenté de définir les incivilités par rapport aux infractions pour déterminer si elles sont susceptibles de poursuites pénales[1].

Mais ce faisant, on risque de se laisser abuser par une pétition de principe. En effet, on pose implicitement qu'un fait est soit une infraction, soit une incivilité. On raisonne comme si on avait affaire à un ensemble qui se scindait en deux sous-ensembles, comme l'humanité qui se partage entre hommes et femmes : on ne peut, au même moment, être à la fois un homme et une femme. Nous sommes l'un (l'une) *ou* l'autre, mais pas l'un (l'une) *et* l'autre.

Magistrats et policiers parlent souvent de « l'infra pénal » pour qualifier les incivilités : elles ne peuvent exister, à leurs yeux, qu'à l'extérieur du champ pénal, ce qui signifie qu'ils n'ont pas à les connaître, position de moins en moins tenable pour ceux qui participent aux contrats locaux de sécurité. Ce qui n'est pas perçu, c'est l'hétérogénéité fondamentale des notions d'incivilité et de délit. La première ne renvoie pas à la loi pénale ou au fonctionnement du système pénal, mais au désordre causé dans la vie quotidienne et aux règles qui organisent cette vie de tous les jours : l'ordre *en* public. Le délit quant à lui est une catégorie légale : il existe des milliers de choses interdites, et elles sont énumérées dans la loi. Certaines infractions peuvent altérer la qualité de la vie quotidienne et d'autres ne pas le faire du tout. Un comportement ne se classe pas soit dans le sous-ensemble des incivilités, soit dans celui des infractions, mais il peut être classé simultanément par rapport à deux modes d'étalonnage non exclusifs : le cadre légal et l'ordre en public.

Dans ces conditions, nous pouvons construire une typologie simple dans un tableau à quatre cases qui présente les comportements par rapport à la qualification d'infraction (oui/non) et de désordre (oui/non) (tableau n° 1). Il s'agit d'une confrontation de l'ensemble formé par le point de vue social sur les désordres qui est composé des *incivilités* et de l'ensemble formé par le point de vue légal qui est composé des *infractions*. Les définitions ordinaires du désordre et des actes proscrits ne se recouvrent qu'imparfaitement[2]. La fraude fiscale des ménages n'est guère réprouvée par les individus. Les infractions au code de la route, comme les excès de vitesse, non plus. Ces deux cadres sont irréductibles l'un à l'autre car leur logique de constitution n'est pas la même. Mais on peut croiser leurs contenus.

La majorité des comportements se situe dans la case notée « hors champ d'étude », il s'agit de ceux qui ne posent pas de problème d'ordre en public, et qui ne sont pas non plus des infractions. Regardons maintenant les trois autres cases. Il y a au moins trois catégories de comportements dès lors qu'on s'intéresse à la société d'un point de vue qui tient compte du droit mais n'en fait pas l'unique prisme de lecture.

Un premier ensemble de comportements appartient *exclusivement* au domaine des désordres : ce sont les *incivilités légales*, c'est-à-dire des faits qui constituent des gênes dans la vie quotidienne mais qui ne peuvent tomber sous le coup de la loi. C'est le cas des atteintes aux conventions sociales ordinaires dans lesquelles la loi n'intervient

TABLEAU N° 1 — Incivilité et infraction

		Infraction	
		NON	OUI
Incivilité ou désordre	NON	Hors champ d'étude	— Actes graves (vols, agressions etc.) — Actes indolores (fraude, vente à la sauvette, etc.)
	OUI	Incivilités légales (impolitesse, cracher dans baby-foot, friction sur l'usage du lieu, etc.)	Incivilités infractionnelles (menaces, dégradations, etc.)

pas directement. Les définitions sont susceptibles d'évolution : la sensibilité sociale aux désordres change dans le temps et les comportements que la loi incrimine également. Nous avons donné des exemples au chapitre 2. Mais, on peut encore mentionner le fait d'être suivi par quelqu'un, laissant une impression désagréable d'incompréhension. Ou encore, comme à Villefontaine, les gamins qui secouent les lampadaires jusqu'à éteindre la lumière du lampadaire, car le matériel employé est sensible, tous le savent. Rien n'est endommagé, mais cela fait disjoncter toute l'artère et nécessite l'intervention des services intercommunaux. On pense aussi aux serrures bouchées avec du chewing-gum ou du gravier qui interdit l'entrée dans un gymnase. Ou encore aux boules de neige lancées sur le tramway de Grenoble. On pense aussi au groupe qui occupe, quand il pleut, l'intérieur de l'arrêt d'autobus sans intention de le prendre. Nous avons déjà évoqué la dimension ludique des incivilités avec les sports sauvages ou « auto-organisés » : ce sont des garçons qui les pratiquent, et même s'il s'agit avec « ces pratiques de type cirque » de se montrer, de « mettre son corps en exposition[3] », ces personnes ne sont « ni gangster, ni galérien[4] ».

Un deuxième ensemble est formé des *incivilités infractionnelles* : du point de vue légal, ce sont des infractions : le plus souvent des contraventions ou des petits délits. Et, sous l'angle social, ce sont bien des incivilités, du « vandalisme minuscule » : salissures, dégradations des boîtes aux lettres, etc. Ces désordres sont susceptibles d'être poursuivis pénalement. Il va de soi que les définitions ne sont pas immobiles dans le temps. L'incrimination des tags par le nouveau code de procédure pénale avalisé en 1994 par le Parlement déplace la frontière et fait de l'incivilité légale une infraction (ce qui, dans notre vocabulaire, les place dans le champ des incivilités infractionnelles).

Enfin, nous avons une dernière catégorie d'actes qui ne sont pas des incivilités et qui sont des infractions. Cet ensemble est composé au moins de deux types de comportements très distincts : les atteintes ou actes graves qui font des victimes personnalisées, tels que les vols ou les agressions, d'une part, et les actes indolores d'autre part, comme la fraude sur la redevance de télévision, la vente illicite, qui ne font pas de victimes personnalisées voire pas de victimes du tout. Les actes indolores recouvrent certaines infractions qui ne sont pas perçues comme menaçant le lien civil : la fraude n'est guère réprouvée dans la population[5]. Il en va de même de la vente illégale, à la sauvette.

Les atteintes physiques sont perçues comme trop graves pour faire partie des incivilités : nous avons rappelé qu'une des choses essentielles qui qualifient les désordres est leur faible gravité estimée. Les professionnels du social et du pénal sont d'accord sur ce point avec la population (voir les enquêtes d'opinion présentées au chapitre 2). De plus, une partie des atteintes personnelles, toutes celles qui concernent la vie des familles dans leur espace intime, notamment les violences conjugales, les assassinats non crapuleux[6], d'une épouse par son mari par exemple, sont à la fois trop graves pour recevoir l'étiquette d'incivilité et ne sont pas perçues comme des atteintes à l'ordre en public. On s'en émeut car le crime est jugé moralement comme l'acte le plus condamnable, mais il n'est pas perçu comme une atteinte à la cohésion locale s'il se tient dans un lieu privé et s'il implique deux personnes qui ont des liens personnels compris comme privés. Chacun pense que cela n'a aucune raison de lui arriver : la localisation de l'acte et la nature des liens personnels entretenus l'en préservent. L'acte est jugé purement privé.

La loi et le désordre

Nous avons présenté la typologie *qualitative* qui est issue du croisement entre deux manières de classer les comportements (la loi pénale et l'ordre en public). Le sort des actes graves et indolores, ainsi que des actes dits « hors champ » de l'étude étant scellé, il faut préciser maintenant quelle quantité de comportements entre dans les deux catégories qui sont issues de ce croisement : les incivilités légales, les incivilités infractionnelles.

Parler de la loi pénale du point de vue des textes ou bien du point de vue des pratiques constitue deux choses fort différentes. Commençons par la référence aux textes de loi. Certes, il existe bon nombre d'incivilités qui ne sont pas infractionnelles : cracher dans un baby-foot, se tenir allongé dans une montée d'escalier — et même gêner le passage —, être en groupe autour d'un banc public, regarder « bizarrement » quelqu'un qui passe, faire des remarques à une fille, jouer au ballon sur une dalle en béton, chahuter en classe, boire des canettes de bière dans la rue, mettre ses pieds sur une banquette de bus, etc. Mais du point de vue des textes, la plus grande partie des incivilités appartient au domaine des infractions. On peut faire entrer énormément de comportements dans le cadre de ce que la loi incrimine : les dégradations, même avec un dommage léger, les graffitis, les jets de détritus, les abandons d'ordures, les injures racistes ou non, les bruits et tapages[7]. Les actes cités sont des contraventions (de la 1re à la 5e classe) ou des délits, jamais des crimes.

Si l'on s'intéresse aux pratiques pénales, l'image est simplement inversée : les incivilités infractionnelles ne font pas l'objet d'un traitement proportionné à leur fréquence. Il va presque sans dire que les désordres auxquels nous faisons référence sont fréquents et exaspérants, mais difficiles à connaître systématiquement, car souvent à la limite de la légalité et donc mal comptabilisés. Pour ce type de faits, le policier ou le gendarme va apprécier le caractère délictuel, comme il le fait dans toutes ses tâches, ce qui conduit à parler de ces agents comme « des juges[8] ». Les dégradations, qui forment sans doute la classe de faits le plus facilement quantifiable, restent très largement ignorées par l'appareil pénal. D'abord, parce que les particuliers qui sont touchés ne portent que rarement plainte : l'acte est souvent de faible gravité et ils anticipent que cela ne sert à rien, la police et la justice ne feront rien, l'assurance ne remboursera pas. Ainsi, l'enquête quantitative sur un échantillon représentatif de la France entière de l'IHESI et de l'INSEE, pour les années 1997 et 1998, montre que c'est pour les dégradations que l'écart est le plus grand entre le nombre de faits et le nombre de plaintes. S'il y a 2,4 fois plus de cambriolages ou de coups et blessures commis que déclarés, il y a 6,4 fois plus de dégradations de véhicules. Et encore ce type de dégradations est-il sans doute le moins mal connu parmi toutes les variétés de dégradations. Ces dégradations, si elles sont communiquées aux policiers et aux gendarmes, ne seront élucidées que pour 10 % d'entre elles (chiffre pour 1998, mais qui ne varie guère à court terme). Et ce type d'affaire n'atteindra que très exceptionnellement le stade du tribunal. En résumé, pour 100 dégradations, 15 font l'objet d'une plainte, moins de 2 sont élucidées et sans doute une infime fraction fait l'objet d'une mesure judiciaire.

Prenons un autre exemple, le non-respect du règlement intérieur. Les bailleurs sont complètement démunis s'ils s'en tiennent à la liste des moyens contraignants et légaux dont ils disposent face à un locataire dérangeant et récalcitrant[9]. Les recours légaux sont presque impossibles à mettre en œuvre sinon de manière exceptionnelle.

FIGURE N° 1 — Incivilités légales infractionnelles poursuivies et non poursuivies

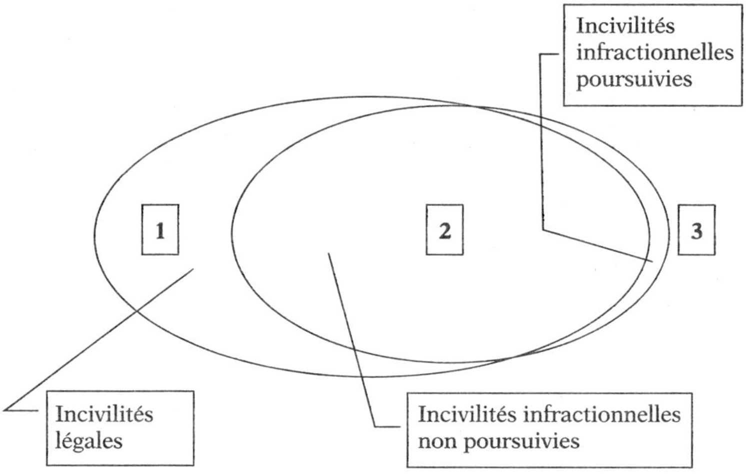

La question se pose alors de savoir si la loi est un ensemble de textes ou un ensemble de pratiques. Peut-être suffit-il à certains juristes qu'un texte existe pour que la loi existe, mais pour le sociologue, comme pour l'homme ordinaire, la loi et les interdictions qu'elle implique ne sont réelles que si elles sont appliquées. Il faut donc bien considérer que, à côté des incivilités légales (figure n° 1, bloc 1), il y a les incivilités infractionnelles non poursuivies (bloc 2) et que ces dernières sont très semblables aux premières du point de vue du résultat. Les incivilités infractionnelles poursuivies forment une toute petite partie de l'ensemble (bloc 3). Les incivilités légales s'unissent aux incivilités qui ne sont pas poursuivies et ne sont donc pas considérées pratiquement et concrètement comme des infractions. Elles forment le bloc des incivilités tolérées *de facto*. On peut même penser que cette situation est plus dommageable, parce que plus frustrante, que celle qui consisterait à ne pas avoir incriminé bon nombre des incivilités.

Pour une collectivité, ce qui fait loi, ce n'est pas ce qui est notifié dans des textes que seuls les experts ont lus, mais ce qui se joue dans la vie quotidienne, c'est-à-dire la défense de règles et l'application de lois. Notons que ces remarques ne modifient pas la définition des incivilités comme désordres en public. Le fait que les incivilités infractionnelles cachent des incivilités permises *de facto*, c'est-à-dire une absence de poursuite, n'est pas un élément concourant à la définition de l'incivilité. Il s'agit d'un élément du problème social posé par la réponse aux incivilités, mais pas de leur définition.

Un dernier point mérite d'être précisé. La gravité morale ou juridique d'un fait et l'importance de ses conséquences sur la cohésion sociale d'un quartier peuvent aller de pair : c'est le cas de l'agression physique dans les lieux collectifs. Mais, il ne faut pas systématiquement confondre gravité d'un acte et effets sur l'ordre en public : un acte très grave, comme un homicide entre deux époux, peut ne pas avoir de conséquence sur la cohésion locale. La qualification pénale est appuyée sur la gravité du fait jugé. Pas la perception de l'incivilité : nous avons expliqué comment, s'il est estimé ressortir du domaine privé, il n'y a guère de désordre. Le fait de réunir des choses disparates sous le terme « incivilité » se justifie par les effets induits. L'unité de la notion tient dans les *conséquences* des incivilités sur la vie sociale. S'intéresser aux incivilités suppose de développer une approche *conséquentialiste et non substantialiste*. Si les incivilités sont jugées condamnables par peu de gens, elles sont en revanche toujours perçues comme exaspérantes et démoralisantes. On ne les juge pas moralement, mais on cherche à s'en préserver par la fuite et le repli. Les enquêtes françaises confirment que les incivilités motivent une peur plus grande, une méfiance vis-à-vis des institutions et notamment du maire, de la police, de la justice, du travail social (cf. chapitre 5).

L'illusion d'un règlement judiciaire de la vie sociale

La loi pénale n'est qu'une codification parmi d'autres, certes à prétention universelle car opposable à tous : nulle ne saurait l'ignorer. La différence entre diverses sources de codification est d'autant plus vraie que l'on s'éloigne des violations morales les plus graves. L'analyse des incivilités, et de la manière dont elles ne sont pas prises en compte par le système pénal, renforce l'intérêt pour la notion de désordre. Tout bien considéré, c'est la notion d'infraction qui aurait besoin d'un sérieux dépoussiérage. Nous avons vu que, si l'on s'en tient au point de vue des textes, presque toutes les incivilités sont incriminables. Et en revanche, que, en pratique, c'est exactement l'inverse. Ce résultat n'est pas spécifiquement français : il renvoie à une crise plus large des fonctions remplies par l'appareil pénal[10]. Les critiques qui veulent que la notion d'incivilité soit inutilisable parce qu'à cheval sur la ligne de démarcation des infractions, ignorent, consciemment ou non, que c'est précisément parce qu'il n'y a pas de réponse à de nombreux petits délits que le terme même d'incivilité est apparu. À quoi bon continuer à parler de délits quand ils ne sont pratiquement plus traités ou considérés comme tels, y compris par les répresseurs. Le système pénal laisse s'installer une large impunité. Ce n'est pas qu'il soit laxiste : il a rempli les prisons. Mais, il est dépassé par la fonction qui lui est attribuée aujourd'hui de « tout régler », il ne dispose pas des mécanismes et des peines qui lui permettraient de jouer ce rôle nouveau. Rares sont les prises de position publiques des magistrats pour souligner les dangers d'une pénalisation de la vie, sinon à propos d'affaires importantes[11].

Le paradoxe des années 1995-2000 est de voir les ministres de la Justice et leurs collègues de l'Intérieur, qui incarnent le retournement de la gauche en matière de sécurité, présenter une vision magique de l'appareil pénal. Il suffirait d'un contact du délinquant avec l'appareil pénal pour que son comportement en soit changé, comme s'il était touché par la baguette magique d'une fée. Il y a sans doute là aussi une influence de la tolérance zéro new-yorkaise, qui se traduit par des déclarations sur la nécessité de « répondre à tous les délits » présentée comme un horizon de l'appareil pénal, dont la dernière illustration a été les discours tenus aux Assises nationales de la police de proximité[12] à Paris en mars 2000.

Si l'on reprend les chiffres qui concernent certaines incivilités infractionnelles (petites dégradations) pour la France ou la Grande-Bretagne, on peut se faire une idée du volume de travail que supposerait la prise en considération de ces actes par les systèmes pénaux. Et cela sans même parler des incivilités légales. Il n'est pas exagéré de dire qu'il est strictement impossible de répondre à toutes les infractions en France ou dans aucun autre pays d'Europe. Les auteurs des incivilités, même infractionnelles, sont difficiles à connaître et donc à être mis en cause par les services de police quand instruire l'affaire prend beaucoup de temps[13] — autant qu'un cambriolage par exemple — et peut dégénérer : l'outrage à magistrat s'il donne lieu à une interpellation peut se transformer en échange de coups alors que les suites pénales seront inexistantes.

Les organisations ont une propension à réagir aux violences et aux incivilités par l'affirmation de l'utilité d'une législation : il s'agit en effet d'un des outils d'une politique publique[14]. En l'occurrence, les annonces vont dans le sens d'un renforcement des peines. Ainsi le 5 octobre 1998, lors d'une agression contre un agent de la SNCF qui déclenche une grève, le premier Ministre promet l'instauration d'une « circonstance aggravante[15] ». Pour les incivilités, il en va de même. Les guides pratiques internes édités à l'intention des personnels de l'Éducation nationale[16] énumèrent les comportements et présentent en vis-à-vis les conduites à tenir ainsi que la qualification pénale. En face de « insultes ou menaces d'un élève à l'égard d'un personnel de l'établissement » ou de « injures publiques ou non publiques à caractère raciste », on trouve respectivement l'article 433-5 et l'article R 624-4 du code pénal et la recommandation de rappeler que « l'injure constitue une infraction pénale » ainsi que l'accompagnement « de la victime dans sa démarche de dépôt de plainte ». Cependant, pour les désordres, la réponse pénale est peu praticable dans de nombreux cas. Le chef d'établissement peut-il en être toujours informé ? Lorsqu'il l'est, a-t-il le temps d'organiser ces aller-retour avec le commissariat ? Si les injures fusent de part et d'autre, quelle amélioration de la vie de l'établissement apporterait une double condamnation ?

Même s'il était possible d'augmenter substantiellement les sanctions pénales traditionnelles, on devrait se demander si cela est souhaitable dans tous les cas. Dès le milieu des années 1980, le procureur Georges Apap avait fait le constat du rôle que jouent les incivilités — petits actes de vandalisme, chapardages et conflits de voisinage — dans la vie d'un quartier : il avait noté combien l'absence totale d'intervention accentue le malaise, mais aussi comment l'intervention de l'appareil judiciaire contribuait à faire dégénérer la situation puisque faire appel à lui implique de se construire comme victime et de radicaliser sa position contre l'auteur de l'incivilité, ce qui « au lieu d'apaiser le conflit, l'envenime ». En effet, « dès lors que les plaideurs habitent le même quartier, cela sera source de nouveaux conflits qui pourront même s'étendre et dégrader plus encore le climat social entre voisins ou habitants du même quartier[17] ».

L'idée de répondre à tous les délits de la vie quotidienne, y compris les incivilités infractionnelles, est tellement étrangère au fonctionnement réel de l'appareil judiciaire qu'on peut s'étonner de la place qu'elle tient dans la rhétorique publique en France. Les maisons de justice et du droit (MJD), présentées comme des lieux d'accès au droit et de résolution des petits conflits, auraient pu être un outil de réponse, mais elles ont en réalité pour principale fonction d'être un alibi du quasi-immobilisme : on les brandit comme garantie du changement effectif de mentalité. Les magistrats courageux qui en furent à l'origine sont des marginaux dans leur propre institution, et ceux qui ont monté, en région parisienne et dans l'est de la France, les premières structures ont eu l'occasion de me confier quelles furent les réactions d'hostilité de leurs collègues. De même qu'on distingue la « haute police », formée par les parties nobles du métier : la police judiciaire, la protection des personnalités, de « la basse police » vouée aux petits délits, à l'îlotage, il existe une « haute justice » et une « basse justice », celle du quotidien[18]. Les MJD ne jouent guère de rôle de proximité : Anne Wyvekens[19] a montré que la proximité géographique est l'exception, seulement un tiers des affaires traitées y concerne des gens de la commune, sans même parler du quartier, la réconciliation des parties n'y est pas la priorité, le rappel du droit, traduction de la fonction magique qui serait la sienne comme s'il suffisait de dire le droit pour qu'il soit, y est essentiel, le droit civil y est absent à une exception près, en région parisienne, qui date de 1999.

Les MJD sont quantitativement marginales : on n'en compte qu'une cinquantaine en France métropolitaine et la proposition du rapport Sueur de faire passer leur nombre à 200 en quelques années a été démentie par le Garde des Sceaux aux Assises nationales de la police de proximité qui s'est fixé pour objectif un simple doublement. Leurs moyens sont faibles : elles disposent d'une subvention de 50 000 francs du ministère de la Justice, ce sont souvent des magistrats à la retraite qui y tiennent les permanences, le secrétariat ainsi que le local sont fournis par les municipalités. À titre de comparaison, notons que, à lui seul, le programme d'expérimentation du « bracelet électronique » coûtera 50 millions de francs. La surveillance à distance, traduction d'un modèle post-panoptique, est en continuité évidente avec l'idée de peine telle qu'elle s'est mise en place aux XVIIIe et XIXe siècles[20] et correspond donc probablement mieux à l'idée que le corps judiciaire se fait de sa tâche.

Revenons sur la logique juridique qui oppose auteur d'incivilité et victime : elle nous semble en porte à faux avec le problème. L'analyse sociologique montre qu'une situation dégradée ou conflictuelle ne se représente pas par analogie avec une cour de justice en termes de victime et d'auteur. Dans bien des cas, la « victime » ne constitue pas l'enjeu central : peut-on être victime du fait que quelqu'un vidange sa machine à laver sur son balcon, du fait que des écorces de melon sont lancées par la fenêtre, etc. ? La réponse n'est pas univoque. D'une part, parce que nombre des témoins d'incivilités échouent sans doute à s'instituer comme victimes aux yeux des autorités et aux leurs propres. D'autre part, parce qu'il n'y a guère de préjudice personnel dans bon nombre de cas. Si quelqu'un jette des ordures par la fenêtre ou encore si des locataires se débarrassent de sapins de Noël par la voie aérienne (ce qui évite de faire tomber des aiguilles dans son appartement lors du déplacement), il n'y a guère de victime[21]. Enfin, parce qu'une partie des désordres est dirigée contre le cadre de vie de ceux là mêmes qui les commettent : dégrader l'autobus qu'on utilise, la montée d'immeuble ou l'ascenseur qu'on emprunte, les massifs de fleurs qui embellissent les lieux, etc. Il y a là une sélection des cibles — on s'en prend à ceux qui sont comme soi et qui vivent autour de soi, voir à soi-même — qui a été perçue par des sociologues classiques de la déviance, comme Albert Cohen[22]. L'auteur parle d'une expressivité et d'un négativisme qu'il analyse comme une révolte par inversion des normes conventionnelles. Aujourd'hui, je serais plutôt tenté de parler d'une interrogation sur l'existence de normes dans les espaces collectifs étant donné les interstices qu'on y trouve (cf. chapitre 8) : la révolte n'est pas évidente quand l'appartenance culturelle et l'inclusion dans la société de consommation se manifestent de manière agressive. Les normes sont ignorées et recherchées bien plus que contestées.

Ce que les codes — les textes qui rassemblent les normes — ignorent nécessairement, ce sont les responsabilités mutuelles, les devoirs et droits que les membres d'une société ou d'une communauté s'assignent mutuellement dans la réciprocité et l'échange (donner-recevoir). Avec les incivilités, le climat social est affecté bien plus que la sécurité des biens et des personnes, qui ne le sont que par ricochet des désordres sur les incitations à commettre un délit. Les frictions entre personnes ont une histoire que ne vient pas clore la sanction judiciaire.

Bien souvent, les incivilités font des témoins au contraire du vol qui fait une victime. Un vol de véhicule fait une victime, mais une vitre cassée dans un hall, exposée aux yeux de tous, fait autant de témoins qu'il y a d'habitants. De plus, lorsque les auteurs des dégradations prennent pour cible les espaces mêmes où ils vivent, les « auteurs » sont les « victimes » de leurs actes. Quel recours apporte l'utilisation des catégories juridiques de délit, d'auteur, de victime, à ces personnes et à l'analyse du problème social ? La question vaut d'être posée.

Incivilités : les critiques faites à la notion

Les critiques ne manquent pas. À cause d'un usage qui s'est très largement répandu, la notion d'incivilité souffre de flou. Il est raisonnable de penser que si tout peut être incivilité, alors le concept en devient inutile. Cette objection mérite d'être prise au sérieux, qu'elle soit portée par des universitaires ou des professionnels de la sécurité. Les policiers affirment souvent que les ambiguïtés de la notion retentissent sur leur travail. Ils veulent indiquer par là qu'ils sont pris entre une demande d'intervention par des citoyens et la qualification légale de délit qui seule autorise leur intervention. Cela signifie qu'il faut, pour faire une constatation d'infraction, recueillir un témoignage, qu'une plainte soit déposée, et qu'enfin le trouble ait bien un caractère incriminable. En réalité, ce n'est pas la notion qui est ambiguë, mais les policiers sont pris en étau entre le cadre de la loi et les aspirations à la tranquillité des citoyens. De plus, les interventions pour faire cesser un trouble peuvent se retourner contre les policiers : l'image de la police se trouve dégradée à chaque fois qu'elle est appelée mais ne peut rien faire, c'est typiquement le cas à la fois vis-à-vis du groupe bruyant et éméché de jeunes qui est signalé dans la montée et pour les habitants qui ont fait l'appel[23].

Passons rapidement sur la critique esthétique d'universitaires qui dénoncent le terme comme horrible. L'idée qu'il faudrait un Comité d'accréditation esthétique (pluridisciplinaire, cela va de soi) des termes sociologiques est savoureuse, mais la liste des termes à examiner reste à établir afin de juger de l'urgence de remplacer en priorité ceux qui répondent le moins aux critères du beau en vigueur dans la communauté scientifique française, puisqu'en langue anglaise, le terme est largement utilisé, et ce indépendamment des engagements idéologiques des auteurs. Nous laissons à ceux qui la jugent urgente le soin de prendre cette initiative.

Une autre critique, plus importante, porte sur l'opposition entre les personnes civilisées et les sauvages qui serait subrepticement à l'œuvre lorsqu'on utilise le terme d'incivilité : telle fut la réaction du sociologue Christian Bachman lors de la publication, par *L'Express*, d'un dossier intitulé « Les nouveaux barbares ». On connaît mal l'incivilité des cadres et professions libérales. Mais, il ne fait guère de doute qu'elle existe. Le succès du livre de Marie-France Hirigoyen sur le harcèlement moral au travail en témoigne[24].

Conscient de l'ampleur du phénomène, et du fait que toutes les couches sociales peuvent y contribuer, nous avions recherché dans *La Société incivile* (1996) des éléments généraux d'explication afin de ne pas réduire l'incivilité à une simple expression de la pauvreté ou de l'extranéité[25]. Nous avions souligné que la société post-moderne tend à renforcer l'exigence de recherche de soi — hédonisme et expressivité à tout prix — et de dévalorisation des comportements conformes. La question des normes sociales partagées est posée de manière inédite par nos sociétés qui combinent individualisme — chacun est l'auteur de ses propres règles —, une forte intégration culturelle des plus défavorisés qui débouche sur une perte de la différence[26], et la recherche de reconnaissance des droits culturels des communautés.

On trouve ensuite deux critiques de la notion qui proviennent d'horizons éloignés et développent des arguments antagoniques. La première voit dans le mot « incivilité » un signe de laxisme, de fin de l'État, la deuxième une menace pour les libertés publiques. Pourquoi le mot « incivilité » aurait-il une connotation laxiste ? Parce qu'il reviendrait à déguiser les délits. Sur le site web de Démocratie libérale, on peut lire que « renseignements pris [le mot incivilité] qualifie un délit ordinaire, mais localisé dans les banlieues chaudes[27] ». C'est, autre exemple, de cette manière que l'ancien ministre de l'Intérieur, Jean-Louis Debré, a dénoncé l'usage des incivilités lors des Assises du Plan d'action sociale et sécurité de la ville de Dreux le 8 février 2000. Ainsi, en utilisant le concept, on préparerait la « démission de la loi ». On tenterait de déjudiciariser un certain nombre de comportements qui tombent actuellement sous le coup de la loi. On priverait ainsi la puissance publique de ses capacités de réaction. On renoncerait à sanctionner. L'irruption du mot est une manière de limiter la condamnation morale des actes : parler d'incivilité serait désigner autrement ce qui hier constituait un délit. On en amoindrirait ainsi la portée et la signification, manifestant sinon un accord explicite, du moins une absence de désaccord par rapport à ces comportements qui pourrait renforcer les propensions inciviles et le passage à l'acte. La loi serait grignotée, permettant toujours plus de comportements « autrefois réprimés ». L'autorité de l'État serait mise en cause et finalement sapée.

Un autre argument vient renforcer la critique. L'usage du terme « incivilité » servirait à cacher le repli de l'État qui, masquant les délits en incivilités, pourrait se défausser sur d'autres : la ville, le transporteur en public, le logeur, etc. Bref, parler d'incivilité c'est, pour l'État, renoncer à traiter la délinquance. Ainsi, Dominique Dujols, directrice de la Mission du développement urbain et social de l'Union nationale des HLM, dit « qu'aujourd'hui, on inclut clairement dans les incivilités (...) des délits pénaux[28] ». Elle s'inquiète de ce qu'elle perçoit comme un renoncement « à agir sur des catégories entières d'infractions », « de la possible confusion des rôles » : elle ne voit pas « ce qu'il y a aujourd'hui de plus local » dans les tâches de sécurité qui justifierait de partager le fardeau, et encore moins en quoi « les missions fondamentales [seraient] moins régaliennes », c'est-à-dire qu'elles ne se sous-traitent pas, ne se délèguent pas, ne se partagent pas. Puisque l'État abandonne ou sous-traite la sécurité, la crainte de Dominique Pujols est que le locataire et le logeur assument une partie du coût de la sécurité. Dans cette version des choses, le mot « incivilité » est un moyen pour l'État pour se défiler.

Inversement, d'autres voient dans le mot « incivilité » non la marque du laxisme et de la démission, mais au contraire du sécuritarisme. Pourquoi ? Parce que parler d'incivilités reviendrait à mettre à l'index des comportements, préparant ainsi leur incrimination et permettant leur sanction pénale. On voudrait constituer des catégories entières d'infractions nouvelles : l'incivilité servirait à cacher la montée en puissance de l'État répressif.

Une autre critique peut apparaître seule ou liée à celle que nous venons d'exploser : les désordres sont des manifestations et, à ce titre, elles ne doivent pas polariser l'attention. Ces manifestations ont des causes et c'est à elles qu'il convient de s'attaquer : la pauvreté, l'exclusion et le manque d'éducation. L'éducation peut être alors alternativement perçue comme une aspiration naturelle et un droit, elle doit être offerte également dans tous les segments de la population, ou bien, à l'inverse, elle apparaît comme un conditionnement indispensable. L'incivilité devient l'outil d'un « contrôle social » renforcé par la sanction pénale en direction des populations défavorisées. Inspiré par la tolérance zéro, c'est la menace de « l'État pénal » qui pointe, la gestion policière de la misère, la « rhétorique militaire de la reconquête de l'espace public, qui assimile les délinquants (réels ou imaginaires), sans-abri, mendiant et autres marginaux à des envahisseurs étrangers[29] ». À terme, on gérerait la pauvreté et le chômage par une répression croissante. Cette critique souligne le risque de s'en prendre aux délinquants avérés *ou* potentiels en les mettant dans le même sac. Il convient cependant de préciser qu'on retrouve cette caractéristique dans toutes les actions de prévention qui ont pour principe d'agir pour éviter que quelque chose ne se produise. Agissant « avant », on ne saura jamais avec certitude si l'on n'a pas stigmatisé des personnes qui n'auraient jamais été délinquantes « après ».

La critique portant sur les causes des incivilités est en partie fondée : il y a une dimension socio-économique des comportements de désordre. Mais on ne saurait les y réduire, tant s'en faut. Et l'on ne saurait non plus négliger le maillon des incivilités dans la chaîne qui explique les vols et les agressions (cf. chapitres 4 et 5). Surtout, on ne doit pas confondre l'usage du mot « incivilité » et la préférence pour une solution essentiellement policière du type tolérance zéro. Le concept est un outil de diagnostic, il ne contient pas en lui un modèle de réponse.

Trop de critiques tuent la critique

Nous n'avons pas l'intention de tenter de faire tomber d'accord les contempteurs du laxisme et du sécuritarisme. Il nous semble que les incivilités précipitent sur elles des critiques qui traduisent des inquiétudes générales : sur le rôle de l'État, pas assez ou trop punitif, sur sa place vis-à-vis d'autres organismes — dire « la sécurité est l'affaire de tous » suppose une redéfinition des tâches, nouer des relations égales entre partenaires. Mais encore sur les financements de la sécurité, sur l'exercice des métiers (logeur, policier, etc.) face à la demande de sécurité. En cela, les incivilités servent de bouc émissaire. On retrouve aussi, autour du terme, une opposition entre la justice et la police : la réticence d'utilisation de la notion par la première (son absence jusqu'en 1998) répond à sa présence dans le discours policier. Il faut préciser que, parfois, pour les policiers, le but était d'expliquer le sentiment d'insécurité uniquement par les incivilités et d'oublier la pression des vols et agressions, ainsi que les piètres taux d'élucidation dans l'équation de la violence.

L'aspect le plus faux des critiques tient au fait qu'elles s'appuient sur une tentative de réduire la vie sociale à la vie juridique, voire judiciaire. Autrement dit, nous incitons à nous méfier de l'affirmation d'une identité entre la question de l'insécurité et celle de l'existence d'infractions au sens légal, et donc de l'assertion suivant laquelle la réponse se tient dans l'appareil pénal. Ce sont, à nos yeux deux erreurs. L'analyse par le prisme des incivilités veut y apporter des correctifs. La cohésion sociale ne se réduit pas à une étude de la loi et des sanctions que l'État oppose aux transgressions. Le problème de l'insécurité commence avant que des délits soient constatés. Pour la population, il n'y a pas de rupture entre les violations de l'ordre pénal par la petite délinquance et celles de l'ordre en public. Partir des incivilités revient à sortir d'une argumentation dominée par la logique d'organisation, et notamment de la logique pénale. Les incivilités appellent, le plus souvent, des réponses civiles. Ce n'est pas dire que le pénal n'ait pas sa place dans la réduction des incivilités, mais qu'il ne peut tenir la position centrale. Précisons que cela ne revient pas à dire qu'on peut se passer de la répression pénale pour lutter contre la délinquance prédatrice. Simplement, la réduction des incivilités ne saurait ni reposer principalement sur l'action de la police et des tribunaux, ni se réaliser sans elles.

Approcher les questions de sécurité par l'angle des incivilités présente un certain nombre d'avantages, tout en soulevant des questions délicates. Cela met en question les responsabilités : celles des particuliers bien sûr, de leur propension à s'investir ; celles des organisations également, avec la faible prise en compte des incivilités dans la culture des professionnels du pénal, et le traitement inégal par le service public de certaines personnes ou de certains espaces. Parler uniquement en termes d'infractions renforce l'emprise de l'État sur la gestion des affaires de la cité. Puisque l'État est le seul habilité à réprimer les délits, si l'on réduit la lutte contre la délinquance à la capacité de répression, on la confie par là même exclusivement aux administrations nationales. Maintenant, si l'on se penche sur l'insécurité à travers la notion d'incivilité, on soulève également la question des réponses collectives non pénales, et notamment celles des mairies, des HLM et des particuliers pour ne citer qu'eux. Ils peuvent légitimement s'attaquer aux désordres.

Chapitre 4

DÉSORDRES ET MÉFIANCE

La théorie de la vitre cassée s'applique-t-elle en France ? Nous avons vu que cette théorie souligne le lien qui existe entre les incivilités et les comportements de vol et d'agression par la médiation de la peur. Le sentiment d'insécurité désolidarise les personnes et fragilise la communauté des usagers des lieux. La théorie a donc deux branches. La première traite du lien entre ces désordres et la méfiance qui, elle-même, présente deux aspects. D'abord, le fait que les désordres en public sont une source du sentiment d'insécurité, c'est-à-dire de la méfiance interpersonnelle. Ensuite, et cela est moins connu, que les incivilités diminuent la confiance dans les organisations publiques. Le second versant, le fait que les incivilités favorisent la délinquance, nous l'aborderons au chapitre suivant.

Peut-on, sur la base de données empiriques, étayer ces affirmations ? Nous avons rassemblé, entre 1995 et 2000, des résultats d'enquêtes sur la perception des désordres[1]. D'un côté, des enquêtes qualitatives par entretien ont été conduites auprès des professionnels de terrain. De l'autre, des sondages, réalisés en 1995, 1998 et 2000, nous permettent de décrire plus systématiquement la perception par la population des désordres qui touchent les villes[2]. Les résultats des différentes méthodes convergent.

Dans ce chapitre, nous examinerons les résultats d'enquêtes concernant les désordres et la méfiance qui leur est associée. Dans le suivant, nous présenterons les données issues d'autres sondages sur le rôle des incivilités dans le fait de commettre un délit.

Incivilités et sentiment d'insécurité : mesurer pour connaître

À côté des études qualitatives par entretiens, nous avons mis sur pied deux enquêtes quantitatives, à Saint-Étienne puis à Romans, qui testent des hypothèses sur les effets sociaux des incivilités.

Nous avons donné une définition restrictive des incivilités qui est la condition d'un emploi fécond. Mesurer est une opération toute différente. Il s'agit de trouver les bons indicateurs quantitatifs d'un phénomène, c'est-à-dire de prélever quelques indices représentatifs du tout. L'objectif est d'avoir les indications le plus factuelles possible sur les désordres en public.

Nous avons demandé aux personnes interrogées de décrire l'environnement dans lequel elles vivent. Dans nos enquêtes, les désordres perçus ne relèvent donc pas d'une stigmatisation du voisinage par ceux qui n'y résident pas, mais d'une description par ceux qui y habitent. Nous avons regroupé les désordres dans le voisinage suivant quatre thèmes, chacun d'eux étant mesuré par plusieurs questions ou indicateurs : usage en public de drogue et d'alcool, gênes entre voisins, entretien et dégradations. Pour chacun de ces thèmes, un indice a été créé : il rassemble de trois à cinq questions permettant de décrire en détail ces désordres dans le voisinage. Ainsi, la gêne causée par les voisins est abordée par quatre questions qui traitent du bruit, de la saleté des parties communes, des odeurs, du comportement des enfants. Nous avons fait de même pour la description de l'entretien du quartier dont la charge incombe aux bailleurs, aux services techniques des municipalités ou à des sociétés concessionnaires pour l'essentiel : entretien des bâtiments, entretien des rues et des espaces verts, présence de bouteilles vides par terre. Nous avons également créé un indice de présence de dégradations : boîtes aux lettres abîmées, vitres d'entrée cassées, abribus, cabines téléphoniques dégradées, graffitis, traces sur les murs, voitures abîmées. Il se distingue de l'entretien du quartier parce qu'il est focalisé sur des traces qui sont le résultat d'actions dont le but est d'endommager. Il ne s'agit pas, par exemple, de détériorations liées à un mauvais entretien du bailleur, même si l'on peut dire qu'il est de son ressort de réparer rapidement les vitres cassées. Enfin, l'indice global de désordre synthétise les différentes formes apparentes dans les quartiers[3].

Les désordres sont des perturbations visibles dans les espaces collectifs, à ce titre il nous importait de savoir ce que les personnes remarquaient dans leur environnement résidentiel. Il s'agissait de repérer la visibilité du problème et non sa gravité aux termes de la loi. Nous avons utilisé deux mesures des désordres : un indice cumulatif des dégradations dans le voisinage[4] et un indice synthétique global[5] des types de désordres dans le voisinage. Il s'agit d'indicateurs statistiques : l'extension des incivilités étant bien plus vaste, il ne faudrait donc pas les y restreindre. Si le principe de constitution des indices est le même d'une enquête à l'autre, certains indicateurs font défaut pour Romans : le questionnaire a en effet été réduit dans sa durée. Les pourcentages ne peuvent donc pas être comparés directement d'une enquête à l'autre.

Nous avons rassemblé, à Saint-Étienne, les 28 quartiers de la ville en 4 classes sur la base des indicateurs sociaux disponibles à la Caisse d'allocations familiales. Chaque quartier obtenait un score à partir du nombre moyen d'allocataires du RMI, de familles monoparentales, etc. Les quartiers qui appartiennent à la classe 1 sont les plus défavorisés et ceux qui appartiennent à la classe 4 les plus favorisés, les deux autres catégories étant intermédiaires. Pour Romans, étant donné la taille plus limitée de la ville et l'existence de 7 quartiers Insee, nous avons simplement utilisé 3 types de quartiers : le centre, le quartier d'habitat social de la Monnaie, les autres quartiers de la commune.

Les incivilités alimentent les inquiétudes

La peur personnelle ainsi que la peur altruiste sont très bien associées aux manifestations d'incivilité (tableau n° 1). La théorie de la vitre brisée semble se vérifier. Pour en prendre la mesure, les indicateurs d'inquiétude retenus sont de deux types : la peur d'une agression contre sa personne et la peur altruiste d'une agression, contre le conjoint et contre les enfants.

Les deux sont bien corrélés avec les petites dégradations, alors même qu'on sait que les deux populations inquiètes (pour soi/pour les proches) sont très différentes en termes d'âge et de sexe puisqu'elles présentent un profil renversé. En effet, les personnes âgées ont peur pour elles, tandis que ce sont les adultes ayant de jeunes enfants qui ont peur pour les autres, ils se soucient pour leurs enfants, leurs parents[6].

Que l'on considère la peur pour soi ou pour les autres (tableau n° 1), on trouve qu'elle augmente avec la fréquence des désordres dans le voisinage. On voit ainsi que 53 % des personnes qui constatent des dégradations fréquentes dans le voisinage ont peur d'une agression contre 22 % de ceux qui en constatent rarement, soit 30 points d'écart. On retrouve une différence comparable (83 % contre 52 %) avec la peur pour ses proches.

TABLEAU N° 1 — Indice global de dégradations dans le voisinage et inquiétudes à Saint-Étienne

	Indice de dégradations dans le voisinage			
	Fréquentes	Moyennes	Rares	V de Cramer/p
Peur pour soi d'une agression (fréquemment + quelquefois)	53	38	22	V = 0,23 p = 0,000
Peur pour ses proches d'une agression (fréquemment + quelquefois)	83	67	52	V = 0,23 p = 0,000

Les coefficients servent à s'assurer de l'intensité des corrélations (V de Cramer) et de leur robustesse (p). Plus le V est proche de 1, plus la liaison est forte ; plus le p est proche de 0, plus la robustesse est certaine.
Les cases présentent les pourcentages de personnes qui ont répondu. Ainsi, les 53 % dans la case en haut à gauche donnent la proportion de ceux qui ont personnellement peur d'une agression (fréquemment et quelquefois) alors que les dégradations dans le voisinage sont fréquentes.

Nous avons voulu nous assurer que les variables de sexe, d'âge, d'orientation politique et de zone d'habitation, qui agissent sur le niveau de crainte, n'étaient pas ce qui se cachait derrière les mesures des désordres. Pour ce faire, nous les avons contrôlées, c'est-à-dire que nous avons recalculé les liaisons statistiques dans des sous-groupes de population. La taille de l'échantillon nous a obligé à réduire le nombre de types de quartier à 3 (quartiers défavorisés ou zone 1, zone centre, autres quartiers). Les non-réponses et la constitution de l'indice font chuter les effectifs à 870 personnes pour la ville de Saint-Étienne (tableau n° 2).

On voit dans le tableau n° 2 que toutes les sous-populations, par exemple les hommes, les gens qui résident dans un quartier défavorisé ou les personnes de moins de 35 ans, etc., sont plus apeurées lorsque les dégradations sont fréquentes dans leur voisinage. Prenons par exemple les habitants des zones défavorisées : ils sont 61 % à exprimer une crainte d'agression lorsque leur voisinage immédiat est dégradé contre seulement 25 % lorsque les désordres sont très rares.

Si l'on se penche sur le deuxième aspect de la peur, celle qui est exprimée pour les proches — le conjoint ou la conjointe, le(s) enfant(s) au domicile —, on remarque aussi que les fréquences des dégradations et de l'inquiétude sont associées. Les résultats sont plus fragiles statistiquement que pour la peur personnelle puisque la population concernée est plus restreinte (il faut avoir un conjoint et/ou des enfants, n = 581), mais les seuils de significativité des corrélations (la valeur des « p ») sont corrects dans l'ensemble[7], sauf pour la sous-population de gauche, les pourcentages évoluant toutefois dans le sens attendu : plus de désordres implique plus de crainte.

Ainsi, par exemple, dans le tableau n° 3, on remarque que les personnes des quartiers défavorisés de Saint-Étienne sont 81 % à exprimer une crainte d'agression pour leurs proches lorsque les dégradations sont fréquentes dans le voisinage contre 38,5 % si elles sont rares.

À Romans, nous obtenons des résultats identiques pour la peur personnelle d'une agression. L'introduction d'une variable dichotomique quant aux revenus des ménages, seule différence de méthode par rapport à Saint-Étienne, ne modifie pas le portrait d'ensemble. La variable synthétique « indice de dégradation » résiste aux contrôles réalisés. On voit ainsi dans le tableau n° 4 que, par exemple, chez les personnes qui déclarent moins de 7 500 francs net par mois de revenus pour leur ménage, la crainte varie énormément suivant les dégradations qui touchent leur voisinage : ils sont 15,5 % à avoir peur d'une agression pour leurs proches lorsque les dégradations sont rares et 39 % lorsqu'elles sont fréquentes, soit une multiplication par plus de deux du pourcentage.

Prenons un dernier exemple de tensions relationnelles et non plus de signes matériels. Une enquête précédente, menée à Grenoble cette fois, portait sur les relations entre jeunes et commerçants, notamment sur les craintes, mais aussi l'aide apportée : au centre-ville, les commerçants nourrissent les chiens des jeunes marginaux, leur fournissent des petits boulots, etc. Un ensemble représentatif de 632 commerçants et artisans, employés ou patrons, ont été interrogés[8]. Nous avions trouvé de bonnes corrélations entre les incivilités et l'inquiétude.

Les artisans et commerçants sont confrontés à des difficultés avec les clients, il s'agit le plus souvent d'altercations verbales. Les incidents imputés aux jeunes dans le commerce font basculer les opi-

TABLEAU N° 2 — Les dégradations dans le voisinage et l'inquiétude à Saint-Étienne. Contrôles

	Indice de dégradations			
Peur d'une agression Pour soi (% frqt + qqfois)	Fréquentes	Moyennes	Rares	Tau B p
Population totale (N = 870)	69,5	59,1	38,4	0,23 0,0000
Hommes (N = 403)	56,3	47,7	27,6	0,22 0,005
Femmes (N = 467)	82,1	69,4	47,1	0,26
– de 35 ans (N = 324)	69,6	58,7	33,1	0,28 0,0001
35-55 ans (N = 263)	63,3	50,0	35,9	0,19 0,001
+ 55 ans (N = 283)	80,8	68,5	45,9	0,25 0,0001
Gauche (N = 256)	68,0	50,5	30,4	0,27 0,0001
Droite avec FN (N = 190)	76,2	71,1	39,2	0,31 0,0001
Droite sans FN (N = 154)	80,0	66,7	35,7	0,33 0,0001
Quartiers Zone 1 = défavorisé (N = 117)	61,2	41,7	25,0	0,25 0,004
Quartiers Zone centre (N = 206)	71,4	62,6	29,9	0,33 0,0001
Quartiers autres (N = 547)	75,9	61,4	42,3	0,22 0,0001

Les coefficients servent à s'assurer de l'intensité des corrélations linéaires (Tau B de Kendall) et de leur robustesse (p). Plus le Tau B est proche de 1, plus la liaison est forte ; plus le p est proche de 0, plus la robustesse est avérée.
Les cases présentent les pourcentages de personnes qui ont répondu. Ainsi, les 69,5 % dans la case en haut à gauche donnent la proportion de ceux qui ont peur d'une agression pour leurs proches (fréquemment et quelquefois) alors que les dégradations dans le voisinage sont fréquentes.

nions : on pense moins à aider. Déclarer que les jeunes sont auteurs de violences dans le commerce est naturellement corrélé avec la crainte ressentie dans le local commercial[9]. Mais, comme on le voit

TABLEAU N° 3 — La peur pour les proches à Saint-Étienne. Contrôles

	Indice de dégradations			
Peur pour ses proches d'une agression (% frqt + qqfois)	Fréquentes	Moyennes	Rares	Tau B p
Population Totale (N = 581)	83,2	66,5	51,6	0,14 0,0001
Hommes (N = 275)	84,8	67,2	52,3	0,15 0,009
Femmes (N = 306)	81,6	66,0	50,9	0,13 0,02
– de 35 ans (N = 189)	77,1	60,3	45,7	0,21 0,01
35-55 ans (N = 230)	89,1	65,1	58,7	0,13 0,04
+ 55 ans (N = 283)	78,6	74,1	50,7	0,21 0,006
Gauche (N = 170)	70,6	61,5	49,3	ns*
Droite avec FN (N = 122)	93,3	78,8	56,1	0,18 0,03
Droite sans FN (N = 97)	99,0	86,3	73,0	0,22 0,03
Quartiers Zone 1 = défavorisé (N = 85)	81,1	54,3	38,5	0,13 0,021
Quartiers Zone centre (N = 130)	85,0	65,7	48,8	0,12 0,02
Quartiers autres (N = 366)	84,2	69,6	53,3	0,16 0,001

Les cases présentent les pourcentages de personnes répondantes. Ainsi, les 83,2 % dans la case en haut à gauche donnent la proportion de ceux qui ont peur d'une agression pour leurs proches (fréquemment et quelquefois) alors que les dégradations dans le voisinage sont fréquentes.
*Coefficient non significatif.

dans le tableau n° 5, la corrélation se renforce encore lorsqu'on ne parle plus de violence mais simplement de difficultés rencontrées avec les jeunes[10]. Ainsi, 25 % des personnes qui n'ont jamais de difficultés avec les jeunes sont « toujours ou quelquefois en insécurité » dans leur

TABLEAU N° 4 — La peur personnelle d'une agression à Romans suivant la fréquence des dégradations dans le voisinage (1998 et 2000). Contrôles

	Indice de dégradations			
% de fréquemment + qqfois	Fréquentes	Moyens	Rares	Tau B p
Population totale (N = 1 251)	33,3	20,7	12,8	0,20 0,000
Hommes (n = 568)	22,7	15,2	9,1	0,14 0,001
Femmes (n = 683)	42,5	25,4	15,8	0,26 0,000
– de 35 ans (n = 407)	30,8	16,7	12,2	0,22 0,000
35-54 ans (n = 404)	32,0	23,8	16,0	0,17 0,000
+ 54 ans (n = 440)	38,7	21,4	10,9	0,21 0,000
Revenus < 7 500 F (n = 442)	39,0	26,0	15,4	0,22 0,000
Revenus > 7 500 F (n = 809)	29,3	18,1	11,5	0,18 0,000
Quartier Monnaie = défavorisé (n = 184)	39,8	19,1	15,4	0,20 0,002
Quartiers Zone centre (n = 241)	36,6	23,6	18,8	0,21 0,000
Quartiers autres (N = 825)	28,3	20,2	10,8	0,20 0,000

Les cases présentent les pourcentages de personnes qui ont répondu. Ainsi, les 33,3 % dans la case en haut à gauche donnent la proportion de ceux qui ont peur d'une agression (fréquemment et quelquefois) alors que les dégradations dans le voisinage sont fréquentes.

commerce contre 67 % de ceux qui déclarent rencontrer « souvent ou assez souvent » des difficultés : c'est donc 2,5 fois plus fréquent.

Revenons à l'enquête de Saint-Étienne. L'indice synthétique « gênes par les voisins » rassemble les informations sur le quartier en affectant une note moyenne d'appréciation qui est « pas de gêne », « un type » ou « deux types et plus » en fonction du nombre d'élé-

TABLEAU N° 5 — L'inquiétude des commerçants suivant les difficultés rencontrées avec les jeunes à Grenoble en 1990

	Vous sentez-vous en insécurité dans votre commerce ?	
Rencontrez-vous des difficultés avec les jeunes ?	toujours, quelquefois	rarement ou jamais
souvent + assez souvent	68	32
rarement	44	56
jamais	25	75

Source : Roché, 1990.
Les cases présentent les pourcentages de personnes qui ont répondu. Ainsi, les 68 % dans la case en haut à gauche donnent la proportion de ceux qui, rencontrant souvent ou assez souvent des difficultés avec les jeunes, se sentent en insécurité (toujours et quelquefois).

ments rapportés par l'enquête. Les personnes qui ne sont pas gênées par les voisins sont 71 %, 18 % déplorent une gêne et 12 % deux et plus. Les personnes âgées sont peu gênées par les voisins (6 % donnent 2 gênes et plus) au regard des plus jeunes (qui sont 16 % à noter 2 gênes et plus), les ouvriers et employés sont 18 % dans le même cas contre 6 % des cadres et intermédiaires. Et, bien sûr, les problèmes sont plus aigus pour les locataires de HLM et les personnes résidant dans les quartiers défavorisés (29 % donnent 2 gênes et plus contre 12 % en moyenne)[11].

Mais surtout, on peut facilement voir l'effet cumulatif des désordres. Prenons le cas des rassemblements de jeunes. Il est clairement perçu comme une difficulté dans les quartiers défavorisés et par les locataires de HLM hors du centre-ville, ce qu'on appelle « les banlieues ». L'âge le plus tolérant vis-à-vis de ces rassemblements est donc compris entre 18 et 24 ans — seuls 33 % disent qu'il s'agit d'un problème — mais très vite les choses évoluent puisque les 25-34 ans sont déjà 46 %. Ces rassemblements sont plus mal perçus par les personnes de 35-44 ans que par toutes les autres classes d'âge, ce que confirme la variable de situation du foyer : les couples avec enfants sont 56 % à s'en plaindre contre 40 % des personnes seules sans enfants et 33 % des étudiants. Plus on vit réellement dans les espaces collectifs du quartier, plus on est affecté.

On remarque que le jugement porté sur la gravité des rassemblements de jeunes est corrélé à la fréquence des gênes perçues dans le voisinage. Il y a là un effet d'accumulation : la gravité estimée est d'autant plus intense que les gênes ressenties sont multiples (tableau n° 6)[12]. Lorsque, d'une manière générale, elles ne sont pas gênées par les voisins, les personnes estiment que « les jeunes qui se rassemblent ne constituent pas un problème » à 53 %. Mais, si elles sont beaucoup gênées par les voisins, ce qui correspond à pointer deux types de gênes, le pourcentage tombe à 25 %. Plus qu'un jugement moral en soi, il s'agit d'une opinion influencée par l'exposition des personnes à différents désordres.

TABLEAU N° 6 — La perception des rassemblements de jeunes comme un problème grave suivant les autres gênes perçues à Saint-Étienne en 1995

	Gêné par les voisins		
Les jeunes qui se rassemblent, constituent	Pas de gêne	Un type de gêne	Deux types de gênes et +
Un problème grave	13	12	33
Un problème	21	17,5	25
Un problème peu grave	13	15,5	17
Ce n'est pas un problème	53	55	25

Les cases présentent les pourcentages de personnes qui ont répondu. Ainsi, les 13 % dans la case en haut à gauche donnent la proportion de ceux qui, ne déclarant pas de gêne de leurs voisins, estiment que les rassemblements sont un problème grave.

Les variables de genre, ou encore la participation associative, n'introduisent pas de différence statistiquement significative dans les perceptions. Le fait que le sexe n'influe pas sur la perception des dégradations ou que l'âge n'ait pas de relation linéaire[13] indique qu'il ne s'agit pas d'indicateurs redondants avec celui de la peur personnelle[14]. En effet, on sait que les femmes sont plus craintives que les hommes. On pourrait donc imaginer que les femmes perçoivent plus d'incivilités dans leur voisinage. Or elles ne le font pas. Leur crainte ne vient donc pas colorer leur perception de leur environnement physique. Enfin, la fréquence des dégradations dans leur voisinage augmente leur sentiment d'insécurité. De la même manière, les personnes âgées sont plus apeurées que les jeunes. Mais ils ne projettent pas cette peur dans leur voisinage au point de découvrir plus de désordres autour de chez eux : en effet, ce sont les jeunes qui remarquent le plus les incivilités.

On peut donc affirmer que la mesure des incivilités affecte celle du sentiment d'insécurité, mais on ne saurait dire que les deux dimensions sont des mesures redondantes de la même chose. Et l'on ne peut pas faire l'hypothèse que la vulnérabilité[15] corporelle ou sociale soit projetée dans l'environnement. Le désordre perçu dans le voisinage ne peut être apparenté purement et simplement à une crainte ressentie subjectivement, même si le premier affecte la seconde. L'inactivité de la variable d'associativité milite dans le même sens : l'isolement et la vulnérabilité sociale de ceux qui se coupent de la vie collective locale ne sont pas un facteur de perception différente de la fréquence des incivilités.

Les incivilités changent les comportements humains

Nous avons présenté les relations entre la fréquence des incivilités et l'inquiétude. Mais si la peur n'était présente que dans la tête des gens sans avoir d'effet sur leurs actes ou leurs relations avec les pouvoirs publics, on pourrait penser qu'il n'y a là rien de bien sérieux. Or ce qu'il faut mesurer, c'est précisément le changement des conduites. Et l'on découvre que les comportements d'adaptation sont statistiquement étroitement liés d'une part à la fréquence des incivilités et d'autre part à la confiance dans les institutions publiques.

Un des aspects notables consiste en l'adoption de conduites adaptatives. Pour les mesurer, nous avons utilisé plusieurs indicateurs. Le plus important est sans doute constitué par la question suivante « À la suite des incidents ou des violences dont on a parlé, avez-vous pris des précautions particulières ? » et notamment « Avez-vous déménagé ? »[16]. Nous n'avons pas demandé aux personnes les raisons pour lesquelles elles désirent déménager si elles ne l'ont pas encore fait. À partir des entretiens qualitatifs menés sur le sujet, nous avons remarqué que les personnes donnent les raisons en fonction de leurs valeurs, de leur sensibilité politique. Ainsi, à gauche, notamment pour les gens qui sont venus volontairement dans un quartier populaire, il ne convient pas de dire qu'on part pour des questions liées à la sécurité. En rapprochant simplement leurs déclarations sur la qualité de l'environnement du logement et sur le désir de partir on contourne certaines déclarations pénibles à faire.

D'une manière générale, les incidents ont poussé une petite proportion de personnes à déménager : à Saint-Étienne, 3,5 % de l'échantillon reconnaît l'avoir fait « à cause des incidents », et 6,3 % à l'avoir fait pour « d'autres raisons ». Par précaution méthodologique, nous les avons isolés du reste des enquêtés : puisqu'ils ont déménagé, on ne va pas leur demander s'ils veulent le faire[17]. Il reste donc dans l'échantillon tous ceux qui n'ont pas déménagé. La majorité ne désire pas, à un moment donné, quitter les lieux. On ne peut savoir pourquoi dans l'enquête et l'on ne peut pas dire que tout le quartier veuille s'en aller. Cependant, la part de ceux qui désirent partir ou essaient de le faire est étroitement liée à la fréquence des dégradations : le désir de déménager existe, à Saint-Étienne, pour 32 % des résidants de voisinage où les dégradations sont fréquentes contre seulement 2 % là où elles sont rares (tableau n° 6). Et dans la commune de Romans, les chiffres sont respectivement de 25 et 8 %. Certes, il ne s'agit pas de dire que nous avons isolé la seule cause du désir de départ, on peut aussi invoquer la taille du logement, le nombre d'enfants, etc., et ces autres causes n'ont pas de raison d'être liées à la fréquence des désordres dans l'environnement.

TABLEAU N° 7 — Le souhait de déménager à Saint-Étienne (1995) et à Romans (1998 et 2000)

	Indice de dégradation			Tau B p
Déménager ? (Saint-Étienne)	Fréquentes	Moyennes	Rares	
J'essaie/je désire (%)	32	7	2	0,36
Je ne désire pas (%)	68	93	98	p = 0,000
Déménager ? (Romans)				
J'essaie/je désire (%)	25	10	8	0,16
Je ne désire pas (%)	75	90	92	p = 0,000

Ce tableau ne contient que les personnes qui n'ont pas déménagé et pourraient vouloir le faire : les autres ont eu l'occasion de quitter les lieux lorsqu'ils désiraient le faire. Les cases présentent les pourcentages de personnes répondantes. Ainsi, les 32 % dans la case en haut à gauche donnent la proportion de ceux qui essaient ou désirent déménager alors que les dégradations dans le voisinage sont fréquentes.

On peut faire l'hypothèse que les déprédations qui touchent un quartier sont un des moteurs d'adaptation du comportement, autant sinon plus que les cambriolages ou les vols d'automobiles, non pas du fait de leur gravité mais par leur répétition. Lorsqu'on regarde l'effet statistique sur le désir de déménager on constate, à Saint-Étienne, que le cambriolage n'en a pas de significatif au contraire des dégradations. Même si l'on considère un type de délit qui affecte le désir de partir du quartier comme le vol lié à l'automobile — vol de véhicule et dans le véhicule —, la corrélation est moins bonne qu'en prenant en considération les dégradations du voisinage.

À Romans, il en va de même : l'indice de dégradation du voisinage et l'indice général de désordres sont liés au désir de déménagement[18] tandis que le cambriolage ne l'est pas ; et même en créant un indice de « victimation grave » (cambriolage + agression + vol de voiture), on n'obtient pas de liaison statistique avec le désir de déménager. En termes de gravité perçue, le cambriolage, qui est vécu comme un viol de l'intimité, est plus douloureusement ressenti. Il est corrélé au sentiment d'insécurité[19]. Mais, sans doute parce que de nombreuses familles sont attachées à leur logement, ces cambriolages ne sont pas associés au désir de départ. C'est très important, car on voit que le désir de fuite, qui alimente la ségrégation spatiale, est corrélé à des événements qui se jouent dans les espaces collectifs[20].

Parmi les personnes qui n'ont pas déménagé, considérons celles qui n'ont pas mis en œuvre le moyen radical de se soustraire au contexte de vie dégradé, à savoir partir. Les gens qui n'ont pas déménagé sont ceux qui ne le souhaitent pas encore et ceux qui le souhaitent sans pouvoir le faire. Par définition, la frustration du désir de départ suppose d'autres réactions pour s'adapter : puisqu'on ne peut pas partir, on va chercher d'autres parades. En dehors du déménagement, nous avions proposé une série de possibilités, notamment « évitez-vous certains lieux ? » On découvre que l'évitement devient deux fois plus fréquent dans les espaces les plus marqués par les désordres si on les compare à ceux qui le sont moins. En effet, 63 % des personnes vivant dans un voisinage marqué par les petites dégradations évitent des lieux publics contre 30 % chez ceux qui résident là ou elles sont rares (tableau n° 8).

Une autre réaction possible est de se manifester auprès des services estimés compétents. Pour les dégradations, on peut essayer d'alerter l'office HLM. L'enquête ne dit pas comment les personnes s'y sont prises, mais on constate que les demandes d'intervention sont d'autant plus fréquentes que les dégradations sont envahissantes (tableau n° 8) : on s'adresse alors plus souvent à l'organisme logeur (33 % l'ont fait lorsque les dégradations sont fréquentes et 10 % lorsqu'elles sont rares) et à l'élu local bien que dans une moindre mesure (13 % l'ont fait lorsque les dégradations sont fréquentes et 3 % lorsqu'elles sont rares). Dans l'enquête de Romans, on remarque que, comme à Saint-Étienne, les personnes font d'autant plus appel à la mairie qu'elles

TABLEAU N° 8 — La rétraction et la prise de parole à Saint-Étienne en 1995 (personnes n'ayant pas déménagé à la suite des incidents énumérés dans le questionnaire)

	Indice de dégradations dans le quartier			V Cramer p
	Fréquentes	Moyennes	Rares	
Évitez-vous certains lieux publics ? (% oui)	63	44	30	0,23 0,0000
Avez-vous renforcé votre porte ? (% oui)	35	33	25	0,10 0,04
Vous êtes-vous adressé à l'organisme logeur ? (% oui)	33	17	10	0,24 0,003
Vous êtes-vous adressé à la Mairie ou à un élu local ? (% oui)	13	8	4	0,11 0,02

Les cases présentent les pourcentages de personnes répondantes. Ainsi, les 63 % dans la case en haut à gauche donnent la proportion de ceux qui évitent certains lieux alors que les dégradations dans le voisinage sont fréquentes.

sont dans un voisinage marqué par les désordres : ainsi, lorsqu'ils sont classés par l'indice synthétique de désordres dans la catégorie « rares », ils ne sont que 6 % à s'adresser à la mairie contre 12 % dans la catégorie « moyenne » et 16 % dans la catégorie « fréquents[21] ». Il ne faudrait pourtant pas laisser penser qu'il y a là une mécanique simple qui conduit toute personne gênée à le faire savoir. Les catégories sociales qui se font le plus entendre du maire ne sont pas nécessairement celles qui comptent le plus de membres exposés aux désordres. En effet, les Romanais propriétaires de leur logement sont 20 % à avoir interpellé la mairie contre en moyenne 11 % et seulement 9 % dans le quartier d'habitat social de la Monnaie. Dans le même ordre d'idées, parmi l'ensemble des Stéphanois exerçant une activité, moins de 5 % des ouvriers disent s'être adressés à la mairie contre 10 % des professions intermédiaires. Et parmi des locataires stéphanois, 12 à 13 % des ouvriers et employés l'ont fait contre 19 % chez les professions intermédiaires.

Incivilités et organisations publiques

La fréquence spatiale des désordres détermine aussi la perception des organisations publiques, des professionnels de la sécurité ou de ceux qui en ont la charge. Le maire, le policier, le magistrat ou le travailleur social peuvent croire leur image dépendante de la qualité de leur action selon les critères de professionnels du secteur. Ce paramètre intervient sûrement. Mais les résultats montrent que l'évaluation de leur action par les « profanes » est corrélée aux incivilités.

On a ainsi demandé aux Stéphanois s'ils pensaient que la police, la justice, puis les travailleurs sociaux « s'occupent bien des problèmes qu'on leur soumet ». Il s'agit d'une mesure indirecte de satisfaction générale mais appliquée aux autorités que l'on côtoie. Aux Romanais, nous avons demandé s'ils ont « confiance » dans les institutions que sont la police, la justice, la mairie et dans les travailleurs sociaux. Nous ne nous intéressons pas ici au score de satisfaction en lui-même, qui est fonction des attentes — on est d'autant plus satisfait qu'on n'attend rien — et mériterait une analyse à part entière.

Les deux organisations les plus importantes pour les personnes interrogées sont la police et la mairie. Le maire est l'institution la plus proche du citoyen. Malheureusement, aucune question n'avait été prévue sur le maire dans l'enquête de 1995, seule celle de 1998 l'a pris en compte. Ensuite, les fonctionnaires de police, par leur nombre, mais aussi par le fait qu'ils reçoivent les plaintes, sont les plus présents localement, notamment par rapport à la figure plus lointaine du magistrat, et ce d'autant plus qu'on cumule implicitement police nationale et municipale.

Les variations de la satisfaction en fonction du nombre de désordres dont le voisinage est affecté est net. Au fur et à mesure de la pression croissante des incivilités, les opinions favorables sont divisées par 4 pour les policiers, par 3 pour la justice et par 2 pour les travailleurs sociaux (tableau n° 9). Ainsi, de 57 % d'opinions positives pour la police dans les espaces rarement affectés on tombe à 15 % dans les voisinages très touchés par les désordres.

Nous avons voulu nous assurer que les variables de sexe, d'âge, d'orientation politique et de zone d'habitation, qui sont corrélées aux jugements portés sur les institutions, n'étaient pas ce qui se cachait derrière les mesures des désordres. Nous ne présentons ici que les résultats pour la police (tableau n° 10).

TABLEAU N° 9 — Les opinions sur les professionnels de la sécurité en fonction des désordres à Saint-Étienne (1995)

S'occupe bien des problèmes qu'on lui soumet	Indice global de désordres* Rares	Moyens −	Moyens +	Fréquents −	Fréquents +	Tau B p
Police % oui	57	47	41	27	15	0,24 .000
Justice % oui	50	37	27	18	16	0,25 .000
Travailleurs sociaux % oui	77	73	65	58	37	0,22 .000

* Il s'agit du nombre de types de désordres dans le voisinage.
Les cases présentent les pourcentages de personnes qui ont répondu. Ainsi, les 57 % dans la case en haut à gauche donnent la proportion de ceux qui pensent que la police s'occupe bien des problèmes alors que les dégradations dans le voisinage sont rares.

La relation entre la fréquence des désordres dans le voisinage et le jugement sur l'activité policière se maintient pour les différentes sous-populations découpées suivant le sexe, l'âge, l'orientation politique et le quartier de résidence. Par exemple, on voit que dans les quartiers défavorisés, si le voisinage immédiat est peu marqué par les désordres, il y a 37 % des gens qui ont une opinion positive de la police, mais que ce pourcentage tombe à 16 % lorsqu'ils deviennent fréquents. C'est également vrai dans les quartiers plus résidentiels hors du centre-ville (« quartiers autres ») : le pourcentage passe de 58 à 32 %. Cela signifie que les incivilités sont associées à l'image de la police, qu'on se situe ou non dans les quartiers défavorisés. Autrement dit, prendre en compte le quartier de résidence (central, résidentiel aisé ou « banlieue ») n'annule pas l'effet lié à la concentration des désordres dans le voisinage tout proche de l'enquêté. Bref, à l'intérieur des quartiers défavorisés, le fait d'être plus ou moins témoin des incivilités affecte l'image de l'institution policière. Tout comme c'est le cas à l'intérieur du centre-ville ou encore des espaces plus favorisés. Décrire les corrélations entre perceptions des incivilités et des institutions publiques ne se limite pas à opposer les quartiers les plus riches aux quartiers les plus démunis.

Si l'on s'intéresse aux autres métiers, à savoir le judiciaire ou le travail social, les corrélations supportent également les contrôles.

Cependant, il y a une exception pour les quartiers défavorisés (de type 1) avec les travailleurs sociaux : bien que les pourcentages évoluent dans le sens attendu, la corrélation n'est pas significative, en partie du fait du nombre plus élevé de non-réponses à l'égard de ces professionnels. Ils sont moins bien identifiés par la population qui préfère ne pas répondre à cette question du sondage.

L'enquête de Romans donne des résultats convergents. Les résultats sur l'ensemble de l'échantillon sont comparables et les relations statistiques entre confiance attribuée à la police et incivilités perçues résistent aux contrôles par sexe, âge, quartier de résidence et même revenus du ménage. La formulation de la question qui porte cette fois sur la confiance ne constitue pas un indicateur différent.

Pourtant, une différence entre Saint-Étienne et Romans apparaît, non pas pour les corrélations entre désordres et opinions vis-à-vis de la police dans chaque sous-groupe, mais en ce qui concerne les écarts moyens entre quartiers. Si l'on compare les scores de la police, on constate que, à niveau égal de désordres (par exemple en lisant les résultats dans la colonne « rares »), ils varient beaucoup, du simple au double, entre les quartiers défavorisés et le reste de la ville à Saint-Étienne tandis qu'ils varient moins à Romans, 73 % à la Monnaie, le quartier le plus défavorisé, contre 60 % pour chacun des deux autres groupes de quartiers. Cet effet reste avéré dans les opinions sur la mairie (voir plus bas). Avec la taille de la ville, c'est probablement l'intensité des différences socio-économiques entre quartiers qui s'accroît considérablement. Leurs effets statistiques viennent se combiner à ceux des désordres proprement dits.

Les opinions sur la mairie s'avèrent également corrélées à la fréquence des désordres. Le tableau n° 11 présente les résultats[22]. On retrouve le portrait d'ensemble déjà esquissé : les incivilités dans l'environnement du logement font chuter la cote de confiance. Et les résultats sont validés pour les différentes sous-populations.

Un point particulier mérite d'être noté. La variable d'âge est étroitement liée au degré de confiance dans la mairie, voire même dans la police. Les plus âgés, on le sait, ont plus confiance dans les institutions. En conséquence, le contrôle de l'âge altère les corrélations obtenues. Cependant, les pourcentages évoluent dans le même sens pour la population de 35 ans et plus que pour l'ensemble des autres sous-populations : plus de désordres engendre moins de confiance. Notons également que, chez les plus jeunes, la relation statistique entre la confiance et les désordres perçus est maintenue. Pour les plus de 54 ans, la relation évolue de manière identique, mais les coefficients sont moins forts. Il semble donc que pour les plus âgés, qui

TABLEAU N° 10 — Les opinions sur la police en fonction des désordres dans le voisinage à Saint-Étienne (1995). Contrôles

	Indice global de désordres			
La police s'occupe bien des problèmes qu'on lui soumet (% oui)	Rares	Moyens	Fréquents	Tau B p
Population totale (N = 688)	57	44	24	0,22 0,0000
Hommes (N = 324)	60	43	27	0,22 0,0000
Femmes (N = 364)	55	45	21	0,22 0,0000
– de 35 ans (N = 262)	46	32	25	0,14 0,02
35-55 ans (N = 208)	60	52	22	0,25 0,0000
+ 55 ans (N = 218)	63	51	25	0,22 0,001
Gauche (N = 208)	38	39	19	0,15 0,03
Droite avec FN (N = 155)	72	57	18	0,34 0,0000
Droite sans FN (N = 123)	73	60	24	0,31 0,0001
Quartiers Zone 1 = défavorisé (N = 92)	37	39	16	0,36 0,0004
Quartiers Zone centre (N = 160)	62	48	30	0,21 0,005
Quartiers autres (N = 436)	58	43	32	0,17 0,0001

Les cases présentent les pourcentages de personnes qui ont répondu. Ainsi, les 57 % dans la case en haut à gauche donnent la proportion de ceux qui pensent que la police s'occupe bien des problèmes alors que les dégradations dans le voisinage sont rares.

sont aussi les moins présents dans les espaces publics, comme nous l'avons déjà souligné, les incivilités ne soient pas une variable associée de manière aussi nette à leur confiance dans les institutions.

TABLEAU N° 11 — Les opinions sur la mairie en fonction des désordres dans le voisinage à Romans (1998 et 2000).
Contrôles

	Indice global de désordres			
La mairie (% tout à fait confiance)	Rares	Moyens	Fréquents	Tau B p
Population Totale (N = 1 124)	52	44	31	0,15 0,000
Hommes (N = 512)	49	40	24	0,19 0,000
Femmes (N = 612)	54,2	47	38	0,11 0,002
– de 35 ans (N = 381)	42	30	26	0,14 0,003
35-4 ans (N = 361)	51	41	31	0,13 0,003
+ 54 ans (N = 382)	60	61	43	0,09 0,05
Revenus < 7 500 F (N = 400)	53	48	33	0,17 0,000
Revenus > 7 500 F (N = 724)	52	42	30	0,14 0,000
Quartier Monnaie (N = 165) (défavorisé)	57	37	32	0,17 0,01
Quartiers Zone centre (N = 214)	56	33	29	0,19 0,002
Quartiers autres (N = 744)	52	44	31	0,15 0,000

Les cases présentent les pourcentages de personnes répondantes. Ainsi, les 52 % dans la case en haut à gauche donnent la proportion de ceux qui pensent qu'on peut faire tout à fait confiance à la mairie alors que les dégradations dans le voisinage sont rares.

Insistons encore une fois sur le fait que le contrôle du type de quartier de la ville où l'enquêté réside n'annule pas la corrélation. Si cela avait été le cas, il aurait fallu en conclure que la corrélation entre fréquence des incivilités et confiance dans les institutions ne faisait que reprendre un clivage social transposé au plan spatial : les riches et les pauvres n'habitent pas les mêmes lieux. Or, il s'avère que si les plus démunis sont bien plus souvent rassemblés dans les mêmes quartiers, la corrélation persiste à l'intérieur de ces quartiers, mais aussi à l'extérieur. Les incivilités altèrent la perception des institutions publiques, en haut, au milieu ou en bas de l'échelle sociale.

Professionnels et habitants confrontés aux désordres

Par les entretiens, on peut entrer plus finement dans la compréhension des effets des incivilités sur le moral et sur la perception des institutions. Les désordres affectent la confiance que la population accorde aux services publics parce que ces derniers ne considèrent pas les problèmes avec le même sérieux. De plus, les incivilités altèrent également la volonté de s'impliquer des professionnels de terrain.

Le constat de la présence en masse des incivilités est fait systématiquement par les professionnels de terrain. Citons par exemple un chef d'agence HLM du centre de Grenoble : « Je m'occupe de l'OPALE depuis six ans et nous gérons 250 logements du centre-ville. Nous nous occupons tous les jours de sacs-poubelle qui traînent, d'urine dans les ascenseurs, de papiers et seringues au sol, de mobilier ou de machines à laver dans les cours. Le matériel électrique est constamment dégradé, les vitres démontées, et puis il faut parler des graffitis ! Il y en a partout. » À Grenoble, un animateur de MJC confie : « Des jeunes squattaient, ils avaient monté une salle de musculation et cela faisait beaucoup de bruit. Ils ont accepté de partir, mais sont venus à l'OPAC pour menacer le personnel en disant : "on vous attendra quand vous sortirez de l'agence, vous avez à faire attention à vous". » Et, même si le chef d'agence estime que « parmi eux, très peu passeront aux actes », il juge que « c'est fatigant ». À Argenteuil, le responsable environnement d'une société de transport en commun raconte son expérience : « Depuis 1995, on s'est aperçu qu'on avait des problèmes d'incivilité. On travaille dans des quartiers difficiles dits "sensibles", dans des grands ensembles. En été les gens sont dehors, il y a des jets de pierres et des agressions verbales à tout va. Il y a des cas de fraude. On dit toujours que ce sont les jeunes, et il est vrai qu'ils représentent le gros des agressions. Ils sont susceptibles et deviennent agressifs très rapidement. Les conducteurs souffraient d'agressions verbales et les clients commençaient à déserter les lignes car eux aussi avaient ce sentiment d'insécurité. »

On peut décrire le discours des professionnels sous deux rubriques : d'une part, les perturbations causées à leur travail et d'autre part les perturbations comme objet de leur travail. Cette particularité explique que, chez ceux qui ont à répondre aux désordres — éduquer, réparer, etc. —, on repère deux attitudes contradictoires. D'un côté, les professionnels de terrain se disent démoralisés par les incivilités, et en cela on retrouve des effets comparables à ceux que l'on repère dans la population générale. Mais, d'un autre côté, leur position revient souvent à relativiser les difficultés du lieu où ils travaillent, ce qu'ils font d'autant plus volontiers qu'ils ont eu une expérience passée dans l'agglomération lyonnaise ou en région parisienne, et à penser que les habitants « exagèrent ». Au total, le discours tenu est un mélange d'exaspération et de relativisation.

Les professionnels du social hésitent à reconnaître la validité des arguments des particuliers. À Villefontaine : « Aux Roches, la population se sent en insécurité. On nous dit qu'on travaille avec la racaille. Ils ne veulent pas mettre leurs enfants au centre social car on a les jeunes à problème. Les jeunes eux-mêmes se sentent en insécurité. Il y a deux jeunesses qui ne se rencontrent pas, sauf à l'école. » D'autres le reconnaissent à leur manière, mettant plutôt l'accent sur l'exaspération que sur la peur : « Je n'ai pas le sentiment que les habitants se sentent en insécurité, ils sont en colère. Ils sont en colère d'avoir leurs pneus crevés ou leur hall dégradé. Mais ils sortent beaucoup, ils mènent leur vie. Ce sont les élus qui se sentent en insécurité par rapport à leurs promesses électorales sécuritaires. » Un bailleur nous explique : « Tout est relatif. À entendre certains, Villefontaine c'est terrible. Mais c'est de la gnognote comparé à Vaulx-en-Velin. Là-bas, ça brûle vraiment, il y a des émeutes. Ici, il n'y a que de petits voyous. » Dans un des établissements scolaires difficiles, on nous fait savoir que les personnels ne sont pas menacés et peuvent flâner dans la ville en sortant de leur travail.

Il y a une distorsion entre la perception du climat social par les habitants et les professionnels. Une attitude revient souvent chez ceux-ci : elle consiste à relativiser les difficultés que les habitants expriment. De leur propre aveu, ils ne comprennent pas très bien ce qui se passe : « La réputation des quartiers, et souvent même des îlots d'immeubles, varie souvent et tourne sans qu'on sache expliquer les changements » résume un travailleur social que nous avons rencontré. Lorsqu'on enquête en région parisienne, la relativisation, loin de s'atténuer, persiste. Il ne s'agit donc pas d'un simple décalage lié à l'expérience passée : « Le quartier du Val d'Argent Nord a une réputation qui n'est pas à la hauteur de ce qui se passe. Avant d'arriver ici, on vous dit des tas de trucs sur le quartier. Or ça fait presque dix ans que je suis là, on ne m'a jamais agressé. C'est vrai que lorsqu'on arrive et qu'il y a un regroupement de jeunes qui boivent de la bière, c'est plus insécurisant que si on arrive à un moment où il y a des mères de famille. Tout dépend du moment », indique le responsable d'une Maison pour tous d'Argenteuil.

Cette fracture entre une opinion publique insatisfaite qui voit un danger là où les professionnels ne le voient pas doit être réduite. Les habitants raisonnent à leur manière. Ils ne parlent pas uniquement de la gravité ou du caractère moralement condamnable des actes, mais des conséquences sur leur vie : « Le quartier des Roches se dégrade, aujourd'hui on ne peut plus vendre », dit une habitante du quartier. Lors d'un travail d'évaluation à Villeurbanne, nous avons entendu la même formulation du problème lors d'une réunion d'habitants du quartier des Brosses : « Ce n'est peut-être pas invivable, mais c'est invendable. » Or ce sont des ménages modestes qui sont devenus propriétaires dans les espaces les moins favorisés des villes et de leurs périphéries.

Un second élément d'explication est le fait que, comme les agents interrogés dans le Val d'Oise le reconnaissent, les habitants souhaitent être mieux entendus par les organisations dont ils estiment qu'elles doivent traiter les nuisances. D'après certaines personnes rencontrées, notamment la police, il n'y a pas de demande issue des particuliers qui n'obtienne de réponse. Il ne nous apparaît pas pensable qu'une telle situation soit vérifiée dans les faits (nous nous en sommes expliqués au chapitre 3), bien que les professionnels de guichet ou dans la rue puissent être actifs et préoccupés par les problèmes, avoir le sentiment de donner beaucoup d'eux-mêmes, de faire leur travail et de le faire bien. Lorsqu'un membre d'une structure dit répondre à toute demande, il pense inconsciemment « toute demande légitime », c'est-à-dire entrant dans le champ de compétence qu'il estime être le sien. Voilà une nuance qui change tout, surtout en matière d'incivilité. De plus, ce qui apparaît comme une réponse donnée par les institutions est sans doute perçu différemment par les particuliers : une plainte dont on ignore le cheminement, une intervention impuissante ou une réclamation traitée avec retard ne sont probablement pas des réponses satisfaisantes pour les habitants. Les désordres le plus souvent rapportés, en vain, par la population sont le bruit entre voisins (à la Maison de justice et du droit), les abandons d'épaves (à la police), les dégradations et salissures diverses (à la police, aux services techniques des mairies, aux gardiens d'immeubles), et les relations avec les jeunes (aux associations, à la police, aux gardiens).

Les organisations en première ligne

Pour les professionnels, les inconduites viennent perturber l'exercice d'une activité : faire circuler les voitures, les trains, assurer l'ordre public, loger, etc. Chaque organisation que nous avons rencontrée est touchée à sa manière. Un chef de gare dans le Val d'Oise explique : « Les gestes anonymes, comme les pieds dans la porte, les déclenchements de signal d'alarme, ça touche énormément de gens. Si l'on prend un retard de cinq ou six minutes, tout le trafic de pointe est perturbé, mais, au niveau du recensement que fait la police, il n'y a rien qui s'est passé. Il y a beaucoup de dégradations à la gare. Des graffitis, des carreaux cassés. Il y a de la casse de mobilier urbain, environ un abribus par semaine par exemple. » À la mairie, un agent des services techniques raconte : « En ce moment, le grand jeu c'est de dérégler les armoires à feu, ce qui cause d'indescriptibles embouteillages. Il y a aussi de la casse au centre de loisirs, ils ont cassé les buts de basket. » La police municipale ne se sent pas épargnée, un agent raconte : « On se fait insulter. Le plus souvent, c'est un accrochage verbal, par exemple des insultes mais pas des coups. On s'arrête, on essaye de discuter. Mais heureusement, on ne se fait pas insulter tous les jours. »

Les désordres qui remontent jusqu'aux agents apparaissent comme une surcharge de travail : décalés par rapport aux missions, elles ne méritent pas nécessairement l'attention. Comme nous l'explique un commissaire du Val d'Oise, « la police est un tamis et on ne peut pas prendre une plainte pour une odeur d'urine dans un escalier, des jeunes qui déboulent d'un ascenseur, la présence passive de personnes dans une cage d'escalier ».

Le malaise lié au désordre est souvent articulé à un statut, ou à une affectation jugée peu valorisante par la hiérarchie. Pour les professionnels, la question des incivilités est à cheval sur celle des conditions d'exercice de leurs métiers, de la considération dont ils sont l'objet de la part de leur employeur ou des autres personnes exerçant une activité ou simplement résidant dans le même espace. La perception d'un envahissement, dans le Val d'Oise, est reprise par de nombreux agents comme cet agent du service social de la SNCF : « Les graffitis sont une agression. Les graffitis tous les jours dans le train, ça met le moral à zéro. *Pourquoi ? Je comprends pour un siège lacéré, mais un dessin ?* Ce n'est pas un dessin. On ne ferait pas ça chez soi. C'est une dégradation, c'est un manque de respect, un mépris du matériel commun. Ça veut dire aussi qu'il y a un mépris des travailleurs d'Île-de-France alors qu'il y a des trains de luxe qui sont l'image de la SNCF. » On retrouve la même chose pour les autobus de la RATP : les machinistes sont fragilisés pour des raisons qui tiennent à leur statut interne et à leur relégation comme exécutants isolés[23].

À Grenoble, un animateur se plaint : « Les personnels de la MJC ne sont pas reconnus sur le quartier. Dans l'équipe, il y a beaucoup d'usure. Il est difficile de savoir si les dégradations, menaces, insultes, viennent de revendications précises ou d'un besoin de détruire. On ne peut pas tout signaler. » Enfin, il y a un aspect lié à la finalité du travail : « À quoi bon ? » finissent par se demander les agents d'entretien. À Villefontaine, les dégradations forcent les professionnels de l'entretien à répondre au coup par coup : personne ne semble en maîtriser le déroulement. Cela démoralise quelque peu les services techniques : les réparations consomment leur énergie, amputent leurs budgets et « foutent en l'air le prévisionnel ». Les agents doivent se motiver pour remplacer encore ce qui l'a déjà été plusieurs fois, ils se disent découragés. La question de la reconnaissance de leur travail et de son sens se pose à eux, et ils la retournent vers leur environnement social et professionnel.

Validité de la théorie de la vitre cassée en France

Ces résultats permettent de répondre à la première des deux questions impliquées dans la théorie de la vitre cassée, à savoir si la fréquence des incivilités augmente la méfiance et l'inquiétude.

En ce qui concerne la relation entre présence des désordres et peur de la population, il nous semble que les résultats présentés ici confortent la théorie. Il y a une « vitre cassée en France » en ce qui concerne la dynamique de la peur et de la méfiance. Plus de désordres, c'est plus d'inquiétude, un repli et une volonté de quitter les lieux. C'est aussi le sentiment d'être lâché par les pouvoirs publics. Les professionnels de terrain réagissent comme la population, ils se sentent isolés et sont démoralisés par la confrontation aux désordres. Un des facteurs du sentiment d'insécurité, mesuré ici par la peur personnelle et la peur pour les proches, réside bien dans la perception de désordres dans les espaces collectifs. Et quelle que soit la zone considérée, nous avons pu nous assurer que les relations décrites restaient vraies. Le contrôle statistique de la zone de résidence n'annule pas le rôle des incivilités, autrement dit, dans tous les espaces de la ville, qu'ils soient résidentiels ou non, préservés ou non, la pression relative des désordres modifie progressivement les opinions et les comportements de chacun.

Au-delà de nos données, on retrouve des observations qui confortent cette interprétation. Nous verrons au chapitre 7 l'enquête de l'INSEE sur dix villes françaises en 1993-1994, elle montre que le sentiment d'insécurité est plus élevé dans les quartiers prioritaires de la politique de la ville[24]. Surtout, en 1998, une autre enquête du même institut a, de plus, trouvé des liens entre les dégradations de l'environnement et le sentiment d'insécurité : « Une personne sur cinq, parmi celles ayant déclaré vivre dans des zones où des destructions de biens publics sont fréquentes, a peur de sortir le soir dans son quartier contre un peu plus d'une sur dix parmi les autres », et cela « détermine le sentiment d'insécurité autant que l'expérience personnelle » du vol et de l'agression[25].

Beaucoup d'élus ont perçu l'urgence d'agir pour limiter les désordres, faciliter les relations sociales dans un quartier ou une ville, redorer le blason de la mairie, mais aussi améliorer les contacts entre la population et l'administration. Mais comme nous le verrons, les dispositifs sont encore embryonnaires. Et si les organisations sont nombreuses à avoir perçu le problème, elles sont plus rares à avoir véritablement généralisé et stabilisé des dispositifs de réponse.

Le deuxième volet de la théorie de la vitre cassée doit-il être considéré comme allant de soi ? En France, un climat incivil est-il le terreau de la petite délinquance ou même de violences graves ? Déjà, les éléments que nous avons présentés poussent à considérer que ce deuxième volet n'est pas improbable : à partir du moment où les citoyens ont peur et que cette crainte, loin de se muter en mobilisation collective, pousse à se replier, il nous semble que cela constitue un facteur favorable à l'accroissement des vols et des agressions. Mais cela ne suffit pas. Nous présentons au chapitre suivant des résultats qui permettent de trancher.

Chapitre 5

PLUS D'INCIVILITÉS, PLUS DE DÉLINQUANCE

Les incivilités favorisent-elles le vol et l'agression ?

Des recherches américaines anciennes, comme celles de Philipp Zimbardo[1] sur la désindividuation comme perte d'identité et facteur de violence, ont suggéré que la prolifération des incivilités est une cause du comportement délinquant. Dans son étude sur le vandalisme à New York, il a abandonné ostensiblement une voiture dans une rue tandis que des caméras filmaient ce qui se passait : des pères de famille vinrent dérober des pièces accompagnés de leurs enfants tandis que les femmes détournaient les yeux, puis des adolescents vandalisèrent le véhicule. En moins d'un jour, il n'en restait rien : c'est que « tout le monde le fait » car le « potentiel de malhonnêteté » dans la population est élevé. Plus récemment, dans l'article déjà cité de 1982, James Wilson et Georges Kelling ont présenté leur « théorie de la vitre cassée » d'après laquelle si une vitre brisée n'est pas remplacée, toutes les autres connaîtront bientôt le même sort, bref dès que se multiplient des signes d'abandon, le vandalisme prolifère.

En France, jusqu'à récemment, il n'existait pas de travaux empiriques sur la question. L'écologie des vols ou des agressions et des désordres n'a pas fait l'objet d'investigations systématiques. Nous avons réalisé une enquête de délinquance auto-déclarée auprès de 2 300 jeunes de 13 à 19 ans dans deux grandes villes françaises en 1999[2]. La méthode, utilisée depuis plus de vingt ans dans de nombreux pays occidentaux, ne l'avait jamais été dans l'Hexagone. Cette enquête permet d'apporter de nouveaux éléments empiriques au débat sur l'effet des désordres sur les vols ou les agressions : dans des lieux qu'on laisse envahir par les désordres, les individus développent-ils plus souvent des comportements délinquants[3] ?

Incivilités, vols et agressions chez les jeunes

Les enquêtes de délinquance auto-déclarée consistent à faire décrire, par un échantillon représentatif d'une population, ses comportements au cours d'une période de référence donnée, en l'occurrence les deux dernières années. Les résultats sont anonymes : l'enquêteur ne connaît pas l'identité de l'enquêté qu'il a en face de lui, celui-ci lui est envoyé par un tiers qui ne peut pas savoir ce que l'enquêté déclare à l'enquêteur. Différentes techniques sont utilisées pour limiter aussi bien la honte que certains pourraient avoir à déclarer les actes commis que la vantardise qui pourrait en pousser d'autres à revendiquer des vols ou agressions qu'ils n'ont pas commis[4].

Nous avons constitué des indices de comportements : de vols dans les commerces, les véhicules ou dans la rue, d'agressions physiques au cours de bagarres ou à l'occasion de vols, de dégradations de halls d'immeubles, d'espaces publics ou de bâtiments. Il a également fallu réaliser un indice des désordres du voisinage à l'aide des éléments les plus objectivables, c'est-à-dire les dégradations, sur le modèle des enquêtes de Saint-Étienne en 1995 et Romans en 1998 ou 2000. Les tableaux suivants présentent le croisement entre la dégradation du voisinage et les comportements des jeunes qui y résident, c'est-à-dire l'existence d'un « effet écologique » sur le comportement des individus.

Les résultats montrent une corrélation entre la fréquence des désordres dans l'environnement immédiat du logement et les différents comportements déviants commis, à savoir les vols, les agressions, le port d'arme[5], les déprédations.

La corrélation entre les désordres perçus dans le voisinage et les déprédations commises par les adolescents peut s'expliquer simplement : il y a plus de désordres dans les espaces publics là où les jeunes en commettent plus souvent. Mais on peut aussi montrer que les désordres qui s'affichent forment des incitations à l'adoption personnelle de comportements incivils et violents : une spirale de la dégradation des relations s'auto-alimente alors. On voit dans les résultats de l'enquête (tableau n° 1) que les désordres sont associés au port d'arme : on passe de 5,5 % à 21,5 % de jeunes qui le font au fur et à mesure que les désordres s'intensifient. L'explication en est soit que, lorsque l'environnement est perçu comme incertain, les jeunes sont plus souvent tentés de se prémunir, soit que l'on se sente autorisé à se comporter comme un prédateur, le port d'arme étant lui-même associé à l'agression physique. De plus, la liaison entre l'existence de désordres dans le voisinage et la fréquence des comportements de vol et d'agression incline à penser que les désordres ne facilitent pas seulement les déprédations, mais d'autres actes qui touchent les individus et font des victimes personnelles. On voit ainsi dans le tableau n° 1 que, par exemple, 17 % de jeunes sont auteurs au moins d'une agression physique lorsque le voisinage est rarement dégradé et 32 % lorsqu'il l'est très fréquemment. Et, si l'on regarde le pourcentage de ceux qui ont réalisé au moins deux types d'agressions — pour voler et pour régler leurs comptes —, il passe de 1 % à 9 % (chiffres entre parenthèses dans le tableau) d'un voisinage peu dégradé à très dégradé.

TABLEAU N° 1 — Fréquence des désordres dans le voisinage et délits commis par les 13-19 ans (Saint-Étienne, Grenoble, 1999)

Population totale 13-19 ans	Indice de désordres dans le voisinage				
Type de délit commis	Rares	Moyens	Fréquents	Très Fréquents	Tau B p
Vols (N = 2257)	21,0 (2,5)	24,0 (4,5)	27,5 (6,0)	36,0 (14,5)	0,12 0,000
Agressions physiques (N = 2257)	17,0 (1,0)	18,5 (3,5)	25,5 (4,5)	32,0 (9,0)	*0,13* 0,000
Port d'arme (N = 2257)	5,5	10,0	12,0	21,5	0,15 0,000
Dégradations (N = 2257)	25,0 (8,5)	34,5 (14,5)	42,0 (21,0)	49,5 (31,0)	0,18 0,000

Dans chaque cellule, la ligne 1 = 1 type de délit/la ligne 2 avec la valeur entre parenthèses = 2 types ou plus de délits. Les cases présentent les pourcentages de personnes qui ont répondu. Ainsi, les 21 % dans la case en haut à gauche donnent la proportion de ceux qui ont personnellement réalisé un vol alors que les désordres dans le voisinage sont rares.

Nous avons effectué plusieurs contrôles en fonction du sexe, mais également de la position socio-économique des parents (CSP, chômage), du type de logement (locataires en HLM, hors HLM, maison individuelle). Dans tous les cas, l'effet des incivilités est confirmé.

Les filles sont moins actives que les garçons, quel que soit le type d'acte considéré mais avec des différences d'autant plus nettes que le comportement implique une violence physique potentielle : déjà en retrait pour les déprédations, qu'elles commettent entre une fois et demie à deux fois moins que les garçons à type de voisinage comparable, elles le sont nettement plus en matière de port d'arme (tableau n° 2). Ainsi, on voit qu'elles portent une arme environ 4 à 9 fois moins souvent que les garçons. Il y a là des facteurs culturels ayant trait aux rôles sociaux : historiquement, ce sont les hommes qui portent les armes ou se battent.

Mais, bien qu'il existe une propension à la délinquance toujours plus limitée chez les filles que chez les garçons, l'effet écologique joue également pour elles : plus de désordres dans leur environnement est un facteur associé à des dégradations, des vols, des agressions. L'effet statistique des désordres dans le voisinage est cependant moins marqué que pour les garçons, voire aussi marqué pour les agressions, mais jamais supérieur : les coefficients (tau b) sont moins élevés (et équivalents dans un cas) pour les filles et les garçons. L'effet des désordres n'annule pas la différence liée au sexe dans la propension à la délinquance, pour chaque sexe il est bien réel.

Si un effet écologique existe quel que soit le sexe, il convient également de vérifier si d'autres facteurs dont on sait qu'ils sont corrélés avec la délinquance de rue sont également affectés par cette variable. Sachant que les revenus des ménages sont liés à leur niveau socio-économique, et que cela permet de se loger dans des quartiers plus ou moins prisés des agglomérations, il faut tenir compte de ce facteur. Pour ce faire, nous avons scindé la population en deux grands groupes : les cadres et intermédiaires d'un côté, les ouvriers et employés de l'autre[6].

En ce qui concerne les dégradations commises (tableau n° 3), on repère un effet statistique des désordres aussi bien pour les fils de cadres ou intermédiaires que d'ouvriers ou employés : plus ils sont fréquents, plus nombreux sont les jeunes qui commettent des déprédations. On passe ainsi d'un taux de jeunes qui dégradent de 26,5 % à 45,5 % dans les familles de cadres et de 24 % à 51 % dans les familles d'ouvriers. Notons que l'effet est cependant plus élevé pour les couches en bas de l'échelle sociale (tau b =.19 contre.12). Cela signifie que l'amplitude des variations suivant la fréquence des désordres est plus prononcée pour les fils d'ouvriers et d'employés : ils sont plus affectés par les variations du contexte de voisinage. Les ressources familiales économiques ou culturelles plus faibles font que le contexte de vie à l'extérieur du domicile prend plus d'importance.

Pour les vols et les agressions, ces deux remarques restent vraies : l'effet écologique des désordres sur la propension à commettre les

TABLEAU N° 2 — Fréquence des désordres dans le voisinage et délits commis par les 13-19 ans suivant le sexe

Garçons (N = 1 136) Filles (N = 1 119)	Indice de désordres dans le voisinage				
Type de délit commis (au moins un)	Rares	Moyens	Fréquents	Très Fréquents	Tau B p
Vols					0,14
Garçons	26,5	26,0	32,0	49,5	0,000
Filles	14,0	22,0	23,0	23,3	0,08
					0,005
Agressions physiques					0,14
Garçons	26,5	30,5	37,0	47,0	0,000
Filles	6,0	7,0	15,5	17,5	0,14
					0,000
Port d'arme					0,20
Garçons	8,5	18,5	18,0	36,0	0,000
Filles	1,5	1,5	6,0	7,0	0,11
					0,000
Dégradations					0,21
Garçons	31,0	42,5	47,0	65,0	0,000
Filles	18,0	27,0	37,0	35,0	0,14
					0,000

Les cases présentent les pourcentages de personnes qui on répondu. Ainsi, les 26,5 % dans la case en haut à gauche donnent la proportion des garçons qui ont personnellement réalisé un vol alors que les désordres dans le voisinage sont rares.

actes est robuste, il est un peu plus marqué dans la moitié inférieure de l'échelle sociale que dans la moitié supérieure. S'agissant du port d'arme, l'effet écologique est un peu plus marqué pour les fils de cadres et intermédiaires (on passe de 3,5 % à 21 %) que pour ceux d'ouvriers et employés (5,0 % à 20,5 %), mais ces évolutions sont finalement très semblables.

Au total, on retiendra que l'effet écologique des désordres en public multiplie la propension à commettre des actes de dégradation, de vol ou d'agression par un facteur 1,5 ou 2, et même 4 pour le port d'arme. Et comme nous l'avons vu, l'effet est encore plus fort si l'on retient le fait non pas de commettre un type de délit, mais plusieurs, par exemple des dégradations de halls d'immeuble, des « caillassages » et des incendies.

Une autre manière de s'intéresser au statut socio-économique consiste à considérer la situation du couple des parents vis-à-vis de

TABLEAU N° 3 — Fréquence des désordres dans le voisinage et délits commis par les 13-19 ans suivant la catégorie sociale des parents

Cadres- intermédiaires (N = 1008) et employés-ouvriers (N = 1036)	Indice de désordres dans le voisinage				
Type de délit commis (au moins un)	Rares	Moyens	Fréquents	Très fréquents	Tau B p
Vols Cadres-intermédiaires	22,0	25,5	26,0	37,5	0,09 0,002
Employés-ouvriers	19,0	22,5	28,0	34,5	0,12 0,000
Agressions Cadres-intermédiaires	16,0	16,0	20,5	29,5	0,10 0,001
Employés-ouvriers	18,5	20,5	31,5	32,0	0,12 0,000
Port d'arme Cadres-intermédiaires	3,5	9,0	12,5	21,0	0,17 0,000
Employés-ouvriers	5,0	11,0	12,5	20,5	0,15 0,000
Dégradations Cadres-intermédiaires	26,5	31,5	36,5	45,5	0,12 0,000
Employés-ouvriers	24,0	37,0	48,0	51,0	0,19 0,000

Les cases présentent les pourcentages de personnes qui ont répondu. Ainsi, les 22 % dans la case en haut à gauche donnent la proportion des enfants de cadres et intermédiaires qui ont personnellement réalisé un vol alors que les désordres dans le voisinage sont rares.

l'emploi. Nous avons organisé les ménages en fonction de la situation de parents : le foyer dispose de deux revenus à plein temps ; le foyer dispose de deux revenus, mais l'un d'entre eux est à temps partiel ; le foyer dispose de l'équivalent d'un revenu (un plein temps ou deux temps partiels) ; le foyer ne dispose d'aucun revenu du travail ou d'un temps partiel.

D'une manière générale, les résultats du tableau n° 4 confirment l'existence de l'effet écologique des désordres sur les comportements,

TABLEAU N° 4 — Les désordres dans le voisinage et délits commis par les 13-19 ans suivant la situation d'emploi des parents

	Indice de désordres dans le voisinage				
Type de délit commis (au moins un)	Rares	Moyens	Fréquents	Très fréquents	Tau B p
Vols					
2 emplois plein temps (N = 899)	21,5	23,0	27,0	36,5	0,10 0,000
1 plein temps + 1 mi-temps (N = 448)	20,0	29,5	23,0	33,0	0,07 0,10
1 plein temps ou 2 mi-temps (N = 708)	20,5	21,5	31,0	35,0	0,12 0,000
Aucun actif ou 1 mi-temps (N = 200)	21,5	22,5	24,5	43,0	0,15 0,02
Agressions					
2 emplois plein temps (N = 899)	19,5	18,0	25,5	32,0	0,09 0,003
1 plein temps + 1 mi-temps (N = 448)	13,5	19,0	24,5	34,5	0,15 0,001
1 plein temps ou 2 mi-temps (N = 708)	14,0	19,0	26,5	29,0	0,13 0,000
Aucun actif ou 1 mi-temps (N = 200)	23,5	20,5	27,0	39,0	0,12 0,05
Port d'arme					
2 emplois plein temps (N = 899)	7,5	9,0	11,0	25,0	0,15 0,000
1 plein temps + 1 mi-temps (N = 448)	3,0	11,0	12,0	18,0	0,15 0,000
1 plein temps ou 2 mi-temps (N = 708)	4,5	12,0	14,0	18,0	0,13 0,000
Aucun actif ou 1 mi-temps (N = 200)	3,5	4,0	7,0	25,5	0,24 0,001
Dégradations					
2 emplois plein temps (N = 899)	27,0	35,5	37,0	49,5	0,14 0,000
1 plein temps + 1 mi-temps (N = 448)	21,5	35,0	44,0	47,5	0,19 0,000
1 plein temps ou 2 mi-temps (N = 708)	24,5	32,0	46,0	49,0	0,18 0,000
Aucun actif ou 1 mi-temps (N = 200)	27,5	36,0	44,5	51,0	0,17 0,007

Les cases présentent les pourcentages de personnes qui ont répondu. Ainsi, les 21,5 % dans la case en haut à gauche donnent la proportion des enfants dont les deux parents ont chacun un emploi à plein temps et qui ont personnellement réalisé un vol alors que les désordres dans le voisinage sont rares.

et ce quelle que soit la situation de la famille en matière d'emploi. On remarque, par exemple, que lorsque les deux parents ont un emploi, le taux de jeunes qui ont commis un vol passe de 21,5 % à 36,5 % lorsque le voisinage est plus stigmatisé par les désordres. Lorsque les parents sont en grande difficulté (aucun actif ou un mi-temps dans le foyer), les taux passent de 21,5 à 43 %.

L'effet écologique des désordres sur les comportements est le plus marqué pour les dégradations commises (les coefficients valent de 0,14 à 0,19) et pour le port d'arme (de 0,13 à 0,24). Les désordres dans le voisinage sont également liés au vol ou à l'agression mais de manière moins forte (de 0,09 à 0,15). On notera que les enfants issus des familles dont les deux parents travaillent à plein temps sont moins affectés par les désordres en public.

Tous les coefficients sont positifs et significatifs au seuil de cinq pour cent à l'exception d'un seul. Ce coefficient non significatif concerne les actes de vols pour les familles dont un parent travaille à plein temps et l'autre à temps partiel. Notons cependant que la fréquence des vols varie bien dans le sens attendu puisque là où les désordres sont les moins fréquents, les vols sont les moins fréquents et là où les désordres sont les plus fréquents, les vols sont également les plus fréquents ; mais, pour les valeurs intermédiaires de l'indice de désordre, les pourcentages d'auteur de vol n'évoluent pas linéairement. Le coefficient n'est pas significatif parce que les effectifs de ce sous-groupe (N = 200) sont limités par rapport aux autres situations d'emplois. L'effet écologique des désordres joue, mais surtout entre les voisinages où les désordres sont très fréquents et les autres. C'est logique : les familles qui ont les revenus les plus faibles vivent dans des espaces plus frappés par les désordres en public (cf. chapitre 3) et sont moins bien réparties dans l'espace urbain.

Pour finir, nous avons contrôlé l'effet écologique des désordres en prenant en considération le type de logement. Nous avons distingué les foyers vivant dans des maisons individuelles, ceux qui sont locataires d'appartements de type HLM, et ceux qui sont locataires d'appartements qui ne sont pas des logements sociaux. Une fois encore, les résultats montrent qu'il existe un effet écologique des désordres, et ce quel que soit le type d'habitat.

Ce sont à nouveau les dégradations commises (les coefficients valent de 0,14 à 0,20) et le port d'arme (de 0,15 à 0,17) qui sont le plus associés à l'intensité des désordres dans l'espace public. Les enfants des familles de locataires d'un bailleur social ne sont pas systématiquement les plus affectés par la variation du niveau des désordres dans le voisinage, c'est le cas pour les déprédations et pour les vols, mais pas pour les agressions ou le port d'arme. On voit par exemple dans le tableau n° 5 que le pourcentage de jeunes résidant en HLM qui ont réalisé une agression passe de 23 % à 36,5 % au fur et à mesure que les désordres sont plus visibles dans le voisinage. Les personnes logées en appartement hors du secteur HLM voient le pourcentage de jeunes auteurs d'agression passer de 15,5 à 31 %, soit une évolution encore plus forte.

Dans tous les cas, l'effet écologique sur les comportements des jeunes est net. On sera peut-être surpris par le fait que les enfants des familles de cadres et de professions intermédiaires sont aussi nettement affectés par les désordres en public tant le débat est polarisé sur le bas de l'échelle sociale. Cela mérite d'être souligné.

Ces résultats rappellent ceux de Philipp Zimbardo il y a trente ans déjà : il avait observé la contribution des « bonnes familles » aux désordres, la manière dont leurs membres participaient au désossement d'une deuxième voiture abandonnée dans les quartiers aisés d'une ville américaine de la côte Ouest. La dynamique des incivilités ne crée pas un simple continuum psychologique dans l'évolution d'un individu — qui dégrade vole un œuf et qui vole un œuf vole un bœuf — elle se propage de personne à personne, d'une dame qui vidange sa machine par la fenêtre à un clochard qui se soûle, à des jeunes qui occupent une montée d'escalier, etc., établissant un climat social propice au passage à l'acte délinquant d'autres individus.

Au total, les résultats présentés montrent que la fréquence des désordres dans le voisinage est un facteur associé à des comportements de dégradation, de vol, d'agression et même au port d'arme. Les contrôles permettent de montrer que les désordres jouent sur les propensions des jeunes de 13 à 19 ans à commettre ces actes quel que soit leur sexe, le groupe socioprofessionnel, la situation d'emploi ou le type de logement des parents. L'effet est toutefois un peu moins marqué pour les jeunes moins favorisés, bien que tout à fait significatif.

Les résultats les plus forts sont obtenus en combinant des caractéristiques de socialisation de l'enfant — la manière dont il est éduqué et dont ses parents veillent sur lui — et de l'environnement physique, typiquement l'effet de la supervision parentale[7] et des désordres autour du logement. Prenons le cas des délits graves : vols de voiture, cambriolage, agressions avec blessure, caillassage. Les jeunes qui ont des parents exerçant une veille forte, c'est-à-dire qui font attention au nombre de sorties le soir en période de classe, à l'heure à laquelle l'enfant rentre chez lui le soir, à ses fréquentations, ce qu'il ne faut pas confondre avec une éducation autoritaire et des sanctions erratiques,

TABLEAU N° 5 — Fréquence des désordres dans le voisinage et délits commis par les 13-19 ans suivant le type d'habitation

	Indice de désordres dans le voisinage				
Type de délit commis (au moins un)	Rares	Moyens	Fréquents	Très fréquents	Tau B p
Vols					
Maison propriétaire locataire (N = 942)	21,0	27,0	29,5	38,5	0,11 0,000
Appartement non HLM prop. locat. (N = 795)	23,5	22,5	24,5	34,0	0,07 0,04
Appartement HLM locataire (N = 517)	13,5	19,5	29,0	36,5	0,18 0,000
Agressions					
Maison propriétaire locataire (N = 942)	17,0	16,0	23,5	26,0	0,07 0,02
Appartement non HLM prop. locat. (N = 795)	15,5	19,0	25,0	31,0	0,13 0,000
Appartement HLM locataire (N = 517)	23,0	23,5	29,0	36,5	0,11 0,004
Port d'arme					
Maison propriétaire locataire (N = 942)	5,5	11,5	18,0	23,0	0,17 0,000
Appartement non HLM prop. locat. (N = 795)	4,0	8,5	9,0	21,0	0,16 0,000
Appartement HLM locataire (N = 517)	6,5	8,5	8,5	20,5	0,15 0,000
Dégradations					
Maison propriétaire ou locataire (N = 942)	27,0	33,5	45,5	48,0	0,15 0,000
Appartement non HLM prop. locat. (N = 795)	24,0	36,0	36,0	46,5	0,14 0,000
Appartement HLM locataire (N = 517)	20,5	35,0	45,5	52,5	0,20 0,000

Les cases présentent les pourcentages de personnes qui ont répondu. Ainsi, les 21 % dans la case en haut à gauche donnent la proportion des enfants dont les parents sont propriétaires ou locataires d'une maison et qui ont personnellement réalisé un vol alors que les désordres dans le voisinage sont rares.

et qui simultanément vivent dans un voisinage peu touché par les désordres ne sont que 3,5 % à avoir commis ces délits graves. À l'autre extrémité du spectre, les enfants qui ont des parents peu vigilants et qui vivent dans un lieu très touché par les désordres sont 45 % à commettre des délits graves, soit 13 fois plus nombreux.

Nous ne faisons donc pas des désordres le seul facteur des comportements déclarés par les jeunes, nous n'ignorons pas l'effet du sexe, par exemple, ou encore celui des valeurs ou de la réussite scolaire comme nous l'avons montré dans *La Délinquance des jeunes*. Mais les calculs permettent de valider l'influence des désordres sur la réalisation de délits. Et il semble important de noter l'effet propre des désordres. Négliger cet effet reviendrait à laisser de côté un des corrélats de la délinquance.

Un modèle des conséquences des désordres sur la vie sociale

Ces résultats sont l'occasion de développer un modèle théorique qui demanderait à être testé plus complètement ultérieurement, et révisé si nécessaire, dans lequel les désordres occupent une place de choix.

Du fait que l'ensemble des éléments empiriques présentés soient des corrélations entre variables, il est clair qu'ils ne sauraient valoir pour des liens de causalité. Cette difficulté à la fois de l'analyse quantitative et de l'induction en sociologie nous incite à travailler de manière hypothético-déductive. Nous proposons maintenant un modèle général de manière à pouvoir tester empiriquement les énoncés restreints (hypothèses précises) et les falsifier au sens de Popper[8]. Ce modèle s'appuie sur les résultats déjà présentés et il est complété par de nouveaux éléments empiriques.

Un certain nombre de conditions favorisent l'accroissement de la délinquance à travers la baisse de la confiance interpersonnelle et institutionnelle. On ne peut démontrer empiriquement avec nos données synchroniques comment le phénomène se développe dans le temps. Mais nous constatons qu'un « triangle des incivilités » s'organise (partie supérieure gauche du graphique 1). Trois ensembles de variables sont reliés à la fréquence des désordres : 1. la peur personnelle et altruiste (pour les proches), 2. les comportements de défection ou rétraction réalisées ou désirées, et 3. la défiance dans les institutions.

Reprenons en détail le triangle des incivilités puis les incitations à la délinquance.

A — *Les incivilités, au-delà d'un certain niveau, sont associées à une augmentation de la peur dans la population*. Qu'il s'agisse de la peur personnelle d'une agression ou de la peur pour les autres, on trouve bien une liaison statistique avec la fréquence des incivilités. Et

FIGURE N° 1 — Des incivilités à la délinquance (vols et agressions)

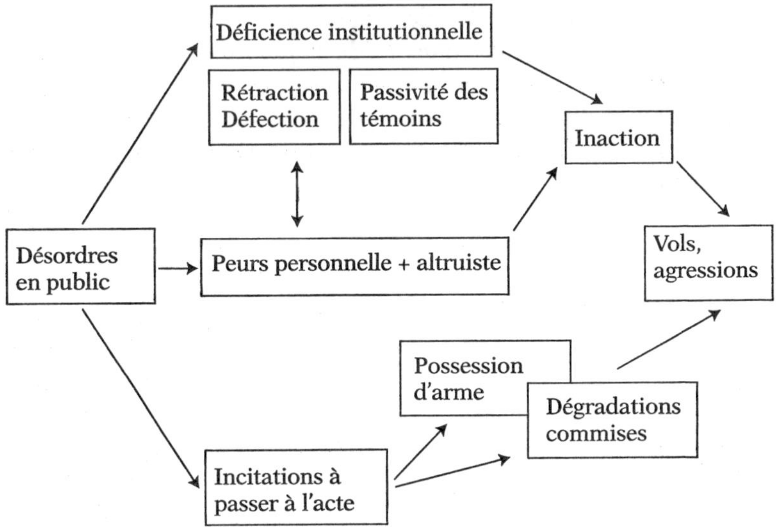

il en va de même en ce qui concerne les conduites d'adaptation : protection du domicile, évitement de lieux, désir de quitter l'endroit — frustrés la plupart du temps — sont également liés à la quantité de désordres. Nous l'avons vu au chapitre 4. Lorsque la crainte se diffuse dans une collectivité ou un quartier, les comportements des gens se transforment. Ils se replient sur eux-mêmes, sur leur domicile et se cantonnent au petit cercle des proches. Ils se méfient des autres. Ensuite, ils passent plus de temps à se protéger individuellement qu'à réagir de manière coordonnée. De plus, ils limitent leur exposition en sortant moins et en évitant certains lieux (c'est la rétraction). Enfin, le désir de quitter les lieux se répand avec deux conséquences : la première de faire fuir la partie aisée de la population, la seconde de détourner les résidants de leur quartier : c'est la défection. On ne peut pas simultanément désirer partir et lutter pour améliorer les choses. Or ce mode d'ajustement par la défection est précisément celui qui a des effets sociaux entravant la construction collective d'un problème[9], c'est-à-dire l'acceptation par les différents acteurs concernés d'une définition commune de ce qui ne va pas et de la manière d'y répondre ensemble. Or le fait de trouver une solution individuelle, par exemple déménager, conduit à ne pas s'impliquer dans la construction collective du problème.

Il convient d'insister sur le fait que les incivilités se donnent à voir. La visibilité sociale des désordres, et non pas celle de la seule personne touchée, est essentielle dans la dynamique de la dégradation des signes par lesquels on évalue la tranquillité d'un quartier. Sur un plan théorique, l'importance de ce que Erving Goffman avait appelé les « apparences normales » dans *La Mise en scène de la vie quotidienne*, c'est-à-dire les comportements ou signaux qui incitent l'acteur à penser que « tout va bien », est illustré par les résultats présentés ici : avec l'ordre en public, c'est un « monde commun[10] » qui est pratiquement livré aux regards de tous ceux qui sont amenés à y vivre ou à le traverser et se voit questionné. Il s'y joue l'image d'une collectivité interpersonnelle minimale. Les incivilités rendent présente l'idée d'un espace public partageable qui disparaît à l'horizon. L'altération des apparences normales provoque sans doute une augmentation de l'incertitude de la vie sociale, tout au moins dans le déroulement des interactions quotidiennes. On pourrait être tenté de considérer les incivilités comme des scories mineures de la vie en collectivité. Mais si l'on se penche sur leurs corrélats, il en va autrement puisqu'elles sont liées à un sentiment d'insécurité et à des comportements qui vont, à leur tour, contribuer à fabriquer un contexte social nouveau.

B — *La multiplication des incivilités est également associée à la défiance institutionnelle, à l'altération de la confiance de la population dans les institutions publiques* (partie haute du graphique). Par exemple, parce que les appels à l'aide et prises de parole n'aboutiraient pas du fait que les institutions ont d'autres priorités. Il faut noter qu'il n'y a pas de corrélation directe entre les variables qui mesurent le sentiment d'insécurité et la méfiance pour les institutions (police, justice, mairie) : ce sont les désordres perçus qui alimentent la peur d'une part et la défiance d'autre part. La baisse de confiance n'est pas, à court terme, forcément visible dans la statistique des plaintes qui peut rester stable ou même décliner si la propension des *victimes* à porter plainte s'affaisse : moins de confiance dans les autorités peut conduire la population à les informer moins de telle sorte que les statistiques « mentent » en laissant croire que les choses vont mieux ou ne se dégradent pas.

Quand il y a préjudice financier, la nécessité de se faire indemniser par l'assurance fait loi : le procès-verbal est indispensable[11]. Mais le fait d'aller déposer plainte est aussi lié à la confiance que les victimes ont dans les institutions en charge de la sécurité. En revanche, d'après les enquêtes nationales, le comportement de plainte n'est guère freiné par « la peur des représailles ». Dans les enquêtes où l'on demande aux victimes de donner les raisons pour lesquelles elles n'ont pas informé les institutions, cette raison est très rarement invoquée : dans moins de 5 % des cas[12]. Une relation de confiance diffuse, plus qu'une capacité à être protégé, motive le comportement. Cela a une incidence sur la lisibilité du phénomène délinquant par les statistiques officielles. Dominique Monjardet[13] met ainsi en garde contre une lecture trop directe des chiffres : l'amélioration de l'accueil dans les commissariats, s'il se réalisait, aurait un effet de gonflement de la délinquance. L'amélioration de la confiance que porte la population vers la police aurait sans doute le même effet.

C'est pourquoi il est indispensable de savoir que la perception des institutions publiques, mesurée par différents indicateurs mettant l'accent sur le fait que la population est « satisfaite » du travail ou « fait confiance », est liée à la fréquence des incivilités.

Il ne s'agit pas de prétendre que la fréquence des désordres est le seul facteur lié à la perception des institutions. On voit, par exemple dans l'enquête de Romans, que le fait d'être victime de vols ou d'agressions est également lié négativement à la confiance[14], et cela se vérifie pour la population des 13-19 ans à Grenoble et Saint-Étienne[15]. Nous avons indiqué que l'âge des personnes est également un facteur important pour l'image de la police ou de la justice, les jeunes étant moins confiants[16]. Mais l'intérêt de prendre en compte la variable « désordres » dans la mécanique sociale qui conduit à la délinquance réside dans sa position sur une chaîne causale se déployant dans un horizon temporel de court et moyen terme. Si le fait d'être un homme est nettement associé à la délinquance, il n'y a rien que l'on puisse faire pour changer cela à court terme : les hommes resteront des hommes jusqu'à la fin de leur vie. En revanche, si les désordres dans le voisinage façonnent les comportements déviants, il est possible de réduire les désordres et d'attendre, à court terme, une modification des actions délinquantes.

C – *Examinons maintenant plus en détail la question de la passivité des témoins comme une contribution à l'inaction*. La peur combinée à la dégradation de la confiance dans les institutions n'est pas associée à une modification du jugement de valeur sur les actes délinquants — la réprobation du vol ou de l'agression — mais au changement de comportement des *témoins* de tels actes qui s'abstiennent alors de porter secours aux victimes et de dénoncer aux autorités légales les actes et leurs auteurs. C'est l'inaction. Dans ce cas de figure, les auteurs potentiels pourraient faire l'expérience d'une impunité croissante avec des conséquences négatives sur la délinquance[17].

On trouve un indice de ces transformations dans l'analyse des réprobations du vol dans les magasins. Intéressons-nous d'abord aux normes telles qu'elles transparaissent dans les réponses sur le caractère condamnable du vol. Dans les quartiers qui sont les plus touchés par les désordres, on ne remarque pas de faiblesse particulière des normes, au contraire. Le bien-fondé de la règle n'est pas en cause. Ainsi à Romans, quel que soit l'état du voisinage, on estime que le vol est « tout à fait condamnable » entre 72 % et 76 % : les variations sont négligeables. À Saint-Étienne, les pourcentages varient entre 78 %, dans les voisinages où les désordres sont très fréquents, et 87 % dans ceux où ils sont très rares. Au total, on condamne donc le vol autant (Romans) ou plus (Saint-Étienne) dans les quartiers touchés par les incivilités.

Quittons maintenant le registre des normes pour plonger l'individu dans la pratique personnelle. On remarque alors que si l'on demande à l'individu quel serait son comportement en tant que témoin d'un vol, la propension à le dénoncer est plus nette dans une petite ville (à Romans, 53 % le feraient) que dans une grande ville (à Saint-Étienne, 41 %). Mais surtout, dans ces deux villes, l'inaction est plus forte dans les voisinages touchés par les désordres (figure n° 2). Les motivations peuvent être diverses, cela peut être dangereux ou inutile, l'enquête ne le dit pas. On voit ainsi que l'option « ne pas dénoncer le vol dont on est témoin » passe de 25 à 40 % à Saint-Étienne et de 24,5 à 37 % à Romans au fur et à mesure que les désordres dans le voisinage se font plus présents. Autrement dit, dans les voisinages dégradés, alors que *la condamnation de principe* du vol est autant sinon plus forte que dans le reste de la ville, l'idée de *ne pas s'associer pratiquement et personnellement à cette condamnation* en dénonçant l'auteur du vol est plus fréquente.

Ce ne sont pas tellement les normes qui seraient plus fragiles dans les quartiers défavorisés, mais leur force prescriptive sur les comportements. Car pour penser agir personnellement, il faut probablement anticiper les conduites des autres acteurs : à la fois le voleur, mais aussi les autres témoins et enfin les institutions.

Ces résultats s'expliquent par le fait que les individus se perçoivent comme doublement seuls pour lancer une réprobation : à la fois par rapport à l'éventuelle intervention d'autres personnes, mais également des organisations en charge de la sécurité. D'une part, un individu est d'autant plus prêt à faire respecter une règle à laquelle il croit qu'il ne se retrouve pas isolé, que le poids de l'action ne repose pas sur ses seules épaules, qu'il a la conviction que d'autres vont le rejoindre. Or, la fréquence des incivilités dans son voisinage lui indique que l'idée de collectivité de quartier est bien mal en point : l'espace public est simplement ce qui n'est pas l'espace privé et se voit très peu valorisé — on y déverse tout ce qu'on ne veut plus chez soi, on le souille, etc.

FIGURE N° 2 — Dénoncer un vol dont on est témoin, suivant la fréquence des désordres dans le voisinage à Saint-Étienne (1995) et à Romans (1998 et 2000)

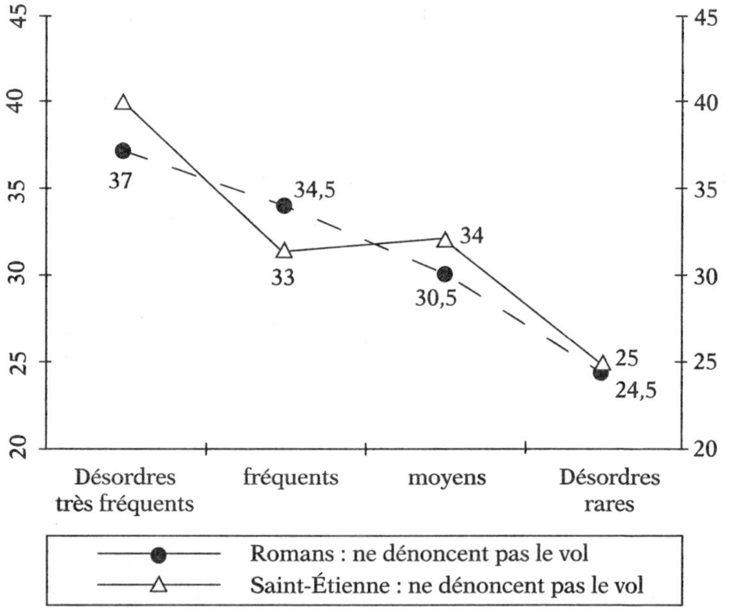

D'autre part, lorsqu'on demande aux enquêtés s'ils dénonceraient un vol qui se commettrait sous leurs yeux, l'opinion qu'ils se font des institutions apparaît tout à fait centrale. Si un arbitre leur semble encore présent pour veiller au respect des règles collectives, l'individu peut s'y impliquer. Ce garant peut être la police, la justice ou une autre institution qui pourrait symboliser la chose commune. L'enquête montre que si la confiance dans la police, et dans une moindre mesure la justice, n'affecte pas les normes auxquelles on adhère, c'est-à-dire le caractère condamnable du vol, mais qu'en revanche la confiance est bien associée aux dénonciations des délits. Être satisfait de la police conduit à dénoncer plus fréquemment le vol (71 % contre 47,5 % de ceux qui ont une opinion négative, cf. tableau n° 6). Autrement dit, la dénonciation se fait d'autant plus souvent que la confiance dans la police est forte.

TABLEAU N° 6 — Le comportement projeté des témoins de vol suivant la confiance dans les institutions à Saint-Étienne

	% de gens qui, s'ils étaient témoins d'un vol, le dénonceraient		
S'occupe bien des problèmes qu'on lui soumet	Oui	Non	V de Cramer/p
Police	71	47,5	.23/.0000
Justice	67	53	.13/.004

Les cases présentent les pourcentages de personnes qui ont répondu. Ainsi, sur la première ligne du tableau, les témoins qui trouvent que la police s'occupe bien des problèmes qu'on lui soumet dénoncent le vol à 71 % contre seulement 47,5 de ceux qui pensent que non.

À Romans, nous enregistrons les mêmes résultats. Les personnes qui ont confiance dénonceraient plus souvent le vol. On apprend que 77 % de ceux qui font « tout à fait confiance » à la police dénonceraient un vol contre 42 % de ceux qui ont « plutôt pas » ou « pas du tout confiance[18] ». Il en va de même avec la justice, 78 % de ceux qui ont « tout à fait confiance » dénonceraient le vol contre 61 % des autres[19], ou la mairie, 75 % de ceux qui ont « tout à fait confiance » dénonceraient le vol contre 63 % des autres[20]. À nouveau, les résultats sont plus nets avec les opinions sur la police, mais ils sont vrais pour différentes organisations publiques.

En résumé, les gens qui habitent les lieux les plus marqués par les incivilités ne jugent pas le vol ou l'agression moins grave : il n'y a pas de différence négative dans les valeurs morales. Ce sont d'ailleurs eux qui sont à la fois les plus critiques et qui attendent le plus des institutions publiques (cf. chapitre 7). En revanche, les témoins s'abstiennent plus fréquemment de dénoncer ce qu'ils ont vu.

Ces enquêtes locales ont mis en évidence une disjonction entre des valeurs largement partagées, la réprobation du vol notamment, et des comportements de défense de ces valeurs. Au plan national, les évolutions de l'opinion décrivent une même disjonction temporelle : la tendance à renforcer les déclarations normatives se combine avec la diminution de l'implication personnelle. On voit ainsi que, de 1987 à 1994, le pourcentage de personnes qui disent que le vol est condamnable croît de 49 à 59 %, tandis que la proportion de ceux qui dénonceraient le voleur diminue de 43 % à 33 %[21]. Il est très instructif de constater qu'on trouve des résultats convergents sur l'axe diachronique et en coupe synchronique : la condamnation morale n'évolue pas au même rythme que le comportement individuel de désapprobation.

On peut donc parfaitement condamner plus résolument le vol et rester inactif dès lors qu'on est personnellement concerné.

L'importance de la confiance dans les institutions pour la dynamique des incivilités apparaît à travers les résultats. La perception des institutions publiques pourrait bien constituer le chaînon manquant entre les deux bouts de la séquence « valeurs morales — comportements individuels ».

D — *Les désordres, en liaison avec les effets de méfiance que nous venons de décrire, constituent des incitations à passer à l'acte* (voir figure n° 1, branche du bas). Il y a dans l'idée que les désordres précèdent la délinquance quelque chose de simple : par exemple, dans un établissement scolaire, on n'est pas d'abord confronté au racket. Il s'est nécessairement passé des choses auparavant qui ont conduit certains adolescents à penser qu'ils pouvaient s'y livrer. C'est ici que les incivilités entrent en lice : par le marquage spatial des lieux, elles donnent des signes d'absence d'un garant des lieux. D'une part, cela incite chacun à ignorer pratiquement les codes sociaux — bien connus par ailleurs — et à faire usage de l'invective orale et de la force. Les tensions alimentent les agressions physiques. Nous en avons un exemple à Saint-Étienne. Le questionnaire de l'enquête de 1995 était prévu pour repérer la séquence des tensions et leurs conséquences. On trouve que 8,5 % des gens ont des conflits avec les voisins, 6,5 % ont échangé des insultes, 3,5 % des menaces et enfin 0,3 % des coups. Certes, les échanges de coups ne sont pas systématiques, 27 fois moins fréquents que les conflits dénombrés. Mais si un conflit sur trente débouche sur une tension forte dans le voisinage, l'effet social n'est pas négligeable.

Robert Ballion donne un autre exemple à partir d'une étude sur les adolescents. On y confirme que les insultes sont une bonne préparation à l'agression physique[22]. Les jeunes qui disent ne jamais insulter un adulte ne sont que 13 % à s'être bagarrés, tandis que ceux qui insultent souvent sont 61 % à l'avoir fait. Dans le même esprit, les dégradations sont commises par 16 % de ceux qui n'insultent jamais contre 68 % de ceux qui le font souvent. L'insulte sert à faire régner un climat de crainte et fonctionne comme une motivation à l'action : dévaloriser l'autre pour mieux pouvoir l'agresser.

Enfin, les désordres incitent à « tenter sa chance » : puisqu'il est possible de se livrer à des dégradations sans réprobation, il n'est pas impossible que le vol ou l'agression bénéficient, eux aussi, de l'impunité sociale et pénale. Nous voyons dans l'enquête sur les adolescents de Grenoble et Saint-Étienne que le fait d'évoluer au milieu d'incivilités fait diminuer la gravité perçue des actes. Par exemple, ceux qui pensent que l'agression est un « petit délit » ou « pas un délit du tout » sont 9 % lorsque leur voisinage est tranquille et 15,5 % lorsqu'il est très marqué par les incivilités. Pour le fait de voler une voiture, les chiffres passent de 2,5 % à 7,5 %. Le fait de porter plus souvent une arme dans la rue en fonction de la fréquence des incivilités perçues (cf. tableaux n° 1 à n° 5) traduit l'augmentation de la fréquence de comportements prédateurs : on se prépare à passer de la cueillette (vol à l'étalage) à la chasse (vol avec violence, agression physique). Une partie de ceux qui ont une arme sur eux le font peut-être pour se protéger, et ce d'autant plus qu'ils lisent dans l'environnement des signes de désordre, mais le résultat risque bien de se traduire par des coups et blessures, et donc une hausse des chiffres de la délinquance.

L'impact des désordres

Pour comprendre ces résultats empiriques, il faut préciser ce qu'ils permettent de valider et ce qu'ils laissent dans l'ombre. Il convient donc de préciser quelles sont les différentes hypothèses théoriques qui relient fréquence des incivilités d'une part et des vols et agressions d'autre part.

Retour sur les hypothèses

Pour valider complètement l'hypothèse d'un enchaînement entre désordres et délinquance, il faudrait pouvoir la vérifier dans le temps et dans l'espace, de même qu'au plan des individus et des zones. Expliquons-nous.

L'hypothèse peut être validée synchroniquement et diachroniquement. Si les désordres sont une cause de la délinquance, il est nécessaire — même si ce n'est pas suffisant — d'établir l'antériorité des désordres sur les vols ou agressions. C'est-à-dire qu'il faut pouvoir montrer que, dans un espace donné au temps t, l'irruption des incivilités est, toutes choses égales d'ailleurs, le catalyseur des vols et des agressions dans le même lieu au temps « t + 1 ». Le test diachronique est délicat : il suppose d'avoir pris la précaution d'enregistrer *depuis un certain temps* des données concernant les incivilités *de manière homogène* avec la délinquance, par exemple au niveau de quartiers ou de villes. Cette condition n'est malheureusement pas réunie.

L'hypothèse d'une liaison synchronique implique que, dans un lieu donné, les comportements incivils déclenchent ou libèrent des comportements de vol ou d'agression. Il s'agit de prouver, sur la base de données dites « agrégées », c'est-à-dire calculées sur des espaces comme le quartier ou la commune, que les zones plus frappées par les désordres sont également plus touchées par les vols ou les agressions. Il sera utile mais non suffisant de montrer que cela est vrai pour les villes par rapport aux petites villes, bourgs et villages : on sait que les désordres, aussi bien que les vols et agressions, sont plus fréquents en ville. Il faudrait donc pouvoir montrer que la fréquence des désordres et des vols co-varie d'un quartier à l'autre à l'intérieur de la même ville.

Enfin, à partir de données dites « individuelles », parce qu'elles portent non pas sur des zones mais sur des personnes, on peut tester les liens synchroniques entre la fréquence des désordres dans l'environnement d'une personne et son comportement de vol ou d'agression. Autrement dit, on cherche à savoir si le fait de vivre dans un milieu marqué par les désordres en public conduit à commettre des actes de délinquance. Le dispositif de mesure est alors plus complexe, car on peut imaginer comment la fréquence des incivilités dans un lieu X favorise le passage à l'acte en matière de vol dans le même lieu X, mais également dans un autre lieu, mettons Y. On aurait donc deux sous-modèles. Pour le premier, le fait que le quartier X où l'on réside est frappé par les désordres conditionne la croissance de la délinquance dans le même quartier X. Pour le second, le fait que le voisinage d'habitation X est frappé par les désordres affecte le comportement des individus : ils commettent plus de vols et d'agressions dans ce quartier ou dans tout autre lieu Y.

L'influence du niveau de délinquance par celui des désordres peut donc être repérée au plan diachronique et synchronique si les données nécessaires sont réunies. Or il n'y a pas, dans la littérature scientifique, de test des relations diachroniques entre incivilités et vols ou agressions.

En revanche, au plan synchronique, il existe des tentatives de valider l'hypothèse du conditionnement c'est-à-dire des désordres comme condition d'apparition des vols ou agressions. En 1990, Wesley Skogan a publié les résultats d'une analyse qui s'appuie sur l'analyse secondaire de 40 quartiers de villes américaines pour lesquelles des données comparables ont été réunies. Ce sont donc des unités écologiques, et non des individus physiques, qui font l'objet de régressions. W. Skogan a statistiquement montré que, même si l'on prend en considération le taux de rotation des ménages, le taux d'étrangers ou la mixité ethnique de la population et enfin la pauvreté dans un quartier, on n'explique pas, au sens statistique, le niveau de délinquance —

et notamment des cambriolages — sur l'espace étudié sans prendre en compte les incivilités. Une analyse statistique permet d'observer l'influence qu'une variable peut exercer sur une autre par l'intermédiaire d'une troisième[23]. Elle nous apprend « qu'il n'existe pas de passage significatif entre les variables sociales et économiques et celle du crime dans le voisinage, sauf par la médiation du désordre. Réunis, ces facteurs expliquent, en ce qui concerne les taux de cambriolage, 65 % de la variance, dont la quasi-totalité est canalisée par le désordre sur le quartier[24] ». En 1999, les sociologues Raudenbush et Sampson ont également publié un article qui montre que les signes du désordre favorisent les agressions, sans en faire d'ailleurs la seule cause mais plutôt en combinaison avec la pauvreté. Ils ont fait circuler un véhicule de 7 heures du matin à 7 heures du soir dans les rues de Chicago pour y filmer les désordres. Ils ont ensuite réalisé une carte des incivilités dans la ville et rapproché cette dernière de celle des agressions pour conclure que les zones qui manifestent le plus de signes d'incivilité semblent être les plus attirantes pour les prédateurs violents. Ces résultats confirment l'hypothèse qui fait des incivilités un maillon de la chaîne qui unit relégation socio-économique et certains délits.

Notre enquête sur les jeunes délinquants porte sur des données individuelles. Elle permet donc de voir dans quelle mesure on trouve une liaison entre la fréquence des désordres dans le voisinage de résidence X d'une personne et sa propension à commettre des vols ou des agressions dans ce voisinage X ou dans tout autre lieu Y. Nous avons ainsi trouvé une liaison entre désordres en public d'une part, et propension des individus qui y résident à commettre des vols et agressions d'autre part.

Finalement, il y a au moins deux interprétations possibles de la corrélation entre incivilités et vols ou agressions. La première, la plus exigeante, fait des désordres la condition *sine qua non* des vols ou agressions. Sans la présence des uns, les autres ne se produisent pas. La seconde, moins exigeante, fait des désordres un des facteurs associés à l'augmentation des vols ou des agressions. Si l'on appelle la plus exigeante « hypothèse du conditionnement » et la moins exigeante « hypothèse de l'influence », nous dirons que c'est la deuxième qui prévaut dans notre pays. Moins élégante intellectuellement que la théorie qui fait des incivilités le passage obligé de la fabrication de la délinquance, la posture qui lie désordres et propension au délit sans en faire l'unique condition est plus conforme à notre réalité sociale.

Retour sur la comparaison avec les études américaines

Les données que nous avons présentées confortent la théorie de la vitre brisée. Il y a, d'une part, un effet écologique des désordres en public sur la méfiance interpersonnelle (sentiment d'insécurité) et institutionnelle (vis-à-vis des organisations publiques) qui alimente des comportements de défection et de rétraction, bref d'inaction. Et, d'autre part, les incivilités perçues dans l'environnement forment des incitations à passer à l'acte.

Les désordres en public dans le quartier ont donc un effet de motivation qui trouve ensuite à se réaliser en fonction des opportunités, de la vulnérabilité des cibles et de l'absence de dissuasion. Dans ce cas, le « facteur incivilité » vient se combiner avec d'autres. Il faut l'ajouter au paradigme qui fait des vols et agressions le résultat d'une rencontre de trois ensembles[25]. Le comportement des « cibles » : pour les personnes, les théories en vigueur sont celles des styles de vie et des routines qui montrent comment la délinquance se développe en rapport étroit avec la manière dont on passe son temps dans les espaces publics des villes, aussi bien les rues que les lieux de sorties nocturnes ; pour les biens, on recourt à la théorie de l'accessibilité, le fait qu'il suffit de tendre la main pour voler dans la grande distribution, ou que les voitures sont laissées sans surveillance dans les rues des villes. Les auteurs, avec différentes théories liées aux motivations dont un aspect est la pauvreté relative, un autre aspect les sous-cultures délinquantes, c'est-à-dire la formation de groupes qui ne respectent pas les mêmes valeurs, etc. Enfin l'absence de « protecteur », que ce soit la solidarité interpersonnelle ou les institutions publiques comme la police et les entreprises de sécurité. L'intégration de ces facteurs a donné lieu à des tentatives[26] qui n'ont toutefois pas encore déterminé la place que pourraient prendre les incivilités par leurs effets sur les solidarités.

Mais, le modèle que nous avons proposé n'est pas en tout point identique à celui qui est développé outre-Atlantique. La structure spatiale des villes françaises altère le modèle de la vitre brisée. Aux États-Unis, plus de désordre dans un voisinage est associé à beaucoup plus de délits dans ce voisinage et même beaucoup plus de crimes comme l'homicide (avec des taux quatre fois plus élevés par rapport à la moyenne de la ville[27]). La dynamique délinquante y est très localisée, tout comme la pauvreté et les clivages ethniques : on agresse des gens qui vivent à proximité et qui sont issus du même groupe ethnique et de la même couche sociale. En France, les incivilités qui marquent un quartier indiquent qu'il n'y a pas de garant des espaces collectifs, favorisant ainsi les vocations délinquantes. Mais, nous « bénéficions » sans doute d'un meilleur partage social de la délinquance : elle tend à se diffuser plus largement dans l'espace d'une ville. D'une part, aucune étude ne montre que la criminalité homicide est plus élevée dans les quartiers d'habitat social. Et d'autre part, du fait d'une moindre ségrégation ethnique et spatiale, le passage à la délinquance acquisitive se fait en partie dans le voisinage de résidence et pour une autre partie ailleurs dans l'agglomération, tandis que les groupes ethniques les plus délinquants ne comptent pas le plus de victimes. À partir de l'enquête sur les 13-19 ans de Grenoble et de Saint-Étienne on voit ainsi que les jeunes d'origine maghrébine sont plus souvent auteurs de divers délits et notamment d'agressions[28] mais qu'ils ne sont pas plus souvent victimes et même moins : 43,5 % ont subi un délit (vol ou agression) contre 52 % des jeunes d'origine française. On découvre également que les deux centres de gravité pour la réalisation des actes sont le quartier de résidence et le centre-ville, qu'il s'agisse de la fraude dans les bus ou d'autres délits[29]. C'est particulièrement le cas pour les agressions violentes qui sont commises à bonne distance du quartier : les auteurs estiment à trente minutes environ le temps moyen qu'il leur a fallu pour se rendre sur le lieu de la dernière agression à laquelle ils se sont livrés.

Le partage des risques est plus égalitaire. Les lieux qui concentrent les traces des désordres et incitent au passage à l'acte ne sont pas toujours les endroits où les délits d'appropriation ou d'agression sont commis[30]. La production des vocations et celle de leur réalisation peuvent être spatialement disjointes, en tout cas plus qu'outre-Atlantique. Cela explique d'ailleurs pourquoi Skogan[31] obtient des résultats probants dans ses calculs des taux de cambriolage dans les quartiers américains. On ne trouve pas les mêmes résultats en France : les taux de cambriolage ne diffèrent pas aussi nettement suivant le type de quartier de résidence. Dans l'enquête permanente sur les conditions de vie des ménages de l'INSEE réalisée en janvier 1997, on voit que le taux moyen de cambriolage en France est de 3 % par an et que dans les cités et les grands ensembles il est également de 3 % contre 4 % pour les ménages vivant en agglomération en général.

Les taux de comportements agressifs, que l'on considère les victimes ou les auteurs, rapportés au lieu de résidence, peuvent être trompeurs. Ils sont effectivement plus fréquents pour les résidents des quartiers défavorisés mais cela ne signifie pas qu'ils se déroulent toujours dans ces espaces[32]. Certes, l'enquête de l'INSEE sur la victimation montre que ces agressions ont un caractère relationnel : elles sont plus le fait de personnes qui se connaissent lorsque les victimes sont de milieu modeste[33], car l'échange de coups dérive alors d'un conflit. Mais le sondage de l'INSEE ne permet pas de localiser à la fois le quartier de résidence de l'agressé et celui où a lieu l'agression à l'intérieur des villes. Et lorsque, comme à Saint-Étienne ou à Romans, nous disposons de l'information, nous voyons que la moitié des agressions subies se déroule hors du quartier de résidence de la victime. Cela semble d'autant plus vrai que la commune est petite : à Saint-Étienne, seulement 42 % des agressions a eu lieu dans le quartier de la victime tandis qu'à Romans le taux est de 55 %. Autrement dit, les taux d'agression des personnes qui habitent un quartier traduisent un style de vie. Celui-ci se déroule dans leur quartier de résidence et à l'extérieur de celui-ci. Les victimes fréquentent des lieux et des personnes qui sont plus à risques[34]. Les protagonistes des bagarres, qui sont des auteurs de violence qui reçoivent des coups et qui deviennent des blessés ou des agressés dans le vocabulaire des enquêtes sur les victimes, ont des comportements à risques dans le quartier tout comme ailleurs.

On ne peut pas, en France, confondre la géographie des actes de délinquance et celle des motivations, bien que les incivilités puissent avoir un effet sur les deux.

Incivilités, ségrégation et délinquance

Nous avons vu que les désordres sont une incitation à l'action, à la fois à l'intérieur des quartiers les plus touchés et à l'extérieur. Pourquoi le vol ne se concentre-t-il pas plus là où les richesses sont plus abondantes et accessibles ? Une partie des vols est clairement orientée vers les zones et les populations aisées[35]. Mais, une partie seulement. C'est probablement la force des incitations qui explique pourquoi des espaces moins riches sont touchés par le vol. On ne peut pas se contenter de rapprocher les taux de vol par zones en faisant l'hypothèse que celles-ci sont comparables « toutes choses égales d'ailleurs ». Premièrement, les quartiers très touchés par les désordres sont des espaces plus pauvres, c'est-à-dire qui recèlent moins d'opportunités délinquantes conséquentes. Deuxièmement, l'habitat collectif est moins vulnérable que les maisons[36]. Les motivations de voler devraient décroître en même temps que la quantité de biens et leur accessibilité. Pourtant, dans nos enquêtes comme dans celles de l'INSEE, ces quartiers affichent un taux de cambriolages déclarés supérieur à ce qu'il devrait être[37]. Ces données renforcent l'idée que les incivilités et les désordres, par l'affichage de la désorganisation de la collectivité qu'ils produisent, prédisposent au passage à l'acte dans ces lieux. Si nous nous demandons pourquoi les vols ne sont pas nettement moins fréquents sur les lieux les moins propices à la réalisation d'un bénéfice, il nous semble que la place des désordres peut contribuer à l'explication. Les motivations seraient maintenues à un niveau élevé, non pas du fait de l'importance du butin lors d'un vol, mais plutôt du fait du très faible risque que le voleur estime prendre, étant donné l'absence de cohésion du quartier lisible dans l'état physique de son environnement.

L'analyse sociologique de la délinquance est parfois dominée par un économisme qui fait de la distribution des revenus la clé. Il n'y a pas de doute que le chômage fasse partie des causes et que les inégalités sociales aient une géographie urbaine qui approche celle des désordres parce que les inégalités alimentent la ségrégation spatiale. Mais on tend à confondre ségrégation spatiale et ségrégation sociale, et à faire de la crise économique la cause de la ségrégation en général. Il faut pourtant songer aux travaux sur la proximité spatiale et la distance sociale de Jean-Claude Chamboredon et Madeleine Lemaire publiés en 1970, soit en pleine croissance économique ou encore à ceux de Norbert Élias et John Scotson sur les « établis » et les marginaux, publiés en 1965. Ils avaient montré la force de la distinction entre groupes sociaux qui se côtoient, leur volonté de se tenir à distance mutuellement. De même, on tend trop à réduire la délinquance et les désordres aux difficultés économiques, sans voir les effets liés aux interstices organisationnels, au défaut de garant des lieux, aux opportunités, aux mutations de la ville et aux utopies sociales. On oublie que les grands ensembles ont été, dès leur origine, un lieu de plus grande délinquance. Entre 1961 et 1967, le taux de mineurs délinquants par quartier est deux fois plus fort dans les grands ensembles (3,7 délinquants pour 1 000 habitants) que dans le reste des communes (avec un ratio de 1,8). Le sociologue marxiste, une règle à l'époque, attribuait cette sur-délinquance à la mixité sociale : les mécanismes d'attribution des logements « ont ici un effet de diversification et maximisent l'hétérogénéité de la population », pouvait-on lire. Cette mixité était supposée provoquer une « acuité particulière des oppositions de classe » et expliquer la délinquance[38].

De nombreuses études étrangères poussent à considérer comment la prise en compte des incivilités et des interactions sociales qui leur sont associées ajoute à la compréhension de la peur et de la délinquance. Le caractère insatisfaisant des explications par les seules variations des taux de chômage est une autre incitation à la recherche d'autres causes : ils ne correspondent pas aux évolutions dans le temps de la délinquance depuis la Seconde Guerre mondiale[39]. Dès que l'on prend en compte plusieurs variables dans les modèles longitudinaux, et donc pas exclusivement le chômage[40], on est amené à compléter les explications et à se détourner d'une quête de la cause unique, la « cause des causes », celle qui ne peut être causée. Enfin, nous l'espérons, les résultats des enquêtes présentées ici incitent à prendre au sérieux les désordres dans l'explication de la délinquance.

On tend aussi à confiner les incivilités dans le rôle de symptômes. Nous défendons que les incivilités, si elles sont causées, deviennent à leur tour des causes actives et prennent leur place dans un phénomène de concaténation dont une des conséquences sera l'augmentation de certains délits et qui pourrait être étudiée à son tour comme la cause d'autres phénomènes.

La multiplication des incivilités est en soi un fait qui mérite attention : il peut, sous la médiation de la peur et de la défiance institutionnelle, rétroagir sur les mécanismes de ségrégation spatiale, sur la réputation des lieux et donc celle des habitants vis-à-vis de l'extérieur, par exemple lors de la recherche d'un emploi, de même que sur le niveau de délinquance. Le chômage n'est pas la variable indépendante du modèle[41]. Quelle que soit la générosité éventuelle des motivations, on ne peut s'en satisfaire intellectuellement : ni d'un point de vue logique — comment isolerait-on la cause des causes, et *quid* des boucles de rétroaction ? — ni d'un point de vue empirique. Il faut donc intégrer différentes variables économiques dans la liste des facteurs de la délinquance : ni les sacraliser ni les éliminer. Plutôt que s'en tenir aux faits qui valident nos croyances, il serait utile de prendre en considération la variété des causes qui concourent à produire le phénomène.

Chapitre 6

INCIVILITÉS ET MUTATIONS DE L'INSÉCURITÉ

Il est temps maintenant de situer les incivilités dans le champ de l'insécurité en général tel qu'il s'est constitué depuis les années 1970. On y trouve la délinquance de rue et l'on y rattache également les comportements anti-institutionnels, que ce soit contre les transports en public ou les commissariats, parfois rassemblés sous le terme de « violence urbaine ». Nous ne saurions oublier les incivilités, bien évidemment, qu'il faudra situer par rapport aux autres termes.

Avec l'insécurité se profile la question de la démocratisation de l'accès des couches sociales défavorisées à la police et la justice. Le renforcement de la police est désormais perçu comme une recherche de l'égalité devant le service public. En effet, les théories du contrôle social ont dû battre en retraite[1]. La posture de dénonciation sociale, de la domination ou de l'exploitation, par quelques « grands intellectuels » a cédé le terrain aux travaux de recherche concrets et à la prise en considération par le politique des attentes des populations. La prise en compte progressive du sentiment d'insécurité, puis des incivilités, dans le débat public traduit ce basculement, lent, contradictoire et largement inachevé.

De la lutte des classes aux désordres sociaux

Un des faits marquants en matière d'insécurité concerne la transformation du référentiel, c'est-à-dire du système qui sert à interpréter les éléments qui se lient entre eux[2] pour composer ce qui est ressenti comme l'insécurité. Le découplage de la question de l'insécurité et de celle des luttes sociales dans le discours politique est remarquable. Non seulement la délinquance n'est pas décryptée par les gouvernants comme un comportement de lutte collective — voilà pourquoi le gouvernement en appelle à la responsabilité individuelle et pénale des actes —, mais elle n'est pas non plus perçue comme menaçant l'ordre social par l'annonce d'un « contre-ordre » susceptible de lui être substitué.

Il faut remonter à la fin du siècle dernier pour retrouver une interrogation sociale et sociologique aussi intense sur la violence interpersonnelle, c'est-à-dire aux travaux de Gabriel Tarde, Henri Joly ou Émile Durkheim. En effet, l'intérêt pour le crime et la prévention du crime, notamment de la récidive qui fascina les criminologues, se comprenait à l'époque en référence à l'établissement d'un régime politique démocratique et bourgeois assis sur la propriété[3]. La question sociale centrale était celle de l'intégration progressive des ouvriers dans la société : par leurs revendications et par les vols, ils remettaient en cause la propriété. La question sociale combine donc la lutte des classes et la « domestication » ou la « civilisation » des prolétaires, selon les écoles de pensée. L'expression de Louis Chevallier « classes laborieuses, classes dangereuses » résume bien la perception du problème par la bourgeoisie.

Dans la deuxième moitié du XXe siècle, le paradigme ne peut plus être celui de l'exploitation ou de la lutte des classes pour interpréter la question de la délinquance. Sur ce point, nous nous séparons d'autres sociologues. En exergue de leur rapport de mission sur les violences urbaines, Sophie Body-Gendrot, Nicole Le Guennec et Michel Herrou[4] ont écrit : « Les riches ont tiré un rideau sur les pauvres, et sur ce rideau ils ont peint des monstres. » S'il est indiscutable qu'il y a une dimension socio-économique du problème des incivilités et des violences, il nous semble que l'idée suivant laquelle l'insécurité consiste d'abord en une peur des pauvres chez les riches est en décalage avec la réalité et l'actualité du problème de l'insécurité. Il y a bien une crainte, mais les résultats d'enquêtes ne nous montrent pas une population aisée plus souvent inquiète. Ils nous dépeignent une crainte plus répandue chez ceux qui résident dans les quartiers défavorisés (figure n° 1). Ils nous montrent, en outre, des couches moyennes et supérieures attendant moins des administrations en matière de sécurité et se déclarant moins souvent punitives. Pour le dire d'une phrase, le problème de l'insécurité se pose non pas principalement entre les riches et les pauvres, mais d'une part au sein des couches défavorisées et, d'autre part, dans leurs rapports avec les couches moyennes[5].

Le graphique montre clairement qu'en France le pourcentage de personnes qui se sentent en insécurité est plus fort en milieu urbain, où la délinquance est concentrée, et encore plus au sein des quartiers prioritaires de la politique de la ville, c'est-à-dire les plus pauvres.

FIGURE N° 1 — Le sentiment de sécurité des habitants dans les quartiers prioritaires de la politique de la ville (France)

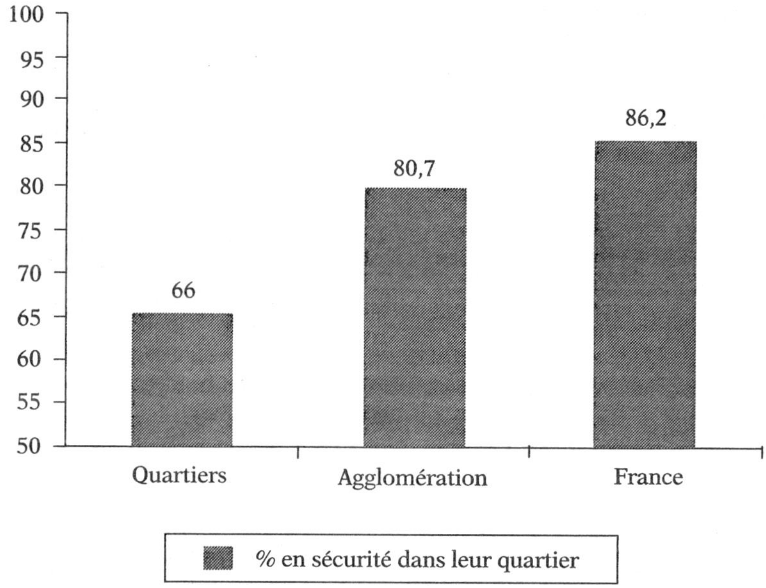

Source : INSEE (Choffet, 1996 : 132)

Ce n'est pas à dire qu'il n'y a pas de stigmatisation des quartiers pauvres dans les agglomérations françaises. On le voit avec les tableaux suivants. Nous avons scindé la ville de Saint-Étienne en quartiers et nous avons demandé aux résidents comment ils perçoivent chacun d'eux (tableau n° 1). On voit ainsi clairement se dessiner le contour des quartiers à mauvaise réputation, qui sont les quartiers les plus défavorisés et les plus marqués par les dégradations diverses, à savoir Montchauvet, Montreynaud et Cotonne[6]. On craint de s'y rendre 2 à 3 fois plus que dans les autres quartiers de la ville. Les quartiers où les gens ont le moins peur sont la Terrasse, Villebœuf/Beaulieu/Vivaraize et le centre-ville. Ils appartiennent à la moitié de la ville qui compte le moins de foyers défavorisés.

Ces résultats sont confirmés dans la petite ville de Romans (tableau n° 2). Le quartier défavorisé de la commune est celui de la Monnaie, il se détache du reste de la ville en termes de perceptions des risques : 36 % des Romanais craignent de s'y rendre. Les habitants de ce quartier n'ont pas, dans leur majorité, peur de se rendre dans leur quartier puisqu'ils y habitent : on voit que 16 % d'entre eux craignent leur propre quartier. Cela dit, ce pourcentage est plus élevé que dans les autres parties de la ville où il est très rare que les résidents d'un quartier craignent d'y sortir.

Dans les deux villes, le quartier central n'est pas perçu comme dangereux, bien qu'il soit un peu plus craint dans la petite ville de Romans. Bref, la géographie de la crainte met de côté le centre-ville et les quartiers résidentiels pour pointer les espaces périphériques, même si la distance physique pour les atteindre est très courte.

L'enjeu de l'analyse de l'insécurité est d'embrasser la totalité du problème : d'une part la crainte plus vive vécue à l'intérieur de certains quartiers et d'autre part la stigmatisation par l'extérieur. Réduire l'insécurité à l'imagerie des populations aisées revient à négliger le

TABLEAU N° 1 — Auriez-vous peur de vous rendre seul pendant la journée (Saint-Étienne)

dans le quartier...	Oui %	Non %	Non Réponse %
Montreynaud	46	46	8
Montchovet	41	50	9
La Cotonne/Montferré	31	60	9
La Métare/La Palle	21	69	9
Beaubrun/Tarentaize/Séverine	16	74	10
Jacquard/Côte Chaude/Montaud	13	79	8
Le Soleil/Le Marais/Méons	11	80	9
Terrenoire/Monthieu/Crêt de Roc	10	79	11
Centre-ville Villebœuf/Beaulieu/Vivaraize	7	87	6
Bellevue/La Rivière/Solaure	5	89	6
La Terrasse	3	90	7

Les cases présentent les pourcentages de personnes qui ont répondu. Ainsi, les 46 % dans la case en haut à gauche donnent la proportion de ceux qui ont peur de se rendre dans le quartier de Montreynaud.

problème tel qu'il est vécu par les populations défavorisées. De plus, cela équivaut à ignorer un aspect fondamental des sociétés occidentales : la question de la cohabitation résidentielle ne se pose que pour les couches basses et moyennes, elle n'a jamais été à l'ordre du jour pour les couches supérieures.

TABLEAU N° 2 — Parmi les quartiers suivants de Romans, y en a-t-il un ou plusieurs dans lesquels vous auriez peur de vous rendre seul(e) pendant la journée ?

	Oui %	Non %	Non réponse %
La Monnaie.	36	63	1
Centre Ancien.	10	87	3
Centre Plateau (gare).	3	95	2
Les Méannes/Les Ors.	2	94	4
Les Balmes/La Pierrotte.	2	93	6
La Royanne.	1	91	8

Les cases présentent les pourcentages de personnes qui ont répondu. Ainsi, les 36 % dans la case en haut à gauche donnent la proportion de ceux qui ont peur de se rendre dans les quartiers de La Monnaie.

L'enquête de Romans confirme que ce sont les ménages modestes qui déclarent le plus souvent que la priorité des élus devrait être la lutte contre la délinquance et qui, par voie de conséquence, trouvent moins souvent que leurs efforts sont satisfaisants (figure n° 2). Les foyers qui disposent de moins de 7 500 francs par mois sont 71,5 % à affirmer que la délinquance doit être une priorité des élus contre 52 % de ceux qui ont 15 000 francs ou plus. Inversement, les foyers modestes sont moins souvent satisfaits des efforts de la mairie (45,5 %) que les foyers aisés (63,5 % le sont). Logiquement, dans le quartier d'habitat social, à la Monnaie, on attend plus qu'ailleurs une action des élus. L'enquête de Saint-Étienne montre que les ouvriers sont 76 % à être tout à fait d'accord avec la proposition « la première chose à apprendre aux enfants est le respect de l'autorité » contre 57 % des cadres. Ensuite, on note que les locataires de HLM en dehors du centre-ville sont 79 % à dire que le vol est tout à fait condamnable contre 60 % des locataires en centre-ville.

Les couches moyennes et supérieures ne demandent pas plus souvent qu'on s'occupe de la sécurité car ce sont les personnes modestes qui sont confrontées à des désordres (plus souvent qu'à leur tour) et sont soucieuses de ces difficultés dans la vie de tous les jours[7]. Nous avons déjà vu comment les désordres alimentent la crainte.

FIGURE N° 2 — Citer « la lutte contre la délinquance » comme priorité des élus et juger les efforts de la mairie en matière de sécurité « satisfaisants et assez satisfaisants » suivant les revenus à Romans

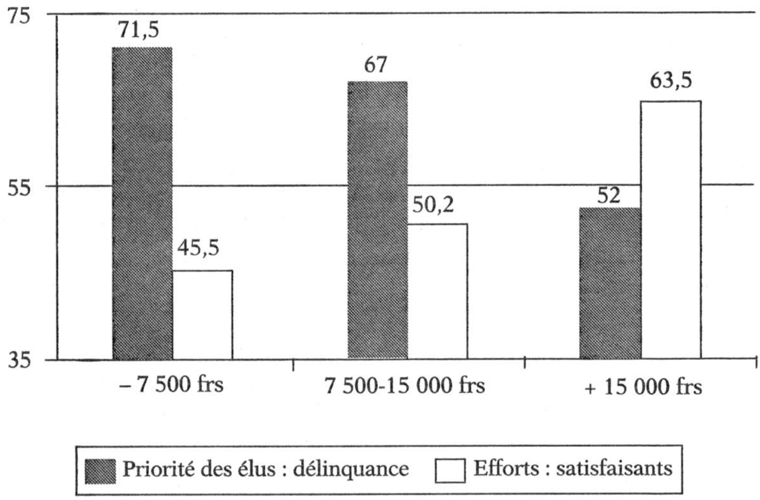

Les cases présentent les pourcentages de personnes qui ont répondu. Ainsi, les 71,5 % sur le premier bâton en haut à gauche représente la proportion de ceux qui citent la délinquance comme une priorité des élus et qui disposent de moins de 7 500 francs de revenus mensuels.

Il faut revenir sur le découplage qui existe entre l'insécurité et la question sociale, non pour le déplorer ou s'en féliciter, mais pour percevoir sa prégnance. Il serait réducteur d'y voir l'effet de l'idéologie libérale et de la mondialisation. En réalité, plusieurs éléments y contribuent. Premièrement, on trouve la question de l'identité collective. Dans les quartiers pauvres, les jeunes hommes qui ont des comportements de vol, d'agression, de défi et d'incivilité ne les inscrivent pas dans la contestation politique classique[8], et sans doute pas du tout dans la contestation d'un ordre social injuste[9]. La thèse de la « perte de la différence » des couches modestes de C. Nightingale aux États-Unis peut être déclinée en France. En effet, l'idée d'appartenance à une couche sociale ouvrière, potentiellement porteuse d'une autre histoire que celle du développement du capitalisme, est en retrait dans la population en général et ouvrière en particulier[10]. « La distinction sociale et culturelle du monde ouvrier s'est diluée », note encore la sociologue Agnès Villechaise-Dupont[11]. Cette appartenance est probablement encore plus réduite chez les plus jeunes, traditionnellement moins politisés et moins impliqués dans les processus institutionnels. Au plan local, certains chercheurs soulignent le vide politique entre les mairies et les quartiers pauvres[12]. Certes, on voit le terme « violence » accolé à celui de « luttes sociales » dans certaines revues politiques et intellectuelles, mais ce sont alors des sociologues, travailleurs sociaux, élus, etc., qui imputent des intentions que les acteurs n'expriment pas eux-mêmes : décrits comme « aliénés par le système », on nous suggère qu'il faut les aider à se débarrasser de leur « fausse conscience », c'est-à-dire l'absence d'une vision critique et politique qui les envahit et les empêche de se lancer dans la contestation.

Deuxièmement, comment ne pas voir que les couches moyennes et inférieures ont développé une aspiration à la sécurité et que les pauvres ne constituent pas en la matière un monde à part séparé du reste de la société ? Cela constitue une évolution très importante. Les mesures de sécurité dont bénéficient les sections aisées de la population leur semblent également valables pour eux. Les populations modestes aspirent à la sécurité et ne rechignent pas à voir des caméras s'installer, des gardiens faire leur travail, elles souhaitent que la police mette fin à l'impunité des auteurs. Leurs stratégies résidentielles sont, en partie, animées par le désir de protéger la scolarité de leurs enfants et de trouver un environnement sûr. Des couches moyennes, et non de la fraction la plus privilégiée de la population, dépend l'appauvrissement de certains quartiers : c'est leurs arrivées ou leurs départs d'un espace qui font ou défont la mixité sociale des lieux. Ces populations réalisent des arbitrages entre leurs valeurs, leurs moyens financiers et les contraintes de sécurité : le choix de quartiers populaires signifie des loyers moins élevés, et les couches moyennes ne sont pas rebutées par la mixité sociale tant que la sécurité et la civilité sont de mise. Mais si elles se dégradent, l'économie réalisée sur le logement leur semble ne plus valoir le coût. La question pour les couches moyennes n'est pas celle d'un affrontement (de classe) avec les plus modestes, mais celle des conditions concrètes qui permettent une cohabitation géographique à laquelle elles ne sont pas hostiles en principe. De là vient toute l'importance des désordres en public.

Troisièmement, le travail n'est plus perçu comme une aliénation et les affrontements hors travail prennent de l'ampleur. Dans l'après-guerre, le « progrès économique » ouvre l'horizon d'une société de couches moyennes débarrassée des inégalités, offrant protection sociale et éducation à tous. Mais lorsque survient la crise et que s'installe le chômage de masse, l'insertion par l'emploi est vécue comme primordiale. Elle ne saurait désormais être dénoncée comme « exploitation » du travail. On ne parle plus de la lutte des classes entre ceux qui sont « en haut » et ceux qui sont « en bas », mais on parle d'« exclusion » pour qualifier l'opposition entre ceux qui sont « dedans » et ceux qui sont « dehors ». La structure du chômage en France[13], qui le concentre aux deux extrémités de la vie adulte, place les jeunes dans une situation qui leur interdit pratiquement tout affrontement traditionnel avec les patrons. Travaillant plus tardivement, à cause de l'allongement des études ou d'une longue période de chômage avant le premier emploi, ils n'ont jamais eu de contacts avec un patron, ce qui évite toute conflictualité de ce côté. Le découplage entre insécurité et question sociale trouve une source dans le recul de l'âge auquel on entre sur le marché du travail et la difficulté croissante qu'ont les moins qualifiés à y trouver une place. Les affrontements avec les policiers se sont substitués à ceux qui existaient avec les employeurs : l'autorité à laquelle se confronter ne peut plus être la même. Même s'il n'est pas impossible que, à terme, certaines personnes restées à l'écart du marché du travail arrivent à s'organiser sur un mode contestataire et collectif, c'est loin de constituer la règle. Les acteurs de la nouvelle « question sociale », celle posée par ceux qui sont « hors société du travail », notamment les chômeurs, ne se structurant que progressivement et très partiellement, elle ne saurait englober la « question de la sécurité ».

La nouvelle insécurité

L'évolution sémantique dans le discours sur la délinquance et la criminalité comme enjeu social traduit ces transformations. La « question criminelle » du XIXe siècle a cédé la place à « l'insécurité » du XXe siècle. Même si, pendant la prospérité, la délinquance ne fait guère parler d'elle comme problème politique électoral et de politique publique, on peut dire que la sécurité s'est constituée de manière nouvelle, voire même qu'elle devient un prisme de lecture des rapports sociaux. L'insécurité n'est plus seulement une conséquence d'autre chose, mais un facteur d'organisation de la société.

Pour dessiner l'entrée du problème de l'insécurité dans le système politique français, nous devons citer quelques déclarations importantes des responsables. Il n'y a pas si longtemps, personne ne se souciait de la sécurité au coin des rues, comme nous l'avions noté lors de l'analyse de la politisation du sentiment d'insécurité[14]. Rappelons deux dates. En 1968, le ministre de l'Intérieur, Raymond Marcellin, en écho à l'insécurité, parle de « défense de la république » : la menace qui pèse sur l'ordre politique issu des institutions de la Ve République est à l'ordre du jour. Et la société en pleine expansion économique est également soumise à de virulentes attaques, la « société de consommation » ou la « société du spectacle », pour reprendre le titre d'ouvrages fameux, sont dénoncées. En 1975 déjà les choses ont basculé. Michel Poniatowski, ministre de l'Intérieur, déclare : « Je voudrais que le ministère de l'Intérieur s'appelle le ministère de la sécurité des Français, parce que c'est son vrai nom. Il assure la sécurité et l'ordre, car c'est la liberté de chacun, mais la liberté n'est pas spécifiquement celle de la politique, c'est aussi, dans les grandes villes, de pouvoir sortir après huit heures du soir. » Une page est tournée. Vingt ans après, le ministre de l'Intérieur socialiste Jean-Pierre Chevènement tiendra des propos comparables. Les socialistes ont été amenés à reconnaître l'insécurité comme un problème en soi et non simplement comme une question qui dérive d'une lecture de la structuration de la société en classes.

La gauche a eu beaucoup de mal à accepter que la sécurité des personnes et des biens s'était dégradée. Dans l'opposition avant 1981, elle y voit une machine de guerre électorale de la droite pour faire oublier la crise et légitimer un « état policier ». Elle croit que l'insécurité est une idéologie quand les citadins parlent en fait de dérèglements très concrets qui viennent rendre difficilement supportable la vie de tous les jours, particulièrement dans les grands ensembles. Mais, petit à petit, les choses évoluent : ce sont les maires socialistes des grandes agglomérations qui, confrontés aux difficultés, vont pousser la gauche à sortir de son aveuglement. En 1981, c'est l'arrivée au pouvoir national. Le rapport d'un parlementaire, Michel Belorgey, insiste sur la nécessité de démocratiser la police ; il est publié tardivement, en 1991.

Gilbert Bonnemaison est l'homme qui entame un travail d'acculturation politique de la notion d'insécurité à gauche. C'est lui qui mettra sur pied la première politique sous l'intitulé « prévention, répression », signe du compromis idéologique qu'il fallait trouver. Pourtant, à gauche, beaucoup continuent à voir dans l'insécurité un fantasme tourné en instrument de conquête électorale par le Front national. Le point d'aboutissement, et non pas de départ comme les responsables nationaux ont tendance à le dire, de la mue idéologique sera le colloque de Villepinte qui s'est tenu à l'automne 1997 et au cours duquel les ministres socialistes s'expriment sans complexe sur la nécessité de la répression aussi bien que la prévention[15]. On apprend que la police concourt à la démocratie et à la sécurité des plus démunis, qu'elle n'est plus perçue comme un outil de domination au service du capital. Le ministre de l'Intérieur, Jean-Pierre Chevènement, affirme que « la sécurité est un concept de gauche » et que s'occuper de la sécurité est une politique de gauche « car ce sont les couches sociales les plus démunies qui souffrent de l'insécurité[16] ». En mars 2000, il déclarera même aux Assises nationales de la police de proximité que la sécurité est « une politique sociale ».

Le nouveau lexique de l'insécurité

Les notions utilisées pour parler de l'insécurité ont évolué. Trois termes emblématiques sont aujourd'hui en usage : le « sentiment d'insécurité[8] », « les incivilités », les « violences urbaines ». L'expression « sentiment d'insécurité » a pris son essor entre le milieu des années 1970 et le début des années 1980. On le retrouve au cœur du rapport *Réponses à la violence* d'Alain Peyrefitte en 1977 — il est garde des Sceaux à l'époque — puis dans celui de Gilbert Bonnemaison en 1982. Dans les deux documents, l'expression « sentiment d'insécurité » est une manière de se saisir de la question de l'augmentation de la délinquance sans avoir à se prononcer sur sa matérialité. En effet, à cette époque, le débat sur la réalité de l'insécurité bat son plein : la gauche et ses sociologues parlent d'un phénomène d'autant plus insupportable que résiduel, de l'imaginaire de l'insécurité. On n'a pas rassemblé de preuves irréfutables de l'augmentation de la délinquance et ces preuves ne convainquent pas. Les premières études scientifiques n'auront pas lieu avant le milieu des années 1980. Pourtant, le thème gagne dans l'opinion et les doléances atteignent les maires bien avant. Pour contourner l'écueil de l'incertitude liée à la comptabilité de la délinquance, les hommes politiques mettent en avant l'impératif de prendre en compte le « sentiment ». Il est vrai que ce sentiment, dès lors qu'il s'exprime dans les réunions publiques, les pétitions, les plaintes ou les votes, devient une réalité politique qu'il est difficile d'ignorer pour qui brigue un mandat.

Ces dernières années, les recherches quantitatives montrent que les individus ayant fait l'expérience de vols, d'agressions ou simplement d'incivilités sont plus inquiets que les autres[17]. Cela a rendu plus difficile de parler du caractère irrationnel du sentiment d'insécurité[18]. La gauche a continué son travail de prise en compte de l'insécurité, au nom de la recherche de l'égalité des citoyens devant la sécurité qui n'est pas assurée. Dans ce contexte, l'aboutissement de l'évolution de la notion de « sentiment d'insécurité » est la reconnaissance de la nécessité de l'évaluer pour conduire une politique de sécurité. Le ministre de l'Intérieur Jean-Pierre Chevènement a lancé les « contrats locaux de sécurité ». Ces dispositifs se donnent comme objectif un « partenariat entre administrations publiques » (faire travailler ensemble l'appareil judiciaire et l'école par exemple) adapté à la réalité locale : cela suppose d'adapter la politique nationale en fonction des spécificités municipales et d'associer les maires à ces nouvelles politiques. Ces contrats sont précédés d'un diagnostic local de sécurité dans lequel le sentiment d'insécurité, au même titre que la délinquance et la criminalité, doit être évalué et pris en considération[19]. Autrement dit, dans le discours officiel, il ne peut plus y avoir de politique de sécurité sans que le sentiment d'insécurité soit décortiqué. En vingt-cinq ans, le sentiment d'insécurité est passé du statut de fantasme à celui de notion dont il est indispensable de prendre la mesure pour permettre à l'action publique d'être efficace. On mesure le chemin parcouru.

L'intérêt actuel pour la notion d'incivilité est lié au contexte politique au double sens de contexte électoral et d'évolution des politiques publiques en matière de sécurité. En France, la notion a été récemment consacrée par les plus hauts responsables de l'État. Dans son discours de politique générale de 1995, Alain Juppé, alors Premier ministre, indiquait : « L'une des aspirations les plus fortes et les plus légitimes de nos concitoyens est de vivre dans un monde tranquille. (...) La police de proximité, au service quotidien de tous doit être plus présente sur le terrain (...). C'est elle qui doit combattre les comportements inciviques et les atteintes à l'environnement [les dégradations], qui sans être nécessairement de nature pénale, contribuent grandement à l'instauration d'un climat d'inquiétude et de malaise dans la vie quotidienne[20]. » Lionel Jospin, en tant que Premier ministre, s'est exprimé à ce sujet lors de manifestations nationales, notamment au colloque de Villepinte en octobre 1997. Ce fut l'occasion, pour la gauche, de trouver une porte d'entrée pour aborder la question de la sécurité des populations défavorisées. L'idée que les politiques publiques, notamment les politiques de la ville, mais également les contrats locaux de sécurité, devaient s'occuper des incivilités s'est construite dans le même temps, dans les années 1995 et 1996. L'entrée a été plus tardive dans le vocabulaire officiel du ministère de la Justice[21], elle n'a eu lieu qu'en 1998 lorsque le Garde des Sceaux souligne le lien entre

« déscolarisation, incivilités et faits de délinquance » ; elle le confirme dans son discours aux Assises nationales de la police de proximité en mars 2000 lorsqu'elle distingue les incivilités infractionnelles de celles qui ne le sont pas pour indiquer les limites légales de l'action de la police de proximité.

Le terme d'incivilité s'est trouvé légitimé par celui de sentiment d'insécurité : c'est parce que les désordres en public alimentent le sentiment d'insécurité qu'ils ont pu s'installer aussi facilement dans le nouveau discours politique. Puisqu'il fallait prendre en compte la perception de la population, il fallait traiter les désordres. Mais aussi parce que tout s'est passé comme si la notion venait combler un double vide. D'une part, la population urbaine et les professionnels qui travaillent dans les rues, les autobus ou aux guichets des services publics (vente de ticket, accueil à la sécurité sociale, à la mairie, etc.) étaient confrontés à des actes divers d'agressivité, de dégradations, à des nuisances variées et ne trouvaient pas les termes de « délit » ou de « crime » pertinents pour les qualifier. D'autre part, le déni de réalité qui touchait tous ces menus désordres — ce n'est pas de l'insécurité « réelle » — empêchait de se mobiliser pour essayer d'y répondre puisqu'il n'y avait là « rien de grave ». Le terme « incivilité », souvent pris, à tort d'ailleurs, pour un synonyme d'« incivisme », permet donc aux acteurs de désigner des troubles sans les assimiler à des délits, les autorisant ainsi à faire écho aux préoccupations des habitants concernant les problèmes de la vie quotidienne.

L'expression « violence urbaine » est passée dans le langage commun. Cette expression peut sembler bien vide : dire qu'il y a des violences, c'est rester flou ; et dire qu'elles sont urbaines dans une France urbanisée à plus de 80 % n'est guère plus significatif. Au ministère de l'Intérieur, la notion ne renvoie pas aux catégories utilisées pour enregistrer la délinquance : on parle d'outrage à agent, d'homicide, de vol, de coups et blessures, etc. La notion de violence urbaine traduit cet intérêt : il s'agit essentiellement de décrire des actes de violences qualifiées « anti-institutionnelles », des jets de pierre contre les voitures de police à l'émeute qui embrase tout un quartier, et de les inscrire sur une échelle dont les degrés traduisent leur intensité. L'utilisation de cette notion de violence urbaine par la section « Villes et Banlieues » des Renseignements généraux exprime cette attention nouvelle. Il ne s'agit donc pas d'un concept sociologique. Mais, les informations dans des rapports plus ou moins confidentiels étaient inédites et elles furent reprises par certains universitaires ou consultants, de même que l'expression s'est retrouvée dans le titre de certains de leurs ouvrages.

Violences urbaines et incivilités ont un point commun : elles sont des dénotations nouvelles d'un phénomène. Elles ne renvoient pas au fonctionnement du système judiciaire ou aux qualifications juridiques des faits, mais à une question de société. En effet, elles ne sont pas empruntées au vocabulaire pénal. La violence urbaine renvoie au type d'action de groupe qu'est l'émeute. C'est donc à la procédure d'action et à la cible que ce terme se réfère avant tout. Une femme commissaire en charge de la section « Villes et Banlieues » des Renseignements généraux, Lucienne Bui-Trong, adopte ce point de vue : « On ne mesure pas l'acte selon le code pénal », écrit-elle à propos de l'échelle des violences urbaines[22]. Les incivilités sont également en décalage par rapport à la définition de l'infraction, une partie d'entre elles est légale, une autre partie infractionnelle. La notion d'incivilité se définit par rapport à ses conséquences : augmentation du sentiment d'insécurité, méfiance vis-à-vis des institutions, autant de comportements qui peuvent favoriser la multiplication des vols et agressions. La prise en compte de la notion pousse à décentrer le regard : le problème n'est pas la rupture de la loi, mais la prolifération de ce qui rend difficiles les interactions personnelles, le partage de l'espace collectif.

De nombreuses critiques ont été émises à l'encontre des notions de sentiment d'insécurité, d'incivilité ou de violences urbaines. Et il ne fait guère de doute que ces concepts sont critiquables, au même titre que d'autres. Cependant, de même que l'usage de l'expression le « sentiment d'insécurité » décalait le débat par rapport à la « réalité » de la délinquance telle que la mesurait la statistique officielle qui repose sur la qualification légale des délits et la volonté des policiers de les enregistrer, leur diffusion, depuis six ans, témoigne d'un décentrement des questions de délinquance par rapport à une approche strictement pénale : il vient s'y combiner les troubles publics et le mal vivre.

Interpréter la question contemporaine des incivilités ?

Les incivilités ont pris leur place dans le débat public, en France et en Europe ou aux États-Unis, autour de la peur et de la criminalité. Mais il nous semble qu'elles soulèvent des questions beaucoup plus larges sur la démocratie et la place des couches moyennes en son sein telle qu'elle s'est dessinée depuis la fin de la Seconde Guerre mondiale avec la révolution silencieuse des valeurs correspondantes[23] qui n'accordaient plus la même importance aux règles et à la discipline. Voyons comment.

UN PHÉNOMÈNE NOUVEAU

Les incivilités ne sont pas nouvelles. Dans la France rurale, les chapardages des gamins dans les vergers, les tirs au lance-pierres des cerises du voisin ou les boules de verre qui isolent les câbles d'électricité en haut des poteaux EDF, tout cela existait. De même, les remarques que faisaient, il y a presque trente ans, Jean-Claude Chamboredon et Madeleine Lemaire sur le bruit sont tout à fait d'actualité. Ils parlaient des « inconvénients très réels d'une insonorisation défectueuse[24] ». Un peu plus tard, à la fin des années 1970, Jean-Claude Kaufmann, dans *La Vie HLM usages et conflits*, parle du « linge au balcon », « des enfants, des chiens, du bruit, de la propreté, des rythmes de vie [qui] auraient permis des différences aux conséquences lourdes débouchant sur des conflits », la difficulté des « synthèses fragiles, des usages communs[25] ». Bailleau et Garioud notent comment l'enquête préalable à une opération « Habitat et Vie Sociale » sur la ville d'Orly en 1978 soulignait déjà la place de la déviance des jeunes et du conflit de génération qui les oppose aux adultes : « Ils sont perçus par leurs aînés comme bruyants (...), souvent perturbateurs et potentiellement dangereux[26]. » Et, aujourd'hui, Agnès Villechaise-Dupont, dans sa monographie sur deux quartiers de Bordeaux, rapporte que « la dénonciation du laisser-aller et du manque de savoir-vivre du voisinage revient fréquemment dans les entretiens[27] ».

L'étude par le sociologue Henri Coing d'un quartier populaire, au début des années 1960, montre que le respect des « bonnes manières » dans les quartiers urbains et ouvriers ne forme pas un critère de catégorisation sociale d'autrui[28]. Les bonnes manières n'étaient pas au centre des relations interindividuelles. Elles vont le devenir avec l'habitat collectif et son peuplement hétérogène, le brassage social qu'il implique, mais aussi avec l'enrichissement de la société et l'aspiration des milieux ouvriers à vivre comme les couches moyennes. Moins de vingt ans plus tard, la sensibilité a changé : « C'est une vieille habitude : on parle haut dans les campagnes et cela n'a jamais gêné personne. Dans les quartiers ouvriers traditionnels (...) les chuchotements n'étaient pas de mise. [Aujourd'hui], signe d'urbanité ou d'intolérance, le parler haut surprend et dérange[29]. » Les formes civiles constituent un élément de construction de l'image de soi, de l'estime de soi. Leur violation est une humiliation.

Il y a aujourd'hui un conflit sur la définition des manières légitimes de faire d'autant plus difficile à arbitrer que la population se perçoit hétérogène et qu'on peut argumenter que tous les styles de vie sont de valeur égale. À d'autres époques, la cohabitation était d'autant plus facile que l'inégalité était visible et moins illégitime. Il n'en va plus de même aujourd'hui[30]. Avec la moyennisation[31], l'adoption des normes de comportement en public des couches moyennes s'est imposée aux ouvriers. La combinaison du nombre d'incivilités et d'une sensibilité nouvelle au désordre produit ses effets. Aujourd'hui, les incivilités émeuvent parce qu'elles s'adossent au sentiment que les règles civiles n'ont pas de raison de s'imposer dans une société moins pyramidale où les normes sont ramenées à des choix personnels qui se valent[32]. Il n'est plus question de dicter des règles de vie : les incivilités, jusqu'à très récemment, ont été prises pour des formes d'expression légitime[33]. Et ce pour deux raisons : la première est que, comme le dit Richard Sennet, « le problème n'est pas de s'exprimer soi-même, mais d'être expressif[34] ». Les rituels civils construits par la tradition sont mis en question par l'expressivité personnelle. La seconde est que la société affiche des valeurs démocratiques d'égalité et produit dans le même temps de l'exclusion[35].

Norbert Elias a fait l'historique des rituels de civilité qui vont de la manière de se présenter en public, à l'abandon corrélatif d'habitudes comme celle de se moucher dans ses doigts, de cracher, etc. Ils ont aujourd'hui un rôle d'autant plus central que les sociétés sont plus mobiles, à la fois dans l'espace géographique et dans la hiérarchie sociale. Ils incarnent à chaque instant une forme de communauté minimale qui n'a d'existence institutionnelle nulle part : dans la ville qui est circulation et anonymat, nous avons besoin de signes de l'innocuité du rapport aux autres. C'est ce qu'offrent les civilités qui sont des mises en forme de l'échange social. À notre sens, les incivilités, en portant l'attention sur tous les signes qui permettent d'évaluer la nature du rapport à autrui et à un espace peuplé de ces étrangers[36] incertains, soulignent l'importance des rituels d'entrée en contact. L'insécurité fait ainsi irruption au cours des interactions de la vie quotidienne où des modes de vie se tournent le dos sans même se confronter. C'est pourquoi nous avons dit que la question en jeu est celle de « l'ordre en public » par opposition à « l'ordre public » qui se définit par des menaces contre les institutions politiques.

Individualisme démocratique et crise

Il nous semble que, dans la France d'aujourd'hui, à la croisée des chemins de l'individualisme et des difficultés économiques, la mixité sociale est d'autant plus improbable que la question des règles d'usage des lieux collectifs (immeuble, bus, établissement scolaire, place publique, etc.), ne fait pas l'objet d'un débat public. Puisqu'il est « politiquement incorrect » de les aborder, la manière la plus simple de résoudre la question est de changer d'endroit pour rejoindre des lieux où vivent « des gens comme nous ». On ne cherche pas à synchroniser les comportements et à édicter des règles communes par recours à la politique, on développe des réactions autocinétiques[37]. La place prise par ce dernier mode nous semble tout à fait centrale.

À aucun moment on n'entend dire par les acteurs que les désordres en public posent le problème essentiel des règles du vivre ensemble. Pourquoi ? Parce que, précisément, les comportements incivils ne sont pas des questionnements organisés et encore moins des revendications : ce sont des contournements d'usages qui ne cherchent pas à modifier les règles. Et simultanément, les réponses aux incivilités, voire même aux vols, trouvées par la population sont largement des adaptations individuelles qui ne posent pas non plus le problème en termes de règles collectives. Les gens ont une préférence pour les solutions individuelles qui les dispensent d'aborder cette question. L'affirmation que des comportements sont insupportables doit être interprétée dans ce cadre : c'est aux professionnels qu'il revient de traiter la question « sur un mode technique », ce n'est pas aux citoyens d'imposer des règles collectives. La pénalisation est un moment de cette réponse technicienne. Moins les règles sont sacrées, plus les citoyens anticipent leur impossibilité à les faire respecter, plus les attentes de règlements et de sanctions par les institutions ont de chances de s'intensifier. Quand bien même des organisations publiques voudraient-elles étendre leur engagement à régler les incivilités, le pourraient-elles si elles n'incarnent plus l'existence d'un tiers arbitre pour une partie substantielle des hommes et des groupes sociaux ?

Chapitre 7

RÉPONSE À L'INSÉCURITÉ LA TOLÉRANCE ZÉRO : UN MODÈLE POUR LA FRANCE ?

Quelles sont les réponses à l'insécurité ? Et, surtout, quelle place peut prendre la lutte contre les incivilités dans la réduction de l'insécurité ? Le premier réflexe est de tourner les yeux vers les métropoles américaines. N'est-ce pas là-bas que la théorie de la vitre brisée et l'idée de tolérance zéro ont été popularisées ? Certes ! Mais, il faut s'interroger sur la pertinence d'une telle démarche en France[1]. Pour ce faire, nous allons prendre en compte la structure de la criminalité et le mode d'organisation politique et administratif. Nous proposerons ainsi une relecture de la politique de la reconquête de la ville et discuterons sa transposition à la France.

Les États-Unis sont un modèle *repoussoir* en ce qui concerne le *niveau* de violence homicide, mais ils sont un modèle *attractif* pour ce qui est des *évolutions* de la criminalité et les techniques de management. En matière d'évolutions, il n'y a pas de « modèle français » à défendre parce qu'il n'y a pas de bilan positif à présenter. C'est d'ailleurs pourquoi les expériences américaines sont autant débattues dans la presse comme dans les enceintes spécialisées. Pour comprendre l'intérêt du monde occidental pour ces méthodes, on ne pourra donc pas se contenter de la thèse qui fait du management un sous-produit du « génie américain du marketing », bien qu'il y ait là indiscutablement quelque chose de vrai[2].

Surtout, l'idée qu'il faut changer toute la société pour diminuer la violence n'est plus dominante. La répression policière n'est plus jugée inutile ni stigmatisée. La lutte contre les incivilités est reconnue productive. L'interprétation de la délinquance comme le produit de causes profondes est perçue comme poussant à l'apathie plutôt qu'à l'action, et, surtout, infondée. On peut donc agir en visant les causes et les racines mais aussi en touchant d'autres facteurs supposés moins profonds, mais qui se révèlent essentiels. Ce n'est pas le moindre mérite des nouvelles politiques que de l'avoir mis en évidence. Dans le contexte français, nombreux sont ceux qui ne souhaitent pas découpler l'action policière du reste de l'action publique et cherchent donc à combiner plusieurs niveaux d'intervention : ils en appellent au mélange de prévention et de répression, dans la foulée du rapport de Gilbert Bonnemaison. Notons que, dans son esprit, cela ne revient pas à nier tout effet d'une politique d'utilisation des forces de police mais bien à indiquer qu'il existe différents leviers d'action possibles à combiner.

Délinquance et criminalité : la France n'est pas encore les États-Unis

Que nous disent les faits ? De quels chiffres devons-nous nous contenter ? Nous n'allons pas revenir sur les critiques adressées, à juste titre, aux sources officielles de mesure de la délinquance. Les éléments dont on dispose sont suffisamment précis, en dépit de leurs limites, pour décrire des situations très différentes comme celle de la France et des États-Unis. Nous les complétons par les résultats d'enquêtes sur les victimes qui permettent une comparaison la plus fiable possible à ce jour[3].

Les homicides, agressions, vols

En France, d'après les statistiques de police, en 1972, on compte 1 173 homicides volontaires et tentatives[4]. En 1998, on dénombre 2 150 homicides et tentatives (961 sont réussis). Pour calculer le taux actuel, il faut ajouter les coups mortels, cela fait 1 136 meurtres. Le taux d'homicidité est donc de l'ordre de 1,9 pour 100 000[5]. La structure des homicides en France ne s'est pas fondamentalement transformée. En 1972 comme en 1998, les homicides « ordinaires » (dont les motifs sont passionnels, sexuels, raciaux, dus à des différends, etc.) représentent environ 80 % du total, les meurtres crapuleux (pour vols) 13 % ; le reste, 6 %, est composé des règlements de compte entre malfaiteurs.

Aux États-Unis, la situation est très différente. D'une part, le taux d'homicidité est beaucoup plus élevé. Alors que le taux en France, d'après les statistiques de police, varie entre 2,6 pour 100 000 en 1993 et un peu moins de 2 en 1998, aux États-Unis il varie entre 8 et 10 pour 100 000 depuis 1970, il est de 9,3 en 1993 et d'un peu moins de 6 aujourd'hui[6]. De plus, la nature des homicides s'est radicalement transformée. Ils sont aujourd'hui beaucoup plus liés aux vols et de moins en moins aux conflits et à la vengeance : entre 1965 et 1992, on est passé d'un taux de 33 % d'homicides par un intime à 10 %[7].

Les homicides mis à part, les États-Unis sont-ils un pays plus criminogène que la France ? Ce stéréotype demande à être discuté sur la base de données fiables. Or, dès que l'on quitte le décompte des meurtres, on sait que la statistique officielle est difficilement comparable d'un pays à l'autre : les actes sont catégorisés et enregistrés différemment tandis que les victimes peuvent ne pas avoir le même comportement de plainte. Pour résoudre le problème, nous pouvons utiliser les enquêtes de victimation américaines et européennes disponibles. Il reste à disposer de questions comparables pour tous les pays qui donnent un pourcentage annuel de victimes (taux de personnes victimes une fois ou plus) ou un taux de délits commis pour 100 habitants[8]. C'est le cas depuis maintenant plus de dix ans.

Comparons les niveaux et les évolutions. En 1989, date la plus ancienne disponible pour ces enquêtes, les États-Unis sont nettement plus affectés par la délinquance et la criminalité. Si l'on prend l'indice formé de dix atteintes (atteintes aux véhicules, cambriolages, vols personnels, agressions et vols violents), on trouve 31,6 actes pour 100 habitants en France contre 61,4 aux États-Unis. En 2000, les taux sont de 33,9 contre 39,5. Les deux pays sont maintenant très proches. L'écart qui subsiste est lié aux vols d'objets personnels (hors cambriolage et vols de voiture) et aux vols dans les voitures essentiellement qui sont un peu moins fréquents en France.

L'évolution la plus spectaculaire concerne l'usage de la violence. Elle est prise en compte dans les vols avec violence ainsi que les agressions et menaces (voir figure n° 1). On s'aperçoit que les taux d'agressions déclinent aux États-Unis (de 10,1 % en 1989 à 6,5 en 2000), tandis qu'ils progressent en France (2,9 à 6 %). La mesure des agressions distingue deux cas : l'usage de menaces ou de la force physique. Le taux de victimes de menaces en France passe de 1,1 en 1989 à 2,5 en 1996 et 2,9 % en 2000. Aux États-Unis, il décline de 3,7 en 1989 à 2,3 % en 2000. Si l'on regarde les agressions physiques, le taux de victimes passe en France de 0,4 % en 1989 à 0,7 % en 2000. Aux États-Unis, il diminue de 1,7 à 1,2 %. Autrement dit, ce ne sont pas simplement les menaces mais également les coups qui se font plus fréquents dans l'Hexagone et moins aux États-Unis.

FIGURE N° 1 — Les vols avec violence et agressions : taux annuel d'actes pour 100 habitants en France et aux États-Unis (1989-2000).

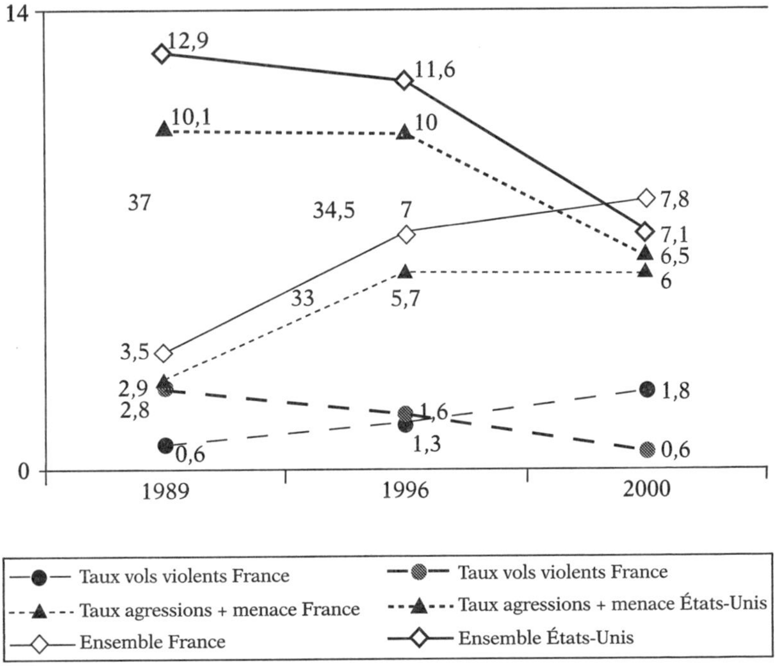

Source : ICVS, John van Kesteren, Pat Mayhews, Paul Nieuwbeerta (2001), *Criminal Victimization in Industrialized Countries*, Annexe 4.

Quant aux vols violents, ils sont nettement plus fréquents en France (de 0,6 % on passe à 1,8 %) et en baisse aux États-Unis (de 2,8 % à 0,6 %). Au total, le taux d'actes violents (calculé en cumulant vols violents et agressions) passe de 12,9 à 7,1 outre-Atlantique tandis qu'il progresse de 3,5 à 7,8 dans l'Hexagone.

Tout aussi préoccupante est la poussée du taux de victimes d'agressions sexuelles chez les femmes. Les viols, tentatives de viol et agressions indécentes touchent 0,7 % des femmes en 2000 contre 0,4 en 1989 en France, et respectivement 0,4 contre 1,7 aux États-Unis. La France a laissé la situation se dégrader tandis que les choses se sont améliorées outre-Atlantique.

Ces études confirment que, il y a dix ans encore, les États-Unis étaient indiscutablement plus touchés par la violence physique (homicides, vols violents, agressions physiques et même sexuelles) que la France. Cependant, les choses ont évolué. Les États-Unis restent un pays où l'homicide est plus fréquent, environ 2,5 fois que dans notre pays. Mais, on voit comment les situations françaises et américaines se rapprochent et même s'inversent en matière de vols avec violence ou agressions sexuelles.

CONCENTRATION SPATIALE DE LA VIOLENCE

Une autre singularité de la criminalité américaine, c'est la concentration spatiale de la violence dans des proportions dont nous n'avons pas la moindre notion. Sur les 3 000 comtés américains, 77 sont le théâtre de la moitié des homicides. 80 % des personnes incarcérées dans les prisons de l'État de New York sont issues de 7 quartiers (*neighborhoods*). Don Russell et Bob Warner[9] prennent l'exemple de la ville de Philadelphie en 1994. Elle représente 14 % de la population de la Pennsylvanie et 44 % des crimes violents de cet État. À l'intérieur même de la ville, 430 homicides ont eu lieu en 1994, 340 victimes sont des Noirs (ils représentent 40 % de la population et 80 % des victimes d'homicides), et la quasi-totalité des 89 enfants tués sont noirs. Si l'on calcule un taux d'homicidité par voisinage, on voit que les Badlands affichent 100, soit 4 fois plus que le taux moyen de la ville qui est de 23. En France, aucun quartier, le plus « chaud » soit-il, ne peut présenter un tel contraste avec le reste de la ville dont il fait partie. Le poids des minorités dans l'appareil pénal découle des faits précédemment exposés. Deux camps s'opposent, d'une part ceux qui dénoncent la discrimination raciale de l'appareil pénal[10], et d'autre part ceux qui dénoncent la faiblesse de la répression des « super-prédateurs », ces jeunes issus des minorités qui commettent des crimes horribles pour les motifs les plus futiles parfois[11].

En France, le phénomène délinquant est incontestablement métropolitain. Si l'on corrèle différents délits avec les taux d'urbanisation des départements français en 1984 et 1994, on trouve que le taux de délits par habitant est d'autant plus élevé que l'urbanisation est forte : les destructions et dégradations le sont plus que les vols qui eux-mêmes le sont plus que les homicides[12]. Les personnes défavorisées, immobilisées dans une position de leur trajectoire sociale, ont des comportements agressifs les uns vis-à-vis des autres, se battent pour des questions d'honneur[13] ou d'identité territoriale ou même de maîtrise d'un territoire commercial[14].

Il ne faudrait pas pour autant ramener toute la question délinquante à celle des banlieues. D'ailleurs, ces espaces n'ont pas une homogénéité totale : on rassemble sous ce terme des quartiers périphériques de grandes ou de petites villes, et également des communes entières, notamment en région parisienne. Certains quartiers des grandes villes ont pourtant une population plus nombreuse que les petites villes prises comme un tout. Faut-il préciser que les banlieues françaises ne sont pas, à la différence des *inner-cities* américaines, des ghettos mono-ethniques[15], insalubres[16] et particulièrement violents en matière d'homicides ?

Au total, on sait que la criminalité américaine était plus violente (meurtres, agressions sexuelles, agressions pour vols), plus concentrée dans l'espace et plus souvent le fait de jeunes. Ces caractéristiques conditionnent les résultats que l'on pourrait obtenir par les actions de sécurité et, à notre sens, limitent sérieusement l'espoir de bénéficier de retombées positives en adoptant des politiques comparables, à supposer qu'on les désire.

On ne saurait espérer, en France, une division par 2 du taux d'homicides qui reste de 2 à 3 fois inférieur à celui que les États-Unis connaissent aujourd'hui, après une baisse de plus de 60 % ces dix dernières années. La recette, si elle existe, qui permet de passer de taux d'homicides de l'ordre de 10 pour 100 000 à 5 pour 100 000 n'est pas nécessairement celle qui permettrait de passer de 2 à 1 pour 100 000. On ne saurait dire si une politique qui a abouti à faire baisser aux États-Unis les actes violents (vols, agressions) d'environ 45 % en dix ans, en passant de 12,9 à 7,1 pour 1 000, aurait le même effet en France, soit passer du taux actuel de 7,8 à 4,3 pour 1 000. L'expérience américaine ne peut pas nous le dire car ces taux faibles de violence sont inconnus aux États-Unis sur toute la période étudiée.

En réalité, c'est à partir d'aujourd'hui que les politiques américaines de sécurité pourraient commencer à nous apprendre comment faire. Pourquoi ? Simplement parce que, nos taux de délinquance étant devenus proches, il n'est pas impossible que les « recettes » puissent à l'avenir passer d'une rive à l'autre de l'Atlantique. Mais, pour cela, il faudrait que l'embellie américaine sur la criminalité se poursuive. Et aussi que les actions publiques d'un système politique et administratif puissent être greffées sur un autre.

Des causes du crime à celles qui permettent de le combattre

L'analyse des causes du crime est un puits sans fond. Comme le notait Maurice Cusson, aux causes anciennes se sont ajoutées de plus récentes[17]. Tout semble pouvoir être une cause : l'hérédité, la personnalité, l'urbanisation, l'inégalité économique, les médias de masse, la démographie, l'organisation familiale, l'usage de produits stupéfiants, la certitude de la peine, le comportement des victimes potentielles, l'accessibilité et la vulnérabilité des cibles, etc. Chacune de ces causes a donné lieu à des théories plus ou moins concurrentes qui ont pour nom « théorie de la privation relative », « des routines », « des opportunités », etc., et qui ont mis en forme les schémas conduisant à la délinquance. C'est l'abondance même des causes supposées du crime et des expertises qui a motivé une dénonciation des « têtes d'œuf » *(egg heads)* universitaires.

En effet, à côté de ces causes débattues dans l'arène politique — les jeunes, la drogue, le chômage — du fait de leur caractère politisable et moral, d'autres causes ont fait l'objet de travaux importants et ont alimenté la transformation des modes d'action des professionnels de la sécurité : il s'agit de l'approche contextuelle ou situationnelle et de l'approche par les désordres plus connue sous le nom de « théorie de la vitre cassée ». Ces théories avaient en ligne de mire d'obtenir des améliorations dans un délai raisonnable par l'activité des personnes et services responsables de la sécurité. Déjà en 1975, James Q. Wilson avait indiqué que « l'exigence de solutions causales (...) nous détourne des choses que le gouvernement peut raisonnablement faire[18] ». Puis, dans cette ligne interprétative, les premières réflexions sur la « vitre brisée » se sont muées en politiques publiques. Clarke a ainsi expliqué que la prévention situationnelle n'était pas une réponse aux inégalités sociales[19] tandis que Kelling et Coles ne se sont pas cachés de chercher à « identifier des objectifs réalistes et susceptibles d'être atteints en matière de politiques à mettre en œuvre[20] ».

Cela fait la nouveauté de ces approches et leur donne un aspect constructif. La révolution intellectuelle de la théorie de la vitre cassée et de la tolérance zéro est précisément d'avoir voulu agir en cessant de considérer que les « causes sociologiques » étaient tellement inextricablement liées entre elles et profondes qu'on ne pouvait rien faire sans changer la société tout entière. La politique new-yorkaise s'est construite en rupture avec la recherche des causes dites « socio-démographiques ». Mais, on ne saurait emprunter la même direction aveuglément sur la foi de la réussite outre-Atlantique sans discuter la transformation de l'action policière aux États-Unis et son caractère transposable en France.

Que s'est-il passé à New York ?

La thèse qui sous-tend la politique est assez connue des spécialistes depuis l'article précurseur de James Q. Wilson et George H. Kelling en 1982 : elle lie la multiplication des désordres et la montée de la criminalité violente, insistant sur le rôle de régulation sociale que la police peut jouer si elle change sa logique d'action en ne se contentant plus d'intervenir après le délit (attraper le délinquant) quand elle le peut mais en soutenant les valeurs d'une communauté.

La présentation dans la presse française de la politique menée par certaines villes américaines a fait la part belle à la tolérance zéro et à la gestion policière par objectifs au moyen du système d'informatisation cartographique de la délinquance appelé *Compstat*, combinaison de *computer* (ordinateur) et de statistique. Si le *Compstat* est une vitrine technologique — les crimes et délits sont informatisés immédiatement, les actes peuvent être localisés sur des écrans géants dans une salle de contrôle et de commandement, mis en relation avec d'autres données sociales ou économiques, etc. —, cette technique s'est accompagnée d'autres modifications de l'organisation des forces de lutte contre la délinquance qui sont rapportées par tous les analystes de cette aventure[21].

Le premier essai débute dans le métro de New York. Les responsables affirment vouloir « reconquérir » 26 lignes s'étalant sur 360 kilomètres et 465 stations dans lesquelles 3,5 millions d'utilisateurs passent chaque jour ouvré[22]. Le problème a été attaqué sous l'angle des graffitis et autres désordres connus sous le nom de « problème des sans-abri ». Il y avait des mendiants inoffensifs et paisibles, mais aussi des drogués sous l'emprise de substances légales ou illégales. Les incivilités étaient légion : des personnes saoules, vomissant, urinant ou déféquant en public, prenant de la drogue ouvertement, insultant des passagers. La fraude contribuait également à créer un climat d'absence de règles d'usage : jeunes sautant par-dessus les tourniquets, ou s'en prenant aux distributeurs de billets, ou encore rendant de menus « services » comme tenir la porte ouverte en échange du prix du transport.

En avril 1990, William Bratton était appelé à diriger le Transit Police Department. Les responsables ont alors tenté de comprendre la situation, la nature des problèmes[23]. Par exemple : « Au lieu de considérer que les graffitis étaient un problème d'application de la loi, le responsable de la gestion du métro comprit qu'il s'agissait d'un mélange complexe de vandalisme, de piètre maintenance, de manque de leadership et de manque de résolution[24]. » Les services furent réorganisés territorialement et non plus fonctionnellement de manière à identifier un responsable par station. Ils décidèrent d'imposer les règlements aux usagers. Une des difficultés consista à obtenir les autorisations légales de la part des juges de la Cour suprême. Une autre à convaincre les policiers que la réduction des désordres faisait partie de leurs missions. Une des choses qui convainquirent ces derniers du lien entre désordre et criminalité était le fait que, dans certains voisinages, on pouvait trouver jusqu'à une personne interpellée sur 10 qui était porteuse d'une arme illégalement détenue ou qui était recherchée pour un crime[25]. Les arrestations pour des actes de petite délinquance augmentèrent rapidement dès cette date, tout comme les expulsions du métro. Les statistiques disponibles présentent la diminution de la criminalité après le pic de 1990. Dans le métro, cette diminution est nette pour les crimes dans leur ensemble, notamment les vols avec usage de la force ou menace de l'utiliser mais également la fraude : d'après la police, le nombre de fraudeurs passe de 200 000 à 25 000, les délits diminuent de 80 %.

Ces réformes dans le métro ont inspiré celles qui furent appliquées à la police de New York, toujours sous la direction de William Bratton, mais avec des différences considérables. Il ne s'agit pas d'un modèle dit de « police communautaire », mais d'un modèle d'utilisation intensive de la police dans l'espace public. Le nombre de policiers a été augmenté pour atteindre 46 830 agents en 1997 (38 201 policiers, 8 629 civils) contre 34 077 en 1988, dont 90 % sont en uniforme. Le travail de la police a été complètement réorganisé autour du *compstat*[26] et du système de responsabilisation territorial : un capitaine de police est en charge d'un *precint*, il doit rendre des comptes, indiquer les moyens dont il a besoin pour résoudre un problème, etc.[27].

Mais d'autres transformations, peu ou pas discutées en France, furent mises en œuvre. Une refonte de l'action policière, moins médiatique, a pris place : elle n'est pas tant dirigée contre les incivilités que contre la corruption, la passivité et l'absence d'investigation policière elle-même. Silverman[28] explique que la police était, avant la réforme, peu encline à lutter contre la criminalité. Être actif pouvait être risqué pour les cadres de la police (*Chief Commissioners*) : si leurs hommes étaient sur le terrain, d'un côté les scandales pour corruption, de l'autre les troubles ethniques les menaçaient. Tous les vingt ans depuis le début du siècle, des scandales liés à la corruption ont rythmé la vie du New York Police Department (NYPD). Les extorsions réalisées par les policiers, mal payés il est vrai, aux dépens des commerces illégaux s'étaient répandues. Les policiers pouvaient aller jusqu'à participer au trafic. En 1992, le maire David Dinkins a désigné une commission d'enquête, la Commission Mollen, sur la corruption au New York Police Department après que des policiers des 9e, 30e, 46e, 73e et 75e districts ont été pris en train de vendre des stupéfiants et de tabasser des gens afin de les empêcher de rapporter leurs agissements. Les réformes avaient alors consisté à isoler les policiers des tentations pour éviter la corruption[29]. À cette époque de désorganisation policière, des lieux comme Time Square pouvaient être occupés ostensiblement par des délinquants faisant le commerce de la cocaïne et du crack.

Par ailleurs, depuis les années 1960, le spectre des émeutes ethniques freinait toute action policière. La déclaration d'un maire de l'époque, John Lindsay, résume l'état d'esprit prévalant : il avait déclaré que « le NYPD se moque de ce qui se passe à Harlem tant qu'il n'y a pas d'émeute ». Les agressions contre les policiers n'étaient pas fermement condamnées, et il n'y avait pas de stratégie policière comme le rapporte un des *Chief Commissioners* du début des années 1970, Patrick V. Murphy : « Très peu de ce que nous avons fait était lié au crime et à la prévention du crime. » La crainte de la corruption et de la brutalité poussait les responsables à mettre à l'index les districts qui avaient des taux d'arrestation trop élevés, pris comme un signe d'agressivité policière. La promotion se faisait sur l'image d'un service propre et non violent, celle d'un chef qui ne met pas ses hommes en difficulté.

La combinaison de la crainte de la corruption et d'une attitude consistant à éviter les conflits ethniques à tout prix — quand bien même la criminalité augmentait, le paroxysme ayant été atteint lors du mandat de David Dinkins à la mairie — a résulté en une réduction de la capacité du NYPD à lutter contre le crime. Dans ce contexte politique et policier, les responsables policiers souscrivaient à la « sagesse » qui voulait que l'élimination des causes profondes soit un préalable à la diminution de la criminalité.

La campagne de Rudolph Giuliani s'est faite plus contre cet état d'esprit que sur le thème de la tolérance zéro et de la qualité de la vie. Bratton arrivait de Boston avec l'objectif de réduire la criminalité de 10 %. Il a affirmé que les policiers allaient s'attaquer à la criminalité et que les responsables seraient promus s'ils obtenaient des « réductions à deux chiffres ». Et effectivement, les officiers responsables (*Command Officers*) se verront donner plus de pouvoir et seront tenus responsables des résultats. La création du *compstat* s'inscrit dans ce contexte : créer un système d'information qui n'a pas trois mois de retard sur les faits. Pour bien percevoir l'écart qui existe avec la situation française, notons encore ce que Silverman rapporte d'un lieutenant qui a l'expression suivante : « Après *comptsat*, chaque fois que quelqu'un se fait tirer dessus, il s'agit d'une affaire importante », ce qui, par prétérition, indique qu'une chose apparemment aussi évidente ne l'était plus[30].

La politique policière ne semble pas impliquer une augmentation ininterrompue du nombre de personnes en prison. En 2000, pour la première fois depuis vingt-sept ans, avec 70 283 détenus dans l'État de New York, le chiffre s'est stabilisé et a même un peu décliné. Il en va de même en Pennsylvanie, au Texas et en Californie notamment. Pour 2002, l'État de New York prévoit une baisse de 9 % de sa population pénitentiaire. La diminution de la fréquence des crimes et délits, ainsi que la décision de libérer les délinquants non violents expliqueraient la tendance[31].

Un rapport de cause à effet ?

Pour l'ensemble de la ville de New York, les vols avec usage de la force ou menace de l'utiliser, les homicides régressent, tout comme les agressions, quoique de manière moins spectaculaire. Il en va de même pour les atteintes à la propriété comme les cambriolages (entrées illégales dans le but de commettre un délit) ou les vols. Nous savons que la tendance se poursuit aujourd'hui encore, après le départ de William Bratton. Certes, il y a un passif de ces politiques qui envoient les policiers dans les rues. En France et aux États-Unis, on a dénoncé l'usage abusif de la force[32] et le « délit de sale gueule » (*racial profiling*)[33]. Pour autant, on ne doit pas enfermer les policiers dans les bureaux pour éviter tout incident.

La diminution de la violence n'est pas contestable. Mais y a-t-il un rapport de cause à effet entre la baisse de la criminalité et les politiques de sécurité à New York ? N'y a-t-il pas une surestimation de l'effet net de la lutte contre les désordres[34] sur le niveau global de la criminalité ? Cet effet est-il aussi direct et profond que le prétendent certains ? Peut-on faire de la lutte contre les désordres le point clé de cette politique ? Si l'on accorde à la politique municipale les bénéfices que ses promoteurs lui attachent, il reste à savoir si l'on parle de l'une (zéro tolérance) ou de l'autre (réparer la vitre brisée) ou encore de la troisième, celle du changement policier décrit par Eli Silverman[35].

D'un strict point de vue scientifique, il est très difficile d'établir si la lutte contre les désordres et incivilités a un effet propre au sens statistique sur la délinquance violente, c'est-à-dire indépendamment des autres variables. Il est d'ailleurs périlleux de tenter d'attribuer, d'une manière générale, les variations de la délinquance et de la criminalité à un seul facteur. Bien sûr, certains auteurs ont montré statistiquement une association entre fréquence des incivilités et cambriolages dans les quartiers de résidence[36], mais de manière statique et non par l'analyse des évolutions. Il y a loin entre parler des désordres comme « contribuant à » et comme « déterminant à eux seuls » quelque chose.

Peut-on trancher ? La baisse du nombre d'homicides à New York est une réalité forte qui se poursuit jusqu'en 1999 avec 664 homicides décomptés et ramène au niveau de 1964. Certes, la comparaison dans le temps montre que cette baisse se produit ailleurs[37] mais pas partout : à Detroit, la tendance se renverse et l'on compte 454 meurtres en 1997 contre 428 en 1996[38]. Il faut pouvoir regarder l'évolution des dernières années dans les villes de plus de 100 000 habitants pour dire si New York a connu, au total, une diminution de la fréquence des homicides plus importante qu'ailleurs : il semble bien que la réponse à la question soit positive[39].

S'il est assez peu probable que la politique municipale ait pu, à elle seule, faire diminuer d'une telle manière et ramener le nombre d'homicides à un niveau inconnu depuis 1973, elle doit bénéficier d'un *a priori* positif puisque cette ville a connu une diminution de la fréquence des homicides supérieure à la moyenne du pays. Cela n'implique pas que la politique de New York soit réductible au fait de « réparer les fenêtres » et de ne pas tolérer les petites infractions : il y a bien eu une politique de lutte contre les incivilités, mais le travail de Eli Silverman montre qu'il a été réalisé dans le cadre d'une réorganisation des objectifs policiers. Cela n'implique pas non plus qu'elle soit la seule susceptible de contribuer à obtenir des résultats, comme le montrent par exemple d'autres travaux sur Chicago[40]. Une chose est sûre, la vitesse de ces transformations de l'intensité de la criminalité, quelles que soient leurs causes, suggère de ne pas prendre les variables sociologiques comme des déterminations. Mais inversement, il ne faudrait pas leur dénier toute influence.

Enfin, on doit se demander quelle politique a été appliquée à New York. B. Walsh s'est posé la question du rôle de la politique municipale[41] et a rappelé que, selon William Bratton, la philosophie de la tolérance zéro n'avait rien à voir avec celle de la réparation des vitres cassées[42]. Et cela fut confirmé par George Kelling : « Je n'ai jamais utilisé le terme "tour de vis" [mesure de répression accrue], "nettoyage", ou "tolérance zéro". Je pense que ces expressions sont l'antithèse de mon approche. Les politiques dont je me suis fait l'avocat devaient augmenter l'activité de la police, mais diminuer le nombre d'arrestations. » Pour Kelling, la tolérance zéro est un « enfant illégitime de la vitre brisée[43] ». C'est dire combien l'amalgame qu'on fait en France entre les deux théories se doit d'être discuté.

Des politiques importables en France ?

La diminution de la criminalité pose des questions sur les approches traditionnelles de la sécurité, notamment sur la transposabilité de l'approche à la France, sur les définitions de la prévention et les modes d'action policiers. Nous ne sommes pas certains de l'explication de la baisse de la criminalité aux États-Unis. En revanche, nous sommes sûrs qu'elle est multifactorielle et que l'effet bénéfique d'une politique de tolérance zéro est lié aux caractéristiques de la criminalité.

Il faut se garder d'accepter ou de refuser *a priori* l'idée d'une spirale positive sous prétexte de différences « culturelles », prétendument établies une fois pour toutes, entre la France et les États-Unis.

La spirale du renouveau : blocage et réversion

Il nous semble qu'il y a deux versants dans la théorie de la vitre cassée, le positif et le négatif. Le versant négatif, *la spirale du déclin*, est balisé empiriquement : tout indique que plus de désordre engendre plus de peur et de délinquance. En revanche, le versant positif, que nous proposons d'appeler *la spirale du renouveau* ou *spirale positive* — moins de désordre engendre moins de peur et de crime — demande à être mieux connu même si certains acteurs opérationnels peuvent estimer les résultats de New York suffisants pour orienter des politiques.

Il nous semble qu'il faut à nouveau distinguer deux cas de figure quant au versant positif de la théorie, la spirale du renouveau. Il y a d'une part le cas où contenir les désordres et incivilités dans un contexte où le crime est rare permet d'empêcher la délinquance et la criminalité de se répandre, c'est le phénomène du *blocage*. Il y a d'autre part le cas dans lequel réduire la fréquence des désordres permet d'espérer une baisse de la délinquance et la criminalité, c'est le phénomène de la *réversion*. Trouver des facteurs pour bloquer une évolution ne revient peut-être pas nécessairement à trouver, pour tous les types d'actes, des facteurs qui provoquent une réversion de l'évolution.

Ces deux phénomènes n'étant pas les mêmes, il convient de ne pas les accueillir ou les repousser dans un même mouvement. Le second cas de figure, la réversion, a pu fonctionner aux États-Unis pour plusieurs raisons. D'abord, parce que l'accent mis sur les incivilités dans les espaces publics s'inscrivait dans une politique plus large et contrait l'économie de la drogue. Le sociologue Andrew Karmen a montré que les évolutions chronologiques des séries du nombre de meurtres à New York commis avec armes ou sans armes étaient très différentes : tandis que les meurtres sans armes diminuent de manière continue depuis 1972, ceux qui impliquent une arme à feu augmentent à partir de 1987 jusqu'en 1992. Les meurtres visibles, en public, et par armes à feu ont constitué le gros de la vague criminelle (figure n° 2). Or il s'agit là de meurtres souvent liés à l'usage et au commerce de drogue qui ne sont que la forme la plus extrême de comportements d'agressivité en public qui ont pour objet d'installer des dealers, d'organiser la « tyrannie de la minorité » et le contrôle des lieux, comme l'ont bien vu des ethnographes[44]. C'est pourquoi lorsque la police s'en prend à l'agressivité en public des dealers, ainsi qu'à la prostitution et au trafic associés, elle fait diminuer la violence homicide.

Ensuite, parce que la structure des homicides aux États-Unis est liée à la recherche illégale de profits, les meurtres dans les espaces publics motivés par la réalisation d'un vol sont la majorité. On voit sur le graphique que ce sont bien les homicides visibles qui ont augmenté avant de connaître une décrue rapide. Et Karmen trouve une relation inverse entre le nombre de patrouilles dans les rues, le nombre d'arrestations pour des petits délits et le nombre d'homicides : plus la police est dans la rue, moins on y commet de meurtres[45]. On comprend que le fait de « reprendre les rues », suivant la formule du maire, passe par l'utilisation de la tolérance zéro comme un moyen et non une fin en soi[46].

Incivilités, violences de rue et organisation administrative

Dans le cas de New York, on peut donc comprendre comment et pourquoi la présence policière dans les rues a été une composante de la décrue des violences. En France, le contexte est différent. D'abord, le niveau d'homicide est bien plus limité. Ensuite, les homicides non crapuleux représentent plus de 75 % du total : la criminalité reste encore très majoritairement relationnelle et familiale dans notre

Figure n° 2 — Évolution du nombre de meurtres visibles et non visibles à New York (1985-1995)

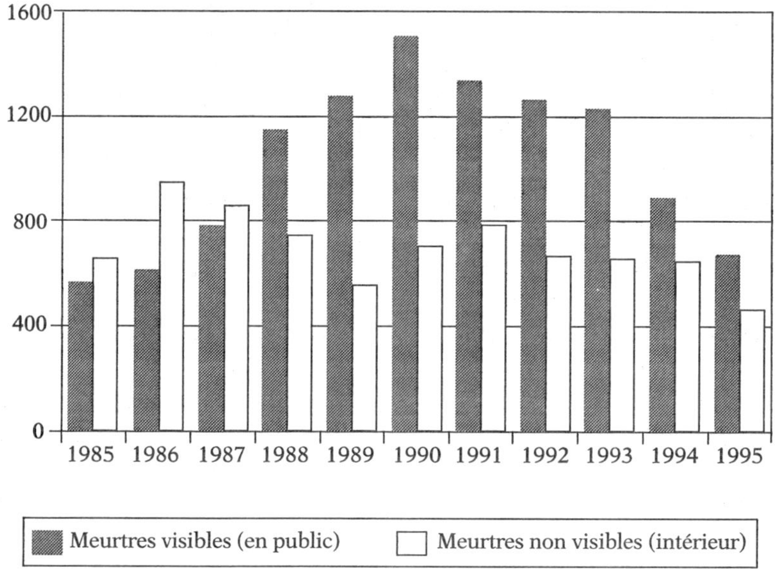

Source : Karmen, 1996 : 9.

« vieux pays ». Pour ces deux raisons, nous sommes, en France et en matière d'homicides, dans une situation où l'on ne peut guère espérer de baisse des meurtres par une plus grande présence policière : seuls les meurtres de rue liés au profit sont concernés, or ils sont rares. On ne peut attendre de la spirale positive une baisse du taux d'homicidité dans les espaces publics.

La lutte contre les incivilités pourrait donner des résultats positifs en France sur la délinquance non homicide : les agressions, les vols, les cambriolages et les trafics. Cela dit, il faut encore préciser que la délinquance est très circonscrite à certains territoires aux États-Unis tandis qu'en France elle s'étend plus largement dans l'espace social : les espaces défavorisés ne sont pas les lieux qui concentrent toutes les délinquances car les délinquants circulent dans leur ville. L'effet de ségrégation spatiale joue moins fortement sur les lieux où les actes délictueux sont commis. Nous ne connaissons pas la concentration spatiale de la violence américaine, nous ne pouvons donc pas attendre dans l'Hexagone les mêmes effets d'une politique policière territorialisée au niveau des quartiers urbains puisque les délinquants sont plus mobiles. Il est néanmoins logique d'attendre que, en France, les domiciles les moins attractifs, ceux qui recèlent moins de biens et qui sont néanmoins cambriolés parce que les désordres incitent à passer à l'action, le soient moins si on lutte contre les incivilités. Il en va de même pour les agressions : aux États-Unis, on trouve que les agresseurs répondent aux indices visibles du désordre[47], et c'est également le cas en France comme nous l'avons vu. Autrement dit, le bénéfice est surtout à attendre du côté des quartiers les moins favorisés des villes : voilà une raison de plus pour s'y attacher.

La lutte contre les incivilités comme une forme d'appropriation de l'espace public pourrait également avoir des retombées bénéfiques sur la lutte contre les trafics illégaux qui se développent. Les comportements agressifs poussent les gens à se replier sur eux-mêmes ou servent parfois directement à se rendre maître d'un territoire. S'ils sont contrés, le commerce est plus difficile à installer.

En ce qui concerne les petits délits, dont une bonne part revient aux incivilités infractionnelles, le bénéfice d'une police plus présente et plus offensive est assez douteux puisque le système judiciaire se refuse à les traiter. La justice classe sans suite les petits vols, ce qui correspond, dans les grandes villes, à ne pas traiter les affaires de moins de 1 500 francs, les dégradations et autres « broutilles » de son point de vue. Or sans réponse judiciaire, il est inutile d'encourager la police à effectuer des arrestations pour ces petites infractions.

Mais encore une fois, si la prise en compte des désordres constitue une piste qui, à notre avis, mérite d'être explorée, on ne peut pas transposer mécaniquement le modèle new-yorkais. La dimension répressive, absolument irréductible, ne peut pas être aussi développée qu'aux États-Unis : chez nous, l'homicide n'est « pas assez » présent si l'on peut dire. Et, les autres violences physiques sont chez nous à peu près au niveau américain après une diminution substantielle de leur taux de délits. L'histoire future des États-Unis en matière de lutte contre la délinquance sera donc plus porteuse de leçons pour la France et l'Europe que celle des dix dernières années.

Surtout, les organisations en charge de la sécurité ne sont pas les mêmes. En France, les polices ne sauraient être l'unique et principal vecteur de la reconquête des espaces collectifs à la fois pour des raisons pratiques (effectifs, budgets, compétences, rôles professionnels), mais aussi administratives et politiques. Les polices américaines sont municipales et donc répondent, à travers l'élection du maire, plus directement aux demandes de la population. Le maire dispose d'une certaine latitude quant à l'organisation des polices et leur mode de travail que n'a pas son homologue français. L'élection des magistrats permet, à New York, au maire de faire pression : les candidats savent qu'ils auront besoin du soutien de l'Hôtel de ville. Le maire est donc en position d'influer sur toute la chaîne pénale : il choisit le chef de la police, il peut décider d'augmenter le nombre d'agents, il a des moyens de pression importants sur la justice. C'est le gage d'une cohérence locale du système pénal.

De plus, il dirige les services municipaux (sociaux, techniques) et la police forme l'un d'eux. C'est le gage d'une cohérence locale du système pénal avec le reste de l'action publique. En France, la capacité à construire une politique plus offensive contre les incivilités ne pourrait aisément associer la police de l'État et les différents services municipaux. Les difficultés seraient encore plus fortes avec la justice qui y verrait une intrusion inacceptable dans son domaine réservé. Et la fragmentation est encore accentuée avec le rôle prépondérant que joue le conseil général en matière d'action sociale et la délégation des compétences dites de « politique de la ville » aux agglomérations. Il y a trop de niveaux (commune, agglomération, département, État) qui sont insuffisamment coordonnés entre eux. Si l'on veut une politique locale, il faut un chef d'orchestre à ce niveau-là. Or le maire qui est l'élu qui représente le plus directement le territoire local n'est pas le chef de la police nationale qui travaille dans sa commune, même s'il dispose d'une petite force municipale, n'a pas d'autorité sur la justice, ne contrôle pas les dépenses sociales du département qui concernent sa ville, etc.

Cela constitue d'ailleurs une faiblesse française qui mériterait que les représentants du peuple s'y attardent longuement. On comprend alors les débats actuels sur la « municipalisation de la police » : faire du maire le chef de la police permettrait de mieux mettre en cohérence la prévention et la répression. Mais on voit immédiatement les limites de cette approche : c'est de la justice que dépend la sanction. On peut faire la police que l'on veut, sans implication des juges, il ne peut y avoir de politique cohérente. Or le procureur de la république n'a aucune raison professionnelle de chercher la coordination : il peut sentir son autonomie menacée, sa carrière n'est pas liée à un éventuel succès dans cette entreprise et il ne restera à ce poste dans cette ville que quelques années. Cela ne l'empêche pas de s'impliquer s'il le souhaite dans un dispositif de coordination local, mais il n'y a aucun caractère impératif, structurel et durable.

Enfin, on ne peut éviter de penser que la gestion par objectifs de la police new-yorkaise serait mal acceptée par ceux qui, dans la police ou la justice française, se réclament de la tolérance zéro. Il faut se souvenir que, lors de la mise en place de la nouvelle politique, tous les cadres qui avaient répondu qu'on ne pouvait pas faire reculer la délinquance de « deux chiffres » (au moins 10 %) avaient été écartés. Depuis la réforme, Eli Silverman indique que 60 % des capitaines de police ont été promus ou rétrogradés en fonction de leurs résultats. On l'a dit, les capitaines responsables d'un secteur sont examinés chaque semaine et écartés s'ils n'ont pas réalisé leurs objectifs ; comme ils sont fonctionnaires de la ville et qu'on ne peut les licencier, on les met « au placard » pour les inciter au départ. Combien de commissaires, en France, seraient prêts à accepter ce genre de gestion de carrière ? Avoir une police plus efficace passe par la désignation claire des objectifs et l'incitation des responsables à les atteindre. Dans l'Hexagone, il n'y a pas d'objectif à atteindre : tous les responsables publics vont dire qu'ils ont à cœur de lutter contre toutes les délinquances, et même l'écrire dans les contrats locaux de sécurité. Mais cela ne constitue pas un but suffisamment précis pour organiser l'action. Aucune évaluation des moyens nécessaires pour réaliser cet objectif n'est faite. Et aucune évaluation digne de ce nom n'a lieu quant à l'impact des mesures prises. Au total, nous disposons dans les dispositifs français de coordination que devraient être les contrats locaux de sécurité d'un catalogue de déclarations d'intention, mais d'aucune gratification ou de sanction pour leur mise en œuvre.

TOLÉRANCE ZÉRO : L'IMBÉCILLITÉ PÉNALE

Nous connaissons une explosion des violences depuis les années 1980 sans que la justice réagisse en distribuant plus de peines. La tendance hexagonale est à essayer de diminuer la population carcérale, ce qui se produit avec succès depuis plusieurs années. Or, comment parler de tolérance zéro tout en n'augmentant pas la sanction pénale, qui se traduit par la prison pour les actes graves ? Dans notre pays, l'invocation de la tolérance zéro sert surtout à se donner bonne conscience tout en évitant toute réforme de fond. Le succès de la notion tient en partie à « l'imbécillité pénale » qu'elle suppose et qui se résume à ceci : pour améliorer les choses, il suffit de répondre à tout. Or cette affirmation n'a aucune signification pratique. N'importe quel système manque de ressource pour tout faire, et particulièrement la justice. Il faut donc établir des priorités, faire des choix et laisser une large discrétion aux agents de police pour traiter les affaires qui se présentent à eux. Il faut donc de l'intelligence au service d'une stratégie. C'est d'ailleurs ce qui a été fait à New York.

L'approche par la théorie de la vitre cassée dans sa version initiale — lier la dégradation de l'ordre en public et l'augmentation des vols et agressions — paraît plus adaptée à la France que l'évolution ultérieure vers la tolérance zéro qui tend à une forte pénalisation : on échouerait à la réaliser effectivement, même si les discours étaient légion à affirmer son utilité. Ce n'est pas à dire que la répression soit inutile, mais qu'elle ne constitue pas un moyen suffisant et surtout disponible à court terme. Les idées défendues par James Q. Wilson dans *Thinking about Crime* étaient de favoriser une contribution de la police à la tranquillité du voisinage, de ne pas réduire le travail de la police à ce qui se passe après l'infraction[48]. Cela me semble d'actualité pour la France. La police, comme la justice, doit contribuer à limiter les désordres, ce qui signifie deux choses : elle ne peut ni le faire seule ni s'en détourner pour traiter ce qu'elle perçoit comme les « vrais » délits.

Sécurité, citoyenneté et ethnicité

En dépit des réserves exprimées vis-à-vis d'une importation sans précaution de la tolérance zéro, plusieurs éléments de la théorie de la vitre brisée peuvent être utilisés pour inspirer une politique de la spirale du renouveau. Ils concernent à la fois la prévention et la citoyenneté.

Traiter la délinquance en essayant de réduire les désordres se situe du côté des approches préventives, tout en se voulant offensives et se démarquant ainsi d'autres préventions plus passives (mettre des serrures) ou moins centrées sur le passage à l'acte (résoudre les dysfonctionnements dans la famille, par exemple). Depuis une dizaine d'années, l'extension de la prévention rend sa définition délicate[49]. Il est cependant un point qui peut être mentionné pour rassembler ceux qui se placent du côté de la prévention : ils réfléchissent en termes d'impact externe sur ce qui est visé, ici la délinquance, et non en termes de tâche remplie telle que la mesurent des statistiques organisationnelles internes (charge de travail, nombre d'affaires jugées ou vitesse de réponse à un incident par les policiers, par exemple). Cela dit, les préventions se distinguent les unes des autres.

À côté de la prévention spécialisée et de la prévention sociale, deux grands types émergent depuis les années 1980. La prévention situationnelle est certainement la plus orientée vers la technique et la technologie. Le paradigme utilisé est celui de l'acteur rationnel cherchant à maximiser le rapport coût avantage : avec le durcissement des cibles, qui consiste à rendre la réalisation d'un délit plus difficile en mettant des serrures à une porte ou des barreaux aux fenêtres, etc., on les rend plus difficilement accessibles par les délinquants ou plus risquées à atteindre — plus de temps passé à ouvrir une porte, c'est plus de risques d'être identifié —, bref plus coûteux et donc moins profitable et par la même, moins probable.

La seconde prévention émergente est liée au traitement des désordres. Cette dernière insiste plus sur les incitations diffuses que transmet un environnement dégradé, d'une part à passer à l'acte pour certains et, d'autre part, à s'en éloigner pour les citoyens respectueux de la loi ou encore à fermer les yeux si l'on est témoin (cf. chapitre 5). Ces deux types de prévention sont critiques du système pénal et de la croyance suivant laquelle la punition après coup serait, à elle seule, de nature à dissuader et empêcher la délinquance.

Mais, la lutte contre les désordres insiste sur le rôle des citadins en tant que citoyens, alors que la prévention situationnelle insiste plus volontiers sur la précaution du propriétaire par contraste avec la tolérance zéro qui compte avant tout sur la répression. Si l'on entend par là qu'elle s'ouvre au citoyen (à ses demandes), il y a donc incontestablement une dimension citoyenne dans la prévention de la criminalité par la lutte contre les désordres[50]. L'idée centrale concomitante est que les policiers doivent travailler en étroite symbiose avec les collectifs sociaux. Or la culture policière est orientée par l'idée d'un professionnalisme qui se construit à partir d'une rupture entre les citoyens (profanes) et les agents de sécurité (professionnels). En général, faire régner la tranquillité publique et résoudre les problèmes des citoyens sont, au mieux, perçus comme des fonctions périphériques perturbantes, et au pire, comme du travail social peu digne d'intérêt[51]. Les citoyens et les officiers de police sont de plus en plus étrangers les uns aux autres. Pour le résumer d'une phrase, la patrouille de police en voiture permet d'arriver rapidement sur les lieux du crime après coup, mais ne permet pas de prévenir la violence, ce que pourrait faire une connaissance réciproque ancrée dans la vie quotidienne[52]. La volonté de développer une police des désordres en public s'inscrit, de ce point de vue, à contre-courant.

Les préventions peuvent être plus ou moins offensives, c'est-à-dire plus ou moins volontaires et liées à la police. La lutte contre les désordres est la forme la plus offensive : elle suppose un travail policier actif en direction des auteurs les plus virulents. Les populations marginales sont visées, disent ses contempteurs, tandis que les défenseurs répliquent que seuls le sont les comportements inacceptables en public. On comprend tout de suite quelles pourraient être les perversions du premier argument puisque ceux qui commettent les désordres sont plus souvent des pauvres ou des jeunes. La police, en se focalisant sur les désordres, pourrait ne s'en prendre qu'aux pauvres et aux exclus. C'est pourquoi il faut particulièrement veiller à éviter cette dérive dans le travail policier.

La lutte contre l'insécurité nécessite l'exercice de la citoyenneté, à la fois pour soi mais aussi pour aider à assurer la sécurité des autres. Kelling et Coles posent que, dans une démocratie, « les citoyens policiers et la police citoyenne » (*the citizens as police and police as citizens*) constituent une figure qui encourage « la tolérance pour les différences et les efforts des citoyens pour maîtriser les personnes irrespectueuses et les prédateurs[53] ». Cette réflexion est tout à fait centrale. Sauf à proscrire d'un côté ce qui est officiellement jugé nécessaire d'un autre, la figure de la milice ne peut durablement servir de repoussoir à l'implication des citoyens qui le désirent, sans pour autant se mettre hors la loi. Si la sécurité est « l'affaire de tous », cela implique une participation sous une forme qui satisfasse les citoyens et pas seulement les institutions publiques : le rôle citoyen ne sera que passif s'il est entièrement déterminé d'en haut. Cela recouvre un problème plus vaste, celui de savoir si le citoyen a non seulement des droits attribués par l'État mais se trouve également légitime à fabriquer ses droits[54]. N'a-t-il que le droit d'aller porter plainte ? Et si non, à quel moment, par quelle procédure concrète le citoyen peut-il orienter l'action de la police et de la justice ? Quand se voit-il pris au sérieux par les professionnels en charge de la sécurité et doté de pouvoirs ?

Enfin, des groupes ou des collectifs d'individus peuvent-ils être pris comme interlocuteurs par les forces de sécurité ? Si l'on affirme que la police fait bien son travail si elle s'appuie sur les citoyens, la question est de savoir sur lesquels. S'il y a opposition entre la police et certains groupes ethniques, il ne peut pas y avoir d'implication des citoyens, pas plus que la police ne peut contribuer à renforcer les normes locales. La relation qui unit des populations et une police ne se résume pas à un contact individuel noué ici et là entre telle ou telle personne et tel ou tel agent de police.

Les formes collectives non universalistes (collectivité de quartier, ethnique) prennent une place importante dans les États nations européens alors que les théories sociologiques leur avaient enlevé toute pertinence dans les années 1960 : on les voyait comme un résidu de l'ancien monde destiné à disparaître à courte échéance. En France, il faut noter que la notion de collectivité, locale ou communautaire, est à l'opposé de l'universalisme que les élites de la République chérissent et de la répulsion que provoque toute communauté organisée dans un autre but que celui de faire de la politique (syndicats, partis). Il est presque tabou de parler des régulations communautaires, qu'elles soient religieuses ou ethniques. Ces affiliations seraient négatives et anti-républicaines : si elles apparaissent malgré tout, elles sont perçues comme devant être secondaires et subordonnées à l'identité nationale. Cela explique sans doute l'accent mis, dans l'Hexagone, sur les dispositifs politiques utilisant des découpages spatiaux, des zones (d'éducation, franches, etc.) qui permettent de cibler des populations sans les nommer. Mais alors, quelle relation constructive peut-il y avoir entre les organisations du système pénal et ces collectifs ? Le malaise est visible dans les recrutements. Comment se fait-il que les personnes d'origine étrangère soient si nombreuses dans les agences de sécurité (associations, municipalités, entreprises) et si peu nombreuses dans les forces publiques ?

Le renouvellement des pratiques bute, on le voit, sur des conceptions du travail policier (prendre ou non en charge les incivilités), sur des conceptions du management (affichage des objectifs, existence de sanctions et gratifications), sur l'organisation politique et administrative du pays, mais également sur la place à faire au citoyen au-delà de son droit à porter plainte ainsi qu'aux groupes sociaux, et notamment ethniques. S'attaquer aux désordres pour réduire la délinquance n'est pas une chose aisée et l'on comprend maintenant pourquoi il est plus facile d'épouser la cause de la tolérance zéro, même si elle ne correspond à aucune réalité pratique : elle évite de soulever toutes les questions cruciales associées à la mise en œuvre d'une politique offensive de prévention des délits.

Cela dit, il serait simplement faux de laisser croire que rien ne change dans notre pays en matière de réponses aux incivilités. D'une part, la conscience de l'enjeu social qu'elles représentent se développe, et d'autre part, des initiatives originales se répandent. Il est temps de présenter les conditions qui favorisent le développement de la lutte contre les incivilités en France puis de présenter les réponses qui sont en train d'émerger.

Chapitre 8

LA STIMULATION DES INCIVILITÉS PAR LES ESPACES ET LES ORGANISATIONS

Comment expliquer la fréquence et le développement des incivilités ? Se pourrait-il que l'espace public, à travers ses interstices, stimule les désordres ? Il ne s'agit pas d'en faire la cause unique : on ne saurait, par exemple, passer sous silence la concentration de la pauvreté urbaine ou, pour le comportement des jeunes, la faiblesse de la veille exercée par les parents. Mais cette interrogation incite à se pencher également sur l'état concret des espaces publics dans nos villes et de savoir si leur conception et leur prise en charge ne sont pas à l'origine de l'usage qu'en font les citadins. Si, par exemple, l'on fait des gares des lieux purement fonctionnels sans se soucier de la qualité de la vie sociale et de leur propreté, on nourrit les désordres et leurs conséquences sociales. Les incivilités sont perçues comme la preuve de l'absence de sécurité, d'un « garant des lieux ». Cela favorise le développement de la délinquance, notamment des vols et des agressions.

On le voit avec un autre exemple, la pratique du sport. Contrairement à ce qu'on entend souvent, le sport ne tient pas à l'écart de la délinquance, au contraire. On voit, dans l'enquête sur la délinquance autodéclarée des 13-19 ans, que plus de sport est associé à plus de délits. Les jeunes qui font des activités non sportives sont 8,5 % à avoir commis un ou plusieurs délits graves contre 15 % de ceux qui font du sport. Mieux, plus on pratique, plus on est délinquant. Les adolescents qui, au cours de la semaine, font au maximum 2 heures de sport sont 8,5 % à avoir commis un délit sérieux et ce pourcentage monte à plus de 20 % lorsqu'on dépasse 5 heures par semaine. L'intensification des activités non sportives ne montre rien de comparable (figure n° 1). Le principal moment de bagarre identifié par l'enquête est précisément le match de sport collectif (foot, rugby, hockey, etc.).

FIGURE N° 1 — Pourcentage d'auteurs de délits graves* chez les 13-19 ans en fonction de l'intensité des activités pratiquées (agglomérations de Grenoble et Saint-Étienne, 1999).

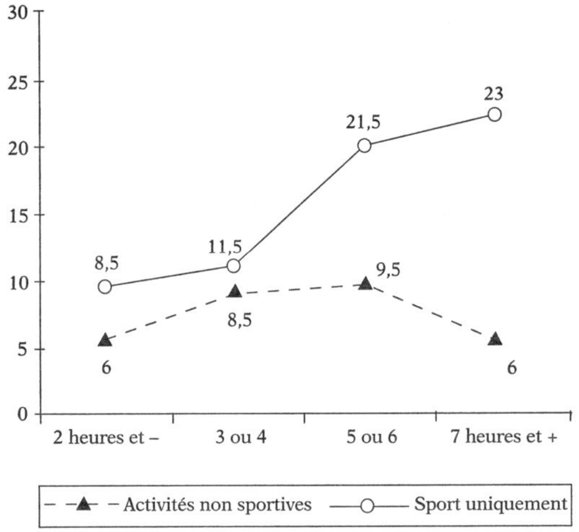

*Les délits graves sont : vol de voiture, cambriolage, racket, caillassage, agression ayant donné lieu à des soins médicaux.

L'explication tient à plusieurs facteurs. La pratique du sport n'est pas, en elle-même, bénéfique. Elle peut être l'occasion de valoriser une virilité brutale, ce que font certains parents sur la touche ou même parfois l'entraîneur. Elle dépend de la manière dont les règles sont enseignées aux jeunes, de l'organisation des rencontres sportives, de l'exclusion de la violence sur le terrain et à sa périphérie. Faute de quoi la loi du plus fort prévaut. Il faut un apprentissage des règles et un garant des lieux. D'après le témoignage d'éducateurs sportifs, la pratique du sport ne fait pas l'objet d'un tel souci.

La construction des espaces collectifs, la manière dont ils sont utilisés et dont ils sont gérés, est un point essentiel de la dynamique sociale. L'espace public, comme dimension de la société bourgeoise[1] ou de la démocratie, est l'objet de prises de position politiques débouchant sur la mise en avant de la citoyenneté : il faut des citoyens actifs dans la sphère politique. Mais la dimension spatiale du phénomène, qui voit le lieu public comme un espace physique partagé, reste perçue comme secondaire et subordonnée à la première acception. Il me semble pourtant que l'espace public, comme espace physique collectivement partagé ou potentiellement partageable, est essentiel à la vie en commun. Il se présente comme un substrat de la vie publique au sens politique. L'espace public est, pour paraphraser Guy Roustang, lieu d'apprentissage de normes sociales, du savoir-être et des solidarités[2], et ajouterais-je, de leur contraire.

L'espace collectif a quelque chose d'une abstraction. La réalité présente plusieurs espaces communs, séparés les uns des autres et fragmentés en sous-espaces. Leurs règles d'usage n'ont aucune chance de se construire naturellement : seules les interactions les définissent. Or force est de constater que les espaces collectifs sont des lieux où il est très compliqué de faire émerger un garant : à la fois du fait de leur fonctionnalisation, de la spécialisation des professionnels qui y interviennent, mais également de la disqualification des citadins à y jouer un rôle. Qu'un nombre important de personnes circulent dans l'espace considéré, ou sautent d'une scène à une autre, est une caractéristique centrale. À chaque fois, chacun individuellement n'entretient des relations qu'avec un petit nombre de connaissances directes sur une scène donnée. Le plus souvent, ces espaces sont dominés par les relations impersonnelles dès lors qu'on ne raisonne plus par rapport au réseau de proches mais à l'ensemble des usagers des lieux[3]. Deux enjeux se dégagent : celui de l'unité, ou de la moindre hétérogénéité, des espaces collectifs, et celui du garant de ces espaces publics.

Impersonnalité et espaces collectifs

La production des interstices urbains est favorisée par plusieurs facteurs. Nombreux sont les auteurs qui ont noté que la société postmoderne est mobile, que les lieux collectifs sont impersonnels[4]. L'impersonnalité en public est un caractère général qui sert de cadre aux interactions citadines[5]. Elle pose la question de l'appropriation des espaces collectifs, qui ne saurait être confondue avec celle de l'isolement personnel. Au début des années 1960, René Kaes écrivait : « Dans le grand ensemble, on arrive sans passé, (...) on vit individuellement, de manière excessivement privée (...), c'est la genèse d'une autre société[6]. » Sa vision me semble pouvoir être utilisée bien au-delà du logement pour décrire la vie sociale urbaine : à la fois pour décrire une tendance, et une frustration lorsque ce désir de privauté ne peut se réaliser.

Dans les espaces publics, les individus ne sont pas solidaires, on peut s'en prendre à l'un d'entre eux sans que les autres osent réagir.

Un autre aspect, lié au premier, tient à la manière dont les organisations, y compris celles qui vendent des biens ou des services, ont tardé à considérer que la sécurité faisait partie de leurs missions. Elles produisent, par leur logique de fonctionnement, un urbanisme adapté à leurs exigences (interstices environnementaux) et un espace fragmenté (interstices organisationnels). Nous allons voir comment maintenant. Ces interstices ne sont pas sans lien avec la répartition spatiale des inégalités socio-économiques et la stigmatisation de quartiers (cf. chapitre 3), mais ils ne leur sont pas réductibles.

Nous voulons insister sur les interstices qui se construisent en relation avec l'impersonnalité de l'espace collectif en milieu urbain. Deux phénomènes se mêlent : d'une part, un phénomène de délégation passive de la population vers les professionnels qui est renforcé par l'anonymat dans l'espace urbain ; et d'autre part, le fait que cette délégation passive se construit en relation avec la déqualification à agir dans l'espace public pour les citadins.

INTERSTICES PHYSIQUES ET DISSUASION

Un premier aspect de la fabrication des interstices tient à l'urbanisme. Nous en avons trouvé différentes illustrations sur le terrain. Ainsi, un responsable d'agence HLM à Cergy-Sud-les-Châteaux nous indiquait : « Il y a une cité en fer à cheval, les Échiquiers, avec un parking à l'arrière qui est rarement visité par les forces de l'ordre. C'est en retrait de la rue. On peut l'évacuer facilement par des chemins piétonniers. Il y a des vandalismes de voiture, des voitures à désosser. » Nous n'y insistons guère car cet aspect est connu, il a donné lieu à la théorie de l'espace défendable[7] et influencé la construction d'une doctrine de dissuasion dite de « prévention situationnelle[8] ». La théorie de l'espace défendable insiste sur le rôle de l'urbanisme dans la veille mutuelle et la solidarité des quartiers. Par exemple, si les rues sont désertes, cela favorise la délinquance : il y a moins d'yeux pour surveiller. Or la ville est faite de quartiers qui se remplissent et se vident car chacun d'entre eux est monofonctionnel : passé une certaine heure, nous n'avons plus rien à y faire. La conception des habitations empêche les citadins d'exercer une surveillance naturelle : celle-ci va de pair avec un sentiment d'enracinement territorial (je fais attention à ce qui se passe dans *mon* quartier) qui est rendu improbable par le perpétuel déplacement et la multitude des scènes urbaines. Une prévention par la conception de l'espace a vu le jour dans la foulée de ces analyses. Elle conduit, par exemple, à ne pas construire de muret ou planter une haie trop haute autour d'un parking pour que puisse se réaliser une surveillance naturelle par tous ceux qui passent à proximité.

On peut rassembler les éléments de prévention situationnelle en trois groupes : l'existence d'un risque de détection (rue passante ou non, forme du pâté de maisons, éclairage), de barrières matérielles (canal, clôture) et de barrières symboliques (parcs, haies, indication de l'entrée dans un espace par une pancarte, personnalisation du lieu par l'existence de plates-bandes, etc.).

Un second aspect, moins discuté bien qu'essentiel pour appréhender la défendabilité de l'espace, est central. Dans les villes, les gens ne se sentent chez personne. Ils peuvent bien voir ce qui se passe, c'est de la surveillance naturelle, mais aussi longtemps qu'ils détournent les yeux, il ne se passe rien qui puisse freiner les déviances : l'espace ne se défend pas tout seul, même si son urbanisme y est favorable. Les sociologues de la ville, l'école de Chicago, y ont décrit les échanges depuis fort longtemps. Isaac Joseph résume cette approche en parlant de la « superficialité des échanges » qui se traduit par des comportements de « banalisation et d'excentricité ostentatoire[9] ». Au total, la défendabilité repose à la fois sur la conception de l'espace de la ville et des lieux qui la composent (place, gare, etc.) et du comportement actif éventuel des citadins.

Cette impersonnalité, qui est le fait des espaces collectifs devenus des lieux de passage et non de vie sociale, est bien perçue par les professionnels de quartier. Les agents interrogés rapprochent spontanément le sentiment de propriété et l'investissement personnel pour s'en occuper. Le président du Comité de quartier du Val d'Argent Nord précise : « On a inséré des propositions importantes dans le projet Castro. Par exemple, au départ, il voulait ouvrir la dalle vers l'extérieur en cassant des bâtiments entiers. Il y a eu une opposition des habitants. Ça aurait créé des circulations qui n'auraient pas amélioré la tranquillité. Est alors apparue la notion de résidentialisation, de petits immeubles, d'îlots. C'est une modification assez fondamentale de son projet. On a modifié aussi les parkings, les extérieurs, on va faire poser des ralentisseurs. » Un des gardiens régisseurs interrogés dans le Val d'Oise est bien placé par sa fonction pour en souffrir : « Dans le logement pavillonnaire, les gens se croient un peu plus chez eux. Ils savent faire leur ménage tout seul. En plus, on sait que c'est eux puisqu'il n'y a qu'une porte, donc ils nettoient avant que je le leur dise. Dans le logement social, il y a un escalier pour plusieurs appartements, donc les gens se disent "ce n'est pas mon escalier" et ne font rien. En fait, les gens ne respectent pas l'endroit où ils vivent. Ils pensent que plus ça va, pire ce sera. Je leur dis “non ! si l'on commence pas bêtement à tout salir”. Mais les problèmes ne s'arrangent pas tout seuls, il faut agir. »

L'impersonnalité de l'espace urbain, combinée à la peur, pousse à se fortifier. À Marseille, les demandes de privatisations de voie à la mairie se multiplient. Les habitants cherchent à reconstituer des seuils entre les espaces privés et les espaces collectifs. Moins les pouvoirs publics seront en mesure de prendre en considération ces demandes et plus il est probable que les recherches de fermeture physique ou humaine des accès aux lieux se multiplieront. Comme on n'arrive pas à se mettre d'accord sur un mode d'usage des espaces, on se retire[10]. Et, de ce point de vue, les centres-villes vont devoir trouver des solutions différentes des zones de logements, quel que soit leur standing : le centre-ville ne pourra pas se fermer sur lui-même. La sécurité ressentie conditionne la circulation dans la ville, les déplacements et la mixité. Nous savons qu'aux États-Unis, le nombre de communautés fermées est estimé à 150 000 : 2,5 millions de ménages y vivent[11]. Le phénomène émerge en France mais reste mal connu.

CONTRÔLES D'IDENTITÉ

Les interstices peuvent gagner de l'ampleur géographique au point d'envahir tous les espaces collectifs. Et, cette fois, les professionnels ressentent la délégation passive comme une source de malaise alors qu'ils sont d'ordinaire prompts à affirmer que les habitants doivent s'en remettre à ceux qui ont un savoir-faire professionnel. Une enseignante dans le primaire fait le constat suivant : « On en est arrivé à une philosophie générale de délégation, de la prise en charge. Les gens pensent que l'enseignement c'est l'école, que la sécurité c'est la police, la justice c'est la justice et pour ce dernier point, tant mieux, etc. Quand on intervient, il y a cette culpabilité de vous mêler de ce qui ne vous regarde pas. On veut bien en parler, mais on ne veut pas s'en mêler. Celui qui est le mauvais c'est le “cafteur”, ce n'est pas celui qui a fait la faute. » La juriste chargée de l'aide aux victimes précise : « On réussit souvent parce qu'on les a aidé à communiquer, tout simplement. Souvent, le problème est minime, il se résout avec un peu de bon sens. C'est sous prétexte qu'on ne connaît pas l'autre que cela prend une ampleur disproportionnée. Maintenant on délègue tout aux associations, on ne va plus parler aux autres sous prétexte que ça ne nous regarde pas. »

Et symétriquement, une intervention réprobatrice peut se voir opposer l'indifférence civile. Personne n'a pas à s'engager en public dans une activité de défense des règles d'usage. Si on le fait, on s'expose à un rappel des règles : tu ne te soucieras point du lieu commun. « L'autre jour je demande à une petite fille pourquoi elle écrit à la craie sur le mur, elle me répond : c'est ton mur[12] ? » Une responsable de Maison pour tous raconte : « Si on laisse ça exister, si on n'intervient pas sur ce gosse, il va dégénérer. Il faut qu'un adulte intervienne. Il faut entamer le dialogue. Au Centre Leclerc, j'ai vu des gamines de 17 ans qui s'amusaient à ouvrir toutes les boîtes de conserve. "À quoi ça vous sert de faire ça ?", ai-je demandé. Elles m'ont répondu : "Et qu'est-ce que ça peut vous foutre ? Ta gueule, vieille connasse !" » Nous avons retrouvé de telles reparties dans d'autres lieux, à Aubervilliers[13], lorsqu'un préadolescent se voit demandé pourquoi il dépave une allée, à propos de tags sur les murs (« elle est à toi ou quoi ? »), etc. Les remarques auxquelles s'aventurent quelques particuliers dans l'espace public sont l'occasion de leur renvoyer cette nullité de l'espace. Par contraste, dans le travail d'Henri Coing sur un arrondissement ouvrier de Paris en 1960, un de ses habitants parle : « Ce quartier me plaît... on est chez soi partout, il n'y a pas de frontière entre la rue, l'usine, la maison ; on passe de l'une à l'autre sans changer de personnage[14]. » La ville actuelle ne permet plus au citoyen de se livrer à des vérifications sociales d'identité : il ne sait plus qui est celui qu'il croise. La vérification d'identité, policière cette fois, y est perçue comme d'autant plus indispensable.

Il y a dans l'impersonnalité de l'espace un effet lié à l'anonymat. Mais une autre explication tient à l'incompétence de chacun à agir dans l'espace public. Le lien civil, avant même le lien citoyen[15], suppose des liens locaux. Mais comment se construit-il ? À une période de déclin des appartenances et de la transcendance des groupes sociaux[16], le problème des réactions individuelles aux incivilités semble constituer une gageure. Patrick Pharo écrivait : « La manifestation du sens civique impose d'exhiber une instance collective d'assentiment, qui peut être plus ou moins idéale ou objectivée. Autrement dit, le civisme ne peut être solitaire. Si un membre dit : "c'est comme ça parce que je le veux", il ôte du même coup toute justification civique à son action[17]. » On comprend que cette analyse peut être menée à partir du comportement civique ou incivique, peu importe. Celui qui est perçu comme étant à l'origine de nuisances, ou celui qui veut limiter les nuisances qu'il ressent, est tenu à une légitimité de son action dès lors qu'il ne se contente pas de l'imposer par force. Mais l'instance d'assentiment, pour peu que quelqu'un cherche à la convoquer, peut varier d'une personne à l'autre dans une même situation. Chacun peut chercher auprès du groupe électif qu'il fréquente une forme d'assentiment. Cela ne résout pas le problème : comment fonder les normes sociales dans un lieu. Si ce n'est pas le collectif du lieu qui arbitre et indique comment réagir à un désordre, puisque ce type de collectif n'existe plus, c'est la compétence subjective qui détermine l'implication de chacun. C'est parce que j'estime que je dois intervenir et que je sais comment m'y prendre que je le fais. Or on remarque que cette compétence est d'autant plus absente que l'espace public abrite des inconnus et qu'aucun collectif d'assentiment ou de réprobation ne semble se dessiner. La question posée est celle de l'engagement et de la disqualification des citoyens dans les espaces collectifs[18]. Les personnes ne se trouvent pas facilement de compétences au nom desquelles intervenir. Goffman parlait de l'inattention civile (ou inattention polie) : la vie urbaine implique de se tenir à l'écart des autres dans les espaces publics, de faire comme s'ils n'existaient pas. Cela seul permet la vie en ville. Être civil, c'est être indifférent. Si l'on cherchait à faire preuve de civilité avec chaque inconnu, on ne pourrait pas y arriver. Pis, cela pourrait paraître suspect : en milieu urbain, vous n'êtes pas censé vous intéresser aux autres, lorsque vous êtes comprimés dans le bus ou le métro vous devez faire comme si tous les autres gens n'existaient pas. C'est la même réaction qui prévaut en cas d'incivilité, ou même de vol voire d'agression.

Il faut dire que cette norme d'inattention civile est redoublée par la norme de passivité démocratique en matière de sécurité. Si la sécurité est confiée à l'État, il revient au particulier d'être passif et de se contenter d'aller porter plainte. On a donc une difficulté supplémentaire pour favoriser la veille mutuelle qui va au-delà de la civilité par indifférence et qui tient à la conception d'une sécurité déléguée.

Les interstices organisationnels

Il y a un autre facteur d'interstices. En effet, le fonctionnement des organisations publiques ou privées produit des interstices qui appellent les désordres et dans lesquels ils s'engouffrent.

La présence humaine en public

Redoublant l'absence d'instance sociale d'assentiment la présence de personnels dans l'espace public a décliné. Cette faiblesse est pointée par des agents municipaux, comme un directeur de quartier d'Argenteuil qui explique : « Il y a des problèmes d'insécurité liés à l'abandon de l'espace public par les acteurs. Les commerces fuient les uns après les autres. Ils tirent le rideau à 19 heures. La rue piétonne n'est pas éclairée, ce qui conforte l'insécurité. La place près de la basilique est fréquentée par des personnes qui soi-disant trafiquent, se piquent, viennent avec des pitbulls. Des jeunes ou des moins jeunes ont investi la place publique et font peur. Ils font du bruit. Sur la place Allende, il y a des jeunes qui s'ennuient et qui provoquent un peu les habitants. »

La rationalisation technique, résultat du progrès incarné par l'automatisation et le souci d'économie du facteur humain, y a contribué. Dans les transports en commun, et ce jusqu'au milieu des années 1980, on a supprimé des personnels. En Île-de-France, le nombre d'agents en contact avec la clientèle n'aura retrouvé le niveau de 1980 qu'à partir de 1988 (avec 3 250 personnes), pour croître progressivement jusqu'à nos jours de 37 % en moyenne (3 810 en 1992 ; 4 453 en 1997)[19]. La relation entre sécurité et présence humaine sur les lieux n'a été que très récemment acceptée. Elle reste peu théorisée, et surtout articulée à des revendications syndicales sur l'emploi. Comme nous l'indiquions (cf. chapitre 4), pour les professionnels de terrain, sécurité et emploi sont toujours associés. Mais dans les transports en commun, pour les organisations syndicales l'idée de remplir le vide lié à la faiblesse de la police publique fait son chemin et l'on entend des voix pour réclamer, à l'instar de la RATP, un « système privé de sécurité pour pallier les carences de l'État » dans ce « service public[20] ».

La présence des policiers dans l'espace public s'est également affaiblie. Il y a d'abord le fait que la France a vu sa population croître de 50 % depuis 1950, qu'elle s'est urbanisée, et que des métropoles se sont développées. Cela n'a pas été suivi d'une transformation de la géographie de l'implantation des forces de police et de gendarmerie. D'une manière générale, les effectifs policiers sont plus importants là où les délits sont plus rares. Sur les 456 circonscriptions de sécurité publique, les 100 plus touchées par la délinquance comptent deux fois plus de délits par habitant que les 100 moins touchées tout en comptant 2 fois moins de policiers par habitant. Les 50 circonscriptions les plus délinquantes connaissent 3,1 fois plus de délits par habitant que les 50 moins délinquantes et disposent de 2,7 fois moins de policiers par habitant. Prenons le cas de la Lozère qui est classée tout en bas, au 94ᵉ rang de la liste des départements par son taux de délits. Elle est pourtant le deuxième département le plus doté en policiers par habitant[21].

Certaines villes de 45 000 habitants comme Évry n'ont pas « de commissariat de plein exercice », « il y a trop de policiers à Paris et pas assez dans la grande couronne », et, globalement, « le ministère de l'Intérieur n'a jamais su fermer les commissariats dans les villes désertées pour en ouvrir dans les villes nouvelles », note Dominique Monjardet[22]. Même dans des villes comme Paris, les policiers sont moins visibles dans les rues, en dehors des policiers auxiliaires, et il faudra attendre quelque temps avant de savoir si la réforme dite de « la police urbaine de proximité » changera cela. Le discours politique sur l'îlotage, récurrent depuis 1973, ne s'est pas encore traduit par une évolution des chiffres depuis le moment où ils ont été rassemblés. Le tableau suivant présente l'évolution des effectifs de policiers chargés de la proximité, les îlotiers.

TABLEAU N° 1 — Les îlotiers en France

	1993	1994	1995	1996	1998
Nombre d'îlots	2 512	2 645	2 719	2 472	2 592
Nombre d'îlotiers	4 298	4 344	4 186	3 814	3 802
Nombre de policiers auxiliaires	1 947	2 131	2 392	2 348	2 023

Source : Assemblée nationale, Rapport sur le projet de loi de finances pour 1998, annexe n° 25.

Christian Mouhanna a retrouvé cette tendance dans plusieurs commissariats de l'Essonne. Leurs effectifs déclinent ces dernières années : de 1995 à 1998, ils passent de 9 à 6 aux Ulis, à Sainte-Geneviève de 15 à 10[23]. De plus, souvent « les îlotiers sont virtuels[24] », ils sont là par intermittence, et dans d'autres villes, comme Montfermeil, ils sont simplement inexistants[25]. Ils sont employés à d'autres tâches que la police de proximité comme les transferts pour le parquet ou la surveillance des manifestations, la sécurité des officiels ou toute autre tâche de sécurité de l'État. Même dans les communes où les îlotiers ont été préservés en dépit des fluctuations d'effectifs et des changements de responsables, « l'îlotage n'a pas constitué une priorité pour les policiers, loin de là[26] ». Enfin, les effectifs de policiers affectés au secteur des transports parisiens ont vu leur nombre grandir de 1990 à 1992 (on passe de 211 à 366 agents), mais on est en 1997 à peu près au même niveau (387 agents)[27].

De plus, l'insertion locale n'est pas recherchée comme l'étude d'Interface sur « les policiers nationaux, leurs métiers, leur formation » l'avait souligné en 1982 : « La plupart des policiers privilégient la motivation géographique aux dépens de la motivation professionnelle[28]. » Autrement dit, ils cherchent à être affectés à une circonscription, souvent celle dont ils sont issus avant d'intégrer la police, même si c'est aux dépens de l'intérêt du poste et de la carrière. On sait aussi, par des études de terrain précises dans l'Essonne, que dans les secteurs difficiles, les policiers nationaux sont en début de carrière, donc peu expérimentés, et qu'ils ne sont dans un poste donné que pour un temps bref, sans attache avec la vie locale[29]. Bref, la conduite d'une carrière horizontale renforce sans doute le désintérêt pour les tâches en public.

Nous ne disposons pas d'une image complète, tant s'en faut, des tâches remplies par la police nationale dans les espaces publics des villes. Pourtant, au plan local, nous avons rassemblé des documents qui montrent que nombre de tâches de police sont transférées aux communes, et ce d'autant plus qu'elles possèdent une police municipale. On voit ainsi que, dans la ville de Romans, sont transférées la police des marchés, des ventes ambulantes, du stationnement réglementé, des chantiers, des soldes, la surveillance des entrées du cimetière à la Toussaint, des espaces verts, mais aussi la surveillance des bâtiments communaux, des manifestations sportives (fêtes de quartiers, festivités annuelles). Nous ne citons ici que les tâches qui mettaient les policiers en contact avec la population dans les espaces publics, on pourrait alors ajouter le service des cartes d'identité et cartes grises, pour leur aspect relationnel.

À Marseille, la société de transport en commun tient une statistique des enlèvements de véhicules réalisés, à sa demande, par la police lorsqu'ils obstruent la voirie. On voit, sur le tableau n° 2, comment ce type d'intervention dans l'espace public n'est plus aussi souvent réalisé à partir de la fin des années 1980. Ce n'est pas un cas isolé. Dans l'étude sur Saint-Étienne, la police municipale a également décrit le transfert de ces tâches, désormais à sa charge. L'enlèvement des véhicules y a été largement concédé aux policiers municipaux : un nouvel imprimé commun à la police municipale et nationale permet à la municipale « sous le couvert d'un OPJ de faire enlever tout véhicule en stationnement gênant » alors que précédemment ils ne pouvaient que constater l'infraction et informer la police nationale qui demandait l'intervention de la fourrière[30].

Même des communes communistes, réticentes à l'idée d'avoir une police municipale, les choses évoluent. Ainsi à Vitry-sur-Seine,

TABLEAU N° 2 — Interventions de fourrière par la police à Marseille pour les transports publics

	1987	1988	1989	1990	1991	1992	1993	1994	1995	1996	1997
Nb/jour	137	144	133	111	66	15	23	21	31	42	36
Nb total	41 504	43 351	40 153	33 489	19 920	4 651	7 014	6 264	9 234	12 699	10 930

Source : Groupe de travail « Point noir et circulation », transports en commun.

dans le Val-de-Marne, le maire en a annoncé la création pour « prendre en charge la verbalisation des actes d'incivisme trop nombreux » de manière à participer « à une sécurisation en ville en assurant une présence sur le domaine public » et « permettre à la police nationale de se concentrer sur les missions où elle est plus indispensable[31] ».

Ces différents indices témoignent à la fois de la demande de présence dans les espaces publics et du fait que la police nationale y fait défaut. L'idée qu'il faudrait libérer la police nationale de « tâches indues », c'est-à-dire de missions qui ne sont pas de l'ordre de l'enquête ou de la répression y contribue. Or cette vision des choses, largement présente chez les policiers nationaux, les pousse précisément à se détourner de l'îlotage et du traitement des incivilités. Un glissement se produit dans les mentalités qui conduit les municipalités à assumer ce rôle de différentes manières, et la mise sur pied d'une police municipale ne constitue qu'une des modalités de ce changement comme nous le verrons aux chapitres 9 et 10.

Chez les bailleurs sociaux, les statistiques sont assez précaires. La Fédération des sociétés anonymes et des fondations publie des chiffres annuellement[32] sur les agents employés (gardiens et personnels d'immeubles). Mais les trois séries disponibles ne sont pas homogènes entre elles, et le nombre de sociétés dans l'échantillon varie d'une année sur l'autre à l'intérieur même de chaque série (de 290 à 315 dans la série 1 ; 216 dans la série 2 ; 245 dans la série 3). Et, les modes de calcul changent. Nous avons calculé un nombre moyen de gardiens et de personnels d'immeubles par société de manière à limiter les biais dus au nombre échantillonné. Il semble qu'on puisse décrire une dégradation de 1988 à 1992 (série 1), et une remontée depuis cette date, de 1992 à 1993 sur la série 1, de 1992 à 1997 sur la série 2, de 1997 à 1998 sur la série 3.

Dans les HLM, la loi de programmation de la sécurité intérieure de 1995 fait obligation de surveillance et de gardiennage des immeubles lorsque leur importance ou leur situation le justifie. Et depuis le

TABLEAU N° 3 — Évolution du nombre d'agents par société HLM

Séries	1988	1989	1990	1991	1992	1993	1994	1995	1996	1997	1998
1	28,9	30,2	27,7	27,5	26,6	29,0					
2					43,0	43,5	42,0	43,7	44,7	45,6	
3										39,2	40,2

Le ratio est calculé de la manière suivante : nombre de gardiens + personnels d'immeubles divisé par le nombre de sociétés dans l'échantillon.

1er janvier 2002, un décret impose aux organismes HLM d'avoir un gardien pour 100 logements dans les « zones urbaines sensibles ». Le déficit peut être assez marqué, à Chanteloup-les-Vignes par exemple on n'en trouve que 1 pour 185 logements et aux Mureaux 1 pour 143.

Autrement dit, tout comme pour les transporteurs, les logeurs semblent n'avoir réagi qu'assez récemment et partiellement au déficit de présence humaine ressenti par les usagers. Certains le reconnaissent ouvertement, comme le président du plus gros bailleur HLM des Yvelines : « Pendant trop longtemps, les bailleurs sociaux ont réduit le nombre de gardiens et confié leurs tâches à des personnels n'assurant qu'une présence épisodique. Ces économies à courte vue ont contribué pour une part à la déshumanisation[33]. »

Nous ne pouvons pas dresser un bilan précis de l'évolution à moyen terme du nombre des agents présents dans les espaces collectifs. Néanmoins, différents éléments convergent pour indiquer que des fonctions de veille sur ces espaces ont probablement été altérées : c'est vrai pour la police, l'éducation nationale, les transporteurs ou les bailleurs.

LA DISCONTINUITÉ DES ESPACES COLLECTIFS

L'espace urbain n'a de continuité qu'apparente : dans un même espace, par exemple de la taille d'un voisinage ou même de quelques immeubles, il y a de très nombreux responsables qui se croisent et se méconnaissent : policiers, bailleurs, transporteurs, associations d'usagers, etc. La coordination territoriale n'est pas une priorité : chacun est polarisé sur la mission qu'il doit remplir. Et lorsqu'elle se produit, elle se joue plutôt en haut des chaînes hiérarchiques qu'en bas, bref dans les états-majors plutôt que sur le terrain. Autrement dit, les réunions de coopération dites « partenariales » ont bien lieu, mais elles n'engagent pas souvent une coordination des agents intervenant sur le même secteur géographique. Alors, les organisations fragmentent le territoire le long de leurs lignes de compétences.

Prenons des exemples d'interstices intra-organisationnels dans les transports en commun. Dans les cas que nous avons vus, on gère d'un côté les lignes de bus et de l'autre les arrêts. Ce qui semble être continu pour l'usager qui passe de l'arrêt au bus, relève en fait de deux services différents pour le transporteur. Ainsi, le service prévention cherche à monter des actions de contact sur un secteur difficile tandis que, pour le même secteur, le service de maintenance explique qu'il ne « tient plus » les abribus à la Villeneuve de Grenoble, ce qui signifie qu'il n'en assure plus la maintenance. Le responsable de prévention n'a d'ailleurs pas d'autorité transversale sur l'ensemble des services et ne pourrait contraindre la maintenance à agir autrement. Les services de contrôle des titres de transport ne sont pas nécessairement coordonnés avec les actions de sécurisation, dites de « médiation » par des « agents d'ambiance » qui dépendent du responsable de la prévention. À Saint-Étienne, le contrôle des titres est réalisé par des personnels qui interviennent en groupe, dans un style qui est déphasé par rapport à celui, plus individualisé et diplomatique des agents d'ambiance. La statistique elle-même est alimentée par les conducteurs tandis que ni les contrôleurs ni les agents d'ambiance n'ont de consigne claire à cet égard : ils peuvent ou non déclarer des faits à leur hiérarchie, celle-ci ne leur donne pas de ligne directrice. La production de statistiques sur les incidents n'est pas coordonnée : certains faits manquent et d'autres peuvent être comptés deux fois s'ils sont rapportés par les conducteurs d'une part et les agents d'ambiance d'autre part.

Pour les forces de répression, on retrouve les effets d'une division historique du travail dans le clivage qui opposent les policiers aux gendarmes alors que les territoires métropolitains sont formés des villes et de leurs périphéries, de systèmes multipolaires que parcourent les gens, délinquants ou non. À l'intérieur même des villes, les policiers correspondants de l'Éducation nationale, sortes d'agents de liaison entre organisations qui sont nommés « correspondants ZEP » ou « référents jeunes », n'ont « pas de lien organiques ni souvent informels avec les îlotiers qui côtoient les mêmes écoles et collèges[34] ». Une autre fracture existe également à l'intérieur de la police nationale où se perpétue et se renforce un clivage entre « tenue et civils[35] » d'autant plus mal vécu qu'augmente le niveau scolaire des gardiens de la paix. Enfin, il faut rappeler la méfiance qui existe entre gendarmes ou policiers nationaux et municipaux, ou même entre policiers municipaux et correspondants de nuit (cf. chapitre 10). Ces corps se tiennent à distance les uns des autres.

Un exemple, recueilli à Villefontaine dans la grande banlieue de Lyon, en témoigne. La police municipale a reçu des jets de pierres sur ses véhicules. L'explication donnée par le responsable de la police municipale est, d'une part, que ces comportements progressent par contamination : des « jeunes de l'extérieur », c'est-à-dire de la banlieue lyonnaise, développeraient une initiation pratique à la vie de banlieue (« on est des durs, on jette des pierres sur les flics »), et d'autre part, qu'ils ont probablement été déclenchés par une intervention de la gendarmerie. Cette dernière intervient sans ménagement dans un quartier de la commune, et ce sont les municipaux qui, n'étant pas au courant de l'incident ou de la tension, passent à leur tour sans prendre de précaution et reçoivent les cailloux. Cela illustre le jeu de compétition des différents services (« les plus professionnels ne sont pas ceux que l'on croit ») et aussi la faible coordination de leurs interventions.

Les organisations produisent les interstices

Dans un établissement scolaire, l'espace est également découpé suivant les compétences professionnelles. Le chef d'établissement n'a pas nécessairement de doctrine claire sur les zones d'accès (derrière le portail, aux points de charge et de décharge des véhicules) : sont-elles l'objet d'une veille ou non ? est-elle de même type que celle qui a lieu dans la cour ? Nous reviendrons sur les liens entre l'établissement et l'extérieur aux heures de sorties d'école, à propos des réponses locales recherchées. À l'intérieur de l'établissement, il n'y a pas d'unité des règles d'usage : les comportements exigés des enseignants et des élèves peuvent diverger (sur la ponctualité ou le fait de fumer par exemple) ; d'une classe à l'autre, les conduites attendues et les sanctions sont très variables[36]. Jean-Paul Payet parle de l'établissement comme d'une « organisation complexe qui se caractérise par une fragmentation spatio-temporelle », d'une « réalité insaisissable comme totalité[37] ». La division sociale des rôles est créatrice d'interstices. Les enseignants tendent à se replier derrière leur matière[38]. Un chef d'établissement de Grenoble rapporte que « l'enseignant qui voit deux élèves se bagarrer sous son nez, et qui traverse la cour pour prévenir le conseiller principal d'éducation (CPE) qu'il y a un incident, eh bien ! le temps de faire l'aller-retour, c'est fini ou ça dégénère, et en plus, quelle image l'enseignant donne-t-il de lui ? ». Un élève raconte comment il manipule un surveillant pour ne pas figurer sur le registre des absences : « Les pions, tu n'avais qu'à te les mettre dans les poches. En fait, on négociait sans que la direction le sache, c'était logique, c'était normal vu qu'il y avait moyen de négocier... le pion n'envoyait jamais de lettre, en fait mon père il ne le sait pas... ça faisait du bien de jouer avec les pions[39] ! » La division du travail forme les enseignants dans cet esprit : d'un côté on trouve ceux qui transmettent les connaissances, et de l'autre ceux qui assurent la tranquillité des lieux, l'un de ces derniers dira même, ironiquement, remplir le rôle de « chef de la police ». L'instabilité des personnels d'enseignement — dans certains établissements, 80 % peuvent changer d'une année sur l'autre — et de direction, d'autant plus forte que l'établissement est difficile, participe de cette discontinuité de l'espace et donc du fractionnement des règles d'usage. C'est bien le mode d'organisation professionnel — la division du travail, l'absence de coordination, la mobilité, etc. — qui produit l'espace scolaire.

Les organisations perçoivent parfois avec acuité que la manière dont elles s'organisent a un effet sur l'usage des lieux, c'est-à-dire que les troubles ne sont pas un accident qui surgit de l'extérieur, mais bien la conséquence de leur division du travail et de leur gestion de l'espace. On trouve la trace des réflexions dans des documents de travail, rapports internes ou par l'observation des changements dans la gestion des lignes de bus. Le rapporteur sur les stratégies de sûreté et d'ambiance dans les transports en public[40] cherche à expliquer les difficultés rencontrées. Il traite de la disparition des passages d'accès obligés pour prendre l'autobus. Il montre, ce qui est très important, comment les sociétés de transport ont elles-mêmes opté pour la non-présentation systématique du titre de transport et la montée des voyageurs par toutes les portes. Il souligne aussi une tarification sociale inadaptée aux nouvelles inégalités socio-économiques : les personnes âgées ont des réductions et plus de revenus que les jeunes[41].

Le rapporteur mentionne également la faible préoccupation pour la fraude et l'échec de sa répression (détection et paiement de l'amende). Il ajoute que la fraude devient un élément de conflictualité d'autant plus fréquent que la société de transport a laissé penser, par sa nonchalance dans le contrôle, que le « transport, ça ne se paie pas » : le flou sur les règles d'usage (dois-je vraiment payer ?) renforce la fraude et le sentiment d'injustice lorsqu'il y a un contrôle. Éric Macé note parallèlement que « pour gérer ces tensions, les machinistes peuvent être conduits à développer des pratiques d'évitement par le détournement de la règle : se désintéresser des voyageurs pour assurer la ponctualité, ignorer la fraude pour ne pas avoir d'histoire[42] ».

L'ambiance conflictuelle retentit alors sur la ligne : le conducteur se replie sur son métier de chauffeur, les autobus reçoivent des pierres, etc. C'est d'autant plus étrange que d'autres lieux collectifs n'ont pas ces soucis, ou bien ont su les résoudre sans recours aux amendes ou à la répression, comme les cinémas.

Le rapport insiste sur la superposition des métiers — conducteur, contrôleur, agent d'intervention, agent d'ambiance, agent de maîtrise — qui introduit un risque de flou[43]. Plus les intervenants sont nombreux, plus les interstices se développent s'il n'y a pas une coordination efficace[44]. Le chauffeur se sent déchargé de la relation avec le public et se trouve isolé, et d'autant plus en porte à faux que ses contacts sont potentiellement limités à des frictions avec les usagers. Il existe plusieurs formes possibles de réponses à une situation identique : certaines mettent l'accent sur les agents d'ambiance (cf. chapitre suivant avec la présentation du cas stéphanois) et d'autres raisonnent en termes de « résolution de problème » (cf. le cas de Belfort). Mais, dans tous les cas, les transporteurs insistent sur la constitution d'un garant des lieux[45] et les règles d'usage qui prévalent.

Prenons un dernier exemple. Les travailleurs sociaux, comme d'autres professionnels, ne sont pas désireux de partager la connaissance qu'ils ont de leur public. Non seulement avec la police mais même avec d'autres travailleurs sociaux : ainsi, la prévention spécialisée, la MJC, la mission sociale et le centre social ne cherchent pas à savoir si leur public se recouvre, bref quels jeunes sont suivis par les uns et les autres. On se réunit mais pour aborder les questions de principe, pas la connaissance du public[46]. On imagine bien que la coordination est, dans ces conditions, improbable. Certes, il y a de bonnes raisons à cela : ces professionnels disent qu'ils ne savent pas exactement comment faire pour compter leurs propres clients. Comme le notait Gilbert Berlioz, ils « répugnent à comptabiliser globalement leur public, y compris ceux qui fonctionnent en structure (MJC, centre social). En effet, ils ont aussi à prendre en compte, à côté de ceux qui sont dûment inscrits, un "halo" de jeunes qui se situent aux marges des activités », ce qui s'explique en partie par le fait qu'ils pourraient comptabiliser « tous les individus à qui ils adressent la parole » puisque leur travail est relationnel. Cela dit, Berlioz a poussé les équipes travaillant dans le quartier Mermoz de Lyon à établir la liste de ses publics, de ceux avec qui elles ont un contact, quel qu'il soit. Ce qui prouve qu'il est possible de le faire et que l'absence de connaissance résulte d'un choix. Si l'on additionne les jeunes suivis par les différentes structures, on trouve que plus de la moitié des 700 jeunes du quartier sont « connus » de l'une d'entre elles au moins et que 43,5 % d'entre eux sont « connus » de plusieurs structures. Gilbert Berlioz note que le taux de couverture des jeunes est élevé mais soulève deux questions essentielles. Qu'en est-il du ciblage des publics puisque personne ne cherche à dégager de vue d'ensemble des jeunes dans le quartier ? Et, sur quoi peut-on fonder « un partenariat » sur les publics communs à plusieurs structures puisqu'on ignore que tel jeune est effectivement partagé entre deux ou trois structures ? On voit très bien comment les organisations raisonnent et connaissent de manière cloisonnée, ce qui nuit à toute vision globale et produit de ce fait des interstices qui empêchent la coordination des efforts.

Les incivilités n'incombent à personne

Les désordres se glissent dans ces interstices. Ils le font d'autant plus aisément qu'ils correspondent à des tâches n'incombant à personne ou dont nul ne veut. La division du travail ne facilite pas les réponses, bien au contraire. C'est encore plus net avec les incivilités qui sont le type même du problème indivisible[47], c'est-à-dire qui ne peut trouver de réponse dans le cadre d'une organisation unique. Les incivilités sont perçues assez différemment par les divers acteurs. Les agents du pénal les reçoivent comme des insultes à leur mission : perte de temps, déphasage par rapport à leurs compétences, ce pour quoi ils ont été formés, et leurs aspirations de gardiens de la loi. Les logeurs et transporteurs sont partagés entre le souci de les traiter, par la réorganisation et le recrutement d'agents spéciaux, et de les déléguer à la police.

Dans une ville, on trouve facilement des exemples. À Saint-Étienne, une crise qui a frappé la bibliothèque du centre-ville il y a quelques années illustre ces difficultés de coordination[48]. Les agents de la bibliothèque se disent dépassés par la situation : le chahut, le parvis occupé par des jeunes, etc. La police nationale est appelée à l'aide mais, à en croire une des personnes, « quand ils arrivent au bout d'une demi-heure et disent : “Alors ! Où sont les dégâts ? Où sont les morts ?”, et comme il n'y a rien de sérieux en leur présence, ils repartent ». Les policiers municipaux sont également concernés, ils font le même diagnostic sans vraiment chercher à comprendre : « À la bibliothèque, il y aurait des insultes, des voitures cabossées. Passé un temps on y faisait du statique[49]. Quand on y est, il ne se passe pas grand-chose. L'origine des troubles, c'est des employés de la bibliothèque incorrects avec des jeunes, le pourquoi on ne sait pas, on n'a pas cherché à savoir l'origine. » Les travailleurs sociaux ont également été mobilisés mais « ils hésitent à intervenir pour ne pas apparaître dans une fonction qui ressemble trop à celle de la police, les jeunes vont les voir comme des flics en civil ». La solution trouvée a été de faire appel à une société de gardiennage. Il n'y a pas défaut de présence des agents publics, mais, au contraire, surabondance d'interventions désynchronisées.

Les gardiens d'immeubles rencontrés à Vénissieux[50] sont souvent démobilisés, fatigués, stressés, etc. Leur discours est extrêmement pessimiste alors que l'examen de leurs tâches quotidiennes montre qu'ils ont certes un travail pénible mais surtout qu'ils sont excédés par leur environnement et le peu de prise qu'ils ont sur celui-ci. Une concierge se dit uniquement en contact avec le « garde HLM » et se sent isolée : elle ne voit pas la police municipale ou nationale (« ils ne viennent jamais me voir »). Le fait que, pour ce qui concerne l'occupation des montées d'escalier, les « jeunes viennent d'autres allées » que celle dont elle a la charge, appartenant à d'autres offices HLM, pose un problème délicat. La concierge dit : « J'essaie de résoudre les problèmes avec mes familles, je vais voir directement les parents » ; mais elle se sent incompétente pour aller au-delà de son territoire.

Un autre exemple de création d'interstice inter-organisationnel consiste en une définition du problème qui vaut implicitement comme une façon de dégager sa responsabilité. Ici, l'office HLM néglige les troubles qui ne concernent pas le logement mais son environnement immédiat et les « extensions » que sont les caves ou les boîtes aux lettres. Or, pour le locataire, les extensions du domicile sont tout aussi importantes. Les professionnels concernés sont prêts à reconnaître qu'il faudrait s'occuper d'un trouble, mais ils se déclarent incompétents. Prenons un responsable d'une agence HLM qui nous dit : « Je fais ce que je peux pour réparer quand la réparation m'incombe. Mais pour les boîtes aux lettres je ne fais rien, car elles sont rattachées aux logements. Par contre, pour les parties communes j'essaie de réparer. On a des priorités : les portes, les vitres. Et, les tags ne sont pas non plus une priorité. Ils n'empêchent pas la cité de vivre. »

Les personnels du système judiciaire se sentent plutôt déconsidérés lorsqu'ils ont à traiter de ces menus désordres, même ceux qui se sont investis dans des dispositifs novateurs, comme cette personne[51] qui a coordonné une Maison de justice et du droit : « On est souvent considéré comme garant de la propreté » ; et elle affirme ne « pas vouloir apparaître comme le dernier rempart », la justice n'aurait pas à être « la voiture balai des ratés des services de voirie ». Les expériences de médiations civile ou pénale leur semblent pénibles, dans leur esprit, la médiation n'est pas un travail de magistrat, ils le déclarent très simplement. Celui-ci est formé à l'exercice de l'autorité et au respect de la décision rendue : « Nous apprenons le contraire de la médiation. Les situations qui évoluent vers un accord ou non, nous n'avons pas appris à les gérer. Les conditions de l'accord sont souvent très ténues. Il faut saisir le bon moment, la bonne phrase », confie un magistrat de Pontoise. Une juriste salariée de la mairie à la MJD remarque que « la médiation prend trop de temps », ce qui est très différent de la position des transporteurs pour qui les agents d'ambiance ont justement « ce temps à perdre » comme partie intégrante de leur fonction.

Les policiers nationaux ont une attitude qui est déterminée par leur perception que les incivilités sont un enjeu politique important et leurs valeurs professionnelles qui les poussent à les minimiser. Les responsables ne s'en cachent pas. Pour certains, le manque d'effectifs, le nombre de communes à couvrir sont de toute façon là pour offrir un paravent technique. Un commandant de la police nationale nous déclare : « On se montre, mais ça ne suffit pas. On ne peut pas mettre un policier dans chaque immeuble pour entamer une discussion constructive avec un jeune qui s'alcoolise ou fume du haschich ou fait des tags en disant qu'il fait de l'art. Je n'ai de toute façon pas assez d'effectifs et mon rôle est avant tout de réprimer. » Mais tous ne perçoivent pas la nécessité de se cacher derrière ce paravent. Dans un autre secteur, un autre commandant de police précise sa vision des choses : « Quand les gens subissent du tapage et les flics n'arrivent pas tout de suite, on est des bons à rien. Leur problème est le plus important au monde. Mais les policiers ont d'autres missions aussi. Il y a un manque d'effectifs, mais 30 ou 40 gardiens de la paix en plus ne résoudraient pas tout. »

Symétriquement, les autres professionnels interrogés dans la même ville reprochent cette position aux policiers : « Il y a régulièrement des pétards le soir. Les habitants sont excédés. Les gens se plaignent d'abord à la police puis à nous qui sommes les chargés de la tranquillité publique[52] et je demande à la police d'intervenir. » Ce chargé de la tranquillité publique confirme : « Quand il y a une bagarre au Val Nord et un accident à Sannois à 2 heures du matin, les flics ont vite choisi. La police n'est pas suffisamment astreinte à la surveillance. » « L'antenne de police sur le quartier fonctionne mal. Il y a à la fois une anticipation du non-traitement par la justice et une dépréciation de l'événement au motif qu'il serait peu grave », déplore un directeur de quartier. Du côté des HLM, qu'on frappe à une porte de responsable ou d'exécutant, la distance est marquée : « On a renoncé à déposer plainte. Car porter plainte pour une dégradation, c'est trois heures perdues au commissariat et c'est classé sans suite. Ça n'a aucun intérêt. On s'entend même dire par les policiers que ça ne vaut pas le coup, on essaie de nous faire perdre patience », confie un responsable d'agence HLM à Cergy. Tournons-nous du côté d'un gardien : « La police vient-elle ? De temps en temps. Tout dépend de l'importance du problème. Elle a peut-être autre chose à faire. Elle devrait venir en théorie, puisqu'il y a tapage nocturne. Moi je ne les ai jamais appelés, je m'arrange moi-même. » Quand le régisseur évoque « l'importance », il emprunte évidemment le mot au lexique policier.

Tournons-nous un instant vers le logeur dans ses relations simultanées avec un des ses agents, le gardien, et ses clients, les locataires. Dans le conflit qui oppose des amicales de locataires aux gardiens, on retrouve le problème de la définition des tâches. Du point de vue de la définition organisationnelle du travail, la charte de travail enjoint au gardien de s'occuper des poubelles ou du bruit. Mais qu'est-ce à dire précisément ? Pour le responsable de l'amicale de locataires, « il pourrait essayer d'apprendre aux gens à porter leurs ordures jusqu'à la poubelle au lieu de les abandonner en haut des trois marches qu'il y a à descendre. Il refuse en disant : "je ne suis pas payé pour faire la police et les locataires vont dire que ce n'est pas eux. Ils sont d'une irresponsabilité, c'en est effrayant !" » Les fonctions remplies sont porteuses d'identités : « Dire à des animateurs de quartier "là, à tel endroit, on a repéré des jeunes en train de boire et d'éclater des canettes", provoquera, de la part des animateurs, la réponse suivante : "Ce n'est pas notre boulot, c'est à la police de faire ça." Pour l'instant les animateurs ne veulent pas collaborer avec les forces de l'ordre. C'est une culture professionnelle à discuter », explique un chargé de mission pour la prévention et la sécurité.

L'espace urbain est donc balisé par les compétences des organisations et des métiers. Souvent l'organisation (logeur, transporteur) se défausse sur la police et fait comme si ses problèmes étaient dus uniquement à des dysfonctionnements de la répression. Et le constat du fait que le problème n'est du ressort d'aucun service a souvent poussé à la création de nouvelles fonctions. Dans les réseaux d'autobus, on fait souvent le choix de créer un service d'agents d'ambiance, et bien avant l'offre gouvernementale des emplois jeunes. Un cadre d'une société de transport en commun commente : « On a créé un service d'agent d'ambiance. Il y en a sept qui tournent dans les cités. Les agents d'ambiance traînent beaucoup dans les gares. Quand ils voient un groupe se former, ils y vont et entrent en contact. Ils sont aux sorties des lycées. Les agents viennent aux arrêts où se trouvent les problèmes et entrent en contact avec les conducteurs et les jeunes. Le premier atout des agents d'ambiance est d'être d'ethnies différentes, d'être jeunes. Ils dialoguent bien et savent s'adapter à la situation. Ils sont formés pour ça. Les jeunes aiment bien qu'on discute avec eux. Les agents d'ambiance peuvent descendre du bus, discuter, ils ont du temps pour cela. »

Insistons sur les dernières phrases : « ils ont du temps », c'est-à-dire du temps pour lier des relations personnelles avec les adolescents des quartiers défavorisés que traversent les lignes et que les autobus emmènent avec eux dans toute l'agglomération. Cette capacité de « perdre du temps » est l'indicateur d'une autre définition d'une fonction, qui n'est pas celle de la prévention spécialisée, qui n'est pas encore pleinement positive dans les mots mêmes des cadres qui l'ont mis en place : ils reconnaissent l'utilité du temps perdu, mais pas encore que ce n'est pas du temps perdu.

Les interstices légaux

Il y a une dernière catégorie d'interstices : les vides légaux, ceux créés par le cadre légal, le droit. Les interstices légaux sont suffisamment identifiés et débattus dans l'actualité pour ne pas y insister : on dit, par exemple, que le droit n'offre pas les moyens de répondre à la délinquance des jeunes et qu'il faudrait en conséquence réformer une nouvelle fois l'ordonnance de 1945 qui régit les réponses pénales de manière à pouvoir sanctionner plus aisément les jeunes de moins de 16 ans. Il s'agit donc de secteurs de la population qui ne seraient pas couverts par une législation adéquate, comme ici les mineurs. Contentons-nous de rappeler que les réponses à la délinquance des mineurs identifiés, qui ne sont qu'une toute petite fraction du total des mineurs délinquants, sont insatisfaisantes bien au-delà de ce qui est dit officiellement, à la fois par le nombre d'affaires qui provoquent une réaction et par la nature de la réaction. Dans l'enquête sur la délinquance auto-déclarée des 13-19 ans, nous avons trouvé que seuls 5 % des auteurs d'actes graves — cambriolages, vols de voitures, coups ou blessures et rackets — passent devant un magistrat. Mais, laissons cela de côté pour nous concentrer sur un autre vide.

Les interstices créés par l'autorité du droit comme principe de résolution des problèmes sont aussi intéressants pour nous. Il s'agit de la perception que les réponses aux désordres sont en fait des réponses à la délinquance et sont du ressort de l'État. Elles sont donc enclenchées par la violation du droit qui mue les problèmes sociaux en problèmes judiciaires. L'idée en est que si l'on ne dispose pas du pouvoir de punir légalement, on est impuissant. Le chargé de mission pour la prévention et la sécurité de la ville de Cergy présente une situation qui dédouane les agents du maire. À la question « Et les îlotiers, n'est-ce pas leur travail d'aller parler aux jeunes ? », il répond : « Oui, mais à partir du moment où ils n'ont aucun levier d'action, que vont-ils faire sur trois ou quatre jeunes en train de se défoncer sur un banc ? Soit ils appellent la police nationale, qui ne viendra que s'ils sont en état d'ébriété et de toute façon ça ne sera pas une mission prioritaire. » À Grenoble, les agents municipaux ont des doutes sur leurs missions et leurs moyens d'action : « Tous les jours, on nous lance des menaces ou des insultes... on n'est pas bien considérés... nous, on n'est pas la vraie police, on ne peut mettre que des PV. »

On peut certes recourir à la loi pour incriminer de nouveaux comportements, comme on l'a fait pour les tags en 1994 et pour la fraude dans les transports ou les attroupements au bas des immeubles en 2001, mais on ne peut pas incriminer tous les comportements incivils. Plus on criminalise le traitement des désordres, plus on sature l'appareil pénal avec de nouvelles affaires à traiter, plus on reproche à la justice d'être laxiste puisqu'il est matériellement impossible de toutes les traiter alors même que la loi dit qu'il devrait en être ainsi. Le développement d'une régulation juridique envahissante participe de ce que Jurgen Habermas avait décrit dans sa *Théorie de l'agir communicationnel*[53] : il soulignait les phénomènes associés à l'hyper-codification comme l'immobilisme, l'absence d'innovation et la dépersonnalisation qui lui sont associées.

La sectorisation de l'action des organisations est une caractéristique bien repérée par les politologues[54]. La différenciation organisationnelle est redoublée par une autre, fonctionnelle, liée aux tâches à l'intérieur d'une même organisation. En matière de sécurité on la retrouve avec les politiques nationales et les découpages ministériels, ensuite au niveau de l'organisation des préfectures avec les bureaux en charge de la politique de la ville séparés des directeurs de cabinets qui sont responsables de la prévention de la délinquance[55], puis au plan du territoire local où les réseaux de professionnels de terrains se superposent sans se croiser. Les dispositifs locaux de sécurité — Conseils communaux de prévention de la délinquance et Contrats locaux de sécurité — n'ont pas été conçus pour s'articuler[56].

L'action des organisations est un facteur de fabrication du territoire, par l'urbanisme, par le fonctionnement des services, etc. Elle est donc constitutive de la nature des problèmes qui se posent dans les espaces collectifs, en liaison avec leurs modes de fonctionnement. Les organisations contribuent à créer les problèmes qu'elles regardent trop souvent comme étant des accidents qui surviennent de l'extérieur et dont on ne saurait les blâmer.

On ne peut faire sans les habitants, mais on ne peut pas faire avec

La participation des citoyens se trouve au cœur de la réflexion sur la démocratie moderne depuis Tocqueville[57]. On retrouve naturellement la question en travaillant sur l'ordre en public. D'une manière générale, les professionnels de terrain se plaignent de l'apathie de la population et disent qu'il faudrait que les gens portent davantage plainte, qu'ils pourraient participer à l'entretien de leur environnement en signalant les dysfonctionnements, ou intervenir lorsqu'ils sont témoins d'une incivilité entre des personnes. La « peur des représailles » sert souvent d'explication à cette apathie, même si elle reste de l'ordre de l'exhortation plus que d'une conscience précise de la fréquence de ces menaces et même de leur teneur. La peur des représailles est une explication simpliste qui permet de ne pas poser des questions plus difficiles qui touchent à l'image des services dans la population ou encore à la manière dont on pourrait réellement rechercher sa participation.

En effet, à côté de cette exhortation générale à la participation, on trouve des restrictions et limitations tellement nombreuses qu'elles rendent improbable toute forme d'implication concrète et durable des citadins. C'est pourquoi nous avons rassemblé ces deux éléments antagoniques dans l'expression « on ne peut faire sans les habitants, mais on ne peut pas faire avec ». La logique de professionnalisation vient se heurter à celle de la participation, facteur d'interstices entre deux mondes, celui des profanes et des professionnels. La notion d'interstice est préférable à celle de séparation, par exemple : par sa modestie, elle implique une discontinuité, elle ne suppose ni une absence totale de contact ni la possibilité d'un changement.

Les citadins inertes

Il a déjà été noté que les habitants tendent à se décharger de leur responsabilité dans l'échange social en accusant un autre ou des autres, et un sociologue dans son analyse de la « conquête de la civilité » y voit une « justification du repli sur soi » et un appel à un tiers pour régler ce qu'on ne peut assumer[58]. Nous avions parlé de « délégation passive », en insistant sur la spirale qui existe entre la tentation de la délégation de la sécurité et l'appel à la délégation par les organisations, et ce trait doit être replacé dans un mouvement historique d'ensemble concernant aussi bien la santé que l'éducation[59]. L'irresponsabilité des usagers est donc une explication qui demande à être complétée par une analyse du comportement des professionnels.

Dans nos entretiens sur le terrain, divers professionnels de la tranquillité publique nous ont dit que les habitants sont confrontés à des problèmes qu'ils ne veulent pas traiter : l'un que « les problèmes de relation entre les locataires concernent des conflits que les gens ne règlent pas eux-mêmes », l'autre que « les gens ne se parlent pas ; il faut leur dire "êtes-vous allé voir votre voisin pour lui dire que sa TV marchait trop fort ?" ». Les enseignants comme les responsables du comité de quartier constatent un phénomène similaire. La directrice de l'école primaire du Val d'Argent Nord voit les choses ainsi : « S'il y a une altercation entre enfants à la sortie de l'école, personne ne bougera. C'est moi qui dois intervenir. Et alors je me retourne contre les adultes. » Ainsi, un directeur des services techniques de la ville de Cergy nous dit que « certains habitants écrivent. Ce sont toujours les mêmes. Les gens ont tendance à se dire "ce n'est pas notre affaire, c'est celle de la mairie" ». Parfois même, comme à Vénissieux, les gardiens d'immeuble, qui estiment que les habitants sont très peu mobilisables et que les associations sont déficientes, nous laissent entendre que ce n'est pas toujours pour leur déplaire : on n'entre pas en conflit avec les associations absentes.

Les témoignages abondent pour illustrer l'appel participatif. Le premier volet en est la plainte et le discours des policiers n'est pas isolé sur ce point. La présidente d'une association de quartier dit : « Il faudrait porter davantage plainte. C'est une des solutions. C'est vrai qu'au poste de police les gens ne sont pas assez nombreux. Il faut pousser les gens à porter plainte. Il faut dire les choses. Le seul fait de dire, de déclarer, fait baisser la tension. Donc pour ça c'est positif. Par ailleurs ça permet d'avoir des statistiques. Car pas de plainte pas de fait. » Un agent de développement dans un organisme logeur dit : « On voit des gens qui ont repéré un délit et on leur demande s'ils ont porté plainte et ils disent "non, non !". On leur dit de porter plainte sinon "vous ne participez pas au fonctionnement de la loi et des institutions. Ce n'est pas la société qui va saisir le jeune, c'est vous. Il faut porter plainte s'il y a un délit". » À Grenoble, un agent d'un office HLM explique : « Le principal regret est que les locataires n'aident pas plus les bailleurs et les gardiens lorsqu'il y a des dégradations. Ils voient mais refusent de témoigner ou même de dire les noms des jeunes, par peur des représailles[60]. »

Mais on voit que le désir que les habitants participent cache à peine que les tâches qui leur seraient ouvertes devraient être définies et encadrées par les organisations gestionnaires, de la voirie, de la sécurité, etc. Il s'agit, pour ces dernières, de favoriser ce que nous avons nommé une « délégation passive », le fait de demander au citoyen de porter plainte et d'en rester là ou, au mieux, lui permettre de faire ce qu'on lui assigne sans gêner par ses demandes de profane. Dans les contrats locaux de sécurité, on retrouve cette insistance sur la nécessité de mieux accueillir les plaintes et leurs victimes dans les commissariats. Nous avons bien peur que cela ne constitue le point essentiel sur lequel ces contrats donnent une place concrète d'acteur à la population. Mais les transporteurs ou les logeurs eux aussi ne sont pas loin, dans bien des cas, de parler de leurs clients comme des gêneurs : s'ils n'étaient pas là, il n'y aurait pas de problème !

Les organisations tendent à éviter de prendre en considération les interstices qu'il génèrent dans l'espace ainsi qu'entre eux et la population. En effet, les reconnaître reviendrait à s'interroger sur le fonctionnement des services, sur les routines d'intervention, sur les horaires des personnels, etc. C'est probablement ce qui explique le recours récurrent à une solution de facilité : la mise à l'index des habitants par les professionnels, leur faillite à transmettre l'information.

La participation dangereuse

En même temps qu'ils se réfèrent à la nécessité de la présence active du citoyen, il faut bien voir que les professionnels tiennent le citadin à l'écart de toute contribution à l'ordre ne public. Les raisons avancées sont de deux types : on ne saurait demander à des amateurs de faire un travail qui consiste à veiller sur les lieux collectifs parce que cela reviendrait à les mettre en danger physiquement, et parce que cela reviendrait à compromettre l'exécution de tâches professionnelles par des profanes incapables de les mener correctement.

Nous avons retrouvé ce paternalisme vis-à-vis des « novices », ou de ceux qui manquent des qualifications nécessaires, dans les relations entre la police nationale et la police municipale dans le Val d'Oise, ou bien encore entre la police nationale et les correspondants de nuit à Chambéry (cf. chapitre 9) à l'instar de ce que Jean-Yves Dartiguenave avait noté à Rennes en indiquant que les policiers craignent

« qu'ils [les correspondants de nuit] ne s'exposent à un danger croissant[61] ».

Le responsable d'une Maison pour tous répond à la question : « Est-ce que vous proposez d'intervenir à vos adhérents par exemple ? » : « On peut le faire ponctuellement, comme en ce moment dans le quartier des musiciens. Mais nous, institution, on ne peut pas mettre les gens en danger en leur disant d'intervenir. » Le témoignage du responsable de la MPT illustre l'idée générale que la mobilisation ne peut donc être faite sans aide ou sans formation. Le chargé de mission pour la tranquillité publique à Argenteuil dit la même chose en d'autres termes : « Il vaut mieux des agents intermédiaires, des médiateurs, des gens dans les bus. Je me renseigne sur les correspondants de nuit. » Et lorsqu'on lui demande de préciser sa pensée : « Je pense à des professionnels. Il faut trouver des professionnels qui acceptent de travailler dans la rue. »

Tous se méfient, à des degrés divers, de la participation des habitants. On le voit également avec la médiation. Si elle trouve une approbation unanime auprès des professionnels que nous avons rencontrés, magistrats et médiateurs en Maison de la justice et du droit ne sont pas pour un développement de la médiation hors de la MJD[62]. Au minimum, il lui faut être encadrée : toute tâche mérite définition formelle, définition des compétences, procédure. En conséquence de quoi, les professionnels de la médiation ne sont pas partisans d'un développement de la médiation par les habitants ou les associations. Un magistrat du TGI de Pontoise le souligne : « Non je ne serai pas d'accord pour que des médiateurs sans légitimité règlent des conflits parce que la Justice ne le fait pas. » Une médiatrice à la Maison de la justice et du droit enfonce le clou : « Les habitants et la médiation, je m'en méfie. » Et, lorsqu'on lui demande pourquoi : « Je ne dis pas que c'est mauvais, mais il faut quand même avoir quelques rudiments pour les entretiens. On ne s'improvise pas médiateur. Les gens qui font ça doivent avoir une formation. La fonction essentielle du médiateur est de ne pas prendre parti et c'est très difficile[63]. »

Ces réserves dépassent le cercle de la justice. Pour un directeur de quartier, tout un chacun ne peut se lancer dans la médiation, il faut un lieu et une mission spécifique : « Des gens impliqués dans la vie du quartier se voyaient bien médiateurs. Mais je leur ai dit : "halte là ! Il ne faut pas vous mettre en danger !" Il ne peut y avoir médiation que dans un cadre sérieux. Je ne pense pas qu'un habitant tout seul puisse faire quoi que ce soit. Il faut peut-être un duo, habitants-professionnels. » Enfin, pour un éducateur spécialisé de Cergy, « le danger, c'est qu'ils fassent du travail social au rabais sans formation réelle ».

La participation ambiguë

Il y a une ambiguïté permanente sur la place des habitants ou des citoyens ordinaires. D'une part, les témoignages des professionnels montrent que le succès d'une action est soumise à l'engagement des adultes, c'est-à-dire de tout un chacun. Mais d'autre part, ils soutiennent qu'il faut être formé pour cela, surtout dès que les jeunes ne sont plus des préadolescents. On sent poindre, dans leurs discours, la nécessité de la professionnalisation des fonctions de dialogue et de négociation au quotidien. Les collectivités territoriales en tant qu'employeurs y sont sensibles. Or, qui dit professionnalisation, implique formation du personnel, à la fois initiale et continue. C'est ce que nous appelons « le filtre du nécessaire professionnalisme » sur la figure n° 2.

Figure n° 2 — Les limites opposées par les professionnels à la participation des citoyens

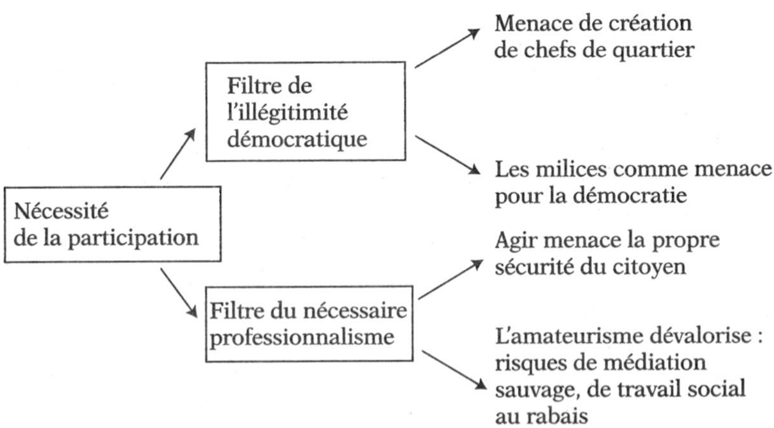

Les professionnels se plaignent de la passivité des habitants, de leur propension à fuir les lieux et à déléguer les problèmes. Leur discours tourne autour de la mobilisation des habitants. Et, de l'autre, ils sont réticents vis-à-vis de « l'amateurisme », ils disent combien, pour eux-mêmes, il est délicat d'intervenir pour pacifier une querelle ou réduire un comportement incivil, qu'ils ne doivent pas faire la police, au sens large, comme pour interdire de vider les poubelles dans une allée, et ils le disent encore plus nettement pour les particuliers. C'est vrai pour les magistrats qui voient avec frayeur sortir la médiation des MJD, mais pas seulement. Les doutes portent également sur la représentativité des associations, ou encore sur le caractère durable de leur action. Nous l'avons évoqué, les associations souffrent de plusieurs maux à leurs yeux : elles ne sont pas élues, pas professionnelles et pas représentatives.

Au total, il « faudrait que la population participe » (figure n° 1), tous les professionnels le disent. Mais ils ajoutent aussitôt que les citoyens qui le veulent ne sont pas mandatés à cet effet — c'est le filtre de l'illégitimité démocratique qui est interposé. Faire participer à la sécurité pourrait favoriser les « milices » ou faire émerger des « chefs de quartier ». De plus, les gens ne savent pas comment faire — c'est le filtre du nécessaire professionnalisme. On ne peut ni risquer de les mettre en danger, ni dévaloriser les tâches que remplissent les vrais professionnels. Bref, il vaut mieux que la population ne participe pas.

Les interstices et l'inhospitalité des lieux collectifs

Les espaces semblent continus : on marche de sa porte d'entrée jusqu'au lieu où l'on fait ses courses en traversant halls, rues, places, etc. Mais en fait, ils sont morcelés par le nombre d'organismes qui y interviennent chacun avec leur logique. Outre les exemples déjà donnés, de nombreux autres trahissent le fait que les organisations ne sont pas territorialisées. Le propriétaire du domicile n'est pas nécessairement celui de l'espace alentour, qui n'est pas nécessairement celui des rues qui le jouxte, et ainsi de suite. Or chaque organisation travaille selon une logique territoriale qui lui est propre : elle ne se soucie de l'espace public qu'en fonction, ou principalement en fonction, de ce qui est perçu comme nécessaire au bon fonctionnement du service à rendre[64]. De plus, on constate, dans les organisations publiques, une négligence pour les tâches qui se traduisent par une veille sur l'espace public. Nous avons parlé de la police, des bailleurs, mais toute organisation peut y contribuer. À Marseille, des établissements scolaires laissent leur patrimoine se dégrader et devenir des lieux de squatts, et notamment des conciergeries ; les services techniques et de voirie fabriquent des « délaissés de voirie », ces bouts de voie qui servent de réceptacle à tout. Nous savons que la population ressent très mal l'absence de réaction ou son délai comme autant de signes d'abandon. Les énergies se dirigent vers la résolution de désordres au coup par coup, ce qui est d'autant plus probable et logique qu'aucune politique structurée de gestion des lieux n'existe.

Il ne faut pas être grand clerc pour découvrir que les espaces collectifs sont trop souvent des interstices dépourvus de règles d'usage. Les adolescents et les jeunes adultes sont des analystes tout à fait avertis des modes de vie urbains : ils passent beaucoup de temps dehors, et en même temps ils ont appris sur le tas la réalité des règles. Dans ces lieux, nul n'est *a priori* légitime pour parler au nom de la collectivité. Cela n'interdit aucunement l'émergence d'un garant des lieux, mais le place devant la nécessité de faire ses preuves.

La multiplication des interstices physiques favorise des réponses ponctuelles qui, à leur tour, génèrent des interstices organisationnels, et réciproquement. L'urgence perçue d'assurer « la sécurité » dans des points exposés, souvent, est plus forte que la nécessité ressentie d'assurer la cohésion d'un système de veille. Mais, lorsque les organisations mettent en place des professionnels qui ont la responsabilité des lieux, ils n'ont pas automatiquement les moyens de faire respecter les règles d'usage. Sur place, les agents ne se sentent pas toujours de compétence subjective pour agir. Un gardien régisseur le déplore : « L'organisme HLM ne m'a pas donné de formation ou d'explication sur la manière de gérer un conflit ou un litige entre locataires. » L'agent a même compris qu'on conseillait de ne pas s'en mêler, car il ne pouvait pas prendre le parti de l'un ou de l'autre. Mais même si le gardien a été sommé de noter les déclarations, les choses ne vont pas de soi pour autant. L'organisation du travail est telle que le suivi est complexe : le gardien ne sait pas quelles sont les suites données à un conflit par l'organisme qui l'emploie, rien n'est organisé dans ce sens. Un autre gardien régisseur précise : « On a notre tâche et puis c'est tout. On n'a pas de suivi avec l'office HLM. Pour ce qui est de l'entretien des appartements, on signale. S'il manque une porte ou bien si un carreau est cassé, ça demande six mois un an avant que ce soit réparé. Ils n'y a pas de budget pour ça. »

La mise au jour des interstices montre qu'ils manifestent une dynamique de fractionnement des territoires par les organisations : habitation *versus* boîte aux lettres, service de voirie de la mairie versus du bailleur, etc. Les interstices sont connus de tous ou presque : tous les professionnels impuissants, les citadins gênés, les élus. Les plaintes ou les doléances de la population sont nombreuses et enregistrées par la police, la justice, la mairie. Mais, souvent, une logique de compétence fonctionnelle conduit à les laisser stagner (« ça n'est pas à moi d'intervenir »). Pour les professions constituées de longue date, que ce soit dans le pénal, le social ou l'entretien, il nous semble que les fonctions qui ont trait à l'ordre en public ont peu de chances d'être valorisées et surtout exercées conjointement avec la population. Un tel professionnel prouve sa compétence dans sa séparation d'avec les profanes.

La manière dont les organisations produisent le territoire n'est pas étrangère à la façon que le public a de l'utiliser. Un des moteurs de la délégation passive ou de l'absence d'engagement en public réside probablement dans l'impossibilité ressentie de défendre les usages auxquels on croit : pour le faire, il faut se sentir compétent. Et cette impossibilité est en partie liée à la manière dont les opérateurs construisent les espaces. Isaac Joseph écrivait : « S'il fallait résumer en une formule les études destinées aux gestionnaires d'espaces publics et portant sur les qualités d'hospitalité de ces espaces, on pourrait dire qu'elles entendent rappeler que tout usager est virtuellement incompétent[65]. » Et ce handicap est redoublé en matière de sécurité : dans les lieux collectifs, il s'agit avant tout pour l'usager de s'abstenir de toute intervention. Seule, elle serait dangereuse. À plusieurs, cela constitue une menace factieuse contre l'État. Le droit à l'indifférence est conforté par l'incompétence ressentie pour constituer le socle de la prise en charge des troubles par des professionnels qui, à leur tour, alimentent le sentiment d'incompétence d'un public en lui renvoyant cette image.

Chapitre 9

ACTIONS PUBLIQUES : CONSTRUIRE LE GARANT DES LIEUX

Dans les villes françaises, la prise en compte des interstices et des désordres suscite des initiatives nouvelles. Un type original de tentative de réduction de la délinquance est en train de naître. On ne sait pas bien comment le nommer. Pas plus que les hommes qui y travaillent n'ont de désignation claire de leurs missions ou de leurs statuts. Il n'en reste pas moins qu'il constitue la voie dans laquelle s'engagent des organisations pour lesquelles l'ordre en public est une condition d'exercice de leur métier. Nous voulons présenter ici quelques-unes de ces expérimentations. Nous regarderons comment le problème se pose pour une commune dans une grande agglomération, un réseau de transport dans une ville, ou un établissement scolaire, et quelles questions cela soulève. La prise en compte de l'espace, en dépit des fluctuations d'échelle, par exemple en passant du quartier à la commune ou de cette dernière à un réseau de transport intercommunal, présente des éléments communs. Ces expériences traduisent, chacune à leur façon, un souci pour la gestion des espaces, elles cherchent à fabriquer ce que nous proposons de nommer un « garant des lieux ». Il est encore trop tôt pour dire si, objectivement, ces expériences donnent à chaque fois des résultats positifs, mais des indications sérieuses existent pour certaines.

Ces actions sont des tentatives d'initier des « spirales positives » qui sont l'inverse des spirales négatives que nous avons décrites aux chapitres 5 et 7. Une fois identifiés les éléments constitutifs d'une spirale du déclin, il est possible de chercher à faire fonctionner la spirale à l'envers en agissant sur ces mêmes éléments. Ces initiatives sont fédérées par leur fin : faire sentir qu'il y a un garant des lieux et des règles d'usage.

La politique de sécurité qui promeut le partenariat local, c'est-à-dire la coopération entre différentes organisations publiques, est une condition de la construction d'un garant des lieux fort au niveau des agglomérations. Pour être plus précis, il faut dire que cette politique serait utile si elle avait une réalité locale. Or ceci est assez douteux. Nous avons insisté au chapitre 8 sur la production d'interstices. En effet, la fonction publique française est organisée de telle manière que les cadres sont tous en perpétuel mouvement sur le territoire. Le responsable du groupement de gendarmerie, le procureur, le recteur, le préfet ou le commissaire en charge de la sécurité publique n'ont pas d'implantation locale. C'est également vrai pour les fonctionnaires du bas de l'échelle : les simples gardiens de la paix ou encore les jeunes enseignants par exemple. Ils sont envoyés dans les lieux dont ne veulent pas leurs collègues à qui leur ancienneté donne le privilège de choisir leur affectation. S'est-on rendu compte que, de cette manière, on contribuait à l'absence de coordination des services ? En effet, le partenariat entre organisations publiques différentes repose sur les liens personnels qui arrivent à dépasser les frontières entre administrations et les oppositions de logiques, par exemple l'enseignant n'a pas le même but professionnel que l'animateur ou le magistrat. Or plus on favorise la mobilité des personnels, moins on rend facile la mise en place d'un partenariat : on ne cesse de casser les liens personnels de confiance qui nécessitent de longs mois ou de longues années pour se construire. La fiction juridique de la continuité de l'État cache son contraire : une production de discontinuité et de fragmentation. À sa manière, la fonction publique contribue à produire des interstices, de la décoordination, une incapacité à traiter le problème indivisible que constituent les incivilités et donc les comportements délinquants.

C'est pourquoi les initiatives qui sont présentées ici relèvent de l'innovation et sont fragiles. Si elles réussissent, c'est souvent en s'appuyant sur les mairies qui représentent le point fixe ancré dans le territoire indispensable à une approche qui veut favoriser une gestion locale de l'espace.

Veiller sur les règles d'usage : les correspondants de nuit

Une des expérimentations correspond à l'introduction des correspondants de nuit dans les quartiers défavorisés de grandes et moyennes villes françaises.

La création de services de correspondants de nuit (CDN) a eu lien dans de nombreuses villes (Rouen, Rennes, Nantes, Strasbourg, Mâcon, Lormont, Grenoble, Chambéry notamment) depuis une dizaine d'années. Nous revenons, au chapitre suivant, sur les implications de ces initiatives. Il n'est pas inutile de décrire une expérience de mise sur pied et de fonctionnement des correspondants : la ville de Chambéry a fait l'objet d'un tel travail.

L'EXEMPLE DE CHAMBÉRY

Comme à Rouen, les CDN ne portent pas d'uniforme ou de blouson mais sont reconnaissables au port d'un badge « Régie +[1] ». Surtout, opérant à l'échelle du quartier, ils soulignent qu'ils « sont surtout connus de tous ». Ils se déplacent à pied pour favoriser au maximum le contact. Présents dans le quartier de 20 heures à 2 heures tous les jours, ils ne font donc aucune intervention dans la journée. Leur accessibilité a été codifiée dans les termes suivants : ils interviennent toujours en binôme, au cours de rondes aux circuits variés ou en réponse à des appels téléphoniques des habitants ou d'autres organisations comme la police nationale.

Ils interviennent le plus souvent dans les situations suivantes :

— des regroupements de jeunes : « S'ils sont devant la mairie, on y va obligatoirement », « quand il fait très bon, les jeunes boivent dehors » et cela engendre des nuisances sonores pour le voisinage. Les correspondants restent sur place s'ils l'estiment nécessaire : « Les soirs où c'est très chaud, on fait du baby-sitting » ;

— les affrontements physiques, voire au couteau, entre deux jeunes gens en état d'ébriété : environ 10 fois dans les six derniers mois pour l'un des deux quartiers ;

— des rixes entre mari et femme ; par exemple un homme insulte sa femme dans la rue sous l'emprise de l'alcool : les CDN restent deux heures avec elle, aucun autre appel n'étant reçu entre-temps. Autre exemple : un homme de 43 ans bat sa femme de 32 ans toujours dans la rue. Le CDN fait accompagner la femme chez une amie à elle. Après coup, il assure un soutien psychologique : lorsqu'il reçoit son courrier exprimant sa détresse et son intention suicidaire, il monte discuter avec elle pendant une heure et demie.

— des squats dans les montées l'hiver : « Un locataire se plaint : des jeunes boivent et fument. On leur rappelle les consignes d'usage : "Est-ce que vous faites ça chez vous ?" Les jeunes rigolent et nous disent “tu as raison”, et ils se délocalisent un peu plus loin, là où ils ne gênent personne, il n’y a pas de vis-à-vis » ;

— l’orientation des personnes dans les rues, l’aide aux gens perdus ou en situation de détresse, l’indication du médecin de garde, etc. ; par exemple, « lorsque les SDF campent sous l’arrêt de car, on les oriente vers l’hospice » ;

— les soirées dans la salle des fêtes du quartier : ils sont présents, veillent à ce qu’elles se terminent à 2 heures et préviennent les étrangers au quartier, reconnaissables à leurs plaques immatriculées 38 ou 74, de faire attention à leur autoradio.

À Rennes, les monographies portant sur les correspondants de nuit dressent le même état des lieux : le cahier des charges stipule qu’ils veillent « au respect des normes de bonne habitabilité et de vicinité » par une « présence itinérante », qu’ils sont sollicités par appel téléphonique[2], qu’ils pratiquent une « technique ambulatoire[3] », ce qui veut tout simplement dire qu’ils se déplacent dans les rues du quartier.

À Chambéry, les correspondants mettent tous l’accent sur le caractère répétitif de leurs tâches. Un CDN confie : « C’est un travail dans lequel il faut prendre son temps. Ils reviennent sur la même bêtise dans la nuit même. » Un second correspondant explique qu’il est lent et compliqué de faire évoluer les comportements : « On arrive à ce que les canettes ne soient plus fracassées par terre mais mises à la poubelle, petit à petit. » Un autre CDN raconte : « Dans les abribus, ils étaient toujours par terre, mais à force de leur gonfler un peu la tête, ça va mieux », autrement dit ils s’y installent un peu moins fréquemment ou évitent de se coucher sur le sol à l’endroit où les gens attendent leur autobus.

L’étude du travail concret montre immédiatement la diversité des tâches qu’ils effectuent. Comment peut-on les définir ? Cette question est loin d’être anodine dans la mesure où elle conditionne la perception du rôle des CDN par les autres professionnels. Pour un élu, si les correspondants suscitent parfois une certaine circonspection, c’est parce qu’ils bouleversent les frontières bien établies par ailleurs entre la prévention et la sécurisation, nous allons y revenir. Pour la mairie, ce sont des « agents de veille sociale » et « ils ont une fonction de présence, d’assistance, d’apaisement ». Cet ensemble de missions diversifiées relève d’une action sur les règles d’usage des lieux : par la présence physique pour être les premiers témoins d’un problème, par le dialogue pour éviter qu’un désordre ne dégénère, par l’écoute avant d’orienter sur un professionnel. On notera aussi que les CDN de Chambéry se focalisent peu sur les problèmes techniques qui peuvent survenir dans le quartier — problème d'entretien, d'éclairage, etc. — mais cela vient de la configuration locale que le service a prise et peut évoluer.

Les CDN ont une mission d'intervention à chaud qui débute avec l'apparition d'un problème publiquement perceptible : violence conjugale, attroupement, etc. En cela, leur mission reflète et témoigne d'un état de la tolérance sociale à l'égard d'un événement ou d'une situation à un moment donné, au-delà des qualifications juridiques. La méthode d'intervention est assez variable, mais toujours intéressante. Prenons un exemple : plutôt que de chercher à s'interposer entre deux hommes qui ont sorti des couteaux, on voit se dessiner une technique moins directe : « On arrive, on ne parle pas. Ils savent qui on est, pourquoi on est là. L'un d'entre eux dit : "On n'a pas besoin de vous !" On reste dix minutes sans bouger, en les laissant s'invectiver. Puis on intervient, quand on sent que c'est possible. En les prenant par les sentiments : "ce n'est pas la peine de te donner en spectacle, va poser ton couteau !" Au bout de vingt-cinq minutes, c'est réglé. » Le couteau est posé et chaque CDN discute avec un des protagonistes, en l'isolant de son côté. Ce mode d'approche non viril explique sans doute pourquoi des femmes se sentent bien dans cette fonction : elles se sentent respectées. Les jeunes disent : « Attention ! Il y a une dame. » Et, elles se sentent plus utiles que les hommes auprès des femmes dans les conflits conjugaux.

Ensuite, remarquons que leur travail consiste à être présent de manière physique. Leur rôle n'est pas à l'évidence de se faire craindre mais au contraire d'aborder les habitants lorsque les CDN constatent ou sont interpellés sur un incident. À partir de là, leur rôle consiste à entamer un dialogue. Présence physique et dialogue sont les deux outils de travail dont ils disposent. Il faut souligner que cela induit une *personnalisation* très forte des relations tant lors de la résolution des tensions que de réponses à des demandes d'aide ou d'écoute. En dehors des missions de veille, ils revendiquent le souci d'établir un dialogue en partant de leurs problèmes avec les habitants, de leurs démarches pour la recherche d'un emploi. Les groupes de jeunes auxquels ils s'adressent sont d'origine multiethnique : les jeunes Asiatiques, Marocains, Turcs et Français sont ensemble dans les rues. Ils insistent également sur le maintien d'un contact informel : avec les adolescents, en commentant les derniers résultats de football, avec les habitants, en recevant leurs visites dans leur local. La plupart du temps, il s'agit d'adultes, de parents ou de grands-parents, qui viennent : « Ils ont besoin de parler », nous explique un correspondant.

La présence physique ne revient pas à être toujours partout dans le quartier. Ils tiennent une permanence téléphonique y compris aux moments où aucun autre service n'est ouvert. Par conséquent, ils sont appelés aussi bien pour une intervention que pour une conversation relevant du soutien psychologique. Il s'agit là d'une tâche d'écoute qu'ont habituellement les psychologues, les assistantes sociales ou les éducateurs. Dans ce cas, ils sont présents « d'urgence » avant l'orientation éventuelle vers des professionnels spécialisés. On peut donc dire que les CDN sont une forme de réponse aux attentes protéiformes des habitants. L'existence du service des correspondants est aussi une manière pour une municipalité de prendre acte des limites des services publics, notamment de la police nationale en matière de capacité à se déplacer pour différents troubles, et des services sociaux en matière de prévention la nuit.

La figure n° 1 résume le fonctionnement du service. Les CDN réagissent à deux types de demandes, soit celles des habitants, soit celles des organisations associées à la constitution du service.

FIGURE N° 1 — Déclenchement de l'action et fonctions remplies par les correspondants de nuit.

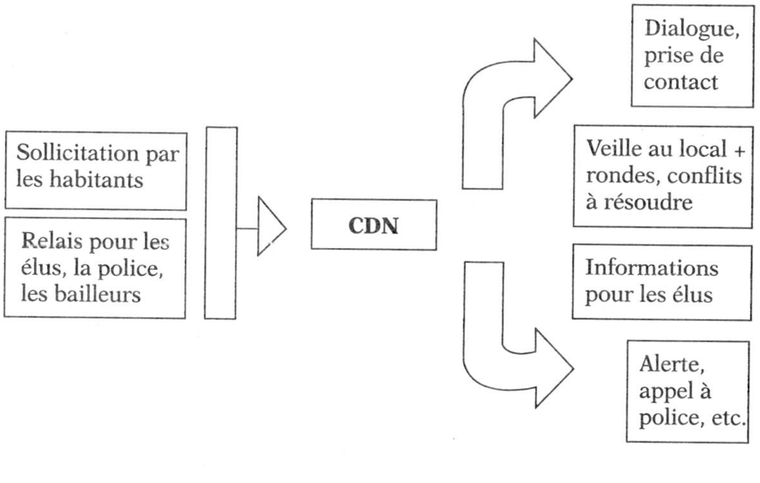

Les missions relèvent du dialogue avec les occupants des espaces publics du quartier, de la veille, de la résolution de petits conflits. Il peut aussi s'agir d'alerter d'autres services municipaux ou nationaux : les CDN servent alors de relais. Enfin, ils informent les élus. À l'issue de la nuit, un rapport informe les élus de quartier, particulièrement les adjoints de proximité, c'est-à-dire les adjoints au maire en charge d'un quartier de la ville et pas simplement d'une fonction — finances, action sociale — comme c'est le plus souvent le cas. Les CDN sont une source d'information pour les différents services. Les élus y trouvent des renseignements qu'ils considèrent comme fiables car « hors des rumeurs qui circulent si vite sur un quartier. Les CDN relativisent ce que disent les habitants qui ont tendance à grossir et déformer », confie l'un d'eux.

Enfin, ils coopèrent avec l'autre service qui travaille la nuit, à savoir la police nationale. Ils remplissent une fonction de tri des demandes d'intervention selon l'urgence et d'après la gravité estimée de la situation, ils en réfèrent ou non à la police. Réciproquement, la police peut, à la suite d'un appel reçu, leur demander la confirmation de la nature et de la gravité d'un problème : cela lui économise un déplacement.

Qui sont les correspondants ?

Début 1998, un appel à candidature a été lancé pour le recrutement des CDN. Un comité de recrutement a été formé avec le directeur de la régie de quartier[4], des représentants de la mairie, des policiers nationaux et municipaux. Sur une cinquantaine de réponses, 30 ont été rejetées pour des motifs liés à l'histoire personnelle des candidats, et notamment à des actes illégaux commis. Il s'agissait d'anticiper la critique suivant laquelle on recrute des « caïds[5] ». La sélection a été opérée sur le profil psychologique du candidat[6].

Un trait commun du profil des CDN semble être l'implication dans le secteur social et l'animation, mais il est vrai que cela est assez flou comme définition étant donné la variété des tâches couvertes. On trouve ainsi une ex-éducatrice, par ailleurs titulaire d'un brevet d'aptitude aux fonctions d'animateur (BAFA) et d'un brevet d'aptitude aux fonctions de directeur (BAFD). Ou bien des personnes actives dans les structures associatives locales, notamment les clubs de football. Les CDN sont majoritairement des hommes (6 sur 7), plus la responsable. Sur le terrain, il n'y a donc qu'une femme. Les sept correspondants sont tous français, mais une majorité, cinq d'entre eux, est née en France de parents étrangers, nord-africains[7]. Ils sont originaires de la région Rhône-Alpes, et même de Chambéry et ses alentours, sauf pour une CDN qui travaillait en région parisienne. Un autre trait caractéristique est la durée de l'implantation locale : 7 CDN sur 8 ont vécu de nombreuses années dans les quartiers concernés ou à proximité. Seule une personne a été élevée et a travaillé à Sarcelles. Leur niveau scolaire avant l'embauche est en général peu élevé, ce qui n'est pas un jugement quant à leur capacité à remplir leur mission. Le niveau BEP-CAP est le plus fréquent à l'exception de la première CDN, aujourd'hui devenue responsable, qui a une licence en droit. Les contrats de travail sont tous des contrats aidés pour lesquels l'État paie une partie des charges sociales.

LÉGITIMITÉ

La légitimité des correspondants n'est pas assise sur une professionnalisation certifiée par un cursus et un diplôme. Elle repose sur d'autres bases. En effet, la formation initiale est réduite. La première personne recrutée a effectué une mission à Dreux pour rencontrer « les hommes de proximité » et les suivre durant une nuit. Il s'agit d'un service qui assure des missions comparables à celles que nous avons présentées pour la commune de Chambéry. Pour les CDN recrutés ultérieurement, ce volet ne sera pas reconduit puisqu'il est réputé acquis : on a déjà défini le mode de fonctionnement du service. À la place, chacun a suivi une session de deux jours donnée par un psychologue sur les différences culturelles : façons de vivre des différents groupes sociaux, coutumes ethniques, place de la femme dans la culture maghrébine. L'objectif était de fournir des clés pour ajuster le comportement aux caractéristiques du CDN (homme ou femme) et au type des personnes qu'ils vont aborder. Ils n'expriment pas de besoin de formation, y compris à la gestion des conflits. Ils perçoivent la formation comme trop théorique par rapport à une tâche qu'ils effectuent sur la base d'un savoir spontané.

La légitimité est plus sociale que professionnelle. Les CDN sont bien acceptés par la population et le sentent bien. Certes, les premiers temps, on les appelait « les inspecteurs » ou les « indics[8] » et il arrive qu'on leur dise : « la Régie + vous n'avez rien à faire ici ! » Mais ils insistent : « C'est pour votre bien, nous sommes là pour vous aider » ou « Arracher les téléphones, ça sert à qui ? » Les jeunes disent bien parfois « je ne veux rien entendre », et cela pendant une ou deux minutes, mais « ils savent qu'ils se trouvent en porte à faux, les gens comprennent notre démarche ». À eux tous, et depuis le début de l'expérimentation, ils n'ont trouvé qu'un seul épisode de racisme à leur encontre de la part d'un client dans un bar. En fin de compte, ils se disent peu contestés, que ce soit par la population des 12-25 ans ou les adultes. Un responsable d'une association de locataires confirme à sa manière les propos des correspondants : « L'impression des gens, c'est qu'il y a 30 jeunes qui se réunissent avec 3 CDN qui ne font pas le poids. Mais les gens qui ont le sentiment qu'ils ne servent à rien, ils ne savent pas donner un exemple précis où les CDN se font marcher sur les pieds. »

Le fait que les correspondants travaillent dans les interstices n'est pas étranger à ce bon accueil par la population : interstices temporels — « ouverts la nuit » —, interstices organisationnels entre le social et le pénal, interstices sociaux puisqu'ils agissent dans les quartiers défavorisés. De plus, le décalage par rapport à l'approche du travailleur social constitue un facteur d'accueil positif par les jeunes des rues. Comme François Ménard l'a noté, les correspondants « n'opèrent pas de suivi, n'ont pas de projet éducatif ou pédagogique et ne recherchent pas l'adhésion à un protocole d'action[9] ». Or les jeunes, et particulièrement ceux qui sont en échec scolaire, refusent les organisations traditionnelles[10], fussent-elles sportives : ils sont allergiques au « discours éducatif et pédagogique », à l'esprit club[11].

Mais on peut se demander si les correspondants sont bien acceptés par les autres organisations présentes dans les mêmes lieux. Le bilan est assez mitigé. Les bailleurs ne sont pas hostiles aux CDN, ils s'interrogent toutefois sur la pertinence de la mission. Ils souhaitent « davantage d'éléments objectifs » pour évaluer leur travail et sa nécessité : « Pour l'instant, je vois ça comme une action de tranquillisation parmi d'autres, pas nécessairement la plus efficace » ; « Ils sécurisent les personnes âgées, ils sont utiles à ceux qui ont besoin de parler la nuit, mais est-ce que cela suffit pour justifier leur présence ? » Même si les éducateurs leur concèdent « un créneau inconnu des institutionnels : les crises, qu'elles soient familiales, d'angoisse, alcooliques. Personne ne traitait ces questions ». Dans le même esprit, à la MJD aussi, l'efficacité de leur action fait question comme la responsable nous l'explique : « J'aurais du mal à vous dire si leur action a changé quelque chose, mais il arrive que les gens nous disent qu'ils ont vu un CDN lors d'un problème. Je pense que c'est très positif pour les personnes âgées, leur impact est surtout psychologique. »

Ensuite, une rivalité professionnelle vient se mêler aux questions concernant l'éthique du métier et les règles qui conduisent l'activité. Plusieurs fois d'autres professionnels du social nous parlent de la « faible capacité » supposée à reconnaître les correspondants dans la rue : la population n'aurait pas été suffisamment préparée, elle ne ferait pas la différence entre le CDN et le groupe dans lequel il semble se fondre. Les professionnels aiment à se distinguer des « profanes », or les CDN ne s'en démarquent pas. De plus, il n'y a pas de partage des codes professionnels : anonymat, indépendance, durée de la relation. Les éducateurs sont assez perplexes : « Au départ, on s'est interrogé.

Était-ce plus de sécurité, plus de présence sociale, plus de médiation ? On attendait de voir. Ils remarquent les mêmes choses que nous, plus en détail peut-être, mais surtout, ils n'ont pas de prise sur les problèmes. Ils sont dans le constat, pas dans la résolution. Au départ, ils cherchaient des informations pour résoudre les problèmes auxquels ils étaient confrontés et faisaient appel à nous. Mais nous ne pouvons pas les aider, nous devons respecter l'anonymat. »

Les éducateurs se sentent à la fois mis en concurrence et à l'écart : « La régie de quartier nous a beaucoup sollicités, avec sans doute le souci de ne pas nous froisser [ne pas laisser penser que les CDN vont remplacer les éducateurs]. Car les CDN occupent le terrain au même titre que nous. Mais en fait, nos missions sont différentes. Nous avons du temps, des projets suivis avec des personnes, dans le respect de l'anonymat. Les CDN sont utiles aux élus qui ont besoin d'information sur le terrain alors que nous sommes beaucoup moins instrumentalisés. » Il s'agit là d'une critique classique de la part des éducateurs qui pensent souvent que toute demande de la part des élus est une manipulation, une perversion potentielle de leurs missions qu'ils devraient seuls définir. La présidente d'un centre social ne dissimule pas son hostilité : « Je suis très remontée contre eux. Ils demandent qui appelle, ils ne respectent pas l'anonymat. Ils ne sécurisent que ceux qui ne sortent jamais de chez eux. La seule chose positive, c'est que ça fait un boulot pour quelques jeunes. » Et encore : « Ils n'ont pas la formation nécessaire, je préfère ne pas les appeler de peur qu'ils enveniment les choses. » Mettre en avant l'absence de respect de l'anonymat constitue une flétrissure dans la bouche d'un travailleur social : voilà le signe d'un comportement non professionnel et dangereux. Mais on voit que les arguments sont à la limite de la mauvaise foi, notamment lorsqu'il est reproché aux CDN de ne rassurer que ceux qui restent chez eux alors que, précisément, les CDN remplissent une fonction de présence dans les rues désertées par les travailleurs sociaux souvent repliés dans leurs locaux[12].

Le sentiment d'une différence de fonctions entre CDN et autres professionnels est toujours net. Elle est parfois respectée, mais cache souvent de la condescendance. La police nationale parle d'une « mission de contact avec la population, d'une capacité à régler les petits différends, assurer le dialogue de voisinage ». Par exemple, « en cas de dépôt de plainte à répétition pour un même conflit, on oriente le plaignant vers les CDN ». Mais, elle insiste pour ne pas s'afficher en public avec les CDN « pour garantir leurs fonctions, sinon ils seraient grillés ». La coordination se construit petit à petit entre les correspondants et la police. Elle fait parfois appel à eux : « Pour la rixe au couteau, c'est la police qui avait téléphoné. Ils nous demandaient d'aller voir en nous disant qu'ils interviendraient si nous ne pouvions rien faire. » Les policiers ont parfois une attitude protectrice, voire un peu paternaliste, envers la capacité des CDN à traiter les petites choses : « Il faut faire attention à leur sécurité, à ne pas confronter les CDN à des problèmes de groupe. »

Une particularité de l'approche des CDN est le souci de la tranquillité publique, ce que nous avons appelé « l'ordre en public ». On perçoit bien l'écart entre les correspondants et les policiers ou travailleurs sociaux dans les deux exemples suivants. Le premier est donné par la différence d'attention accordée à deux psychotropes ayant des effets psycho-actifs comparables mais des effets sociaux distincts : le haschich et l'alcool. « Pour nous, le problème, c'est l'alcool plus que le shit, on n'est pas des policiers », dit un CDN. Pourquoi ? Parce que la consommation d'alcool en public s'accompagne de nuisances sonores importantes, mais également de conduites de bravade et d'affrontement physique. À Rennes, de manière concordante, Dartiguenave note que la présence et l'usage de stupéfiants, en tant que comportements « qui ne menacent pas réellement ou symboliquement les règles collectives que se donne la communauté de voisinage, ne sont pas dénoncés » aux correspondants[13] et que ces derniers ne les signalent pas dans leur rapport d'activité[14]. Le second exemple porte sur les affrontements de couple : « On nous appelle pour un couple non marié, tous les deux alcooliques : il est en train de tuer sa femme. Elle a les yeux au beurre noir. On le signale à la société de HLM et à la mairie, mais dans ce cas pas à la police. C'est un choix personnel dans la situation. » Comme dans tous les métiers d'intervention en urgence, il y a une certaine latitude d'action. En même temps, le fait de ne pas appeler la police est une ressource pour faire pression sur le comportement. Les CDN expliquent à l'homme : « Là, c'est nous qui nous déplaçons, ça ne coûte rien, la police c'est 1 800 balles d'amende pour le tapage, alors calme-toi ! » Et, ils le poussent à s'inscrire à une cure de désintoxication, mais sans trop d'illusions sur son efficacité.

L'hybridation des missions est patente : elles oscillent entre l'aide, la surveillance, la discussion, le réconfort, l'écoute. Le débat sur le bien-fondé de créer des métiers pour assurer ces fonctions est engagé. On le retrouve dans toutes les grandes agglomérations. Comme ces métiers n'existent pas en tant que tels mais uniquement comme fonctions satellites, ceux qui critiquent leur émergence les trouvent déphasés par rapport à tout ce qui existe : ils ne correspondent exactement à aucun métier reconnu par une formation et un diplôme. Et, cela alimente par exemple les questionnements d'un responsable de régie de quartier à Marseille : « Quel sera le statut des agents d'ambiance qu'on installera dans les parkings ou les halls d'immeuble ? Des auxiliaires de police, des vigiles ou des éducateurs armés ? Qui doit maintenir l'ordre ? Il existe là une ambiguïté malsaine[15]. » À Rennes, Dartiguenave note également que leur activité engage des « registres d'action différents[16] ».

À Chambéry, pour les éducateurs, « les CDN ne sont pas nets ». Les correspondants ne sont pas clairement d'un côté ou de l'autre de la frontière qui, dans leur esprit, sépare répression et prévention. Ainsi, un éducateur explique : « Parfois, ce sont les flics qui appellent les CDN. Donc ils remplissent bien des fonctions de sécurité au sens large. Sur les zones HLM, on a des CDN, sur les zones riches des polices privées. » L'assimilation aux polices privées, est, dans leur bouche, plus péjorative encore que dans celle des policiers nationaux. Pour les travailleurs sociaux ce sont des « policiers privés ». Mais pour un responsable d'office HLM, ils seraient bien des travailleurs sociaux : « Pour moi, les CDN sont des travailleurs sociaux de nuit, mais ils ne sont pas formés pour ça. » Bref, la difficulté de classer l'activité des nouveaux agents est patente.

La gêne que les CDN suscitent vient selon eux de ce qu'ils montrent leurs limites aux autres professions, l'existence de dysfonctionnements non traités par elles. Les CDN ont le sentiment que les travailleurs sociaux — assistantes sociales, éducateurs — ne les considèrent pas vraiment comme des travailleurs sociaux mais plutôt comme des agents qui renseignent la police, voire des gardiens d'immeuble d'un autre genre, tandis que les policiers les perçoivent bien comme des travailleurs sociaux[17].

L'attention aux règles d'usage : quartiers et école

Différentes autres initiatives s'attachent également à favoriser les règles d'usage. S'occuper des lieux collectifs consiste en un ensemble assez hétéroclite de mesures : surveiller, entretenir, rappeler les règles de vie, concilier les parties. Mais il y a d'autres aspects plus novateurs liés à la défense des règles d'usage, ceux qui ont trait à l'appel aux familles par les élus locaux ou ceux qui traduisent la recherche par les protagonistes d'une résolution d'un désaccord sur l'usage de l'espace.

Les mairies et les désordres

De nombreuses municipalités ont cherché à réagir aux désordres en s'orientant à tâtons vers la mise sur pied d'expérimentations tendant à rechercher un usage commun acceptable des lieux. On peut notamment citer le cas de Valence et son « comité de la ville » ou d'une commune proche de Grenoble, Saint-Martin-d'Hères et son « GPTI », ou encore de Romans avec ses « régulateurs sociaux ». À Saint-Martin-d'Hères, Pierre-Alain Four[18] a décrit comment la municipalité a pris l'initiative de constituer des groupes de prévention et de traitement des incivilités (GPTI). Chacun d'entre eux est localisé dans un quartier et se compose de résidants et de professionnels de l'action sociale. Tous sont choisis en fonction de leur investissement dans la vie sociale du quartier. De ce fait, la composition de ces instances ne répond à aucun critère strict car il est très difficile d'évaluer l'investissement local et de représenter toutes ses composantes : il s'agit de bricolages expérimentaux. Les membres des GPTI ont pour objectif de traiter les différends qui se produisent dans leur quartier par le dialogue, l'orientation sur des services compétents, l'appel à des personnes connues pour certaines qualités, comme par exemple faciliter la discussion entre les parties d'un conflit. Ces désordres ne font pas l'objet d'une procédure pénale. La police, la justice et les habitants eux-mêmes peuvent se tourner vers le GPTI. Il bénéficie de l'appui d'une « instance d'orientation ». Elle est composée de représentants des quatre partenaires principaux de cette opération, ville, justice, police, services sociaux. Elle détermine les dossiers que les GPTI sont en mesure de traiter et contribue à la légitimité et à la pérennité de l'expérience auprès des institutions. L'instance a également pour but d'éviter un enfermement du quartier sur lui-même : les problèmes sont ainsi examinés par des personnes extérieures.

À Valence, la municipalité s'est engagée dans une direction comparable mais non identique. Il s'agit de parvenir à faire venir « en mairie avec leur famille les mineurs en raison de leurs comportements incivils[19] ». La dimension pédagogique de l'usage des lieux passe par des actions sur les limites à donner. Les faits les plus bénins font l'objet d'une convocation dans une mairie annexe avec deux personnes, et lorsqu'ils le sont moins, la convocation a lieu à la mairie centrale en présence d'un représentant du maire, d'un secrétaire général adjoint et du chargé de mission du conseil communal de prévention de la délinquance et, selon les cas, d'un représentant de l'organisation concernée. Comme à Saint-Martin-d'Hères, les faits retenus sont présentés comme n'ayant pas de qualification pénale, mais la plupart d'entre eux — dégradations de bâtiments, petites violences physiques — pourraient en avoir une, l'auteur l'indique clairement[20]. Il faut comprendre que les comportements sont mêlés : s'y mélangent barrières arrachées, bruit, jets de pierres, insultes, de la part du même groupe de jeunes. Dans l'exemple choisi, la police a été chargée de contrôler les identités, non pas pour pouvoir donner des suites judiciaires, mais pour permettre une convocation. Elle est l'occasion d'indiquer le souci de la mairie pour le quartier — « on n'est ni de la police, ni de la justice, ce qu'on veut, c'est la paix dans le quartier » —, de donner un avertissement, mais aussi d'en appeler à la responsabilité du mineur et de ses parents. L'auteur note qu'il « s'agit d'enrôler les parents dans la gestion d'incivilités », de mobiliser la surveillance des familles[21]. Il y a là une recherche de *construction de la réprobation collective* qui passe par l'implication des collectivités locales. En tentant de soutenir les parents sans les culpabiliser, ces mesures s'écartent du recours à la loi pénale pour définir les fautes commises par les parents. La généralisation de ces initiatives est difficile à connaître : d'autres communes s'y engagent, mais chacune sur son propre mode et avec ses dénominations. Dans la municipalité de Crest on parle des « comités d'admonestation » mais les dispositifs n'ont pas forcément ce nom partout. Ainsi, Faget et de Maillard observent un dispositif comparable aux Mureaux avec le « comité de rappel des règles de vie » qui existe depuis 1997 : pour les incivilités, l'îlotier convoque principalement des jeunes avec leurs parents à la Maison de justice et du droit devant un groupe de personnes dont la géométrie est variable, mais qui comprend toujours le responsable des risques urbains[22], celui de la Maison de justice et le chef des îlotiers. Aucune sanction n'est prononcée, mais le trouble se voit décortiqué et le comportement de son auteur réprouvé.

On peut affirmer qu'actuellement en France les dispositifs pour éviter ou gérer les conflits sur les règles d'usage se multiplient[23].

L'école comme lieu collectif

Pendant près de dix ans, dans la commune de Saint-Martin-d'Hères, le même principal a construit patiemment et obstinément une réponse à des phénomènes qui perturbaient la vie de son collège en zone d'éducation prioritaire (ZEP) : graffitis et dégradations, actes de violence verbale, bagarres, tensions entre adultes et élèves[24]. La politique de l'établissement a consisté à lutter contre les incivilités d'une double manière. Des « interventions fermes et rapides » ont été associées à la « mise à disposition des jeunes d'un cadre de travail agréable, voire confortable ». L'hospitalité de l'établissement a également été améliorée : l'accueil des élèves de 6e a été revu, deux soirées par an sont programmées, etc. Les élèves ont été associés à l'amélioration des espaces communs, ce qui « les a conduits à un plus grand respect des lieux et des personnels chargés de leur entretien ». Les règles d'usage ont également été travaillées, comme à propos du baladeur qui occasionnait des tensions dans les classes, l'interdiction du port du casque, son coupé, passant pour arbitraire, ou encore à propos des modalités de passage au self-service qui donnaient le sentiment que « les adultes vivaient sur la loi non écrite d'une priorité absolue et automatique[25] ».

Une des réflexions essentielles du principal tourne autour de « la relation à la loi » qui n'est pas circonscrite à la codification pénale. Il mentionne que « pour certains adultes, leur statut d'enseignant les dispensait de toute réflexion sur ce point » tandis que, pour la plupart des élèves, « la loi n'était que l'émanation arbitraire des adultes[26] ». Aborder cette question suppose de clarifier des points et soulève les incohérences du système formé par l'établissement. Il s'agissait autant des dissensions entre les catégories de personnels que de la remise en cause du pouvoir individuel de chaque adulte par la réflexion sur les codes communs[27]. Plutôt que miser sur le programme d'instruction civique, le principal cherche à « associer les élèves à des lois internes du collège ». Le règlement intérieur, dénoncé par les élèves, a été refondu après dix-huit mois de travail. La construction des règles d'usage a été, d'après Claude Charbonnier et Frank Rebuffet, l'occasion d'une réflexion collective, de la fabrication de compromis, d'apaisement des tensions, de structuration de la collectivité.

L'ENTRETIEN RÉACTIF DES LIEUX

L'apparence des lieux habités ou traversés est décisive. Elle alimente la perception de la dangerosité, mais elle affecte également l'image de soi. Habiter un quartier sale fait que l'on se sent souillé et dégradé (cf. chapitres 2 et 5). Nombre de responsables de services de terrain sont, à leur manière, arrivés à ce type de diagnostic et ont tenté d'en tirer des conséquences pratiques. Un aspect important pour limiter les incivilités consiste donc à entretenir un périmètre et faire les réparations jugées nécessaires.

Les interlocuteurs rencontrés affirment que la manière dont ces actions sont menées, c'est-à-dire la réactivité au dommage, la vitesse de réponse, le rythme de programmation des embellissements, etc., est aussi importante que les budgets alloués. Un directeur des services techniques de la ville explique : « Par exemple, les corbeilles à papier. C'est assez drôle cette attaque systématique des corbeilles. On en est au 4e modèle... Le premier était en béton, mais c'est peu esthétique et peu pratique à vider. Le deuxième en plastique, on en comprend tout de suite l'usage. Ce n'était pas cher et pratique. Ils ont commencé à les arracher. Le troisième modèle était plus costaud, mais il brûlait... Le dernier modèle est métallique. On va voir ce que ça donne. C'est une course-poursuite. On essaie d'intervenir très vite, car plus on intervient vite, plus on freine les dégradations. »

Le caractère technique est souvent dévalorisé par les spécialistes du social qui n'y voient que des pis-aller. Les solutions techniques ne sont pourtant pas présentées par les acteurs techniciens comme des solutions plus radicales que les solutions sociales. Pour celui qui se pense comme le garant des lieux, il s'agit plutôt d'un des outils de l'action. Un bailleur cherche à offrir des matériaux cossus et robustes, comme l'explique le chef d'antenne HLM du Val d'Argent Nord : « On essaie de mettre des portes qui soient de meilleure qualité, des temporisateurs, etc. Mais ça reste limité. C'est un phénomène qui nous dépasse. On essaie de voir tous les systèmes qui existent avant de prendre une décision. C'est vrai qu'on a tendance à se situer dans une approche un peu technique et c'est notre débat aujourd'hui. »

Des effets non anticipés apparaissent. Cela concerne particulièrement les organisations en charge d'un espace ou d'un ou plusieurs bâtiments. En effet, la montée en puissance des réponses techniques a, parfois, pour effet de les rendre plus coûteuses, parce qu'elles modifient la nature des dégradations. Un responsable de l'environnement dans une société de transport en commun de Cergy témoigne : « On a essayé des méthodes préventives et la réparation systématique, mais ce n'est pas très efficace et ça coûte cher. Les sièges anti-vandalisme sont détruits à coups de tire-bouchon. » C'est aussi l'exemple de l'acte de graver qui remplace le tag que donne le responsable des services techniques de la municipalité : « On a de moins en moins de graffitis, car maintenant, ils gravent les vitres avec un diamant en vente chez n'importe quelle droguiste. Et une vitre gravée ne se nettoie pas, elle est fichue. » Ces réponses sont également plus coûteuses parce que les matériaux employés sont plus résistants. Mais une fois dégradés, cela peut rendre leur remplacement prohibitif : c'est le cas des dalles de façades d'immeubles qui nous a été décrit par le directeur des services techniques de Villefontaine.

L'idée d'une insuffisance des réponses techniques se trouve également chez les bailleurs où elle débouche sur des tentatives de résolutions des tensions. Un chef d'antenne HLM d'Argenteuil explique sa stratégie : « Dès que les locataires ont un problème, ils appellent l'antenne de proximité, souvent par l'intermédiaire du gardien. On propose aux locataires d'essayer d'entrer en contact avec l'autre famille pour rappeler les règles de la collectivité. C'est moi qui reçois les locataires. Et j'ai un secrétariat lorsqu'il s'agit d'un petit différend. Si l'on voit que ça ne marche pas, on envisage une procédure d'expulsion. » L'implication personnelle des responsables proches du terrain est assez déterminante dans la mise en place de telles pratiques. Souvent étiquetées « médiation », ces pratiques n'en sont pas vraiment. Elles ressemblent à la « médiation pénale », c'est-à-dire au classement sous condition. Il s'agit plutôt d'une pédagogie des règles de la vie en société et de l'usage des lieux.

Amorcer des spirales positives dans les transports

Les transporteurs ont été amenés à engager une réflexion sur les incivilités et les violences, ainsi qu'à changer leurs pratiques. Un souci de rentabilité des lignes pousse à l'adaptation : la fraude, les dégradations, les violences qui engendrent un arrêt de travail ou la diminution de la fréquentation des lignes sont autant de motivations.

Résoudre les tensions sur l'usage des lieux : Belfort

La manière dont le conseil général de Belfort a réagi en 1998, lors de désordres dans les transports scolaires, procède du même esprit. À la suite du signalement d'incidents répétés sur une ligne — sièges lacérés, rideaux arrachés, jets de bombes lacrymogènes, insultes envers le conducteur, chahut en dépit de la présence du contrôleur — et d'un débrayage des machinistes, les sociétés de transport se retournent vers le conseil général. Une réunion est organisée avec des représentants de toutes les personnes concernées : mairie, conseil général, transporteurs, conducteurs, parents d'élèves, élèves. Il ressort des débats[28] que les comportements des élèves doivent être rapprochés de ceux des conducteurs, et cela depuis plusieurs années. Ces derniers sauteraient volontairement des arrêts, feraient descendre des groupes de jeunes à d'autres endroits. Certaines absences d'arrêt sont motivées par le fait que l'autobus est bondé, d'autres « à la tête du client » selon une mère de famille qui participe aux réunions.

Un groupe composé de représentants du transporteur, du conseil général, des familles et des jeunes est constitué. La réflexion va alors s'orienter globalement sur l'analyse des relations entre usagers de l'espace, conducteurs et élèves. Un contentieux diffus existe depuis 1995 : l'objectif est de « vider l'abcès », de changer la situation dans laquelle aucun mode de prise de parole n'est organisé entre usagers et conducteurs. Un point concernant le comportement des chauffeurs est particulièrement intéressant : ceux-ci se comportent comme des « propriétaires du bus », des « capitaines à bord », c'est-à-dire comme s'ils avaient tous les droits[29]. Ils ne se privent pas de le faire sentir aux jeunes usagers, d'autant plus que ce sont des clients captifs : le bon vouloir du chauffeur est vécu comme arbitraire[30].

Le groupe de Belfort réfléchit aux améliorations du service. Les troubles à la montée sont ainsi réinterprétés en termes de service rendu : le confort des voitures est inégal, les plus confortables sont pris d'assaut, les autres délaissés, les horaires d'arrivée et les voies d'accès favorisent les bousculades et les énervements. Cela se traduit par une discussion des contraintes[31], une réflexion sur les horaires et leur adaptation, sur la planification de l'arrivée des autobus et l'aménagement physique de l'espace de charge.

Enfin, un protocole d'accord est signé et un « code de bonne conduite » pour tous les usagers est mis en place. Les améliorations du service, inscrites dans le cahier des charges du transporteur, se doublent d'un contrat d'engagement signé par les parents et les élèves. La menace de la poursuite pénale de tous les faits délictueux (menaces, dégradations) est réaffirmée. Le code de bonne conduite[32] est une sorte de charte de savoir-vivre dans les espaces collectifs. Il est étendu aux sept transporteurs scolaires du département.

La présence humaine : Saint-Étienne

Un transporteur traverse un espace étendu avec de nombreuses lignes : À Saint-Étienne, il y a 232 véhicules répartis entre 48 lignes qui s'étendent sur 298 km et qui desservent 1 200 points d'arrêt. Ce réseau est emprunté 160 000 fois par jour. La société de transport en commun s'est engagée dans une redéfinition des tâches depuis plusieurs années. La fonction d'« accompagnateur dans les transports » constitue un de ces nouveaux profils destinés à limiter les incivilités. Le premier volet de l'expérience date de 1994-95 qui a employé jusqu'à

30 agents d'accueil, en emplois aidés, à l'époque les contrats emplois-solidarité (CES), pour « la dissuasion, la prévention et l'accueil » dans les tramways comme dans les autobus. Mais elle ne sera pas poursuivie pour des raisons internes : faible mobilisation, conflits. La deuxième expérience, inspirée de la précédente, est celle d'accompagnateurs, toujours recrutés en emplois aidés, sur les lignes de transports scolaires, initiée, elle, par le conseil général. Ce dispositif fonctionne depuis 1996.

En plus de la vidéosurveillance, la présence humaine fait partie des outils de surveillance des lieux. « Devant l'efficacité limitée des solutions exclusivement techniques, comme la caméra embarquée, on s'est dit qu'il fallait une intervention humaine tout en conservant un appui technique. » Dans les villes que nous avons étudiées, elle est mise en œuvre par les transporteurs à Grenoble et Saint-Étienne. À Grenoble, un responsable de la société de transport décrit la surveillance vidéo installée depuis 1992 dans les rames de tramway : dans le fond des rames, les usagers parviennent à retirer les néons interdisant ainsi toute prise de vue correcte dans l'obscurité, ce qui a impliqué la mise en place d'un éclairage permanent et un combat pour son maintien en état de fonctionnement.

À Saint-Étienne, les actions de sécurisation passent par différents types de mesures, certaines liées aux désordres en public, d'autres aux agressions physiques ou aux vols. Comme ailleurs, dans les organisations, ces objectifs sont mêlés. Mais la présence humaine sur les lignes a été développée comme un outil pour atteindre la tranquillité : elle représente un effectif de 67 personnes (60 agents d'accueil et 7 agents de veille et d'intervention) pour 680 salariés. Les salariés ont reçu une formation à la gestion du stress et des conflits. L'aide aux victimes a été structurée pour ce qui concerne la circulation d'un organisme à l'autre ou les modes de prise en charge. Cette dimension humaine a été combinée avec l'usage de la vidéosurveillance du tramway et l'installation de cabines anti-agressions.

Les agents d'accueil, de 7 heures à 23 heures, font de la présence dans les véhicules et lors des sorties scolaires, de la surveillance, ou rendent des services (information sur le réseau). Ils sont chargés de « la régulation des conflits et du rappel des règles ». Il s'agit, par une tâche très visible, d'« interpeller sur les nuisances qu'une personne fait subir à son environnement[33] ». Le choix de la société a été de ne pas recruter sur une base ethnique avec une affectation de quartier, les agents intervenant en binôme mixte par l'origine ethnique et le sexe. Ils ont été recrutés en contrat emploi ville (1997-1998) puis emplois jeunes (mi-1998).

Il y a sans doute des limites à ce type de présence dans les transports en commun. Ainsi Begag et Rossini, lors de leur étude sur les agents d'accueil dans les autobus de Saint-Étienne, rapportent que « sans pouvoir coercitif (...), les médiateurs se trouvent souvent dans l'obligation de faire les sourds et fermer les yeux » : prendre la responsabilité de dénoncer un pickpocket ou un jeune qui fait du chahut, met les pieds sur les sièges, mais qui habite le quartier et qu'on connaît est risqué comme un des agents, agressé par une vingtaine de jeunes, en a fait l'expérience[34].

Mais, en termes d'effet global sur les agressions, la politique semble porter ses fruits (cf. tableau n° 1). On voit très bien le déclin à la fois du nombre d'agressions entre 1996 et 2000 qui est presque divisé par 9. On remarque aussi le déclin du nombre de jours d'interruption temporaire de travail et d'arrêt maladie consécutifs à une agression, ce qui signifie que la violence des agressions a diminué. Et même les dégradations sont en baisse : le nombre de vitres cassées a été divisé par plus de trois en cinq ans.

Il est toujours délicat, à Saint-Étienne comme à New York, d'attribuer des causes précises à des effets constatés. Certes, Saint-Étienne

TABLEAU N° 1 — Les incidents sur les lignes du transporteur à Saint-Étienne

	1996	1997	1998	1999	2000
Nombre d'agressions	50	40	36	10	6
Nombre de jours d'ITT*	24	15	11	1	4
Nombre de jours d'arrêt**	817	574	528	375	80
Nombre de vitres cassées	258	167	120	73	108

*Interruption temporaire de travail. ** Jours d'arrêt maladie liés à une agression.

TABLEAU N° 2 — Les incidents sur les lignes des transporteurs des agglomérations françaises (hors région parisienne)

	1995	1996	1997	1998	1999	2000
Nombre d'agressions*	490	576	580	519	538	680
Nombre de jours d'arrêt**	—	13 029	15 937	16 609	20 617	27 225

* Agglomérations de plus de 250 000 habitants uniquement. ** Jours d'arrêt maladie liés à une agression, toutes villes. *Source* : UTP, rapport de branche sur l'état de la sécurité dans les transports urbains.

bénéficie d'un contexte local favorable[35]. On remarque pourtant que, alors que la tendance nationale des incidents n'est pas favorable dans les transports, les indicateurs s'améliorent dans la ville de Saint-Étienne. Le tableau n° 2 montre en effet que le nombre d'agressions en France dans les transports en commun des agglomérations de taille comparable à Saint-Étienne a cru de presque 40 % sur la même période, tandis qu'il était divisé par 8,5 à Saint-Étienne. Le nombre de jours d'arrêt a, en moyenne en France pour tous les réseaux de transport, doublé entre 1995 et 2000. À Saint-Étienne, il a diminué de 30 %.

Il est donc assez probable qu'il existe un lien entre les actions de renforcement de la présence humaine sur un mode polyvalent (rappel des règles et services aux usagers) et la mise en place d'une « spirale positive » avec ses effets sur les déprédations et les agressions. Puisque les désordres engendrent l'agressivité — non traités, ils font monter la tension, recourir aux menaces et aux coups, voire au port d'armes[36] — alors on peut aussi penser que les désordres en public, s'ils sont limités et suivis, cela désamorce les conflits, donne le sentiment de la présence du garant des lieux et, par conséquent, réduit la fréquence des comportements violents.

Les dégradations et la RATP

D'autres chiffres publiés par les transporteurs publics montrent également que les déprédations ne sont pas fatalement vouées à se multiplier. Leur coût total — graffitis, projectiles, lacérations — a diminué. Pour la RATP, il a représenté 170 millions de francs en 2000 contre 180 millions de francs en 1998. Ces résultats sont probablement en partie dus aux mesures prises par les autorités organisatrices et par les entreprises de transports. Certaines des opérations sont techniques, comme la pose de revêtements anti-tags, qu'on appelle « pelliculage des trains », pour lesquels la régie dépense entre 8 et 15 millions de francs par an. En outre, il faut citer l'installation de matériels de vidéosurveillance et le renforcement du gardiennage sur les lieux de garage, ainsi que l'accroissement de la présence humaine sur les réseaux de transport qui ont accru la difficulté de commetre des actes de vandalisme.

Inventer le garant de lieux collectifs et réunifier l'espace

L'étude réalisée à Vénissieux en 1999 a permis de recenser les principales actions initiées par les services privés ou publics en matière de sécurité. Les réalisations ne sont donc pas limitées au domaine des incivilités. Ce tour d'horizon permet de percevoir la simultanéité des transformations qui s'opèrent à l'échelle d'une commune. Nous n'allons pas entrer dans le détail de chaque opération, mais, après une brève présentation, dégager ce qu'elles ont en commun. Il est cependant utile d'insister sur la création d'un office public de la tranquillité par la municipalité : il constitue l'expérimentation la plus proche de ce que peut être la fabrication d'un garant des lieux.

Les organisations et l'espace public d'une commune

Il faut commencer par rappeler que les organisations intervenant dans l'espace collectif sont très nombreuses. Il s'agit notamment des services municipaux, de GDF, EDF, la Poste, les transporteurs, les bailleurs, les polices (nationale et municipale) et la gendarmerie, la justice à travers la MJD, les commerçants, des associations, des entreprises de sécurité[37], etc.

Voyons les projets en cours. Le projet de « sécurisation du parc auto », c'est sa dénomination, émane de la ville, de la communauté urbaine, de la région, de l'État et de deux bailleurs qui mettent les terrains à disposition. Dans l'immédiat, deux parkings sont prévus et un troisième est à l'étude. La sécurisation se fait par un grillage, une entrée avec barrière et une cabine pour le gardien. Des parkings d'une centaine de voitures seront surveillés vingt-quatre heures sur vingt-quatre. Il s'agit d'offrir un service nouveau, assuré par des emplois-jeunes, formés à ce travail. Les tarifs sont très compétitifs : 100 francs par mois, 280 francs par trimestre, 10 francs la nuit pour les visiteurs. Ces tarifs sont nettement inférieurs à la location d'un garage auprès des HLM. Il convient de préciser que les gardiens ne feront pas seulement du gardiennage, leur rôle devant s'étendre au-delà des limites du parking et être compris comme un rôle d'agent de « médiation sociale » ou d'« agent d'ambiance » dans le quartier[38]. Le but est de nouer des contacts avec la population du voisinage, de rendre d'autres petits services, qui peuvent être simplement écouter et orienter les gens quand ils souhaitent quelque chose de la part de la mairie.

Le deuxième projet est l'opération Présence Plus. Les bailleurs sont confrontés à d'importants problèmes de vacance des logements et ce malgré la destruction des tours du quartier Démocratie aux Minguettes. Devant une telle désaffection, les bailleurs ont décidé d'améliorer le service rendu aux locataires en travaillant sur la tranquillité. Les bailleurs importants ont nommé un chargé de mission auprès du contrat de ville pour gérer les conventions de proximité (État — commune — Grand Lyon) et le financement de leurs actions propres. Jugeant que « les investissements dans la sécurité passive sont inopérants, sans des mesures en accompagnement humain à côté », les bailleurs ont mis en place « un médiateur », chargé notamment d'apaiser les conflits de voisinage. Il s'agit d'une présence destinée à détendre les tensions sur le modèle des agents d'ambiance dans les autobus. Pour développer la tranquillité, les trois plus gros bailleurs de Vénissieux qui sont regroupés en une association ont décidé de lancer une nouvelle opération qui s'appuie sur une présence accrue en pied d'immeuble. Cette opération a été baptisée « Présence Plus ». L'objectif de Présence Plus est d'arriver à une « jouissance paisible des lieux loués », clause qui apparaît dans le bail que signeront les locataires[39]. Les horaires de présence prévus couvrent la plage 17 heures-23 heures pour l'intervention des personnels de proximité concernant à la fois les questions techniques et les petits désordres et conflits humains. Les offices HLM craignent qu'en étendant leurs services ils ne soient davantage sollicités[40].

Sur le réseau des autobus et métro, différentes actions débordant les missions initiales du transporteur voient le jour : elles peuvent être mises en rapport avec le souhait de la direction de réagir au tassement de la fréquentation de certaines lignes et à l'évolution du taux de satisfaction des usagers, mais également aux tensions internes à l'entreprise. Le réseau, en sus du transport des voyageurs, en est venu à assurer des missions de tranquillisation et de médiation. Il a mis en place, en octobre 1999, un nouveau découpage du territoire avec des équipes spécialement attachées à ces espaces et non plus tournant sur l'ensemble du réseau. Ces équipes travaillent de 18 heures à 1 heure du matin. Elles sont chargées de faire de la « médiation, de la prévention et de l'intervention » mais « ne se substituent pas aux forces de l'ordre » puisque « leur rôle et les limites de leurs actions sont clairement définis en amont ». De plus, le transporteur combine le souci de sécurité et une politique de réinsertion de chômeurs de longue durée avec les agents dits d'« accueil médiation information service » (AMIS). Ces emplois existent depuis quelques années et sont financés par le département. Leur rôle est similaire à celui des emplois jeunes, c'est-à-dire assurer le dialogue et une présence, pratiquer une activité commerciale, à la différence près que ces emplois s'adressent à des adultes en difficulté dans la recherche d'un emploi. Enfin, les Transports en commun de Lyon (TCL) se sont dotés d'une cellule de prévention chargée d'aller expliquer dans les écoles le fonctionnement du réseau, son financement, le coût des réparations, etc.[41].

La police est en réorganisation suivant une procédure nationale de mise en place d'une police de proximité. La commune étant située en « zone police », par opposition aux zones qui dépendent de la gendarmerie, et le ministère de l'Intérieur ayant annoncé des sites pilotes pour la police de proximité, la police de Vénissieux est donc directement impliquée. L'expérimentation de police de proximité concerne la sécurité publique dans le quartier Moulin à vent. Elle mobilise 20 agents. Cinq fonctionnaires sont issus des effectifs du commissariat de Vénissieux, tandis que les autres viennent de l'extérieur et ont été affectés au site. Quinze agents sont sur des emplois-jeunes (adjoints de sécurité) sur les 49 qui dépendent du commissariat. Les horaires de présence prévus sur la voie publique sont de 7 heures à 1 heure. Par ailleurs, la police nationale a mis sur pied un groupe de gardiens de la paix dénommé « groupe d'appui opérationnel ». Ils ont pour fonction d'intervenir à chaud et de traiter immédiatement les questions pour lesquelles ils sont appelés. Six agents en civil y sont affectés. Les interventions concernent des petits problèmes comme les squats d'allées. La brigade des îlotiers, qui fait partie des brigades de jour, compte 15 fonctionnaires sur les deux communes (3 à Saint-Fons et 12 à Vénissieux) qui sont couvertes par le commissariat subdivisionnaire.

Au total, on remarque que de nombreux services se réorganisent ou tentent de le faire en prenant en considération un de leur point faible : la présence sur la voie publique ou les services offerts dans les espaces collectifs. Cette tendance déborde le service public et dépasse le milieu policier. Un nouveau paradigme tend à se développer qui fait de la veille des lieux publics l'une des missions des services rendus au public. C'est encore plus net avec l'office municipal.

L'office municipal

L'office public de la tranquillité, projet de la municipalité, a débuté avec l'idée de venir en aide vingt-quatre heures sur vingt-quatre aux victimes avant d'évoluer vers celle, plus large, de veille sur l'espace public. Une chargée de mission a été recrutée à cet effet. Elle a organisé une consultation des acteurs partie prenante à la gestion de l'espace public. L'office, dans un premier temps, fonctionne comme une cellule de veille capable de répercuter les informations aux organisations concernées sur le plan à la fois technique (réparation de dommages), administratif (formation d'un système de veille), juridique (accès au droit, aide au dépôt de plainte) et psychologique (aide aux victimes). Une cellule de veille et d'information doit permettre la centralisation des informations pertinentes et une gestion partagée des données avec les organisations impliquées (une base de données cartographique est prévue). Et à terme, l'objectif affiché est que se réalise une coordination des organisations publiques opérant sur le territoire communal.

À partir de mai 2000, le dispositif est en place. Vingt personnes ont été recrutées, en contrat à durée indéterminée, sous la désignation de « gardiens tranquillité ». La permanence téléphonique fonctionne bien en permanence jour et nuit, elle sert à orienter et informer, renvoyer sur d'autres services. La production d'informations est en général réalisée par une organisation et pour elle-même : cela s'avère logique mais improductif pour la gestion de la sécurité. Les informations restent mortes pour la ville prise comme un territoire. Les désordres connus sont donc inconnus de ceux qui devraient les connaître. S'il est discutable de mettre sur pied un dispositif sophistiqué et coûteux de connaissance ou d'information, en revanche, les informations « mortes » doivent pouvoir être rendues utiles et dirigées vers les opérateurs qui pourraient s'en servir. La permanence est articulée au travail des agents de terrain qui sont opérationnels de midi à 3 heures du matin. Ils ont reçu une formation conçue spécialement à leur effet, équivalente à cinq semaines à temps plein, sur les sujets suivants : gestion des conflits, premiers secours, lutte contre les incendies, utilisation de l'informatique (pour la base de données), techniques d'écoute psychologique, self-défense. Ils ont également été mis en contact avec les principales organisations, municipales ou non, opérant dans la commune.

Les organisations qui devraient se voir coordonnées par l'office n'abondent pas nécessairement dans ce sens. Le magistrat invoque que la justice fait un travail spécifique de « fin de chaîne pénale », et ne voit pas comment elle pourrait contribuer à l'office. Pour la police nationale, le service fourni par l'office serait redondant avec celui offert par le commissariat central de Lyon qui dispose d'une liste et contacts à destination de tous les commissariats subdivisionnaires[42]. Mais, l'office serait utile pour soulager la police en traitant ce qui n'est pas de sa compétence, au sens de la qualification pénale. Pour les

HLM, l'opération Présence Plus a une dimension commerciale qui, en tant que telle, doit conserver sa visibilité et non être « phagocytée » par l'office en devenant un outil de la stratégie municipale.

Dans plusieurs organisations, on nous indique que l'office pourrait faciliter les interfaces : par exemple, entre les travailleurs sociaux et le commissariat avec l'idée de chercher une solution au problème qui motive un appel ou un dépôt de plainte. De même, pour la Poste, l'Office pour la tranquillité publique est perçue comme un recours dans des situations où un employé se sent pris au dépourvu : « Il y a beaucoup de gens qui nous demandent des avances, nous ne pouvons pas le faire. J'essaie de les diriger vers les services sociaux, mais je ne les connais pas. »

Lors du lancement, la prudence reste de mise. Le rapport de présentation de l'office indique qu'il « ne doit se substituer à aucun acteur public ou privé existant ». C'est assez symptomatique de la susceptibilité des institutions vis-à-vis de tout nouvel arrivant qui pourrait rogner leurs prérogatives, quand bien même elles ne les assument pas.

Presque deux ans après sa création, un premier bilan a été établi. Entre le 22 mai 2000 et le 30 septembre 2001, 3 439 affaires ont abouti à l'office selon le rapport de la directrice, Muriel Tillier[43]. Les 18 gardiens de la tranquillité ont effectué 1 737 missions suite aux 7 800 appels reçus, soit 3,5 par jour, et ont établi 23 166 contacts, soit 47 par jour, avec des habitants ou des commerçants. Les agents interviennent principalement pour des nuisances sonores (40,4 %), des conflits (16,8 %), des dégradations (16,7 %) et de l'aide technique (l'ascenseur en panne alors que l'office HLM est fermé, par exemple, 7,8 %). Les sollicitations de la population ont le plus lieu dans le créneau horaire qui va de 18 à 22 heures (avec 34 % des appels).

L'office revendique d'avoir traité avec succès 83 % des 2 908 affaires (jusqu'au 8 juillet 2001) au sens où aucune demande n'a été sollicitée pour un même problème après l'intervention des gardiens. Elle note la part croissante des interventions qui ont lieu sur appel d'une institution (5 % les premiers mois contre 16,5 % les derniers mois). La volonté de mettre en relation les organismes opérant sur la commune s'est traduite par des « fiches de liaison » qui circulent entre l'office d'une part et le projet Présence Plus et les bailleurs d'autre part, mais il est difficile d'en évaluer l'effet. Cela dit, lorsqu'on lit dans la section du rapport sur l'aide aux victimes que l'office « n'a jamais voulu se substituer à un partenaire quel qu'il soit », et « qu'il ne s'agit pas de faire de l'aide aux victimes et de se substituer à l'antenne de justice », on comprend que les relations sont tendues. L'antenne serait-elle jalouse de « ses » victimes ?

L'office pourrait préfigurer la fabrication d'une meilleure continuité de l'espace public et de la veille dans cet espace. D'autant plus que la mairie a créé, en 2002, un poste de coordinateur qui aura autorité sur la police municipale et l'office public. Cette expérience crée un type de garant des lieux intéressant par l'extension de son domaine géographique d'action et son but qui consiste à créer un lien entre les organisations qui y travaillent sans se coordonner. La continuité supposerait une cohérence des projets et des modes d'action des différents agents de terrain qui reste cependant très complexe à réaliser (cf. chapitre 10).

Les couvre-feux

Comme toujours, on parle peu en France des initiatives les moins spectaculaires et plus de celles qui sont parées de noms évocateurs, voire guerriers. On l'a vu avec la tolérance zéro, mais aussi avec les couvre-feux. La France est un pays étonnant. On trouve des partisans des mesures, et aussi des opposants, mais personne ne sait si la décision en question est suivie d'une mise en pratique ou bien a un effet sur le niveau de la délinquance d'un pays ou même d'une ville. Je me demande même si cela intéresse quelqu'un.

L'autorisation des couvre-feux par le conseil d'État a animé l'été 2000. Qu'est-ce que le couvre-feu ? Et, qu'est-ce qui fait débat ? Ce n'est pas le fait d'empêcher des enfants mineurs de sortir la nuit dans les rues, mais plutôt que les pouvoirs publics en décident. En effet, d'habitude, on laisse aux familles le soin de veiller sur les enfants et de déterminer les heures de sortie le soir. Mais devant l'explosion du nombre de mises en cause de mineurs depuis 1993 jusqu'à aujourd'hui, presque un doublement puisqu'on passe de 93 000 à 175 000, il en a été décidé autrement. On comprend l'urgence : devant la faiblesse structurelle de la réponse pénale d'État — mettre en cause ne revient pas, loin s'en faut, à prendre des mesures contre la délinquance des mineurs, tout dépend des suites données par la justice —, les maires veulent prendre des initiatives, ils cherchent des bras de leviers pour agir sur la délinquance. Ils activent certaines des manettes qui sont à leur portée.

La vague des couvre-feux n'est pas nouvelle. Aux États-Unis, pendant la première moitié des années 1980, parmi les 200 plus grandes villes du pays, 47 % avaient établi des couvre-feux en début de période, et 73 % en fin de période. La bataille légale, comme on l'imagine, a fait rage dans le pays : les premier (liberté de parole, religion et de rassemblement pacifique « *peaceful assembly* »), quatrième (protection contre les fouilles et vérifications d'identité non raisonnables) et cinquième amendements (le droit à un traitement dans les règles de la loi) pouvaient être violés par de telles législations. Finalement, les exigences sont proches de celles qu'on connaît chez nous. Pour que la mesure soit légale, il faut démontrer qu'il existe un intérêt impératif de l'État à agir et que les moyens sont rigoureusement adaptés à la fin poursuivie. Les arguments qui ont fait pencher la balance en faveur des couvre-feux à Dallas, en 1991, ont été que les meurtres se produisent entre 22 heures et 1 heure, les agressions violentes entre 23 heures et 1 heures, les viols entre 1 heure et 3 heures, etc. Bref, les comportements violents des mineurs ont lieu la nuit pour une large part. Il faut également préciser que les couvre-feux concernent les mineurs de moins de 16 ans, voire 17 ans. Aux États-Unis, pays où l'évaluation des programmes d'action publique est chose fréquente, le rapport de Lawrence W. Sherman, Denise Gottfredson et Doris MacKenzie, qui constitue la synthèse la plus complète des informations disponibles, conclut que certaines villes ont enregistré des baisses de la délinquance à la suite des couvre-feux mais que les évaluations les plus « sérieuses » ne repèrent aucun effet notable. Et encore, ces études « sérieuses » sont-elles jugées insuffisantes par les auteurs : elles pèchent par leur manque de rigueur et l'absence de groupe de contrôle[44].

Le plus étonnant, dans notre pays, est qu'on ne se demande pas comment les couvre-feux concernant les moins de 13 ans vont pouvoir réduire la délinquance. Que sait-on des heures auxquelles sont commis les délits ? Quelles études prépare-t-on pour savoir si la limitation de la liberté de circuler est bénéfique au droit à la sécurité, y compris pour les jeunes eux-mêmes ? Ceux qui sont contre le sont par principe. Ils n'ont donc pas besoin de preuve pour le dénoncer. Ceux qui sont pour le sont également par principe, ils n'ont donc pas besoin de preuve pour l'adopter. Regardons les faits ! Les mineurs de moins de 13 ans, en France, ne contribuent que marginalement au total des délits connus de la police : pour les actes les plus violents (agressions, viols, homicides, etc.), ils sont presque complètement absents. Par les enquêtes de délinquance autodéclarée, on sait que les actes graves ne tendent à se généraliser, sans devenir la norme, tant s'en faut, qu'après 15 ans. On ne saurait donc espérer que le couvre-feu en lui-même apporte une diminution sensible du nombre de délits. Et encore moins du nombre de faits connus de la police et la gendarmerie : les déprédations et bagarres, qui sont les comportements les plus fréquents chez les jeunes jusqu'à 13 ans sont les moins déclarés aux autorités. Même s'il y en a moins, on n'enregistrera pas la baisse[45].

L'utilité des couvre-feux, en matière de lutte contre la délinquance et non pas pour la préparation des élections législatives et présidentielles s'entend, pourrait être de donner un signal à la population et aux jeunes mineurs. Les maires cherchent à faire passer l'idée qu'ils agissent et surtout qu'ils veulent agir si on leur en donne les moyens. Pour les 13 ans et moins, la mesure pourrait contribuer à limiter leur entrée dans la délinquance si elle était accompagnée d'autres initiatives. Le couvre-feu, s'il était organisé de manière transversale aux services des villes, du conseil général et de l'État, pourrait constituer une façon d'identifier les jeunes à problèmes et donc, bien souvent, les familles qui ne peuvent ou ne veulent pas socialiser leurs enfants. Au cas où elles ne seraient pas déjà connues, et si des mesures rapides étaient mises en place (cours de « parentalité », aide scolaire, etc.), il n'est pas interdit d'espérer des effets positifs pour certains jeunes. Reste à faire travailler ensemble les administrations qui dépendent de hiérarchies différentes, qui ont des conceptions de leurs métiers opposées, des priorités sans correspondance.

La véritable question est donc celle de savoir si les couvre-feux peuvent s'inscrire dans une stratégie plus globale de maîtrise de l'espace public et de défense des règles d'usage et s'ils apportent quelque chose à cette stratégie. Un des problèmes qu'ils soulèvent est la stigmatisation des quartiers pauvres. Il y a une opposition entre l'idée de limiter dans le temps et l'espace le couvre-feu qui constitue une exigence légale du conseil d'État, au nom d'une proportionnalité de la réponse au risque de délinquance, et la discrimination entre quartiers qu'elle provoque. Ce qui est formellement légal n'est pas forcément le plus pertinent pour la cohésion d'une ville réelle. Nous y reviendrons dans la conclusion en insistant sur la nécessité de combiner la construction d'un garant et la recherche d'hospitalité des lieux urbains vis-à-vis de tous, et notamment des plus défavorisés.

La spirale positive : défendre des règles d'usage

Quelles leçons pour l'action publique, son avenir et son amélioration peut-on tirer de ces expériences ? Ce sont des cas d'espèces qui mériteraient d'être suivis pour connaître leur pérennité et leurs effets, anticipés et non anticipés, sur les publics ainsi que les organisations concernées. Elles sont originales et marginales quantitativement[46], bien qu'en développement rapide. Elles témoignent cependant de transformations significatives et qui devraient se poursuivre.

Je résumerais la signification de ces expériences de la manière suivante. Elles posent d'abord la question de la légitimité des fonctions remplies à la fois vis-à-vis du public mais aussi et surtout des autres professionnels du pénal et du social. La population semble convaincue de l'utilité de ces fonctions : certaines villes ou bailleurs ont organisé des consultations avant de les implanter ou de les reconduire. Le fait que les locataires en HLM sont prêts à payer pour ces services est également un signe fort. Lorsque l'expérience d'introduire des agents se traduit par une diminution des dégradations et des violences comme à Saint-Étienne, on comprend que les personnels de transport et les usagers aient une opinion positive.

Les choses sont plus compliquées du côté des professionnels. La légitimité aux yeux des travailleurs sociaux est loin d'être acquise et la tension risque même de s'accentuer au vu de résultats encourageants obtenus par les agents de l'ordre en public : les premiers pourraient craindre de disparaître ou de perdre leur crédibilité au profit des seconds. Même les logeurs pourraient ne pas voir leur utilité : à Paris, de Maillard explique que les bailleurs interrogés verraient d'un bon œil les missions des agents de médiations assurées par des concierges dont les fonctions auraient été redéfinies, et donc la disparition de ces médiateurs[47].

Ensuite, ces expériences soulèvent la question de la définition des domaines d'action des organisations. Est-ce, par exemple, au bailleur d'assurer la sécurité, et si oui jusqu'à quel point ? Est-ce au maire de coordonner les services de l'État ? Est-ce aux services municipaux de faire des réprimandes, et quelle différence avec les admonestations prononcées au nom de l'appareil judiciaire ? Qui doit aider les victimes, la justice ou l'office de la tranquillité publique ? Des problèmes de compétence se posent aussi entre l'agglomération et la commune, par exemple à propos de la surveillance des parkings.

Enfin, ces expériences ont en partage la construction d'un garant des lieux qui raisonne globalement dans un espace donné, traitant à la fois de la sécurité, du service, des relations entre les gens. Cela a plusieurs implications. Le garant est le résultat d'un arrangement collectif qui ne se limite pas à la dimension institutionnelle. Il met en cause le mode de gestion classique des espaces publics par les professionnels en place. Le but de l'action consiste à résoudre un problème et non pas uniquement à établir des compétences techniques et des responsabilités juridiques. Par exemple, les organisations ne s'interdisent pas le recours au système judiciaire, mais elles n'en font pas le premier moyen d'action. La poursuite est tactique : elle devient un moyen au service d'une stratégie générale de garantie des règles d'usage. Si la loi n'est pas une solution du simple fait de son existence, elle peut donner prise sur les désordres aux personnels de terrain : ainsi celle sur la sécurité quotidienne de 2001 autorise désormais le contrôleur d'un train à faire descendre un voyageur démuni de titre de transport ou dont le comportement compromet la sécurité des personnes, et elle considère comme délit le fait de frauder de manière répétée dans le transport.

Le garant est celui qui stimule et coordonne deux aspects essentiels à la gestion de l'espace : la construction des règles d'usage et de l'hospitalité des lieux, nous y reviendrons dans la conclusion. Le garant des lieux ne peut donc pas être assimilé purement et simplement au propriétaire des lieux, ni même à celui qui est compétent dans les lieux ou en position hiérarchique d'autorité. Un bailleur, tout comme la police ou un transporteur, peut ne pas se comporter en garant des lieux. Inversement, une mairie peut vouloir s'affirmer comme coordinateur de l'espace sans avoir d'autorité sur l'ensemble des organisations qui agissent dans la commune. Les organisations propriétaires des lieux peuvent même contribuer à leur inhospitalité par les interstices qu'elles génèrent et leur attitude vis-à-vis des usagers.

Se placer dans la position de garant des lieux suppose de disposer ou d'acquérir une légitimité sociale et politique en matière de sécurité. Le fait d'être propriétaire ou exploitant des lieux peut constituer un élément de légitimité. On peut en profiter pour manifester l'existence de seuils qui indiquent à chacun qu'on pénètre dans une zone qui est soumise à une autorité. Mais dès qu'on raisonne au niveau d'une commune ou d'un réseau de transport, le critère est insuffisant : on se heurte à la fragmentation des lieux publics par les propriétaires ou bien à la multipropriété des espaces. La constitution du garant est donc souvent de nature collective. Elle suppose de rassembler autour d'un homme ou d'une organisation l'énergie des professionnels et des usagers.

L'affirmation de règles d'usage implique de veiller à l'aspect des lieux, à leur propreté. Elle suppose de donner des signes continus de veille, avec des horaires adaptés aux besoins de manière à éviter les interstices temporels, et avec des circulations adaptées de façon à prévenir les interstices physiques. Elle implique une réactivité aux désordres en termes de vitesse de réparation des dégradations, d'effacement des tags, de signalement qu'une épave est repérée par le service d'enlèvement à l'aide d'un autocollant apposé sur le pare-brise, etc. Restons un instant sur l'exemple des épaves. Encore faut-il disposer des moyens légaux de jouer ce rôle de garant, et sur ce point, il faut noter que la législation évolue : la loi sur la sécurité quotidienne de 2001 prévoit que les véhicules abandonnés qui se dégradent sur la voie publique ou sur un domaine privé (sur les parkings des résidences), pourront être enlevés avant qu'ils ne deviennent des épaves et avant qu'on ne connaisse le propriétaire. Or on a vu que ces problèmes confèrent aux lieux une apparence laide et inquiétante qui contribue au sentiment d'insécurité des habitants. Autrefois, les opérations de recherche du propriétaire devaient avoir lieu avant cet enlèvement et cette mise en fourrière, ce qui bloquait ou ralentissait énormément toute action.

L'affirmation de règles d'usage exige toujours une présence physique dans les espaces collectifs. À Argenteuil, par exemple, la plupart des entretiens réalisés mentionnent la nécessité d'occuper l'espace public. Certains, comme le responsable de la Maison pour tous, parlent même d'une « véritable guerre de position ». Un directeur de quartier se dit « persuadé qu'on peut réinvestir la place publique avec des projets d'animation sociale ». Et, nombreux sont ceux qui pensent qu'il faut demander aux habitants de réinvestir eux-mêmes la place publique.

La présence humaine, combinée éventuellement avec d'autres modes de surveillance, et notamment technologiques, consiste en un travail de veille assortie d'un service additionnel en direction des usagers des lieux. Elle combine deux dimensions de la veille : la surveillance et l'aide. Elle s'appuie sur une personnalisation des relations humaines par opposition au fonctionnement anonyme des administrations, favorise des relations d'interdépendance autant que de services au sens marchand[48]. L'aide est également destinée aux agents confrontés aux désordres ou violences de telle sorte qu'ils ne se retrouvent pas isolés[49]. Le but de cette présence est de défendre les règles d'usage des lieux. Par extension, il vise à garantir la sécurité.

L'enjeu de la question de l'ordre en public est de mieux en mieux perçu et cela génère de nouvelles manières de penser les difficultés. Pas plus que d'autres réponses, la construction des règles d'usage n'est miraculeuse. Elle ne résoudra pas tous les problèmes, et surtout pas en un temps bref. Il me semble cependant qu'elle peut contribuer à une réduction de la délinquance à travers la limitation des désordres.

Chapitre 10

LES MÉTIERS DE L'ORDRE EN PUBLIC

En matière de sécurité, le débat politique français reste organisé autour d'une expression historiquement datée, qui remonte au début des années 1980 avec l'injonction de Gilbert Bonnemaison sur la nécessité d'un équilibre entre répression et prévention. Pourtant, la définition des actions à conduire se transforme profondément. À partir de la question des incivilités, un autre terme est en train de naître qui vient rendre ternaire la déclinaison binaire de la lutte contre l'insécurité. À côté des politiques de prévention et de répression, celles qui visent l'ordre en public émergent et se consolident. Certes, il n'y a pas de politique nationale, ou même de politique municipale, qui se qualifierait par ce vocabulaire[1]. Pourtant, depuis le milieu des années 1990, cela constitue sans doute la modification principale dans la manière concrète de gérer l'insécurité à la fois pour les municipalités, les organismes logeurs et transporteurs et, par contrecoup, pour d'autres acteurs comme les professionnels des appareils policiers, judiciaires et les travailleurs sociaux.

Il ne faut pas se laisser abuser par l'agitation médiatique autour de la tolérance zéro et la réponse pénale à tous les délits. La France n'est pas engagée dans une telle direction qui supposerait une augmentation du nombre de détenus. Depuis 1997, soit avant la loi sur la présomption d'innocence, les prisonniers sont chaque année moins nombreux. Les vrais changements quant aux politiques de réduction de la délinquance se produisent ailleurs.

Le nouveau paradigme, ou référentiel d'action, se traduit par une professionnalisation des tâches liées à l'ordre en public. Les réflexions et les opérations se construisent au niveau communal, ou encore intercommunal pour les transports, voire infracommunal lorsqu'elles portent sur des quartiers, des établissements scolaires ou même des groupes d'immeubles.

Un nouveau paradigme d'action

Nous ne revenons pas ici sur la diffusion de la notion d'incivilité chez les professionnels de terrain ainsi que chez les élus locaux. Il ne s'agit pas de prétendre que la notion est acceptée partout, mais de constater que chacun, dans le secteur de la prévention et de la répression, prend position par rapport à elle. L'idée se répand qu'il existe un problème lié à la manière dont l'espace collectif des villes est traité par les organisations qui en ont théoriquement la charge. La question des règles d'usage est posée. Elle déborde celle de la délinquance, nous l'avons vu au chapitre précédent.

Il s'agit, pour les organisations, de veiller sur une population qui utilise des lieux collectifs, soit des canaux et moyens de circulation (métro, autobus, rues), soit des équipements traversés par de nombreuses personnes (centre commercial, piscine, bibliothèque, etc.). Le principe consistant à réguler les usages des lieux, sans se focaliser sur la notion d'infraction pénale, est crucial. C'est pourquoi nous avons parlé d'un management des espaces et de la constitution d'un garant. La recherche d'une unification des lieux par réduction des failles dans l'organisation, des interstices physiques est un élément nodal. Réussir à produire des règles d'usage suppose une interrogation sur la nature du service rendu, qu'il soit payant ou non, que ce soit directement ou indirectement, et sur les relations entre les pourvoyeurs du service dans les lieux, fixes ou mobiles, et leurs usagers.

La construction du nouveau référentiel d'action est articulée à la question de l'emploi. L'ordre en public n'est pas une question de société déterminée par la situation de l'emploi : elle se posait pendant la croissance, elle se pose durant la récession et le passage à une nouvelle économie, plus globalisée. En revanche, les politiques qui visent à maintenir l'ordre en public sont associées à une réflexion sur l'insertion par le travail. La formule est réversible : la sécurité dans les villes passe par la création d'emplois de surveillance et d'assistance, la création d'emploi réduit le chômage et donc la délinquance. Cette analyse est devenue légitime au plan des communes, de l'État et des syndicats — notamment dans l'Éducation nationale et dans les transports. On assiste à un couplage des questions de sécurité et d'emploi qui débouche sur le développement de tâches dites « nouvelles » et sur la création de postes et sans doute sur des métiers.

Nous n'avons pas constaté de changement brutal ou de grande envergure dans les organisations étudiées, et les personnes interrogées n'en ont pas mentionné. En revanche, une transformation progressive est en cours dans bon nombre de sites. Ce changement ne se fait pas sans tensions, entre l'État et les communes, entre les polices, mais aussi entre les nouveaux services municipaux et les associations qui se sentent court-circuitées, entre les différents types de travailleurs sociaux. Il faut dire que le changement de paradigme interroge l'ensemble des professionnels de terrain quant à leurs domaines de compétences et à leur façon de travailler.

Les communes et l'État

Les administrations d'État ne sont pas porteuses de ce changement sur la sécurité, elles apparaissent en retrait. On voit par exemple comment la Délégation interministérielle à la ville, à travers son rapport sur *Les nouveaux métiers de la ville* de septembre 2000, se plaît à souligner « les risques de dérives possibles, notamment sécuritaires ». D'un côté, il est net que la DIV est soucieuse de développer les agents locaux de médiations sociales. Mais, paradoxalement pour une administration qui doit contribuer à prévenir la délinquance, dès qu'il s'agit de préciser les moyens d'y parvenir, l'innovation inquiète, on la dénonce. On se préoccupe moins de s'attaquer aux incivilités et à la délinquance que de ne pas bousculer le stéréotype de l'explication de la violence par les inégalités. La spirale des incivilités n'est pas perçue. Or ce n'est pas le fait de créer de postes de médiateurs qui fait baisser la délinquance, mais la manière de les utiliser dans un dispositif de veille structuré. Cette frilosité s'explique par l'absence de projet en matière d'ordre en public qui est une catégorie bancale pour des administrations travaillant suivant des logiques sectorielles, et découpant la sécurité en prévention (ministère de la Ville) et répression (appareil judiciaire et policier).

Pour le gouvernement, la question de la sécurité est plus idéologique : elle est dominée, d'une part, par le paradoxe de la réaffirmation théorique des fonctions régaliennes — « la sécurité, c'est l'État » — et de l'abandon concret de missions — la loi donne plus de pouvoir aux polices municipales, par exemple pour contrôler l'identité ; aux entreprises de sécurité, par exemple pour réaliser des fouilles corporelles — et, d'autre part, par la conversion idéologique de la gauche.

De leur côté, les responsables de lieux sont à la recherche de solutions pragmatiques. Être réélu, conserver la mixité scolaire de l'établissement, être retenu pour gérer le réseau de transport, tout cela suppose de trouver des réponses. Or l'administration judiciaire et policière nationale est tellement monolithique[2] qu'on n'arrive pas à l'adapter aux réalités locales et aux besoins nouveaux. Les difficultés à faire évoluer le système pénal précipitent le glissement vers une « nouvelle gouvernance de la sécurité[3] » dans laquelle l'État n'est plus qu'un acteur parmi d'autres. Tandis que le chef du gouvernement affiche la prééminence de l'État et de ses administrations, la réalité évolue différemment : de plus en plus de fonctions de sécurité sont assurées par les maires, les bailleurs, les transporteurs, les associations de quartier, etc.

Le Parlement a même permis une accélération du développement des tâches liées à l'ordre en public par le vote de la loi sur les emplois-jeunes. Si le souci des communes est polarisé sur l'insécurité, celui de l'État est focalisé sur l'emploi. Nous avons évoqué le couplage entre emploi et sécurité. Il s'est avéré, dans un premier temps, au niveau des communes, puis, dans un second, au plan de l'État. Le premier temps date de la fin des années 1980 (création d'agents d'ambiance dans les autobus de Lille) et du début des années 1990 (création des correspondants de nuit). Dans un second temps, les communes vont saisir l'effet d'aubaine constitué par la législation nouvelle[4]. Par, ailleurs, le gouvernement affiche une rhétorique de la proximité, comme en témoigne la promesse de la police urbaine de proximité[5]. L'essor des agents de l'ordre en public dans les organisations travaillant dans les villes se trouve donc renforcé par la logique de proximité des administrations nationales — tout en étant en tension avec cette dernière, comme nous l'avons vu pour les correspondants de nuit au chapitre 9.

Ce nouveau regard sur la gestion de l'espace est lié à la place grandissante que les municipalités ont prise dans la gestion de la sécurité : le fait est que la décentralisation a transféré des compétences nombreuses et a placé les élus en position plus complète de responsabilité, quand bien même la loi n'avait pas prévu de transfert en matière de police. Les élus locaux, dépourvus de pouvoirs de police judiciaire, aux mains du préfet, de la police nationale, la gendarmerie, la justice, n'avaient pas non plus hérité de l'essentiel des compétences en matière d'action sociale. Cependant, le diagnostic de l'émergence d'un nouveau référentiel dans les mairies, au-delà des cas de municipalités cités dans nos travaux[6], a conforté les auteurs qui ont travaillé dans le Pays de Loire[7], c'est-à-dire dans des départements qui ne sont pas parmi les plus touchés par l'insécurité : on voit bien que le changement est général.

Les maires deviennent plus importants par les projets nouveaux qu'ils initient directement et du fait de leur emprise indirecte sur la police ou la gendarmerie. L'association contractuelle des maires et de l'État dans des contrats (aux noms variables depuis vingt ans) qui ont pour objectif affiché de « co-produire » la sécurité, quel que soit le degré de réalité de cette coopération, a transformé les rôles que les organisations s'attribuent mutuellement. En dépit de leur culture d'organisation polarisée sur les directions centrales parisiennes, les policiers et gendarmes ont des besoins (notamment de financement) qui les ont conduits, après avoir accepté des aides municipales importantes (terrains, constructions d'immeubles, et même plein d'essence pour les voitures de patrouille), à laisser les relations d'interdépendance se construire. La lecture territoriale est donc combinée, suivant des modalités variables, avec la lecture fonctionnelle des services de l'État. Car les maires sont les élus d'un territoire : cette dimension, si elle n'est pas la seule qui contraint leur action, y contribue néanmoins. Ceci explique les tentatives de développer la police municipale, les expérimentations comme les correspondants de nuit et l'accent mis sur les « médiations ». La municipalisation de la sécurité est une réalité croissante, et il ne faut d'ailleurs pas là confondre avec celle de la police : on voit que le rôle des mairies ne se limite pas à établir des polices municipales, mais comprend à la fois influence sur les forces nationales et développement de l'ordre en public.

Les plus ambitieuses des innovations s'attellent à la gestion de l'espace, mais sa définition varie suivant les compétences. Lorsqu'elles sont le fait des municipalités, cela peut passer par la tentative de construire un pôle de coordination des interventions dans les lieux collectifs, comme à Vénissieux. De façon plus courante, des projets moins vastes se concrétisent par la création, en lien ou à côté des polices municipales, de fonctions, de services nouveaux et la transformation des organigrammes. Des « agents urbains », des « agents d'ambiance », des « agents de médiation », des « correspondants de nuit », voient le jour. Pour ce qui est des changements municipaux, le plus fréquent est de voir une direction chargée de la « prévention et de la sécurité » ou des incivilités[8] et dont l'intitulé n'est pas homogène d'une commune à l'autre. Ces directions à vocation transversale sont combinées avec le découpage de la ville en petites unités avec des « coordinateurs de quartier » (à Dreux) aussi appelés « directeurs de quartier » (à Argenteuil), voire des « élus référents d'un quartier » (à Chambéry), et parfois des « habitants relais ». Enfin, les municipalités communiquent sur la question des incivilités et des règles d'usage[9].

L'aboutissement logique de la professionnalisation de l'ordre en public consisterait à réorganiser les services et rassembler différents agents dans un corps nouveau. Nous avons donné des exemples de ces transformations en chantier. À Saint-Étienne, nous trouvons un bon exemple de l'unification des personnels municipaux qui interviennent dans l'espace public, à Vénissieux une tentative plus spectaculaire encore de coordination a vu le jour. À Saint-Étienne, l'élu chargé de la sécurité a réorganisé la police municipale avec le souci de la professionnaliser par la formation des agents pour les crédibiliser vis-à-vis des administrations d'État. Il s'est également agi de rendre ce corps visible. C'est pourquoi tous, agents de police judiciaire adjoints, agents de verbalisation, ex-agents privés affectés à la circulation et aux PV, gardes des espaces verts, portent le même uniforme. L'unification passe par la mise en relation : tous les gardes municipaux sont mis sur le même réseau radio que les autres policiers municipaux. Enfin, un corps, c'est aussi des règles, c'est sans doute pourquoi la mairie a engagé une réflexion sur la rédaction d'un code de déontologie.

Mais, la municipalisation de la sécurité n'est pas le seul facteur explicatif de la tendance à réfléchir au management de l'espace, au sens de la réflexion sur le rôle de garant des lieux. La preuve en est que nombre d'organisations s'y sont converties ou ont mis l'accent sur cette dimension : les établissements scolaires, les transporteurs, les bailleurs. L'intérêt pour les espaces collectifs se traduit de plusieurs manières, dont l'ampleur est très variable, et notamment par la création de tâches nouvelles. Cela se traduit aussi par le développement de la télé ou vidéosurveillance des bâtiments communaux, à l'échelle d'une ville[10], mais le plus souvent d'un quartier ou d'un réseau de transport. Cette réorganisation des services existe au niveau des transports en communs, et elle s'accompagne d'un changement dans les modes d'affirmation du garant par la présence d'agents sur les lignes. Dans les établissements scolaires, le travail sur la gestion de l'espace porte sur la présence (dans la cour lors de récréation[11], à l'entrée, sur les points d'arrivée des transports scolaires), mais aussi la pédagogie de l'usage des lieux et la coordination interne entre les différents types de personnels — infirmière, agents d'entretien, de la cantine, enseignants, conseiller principal d'éducation.

La professionnalisation : des fonctions au métier

Nous avons assisté, dans le champ de la sécurité, à la naissance de nouvelles qualifications et professions liées aux politiques publiques contractuelles. Avec le développement social urbain et la prévention de la délinquance, des postes puis des métiers de cadre (chefs de projet[12]) sont apparus, ont trouvé une légitimité[13], et tendu à la fois à une diversification des fonctions remplies et à une intégration dans les organigrammes municipaux[14]. En matière d'ordre en public, à un niveau hiérarchique qui est plutôt celui des employés de terrain, une catégorie nouvelle de tâches est maintenant admise dans diverses organisations.

L'évolution des tâches, l'émergence de futurs métiers et d'organisation ou de dispositifs nouveaux, tournés vers la sécurisation et le traitement des désordres urbains, est patente. Comme l'a justement noté Jacques de Maillard, pour parler des agents de tranquillisation, on a abandonné les termes de « grands frères » qui ne mettaient pas l'accent sur une compétence et sur une fonction ou un objectif précis[15]. Surtout, les transporteurs publics (autobus, métro, SNCF), les logeurs (HLM), la mairie (parkings surveillés) élargissent leurs missions premières pour traiter des désordres. Au niveau de l'exécution, cela se traduit par une hybridation des tâches de surveillance et d'accueil. C'est net pour les parkings, les autobus, le logement[16]. Pour l'Éducation nationale, le gouvernement a lancé une deuxième vague de recrutement d'emplois-jeunes[17]. Des organisations complètent leurs équipes par des intervenants dont le profil est influencé par la prise en compte des incivilités. À Grenoble, lors de notre enquête, un responsable de la société de transport parle d'« une dizaine de personnes embauchées en contrat CES qui sont présentes dans les autobus et tramways pour rassurer la clientèle et les conducteurs et essayer de faire respecter des choses simples comme l'interdiction de fumer, de mettre les pieds sur les sièges, de tirer les poignées d'alarme ». D'une manière générale, dans son étude sur plusieurs municipalités de Seine-Saint-Denis (La Courneuve, Drancy et Saint-Denis) et trois arrondissements parisiens (les 10e, 19e et 20e) Jacques de Maillard arrive aux mêmes conclusions : les missions sont la présence dans les lieux publics, le règlement de petits conflits et l'offre d'aide pour résoudre de légères difficultés. Il note ainsi que les demandes concrètes des chefs d'établissement scolaires portent souvent sur « la surveillance dans la cour de récréation[18] ».

Des structures nouvelles sont nées soit pour accueillir ces missions, soit pour développer des tâches de veille sur les lieux plus larges. Il faut retenir que les agents de l'ordre en public qui opèrent sur le terrain appartiennent à toutes sortes de structures. Il peut s'agir d'entreprises commerciales comme la régie de quartier à Rennes, ou la régie autonome à Vénissieux (elles vendent une partie de leurs services). Mais, on trouve évidemment des associations de quartier à Rouen ou Chambéry qui sont elles-mêmes financées par la mairie, les bailleurs et les transporteurs. Il y a aussi des rattachements directs aux administrations nationales avec les emplois-jeunes dans les écoles, la police, ou les collectivités locales par la création de services comme avec la mission « sécurité prévention » à Saint-Herblain ou la direction municipale à Villeurbanne. Il peut s'agir également du rapprochement des services municipaux par la création d'antennes de mairies dans certains quartiers, ou même de systèmes mixtes comme à Orléans où les vingt-sept « correspondants de quartiers » sont des personnels de la régie de quartier ou de la mairie.

Dans les municipalités que nous avons étudiées, les structures qui gèrent les agents ne sont pas des services (ici une régie autonome a été créée pour le projet, là une régie de quartier à statut associatif[19]). Ces formes juridiques donnent la maîtrise du budget et des embauches, avec une souplesse puisqu'elles permettent d'échapper à la concertation (horaires, salaires) avec le personnel municipal qui aurait été incontournable en cas de création d'un service[20]. Les emplois-jeunes eux-mêmes ont été créés pour contourner les rigidités de statut : ils rendaient possible de subventionner fortement la création d'emplois dans les secteurs associatif et public sans heurter de plein fouet les conventions collectives.

Depuis 1997, environ 277 000 emplois-jeunes ont été créés au total[21] (2 000 comme agents de justice, 25 000 dans la police nationale, 70 000 dans l'Éducation nationale, 34 000 dans les sociétés d'économie mixte et établissements publics, 64 000 dans les collectivités locales, 82 000 dans les associations). Les chiffres ne sont pas très précis, notamment parce que les emplois dans les associations se ventilent en de nombreuses sous-catégories (21 % dans le sport, 9,5 % dans l'éducation, 9 % dans l'environnement, 1 % pour la justice, 2,5 % pour le transport, etc.) et qu'il n'existe pas de vérification de la naturelle réelle de la fonction remplie.

Des informations plus précises proviennent d'enquêtes locales ou de sondages. En 1998, les villes les affectent pour l'essentiel à la sécurisation : à Roubaix, 91 % y sont affectés, à Toulouse 66 %[22]. Le rapport sur les adjoints de sécurité, rendu en octobre 1998 et réalisé pour le ministère de l'Intérieur, signale que 80 % des activités concernent l'îlotage et l'accueil au commissariat[23]. Dans l'Éducation nationale, d'après un sondage de la SOFRES auprès des aides éducateurs en juillet 1998, les tâches sont diversifiées, mais 82 % déclarent assurer la surveillance des sorties et récréations et 64 % faire de l'animation[24]. Quant le ministre de l'Éducation nationale, en janvier 1999, décide de donner un coup d'arrêt aux aides éducateurs, il fait une exception autorisant l'embauche de 10 000 d'entre eux pour lutter contre la violence dans les établissements difficiles : il apparaît alors clairement qu'ils entrent en concurrence avec les surveillants. À Lyon, un groupe de travail qui rassemble les responsables de 270 agents locaux de médiation sociale parle, pour ces agents, de « sécurisation de leur espace d'intervention, déambulation, rappel à la règle[25] ». En 1999, le sondage du Forum pour la sécurité montre que les 441 agents locaux de médiation sociale enquêtés travaillent essentiellement dans les espaces publics (85 %), dont 67 % dans les quartiers d'habitat social, et que les cibles de ces actions sont les jeunes (84 %), les personnes d'origine étrangère (36 %) et en difficulté (39 %) pour l'essentiel[26].

Il ne faut cependant pas réduire les agents de l'ordre en public aux emplois-jeunes (et pas non plus dire que tous ceux-ci ont cette fonction) : nous avons montré que les services qui les accueillaient se composent de titulaires (police, Éducation nationale, correspondants de nuit, agents de tranquillité, etc.). L'effet d'aubaine ne doit pas dissimuler l'émergence antérieure des fonctions, nous l'avons déjà indiqué. De plus, le changement de référentiel modifie également l'approche du problème des incivilités par les cadres qui occupent des fonctions plus traditionnelles : chef d'antenne HLM, directeur de la prévention dans les autobus, directeur de quartier, chef de service dans les mairies, conseiller principal dans les établissements scolaires, etc. Aux professionnels en poste viennent s'adjoindre des agents et, à terme, des « nouveaux métiers » : ce qui est nouveau ce ne sont pas les tâches, mais plutôt la combinaison des tâches pour un même agent et leur inscription dans un quartier. On le voit, par exemple, avec les directeurs de quartier (Argenteuil), des coordinateurs de quartier (Orléans).

Le personnel de terrain connaît également une modernisation — et leur professionnalisation en cours. L'idée est qu'on ne peut plus être policier, poinçonneur ou même conducteur de bus, voire concierge « à l'ancienne » : on ne peut se comporter comme il y a vingt ans. Les fonctions sont, elles, assez anciennes (surveiller, renseigner) tandis que les métiers qui les assurent sont nouveaux. C'est d'ailleurs la possibilité que ces fonctions forment la base d'une profession qui fait l'objet de discussions. Ces métiers émergents ont des noms variables, on parle des correspondants urbains (Bagnolet), des régulateurs sociaux (Romans), des grands frères pour de nombreuses communes, dans les autobus ce seront des agents d'ambiance (Saint-Étienne) ou des Pulsars (à Strasbourg) en référence au nom d'une étoile qui servait de repère aux astronomes. On les appelle aussi les correspondants de nuit (Rennes) ou les agents urbains (Villeurbanne), les correspondants de quartier (Saint-Martin-d'Hères) ou encore les gardiens de la tranquillité (Vénissieux).

Le terme de « médiateur », communément retenu, est assez impropre : il ne définit pas les fonctions remplies par tous ces agents. Il ne s'agit pas de l'action d'une personne impartiale qui aurait pour but de faire entrer en relation deux parties en conflit[27]. Le principal atout de ce terme est d'être passe-partout et politiquement correct. Comme il ne veut rien dire de précis, il ne soulève pas d'opposition.

Ni prévention ni répression

L'extension des expériences comme celles des correspondants de nuit est tout à fait significative. Les premiers essais ont eu lieu à Rouen en 1993[28]. C'est l'expérience de Rennes qui a le plus contribué à les faire connaître. Partout, le processus est identique : les correspondants se sont intercalés entre les organisations occupant le champ de la prévention et de la répression sans se substituer complètement à elles. Côté veille, les fonctions de ces agents ne sont ni répressives au sens de la police, ils n'en ont pas les capacités juridiques, ni préventives, au sens de l'éducation de prévention ou spécialisée. Ils s'occupent essentiellement des façons acceptables de se comporter en public. Pour montrer comment la lutte contre les incivilités se situe par rapport aux fonctions classiques de répression des fraudes ou des délits, citons le témoignage de deux agents médiateurs qui travaillent dans les autobus de Marseille : « on invite les passagers à composter leurs billets, mais s'ils ne veulent pas on ne peut rien faire. Nous ne sommes ni des contrôleurs, ni des policiers ». Sans doute n'arrivent-ils pas à dire qui ils sont (ni, ni) parce que leurs employeurs n'ont pas encore mis de mots sur leurs orientations pratiques. Ces agents n'interviennent pas au « nom de la loi », même si ils ne sont pas hors la loi lorsqu'ils réalisent leurs tâches. Ces dernières portent sur l'établissement et la garantie des lieux collectifs, et notamment sur ce que nous avons appelé les « règles d'usage ».

Les agents sont souvent mis dans la situation d'assurer la réprobation vis-à-vis de comportements gênants et de faible gravité. Pour autant, il ne s'agit pas de les interdire, puisque l'agent n'a pas l'autorité pour le faire. Il leur faut rechercher des compromis, se faire accepter. Il ne s'agit donc ni de prévention sociale « classique », ni de répression pénale, mais d'une professionnalisation de la veille et de la réprobation ou de la réprimande, par contraste avec la répression, dans un espace collectif, par opposition à la prévention centrée sur la personne en totalité. Les cadres moyens qui occupent des fonctions intermédiaires dans la hiérarchie sont, depuis leurs bureaux, chargés de coordonner les agents de rue. Les intitulés des fonctions peuvent parfois se révéler trompeurs. De l'aveu même d'un titulaire du poste, le "directeur de quartier" est un métier "nouveau et mal nommé", car il n'a de directeur que le nom. Il ne possède pas de pouvoir hiérarchique sur les autres organisations qu'il doit amener à travailler ensemble dans un même quartier : « On lance l'action, on pilote un moment puis on passe le relais aux structures en place. On a un rôle d'interface[29]. » Cette professionnalisation de l'ordre assure deux fonctions : la veille et la coordination.

Certains dispositifs comme l'office public de la tranquillité à Vénissieux sont plus englobants spatialement (ils opèrent à l'échelle d'une commune) et fonctionnellement (en visant une intégration des services) que d'autres qui se restreignent à certains quartiers et à des missions de terrain limitées. À Argenteuil, dans chacun des six quartiers, se trouve un « directeur de quartier ». Rattachés à la Direction du développement social des quartiers en mairie, ces professionnels sont assistés d'un agent de développement jeunesse et sont chargés de faciliter les interfaces entre services dans un quartier donné. Il en va de même à Dreux avec les coordinateurs de quartier. On retrouve le souci pour la gestion d'un espace déterminé dans la dénomination « de quartier ».

Légitimité des réponses aux désordres : la fin du mépris

L'identité professionnelle est centrale. On distingue le cœur du métier et sa périphérie. Par exemple, les policiers craignent de passer pour des travailleurs sociaux. Mais, de plus en plus, les tâches périphériques sont perçues comme indispensables. Ceci a un effet sur l'idée que les professionnels se font du métier : sur le terrain, Christian Mouhanna indique maintenant que « peu de policiers récusent le principe de l'îlotage[30] ». La réflexion d'un responsable environnement d'une société de transport en commun du Val d'Oise va dans le même sens : « Nous voulons rester transporteurs, on n'est pas des assistantes sociales. » Mais, pour assurer ce cœur du métier, il faut de plus en plus se soucier des basses œuvres. Avec d'autres mots, on retrouve la même réalité à Strasbourg où un cadre de la Compagnie de Transports déclare : « Avant, en cas de conflit certains chauffeurs bouclaient les portes et amenaient tout le monde à la gendarmerie. En ville, la conduite ne peut plus suffire à faire de bons conducteurs. » Et, partant, la mise à disposition d'un transport ne peut plus suffire à faire de bons transporteurs. Ce qui conduit à s'intéresser au travail du chauffeur, du contrôleur et à mettre en place des agents d'ambiance. Cette remarque est vraie pour l'ensemble des services au public : Gabriel Sciamma note, pour Strasbourg, que la fonction d'accueil est confrontée à de nouvelles exigences du public, « parfois sans lien avec la prestation[31] » aussi bien pour les bibliothécaires, maîtres nageurs, éducateurs sportifs, délivrance de pièces administratives. Elles nécessitent l'acquisition de compétences autres que celles du cœur du métier.

À l'école, à propos de la vie scolaire, Jean-Paul Payet fait une analyse convergente. L'organisation de la vie scolaire existe à peine comme espace légitime, note-t-il. Et, « le problème de la violence à l'école a paradoxalement apporté à la vie scolaire et aux acteurs qui y travaillent la légitimité qu'une conception trop proche de l'animation socioculturelle leur déniait[32] ». Le paradoxe n'est qu'apparent à nos yeux. En contribuant à l'ordre en public de l'établissement, la vie scolaire permet aux tâches nobles d'être réalisées (enseigner), et à l'idéal de mixité sociale d'être sauvegardé. Jean-Paul Payet le voit d'ailleurs très bien puisqu'il indique que les conseillers d'éducation des établissements sensibles font valoir dans « la gestion des troubles de l'ordre scolaire[33] » à la fois « le rapport au quartier » et « le rappel de la loi[34] ». Dans cette optique, le chef d'établissement est assimilé au « chef d'entreprise », et dans notre vocabulaire, au garant des lieux : Jean-Paul Payet ne parle-t-il pas de « garant de l'ordre scolaire[35] » ?

Au-delà des agents de l'ordre en public dont nous avons parlé (correspondants, agents dans les parkings, etc.), on repère un basculement des discours vers la prise en compte des désordres : « Il est important que les gens qui ont porté plainte, qui ont le sentiment d'avoir été victimes de quelque chose, soient reçus et qu'on s'intéresse à ce qui se passe. Les histoires de voisinage, même si pour le tribunal, ça n'est pas l'affaire du siècle, pour les gens c'est l'affaire du siècle », nous explique une médiatrice en Maison de justice et du droit du Val d'Oise. Tandis qu'un policier dit ironiquement que lorsque les gens disent que leur « problème est le plus important au monde », la médiatrice les prend au sérieux. Dans la même veine, un agent de développement[36] témoigne : « On fait énormément de travail sur les incivilités. Beaucoup d'habitants viennent à l'antenne, on est en contact avec les services techniques, notre travail c'est d'aller dans la rue et de prévenir les services qui peuvent réparer. On part des incivilités pour aller vers autre chose, amener les habitants et les institutions à trouver des solutions, les habitants savent que l'hôtel de quartier est là pour entendre tout type de problème. » La création de nouvelles fonctions se traduit par de la considération donnée aux désordres : y répondre n'est pas une tâche infamante. La légitimité des fonctions nouvelles fait défaut aux yeux des professionnels installés. Les agents n'ont guère d'autre choix que s'orienter vers la satisfaction des désirs des clients ou usagers pour se construire une légitimité. Sans doute cela leur permet-il d'intégrer « le travail méprisé dans une définition du rôle satisfaisante et comme source de prestige[37] ». Leur légitimité professionnelle se construit dans les interstices des autres organisations. Et leur satisfaction vis-à-vis d'eux-mêmes également.

Professionnalisme et polyvalence

La professionnalisation garantit la crédibilité : la police municipale a ainsi vu émerger, après une formation délivrée par l'école d'Orange qui a été fermée, celle certifiée par le Centre national de formation de la fonction publique. Le mouvement dépasse donc le domaine des agents non policiers de l'ordre en public. Mais, en ce qui les concerne, quatre tendances sont à l'œuvre : la recherche de codification du statut, la mise sur pied d'une formation initiale consacrée par un diplôme[38], la rédaction d'un code de déontologie non seulement local mais national[39], la construction d'une association de regroupement des villes concernées par des initiatives comparables. Un travail de définition des tâches, piloté par Bertrand Schwartz, connu pour son rapport sur l'insertion des jeunes en difficulté rendu durant le premier septennat de François Mitterrand, est en cours du côté des régies. L'objectif affiché est d'avancer dans « l'analyse des activités et métiers, à l'élaboration du référentiel métier, à l'analyse des besoins en formation » de manière à « ancrer les bases d'un guide de professionnalisation[40] ». Il faut différencier cette tendance de celle qui consiste à faciliter l'insertion professionnelle des emplois-jeunes : il s'agit, pour le gouvernement, de favoriser non pas l'institutionnalisation des fonctions nouvelles (aide éducateur, adjoint de sécurité, etc.), mais soit l'accès à un autre emploi en dehors de administrations soit la possibilité de passer un concours régulier pour intégrer un corps de fonctionnaire.

Cependant, plusieurs obstacles à la fin de la désignation de la résolution des désordres comme un « travail méprisé » se dressent. D'une part, s'il est bien perçu que les tâches périphériques sont utiles au cœur du métier, cela ne revient pas à dire qu'il n'y a plus de distinction entre les deux. D'autre part, la polyvalence est souvent associée à une faible compétence et on peut avoir des doutes sur la possibilité de construire une profession. Une des solutions envisageable est l'enrichissement des tâches des métiers existants pour ne plus avoir besoin des agents de l'ordre en public.

Les missions d'exécution se caractérisent par le fait qu'elles combinent des tâches empruntées à plusieurs logiques : la veille, l'aide, l'écoute et le dialogue. La veille porte autant sur la qualité des lieux, la nature des comportements que sur les besoins des usagers de l'espace collectif. Quels que soient leurs noms, les garants de l'ordre en public sont des professionnels des conventions sociales dans les espaces collectifs, qu'ils soient privés ou publics, et des agents de la qualité des espaces. Mais, la professionnalisation de la polyvalence est une contradiction dans les termes. Plus de polyvalence est perçu comme plus d'amateurisme : faire un peu de tout revient à ne savoir rien faire très bien.

L'introduction des emplois-jeunes de l'Éducation nationale, les aides éducateurs, montre que le « travail méprisé » n'a pas disparu. Dominique Glassman explique comment, dès le départ, « les syndicats enseignants se sont efforcés de marquer la séparation entre ce qui était de l'ordre des tâches enseignantes et ce qui environne l'activité pédagogique, à savoir la dimension éducative ». La manière de découper les tâches « consiste à réserver l'espace de la classe, le moment de la pédagogie et de la transmission de connaissance en la séparant de ce qui l'environne », ce qui se justifie par le fait que « dès qu'on accepte l'intervention conjointe d'un aide éducateur, on risque d'avoir un empiètement de personnels non formés[41] ». La formation est confondue avec la capacité à remplir une tâche. Pour les professionnels, la formation est toujours confondue avec la capacité à remplir une tâche. Leur formation est ce qui définit et légitime leur savoir-faire, ce qui les distingue de tous les autres qui ne l'ont pas reçue.

Savoir nouer une relation ne semble pas mériter de formation. Or, ce qui peut se faire sans savoir-faire particulier ne saurait constituer un métier valorisant. Par définition, les personnels de l'ordre en public sont en lien avec le public — facilement accessibles, présents dans les rues — ne disposent pas d'un savoir technique. Dans la police « le contact avec le public n'est pas une activité noble » par opposition avec « l'expert en procédure[42] ». Nous savons que les adjoints de sécurité ont été placés d'une part à l'accueil dans les commissariats et d'autre part dans les patrouilles d'îlotage : autant de fonctions de liens et relations avec la population. De plus, les agents de l'ordre en public sont recrutés dans un cadre précaire ou peu valorisant. À Saint-Étienne, ces nouveaux venus sont souvent recrutés par le biais de dispositifs d'insertion, d'emplois aidés, voire de « services national-ville[43] ». À Grenoble, ils interviennent à la sortie des écoles dans des quartiers sensibles comme Mistral, Teisseire, Villeneuve. À Chambéry, les correspondants sont tous recrutés dans le cadre des emplois aidés. Dans l'étude du Forum, 80 % gagnent le Smic[44]. À Rennes, les correspondants de nuit travaillaient 20 nuits par mois (de 21 heures à 04 heures) pour 6 100 francs par mois, ce qui a motivé une grève d'une semaine en octobre 1999 et débouché sur une augmentation de 500 francs[45]. Au Havre, au bout de trois ans il ne reste qu'un tiers des personnes recrutées, avec un fort sentiment d'inutilité des agents : « Tout ce qu'on vous demande, c'est d'être là, que les gens vous voient[46]. » Pour le gouvernement, le défi est de trouver des débouchés aux actuels emplois-jeunes : dans la police, les syndicats s'émeuvent du fait que les adjoints de sécurité n'ont pas le niveau pour passer le concours de gardien de la paix ; dans l'Éducation nationale, les aides éducateurs ne seraient que 3 600 à pouvoir être recrutés dans le secteur privé sur les 65 000 actuellement en fonction[47].

À Vénissieux, il faut distinguer l'office municipal de la tranquillité des autres dispositifs. Les emplois – jeunes sont essentiellement recrutés par des services publics ou parapublics. La police nationale a recruté 49 adjoints de sécurité (avec un contrat de droit public, ce qui constitue une exception), les transports en commun deux agents locaux de médiation sociale, la poste un seul, la SNCF cinq, l'antenne de justice (un point de contact hors du palais de justice) deux, les parkings surveillés douze, et le projet présence plus (parkings surveillés, opération des bailleurs) en prévoit quinze puis trente à terme. En dehors de la police, 45 postes sont donc créés comme emplois-jeunes sur un total de 51[48]. L'office municipal de la tranquillité a fait un choix inverse : les 22 agents sont recrutés en contrat à durée indéterminée (trois bénéficient d'une prime de retour à l'emploi). La communauté de statut devrait aider à la cohérence de l'équipe. Un choix proche a été fait à Toulon. La Ligue varoise de Prévention, financée par l'État, le département et la région, a mis sur pied un service de correspondant de nuit. Nous sommes alors en 1999, et la ville a un maire Front national. Le projet fait appel à une dizaine de professionnels du social (dont la moitié sont éducateurs diplômés) âgés de 25 à 45 ans[49]. En matière d'ordre en public, on voit qu'il n'existe pas d'uniformité sur le territoire national puisque les initiatives sont locales.

Les agents qui s'occupent des incivilités ne sont pas, aujourd'hui, des professionnels au sens plein. Ils n'appartiennent pas à un corps et sont disséminés au sein de divers organismes. Ils n'ont pas de formation initiale qualifiante et certifiée et pour cause, il n'en existe pas, mais une formation inventée en fonction des tâches à remplir[50]. Ils ont des fonctions mal définies, sont mal payés, souvent en CES ou maintenant en emplois-jeunes[51]. On leur présente le travail comme une première expérience professionnelle d'un métier qui, en vérité, n'existe pas encore : ils ont du mal à voir quel pourrait être le déroulement de carrière qui s'offre à eux. Ils sont à la marge des organisations. De plus, il y a un non-dit des emplois-jeunes sur les origines nationales des jeunes concernés. Des transporteurs aux mairies, on parle pudiquement de « mixité sociologique » ou de mixité à tous égards. On mélange ainsi les caractéristiques liées au sexe, à l'âge et à l'origine ethnique. Le ministre de l'Intérieur participe du même discours. Le modèle français ne s'accommode pas facilement de la revendication publique des différences ancrées dans l'identité collective de groupes infra-nationaux. Si d'après l'étude du Forum environ 50 % des jeunes ont un niveau inférieur au bac et si un peu plus de 30 % sont d'origine étrangère, cette moyenne cache sans doute des différences importantes suivant le type de tâches : dans les municipalités et chez les transporteurs que nous avons étudiés et pour les tâches qui se déroulent dans les rues, les pourcentages sont bien plus élevés.

Au total, il se produit une transformation de la perception du « travail méprisé » et une évolution de la reconnaissance des métiers de l'ordre en public. Cela bénéficie jusqu'à présent aux détenteurs de positions stables et de direction. Pour les tâches d'exécution, il en va autrement, même un processus de professionnalisation est à l'œuvre.

Se rapprocher de la population : Les associations contre la municipalisation

La « médiation » et la « tranquillité » se nichent dans la rhétorique du rapprochement des institutions et de la population. La participation de la population est une figure de style obligée de toute personne ayant à faire un discours public au nom de la collectivité qu'elle a en charge. Mais, la municipalisation de l'ordre en public soulève de nouveaux conflits.

De nombreuses municipalités se réorganisent. Elles entrent en compétition avec les associations dans la recherche de proximité. Le nouveau quartier de Cergy-le-Haut a fait l'objet d'une expérience pilote qui a été étendue à partir de 1995 aux trois autres quartiers de Cergy. Quatre antennes de quartiers ont ainsi été implantées en vue d'améliorer les relations entre les habitants et leur quartier. L'ensemble du dispositif repose sur une mission « vie des quartiers ». L'agent de développement le souligne : « Le but de l'antenne est de faire participer les habitants à la vie du quartier. » En effet, les antennes se veulent un lieu de rencontre et de mise en relation entre les habitants et les services publics, la mairie, les associations, etc. Le directeur des services techniques ville nous explique que « la mission vie des quartiers est une grande direction de la mairie. Elle a en charge les antennes de quartier, les maisons de quartiers, l'animation socioculturelle. On veut voir les problèmes avec les habitants, en créant des groupes de travail, pour monter des projets, etc. C'est aussi pour améliorer la sécurité sur la ville qu'a été créée cette mission vie des quartiers. Elle nous permettra de traiter ensemble les tags, l'absentéisme scolaire, l'insécurité, etc. Nous aurons une réflexion transversale et globale. »

Les antennes sont dirigées par un directeur assisté d'un ou plusieurs agents de développement. Il y a par exemple d'eux agents de développement à Cergy-Saint-Christophe, et l'un d'eux nous confie : « Un agent de développement voit ce que les habitants ont à nous dire comme type de problème, difficultés sur le quartier. À partir de ça, on essaie de faire un diagnostic pour savoir ce qu'il en est exactement. On s'appuie sur divers partenaires comme les services de la ville ou des partenaires sociaux, la caisse d'allocations familiales, la sauvegarde de l'enfance, ou des régies de quartier. » Un agent de développement habitat précise : « Les agents de développement cherchent à rapprocher les services des habitants. On a un rôle de médiation entre services, habitants, partenaires institutionnels. Cela concerne aussi le traitement social de l'urbain : environnement, cadre de vie. Cergy-le-Haut n'est pas un quartier achevé, c'est un chantier permanent. Pour le volet social, on aide à monter les associations. Aide à l'animation. On ne fait pas à la place de, on fait émerger des choses. On entend les habitants sur des projets, et on les soutient pour les mettre en place. »

À Argenteuil, un directeur de quartier explique que « les comités de quartier comme les directions de quartier sont définis et soutenus par un service de la mairie et ne sont pas acceptés par d'autres services. Il y a des frictions importantes entre les DQ et les autres services. Or la DQ doit être au courant des projets des autres services pour pouvoir travailler efficacement ». Réciproquement, selon le responsable de la Maison pour tous du même quartier il y a un recouvrement des tâches : « La DQ fait comme nous un travail avec les associations. C'est une ambiguïté qui existe depuis sa création. Nous on était là avant. Et on a gardé cette dominante aide et soutien à la vie associative. Monter une campagne d'info et d'affiches, c'est nous qui savons faire et pas eux. Si une association vient nous voir, c'est notre rôle de les aider à monter le projet. » Les deux systèmes argumentatifs s'appuient sur la proximité avec les habitants : les directions de quartier se targuent de « laisser plus de place aux habitants » et la Maison pour tous d'être plus indépendante de la ville. Dans les deux cas de figure, ces organisations d'interface semblent trouver leur légitimité dans l'accès à une ressource rare : la population. Cette légitimité se trouve menacée par toute autre source d'expression de la vie sociale en direction des institutions.

Nous traversons une période de redéfinition des frontières légitimes d'action des organismes. Pour lutter contre des problèmes, on doit bousculer le partage des tâches. Cela passe par la création de profils professionnels nouveaux, en partie pour contourner les rigidités des définitions instituées de fonctions. Sous le mot d'ordre de « proximité », des services publics et privés se rapprochent géographiquement de leurs usagers et clients. On observe clairement cette modification des structures dans de nombreuses villes : à Marseille ce sont les mairies de quartiers qui s'ouvrent à la population, à Rennes les comités de quartiers, à Argenteuil les directions de quartier, à Grenoble les conseils locaux de prévention de la délinquance, à Strasbourg les conseils de quartiers et la cellule de tranquillité publique, etc. Cette réorganisation bouscule la place des associations ou de leurs coordinations municipales. Cela a également été noté par Michel Wieviorka et son équipe dans plusieurs villes[52]. Elles tendent à être boutées hors de l'espace d'intermédiaire légitime qu'elles avaient construit entre la population et les pouvoirs municipaux par les innovations de ces derniers. D'une part, elles souffrent de la professionnalisation de l'ordre en public, et ce d'autant plus que leurs adhérents actifs se font plus rares. Ensuite, les associations traditionnellement présentes dans les quartiers populaires sont tenues par les couches moyennes : elles portent en elles un conservatisme de gauche qui les a poussées à nier et ignorer la dégradation de la sécurité. Le plus souvent, elles sont mal à l'aise sur le thème de l'insécurité ce qui les met dans une position de retrait et d'attentisme, voire de suivisme critique.

Nous ne les avons pas trouvées comme forces de propositions sur nos terrains d'enquête.

En résumé, les associations souffrent de n'être pas représentatives au sens de l'onction du suffrage. La dimension de participation n'y pallie plus car n'est plus conforme au modèle des années 1970 : les membres actifs sont bien moins nombreux. Et, leur professionnalisme est questionnable tout particulièrement en matière de sécurité. Ces facteurs sont autant d'explications de la municipalisation de la sécurité à leurs dépens. Il y a un regain de la thématique du lien social comme lien municipalisé.

Le garant des lieux : coordination et ordre en public

Nous avons vu que des initiatives sont conduites par une seule organisation, d'autres le sont en coopération. Certaines portent sur la sécurité au sens strict, c'est-à-dire les vols et les agressions, d'autres sur la sécurité au sens très large, et incluent des activités d'animation de lieux collectifs. Mais, au-delà de ces différences, un point commun apparaît. Les différentes actions engagées se caractérisent par une extension de la présence dans les lieux collectifs et une évolution de la définition des métiers.

Pourtant, il ne faudrait pas en déduire que la construction du garant soit une évolution inéluctable, et que la réduction des interstices physiques et organisationnels sera menée plus avant. Si la modification de la présence physique dans les rues est une réalité, sa nature soulève des interrogations, de même que la coopération entre les différentes organisations qui l'assurent.

Réduction des interstices dans le temps et l'espace

Les différentes interventions visant à réduire les interstices temporels par la présence physique dans les espaces collectifs se traduit par un changement des horaires des personnels. À Vénissieux, tous les programmes analysés se donnent comme objectif d'adapter les horaires à la demande : on va ainsi trouver des policiers sur la voie publique de 7 heures à 1 heure, les agents du transporteur de 18 heures à 1 heure, ceux des bailleurs de 17 heures à 23 heures, les agents dans les parkings jour et nuit de même que l'office municipal. Pour les correspondants de nuit, il en va de même, tant à Chambéry qu'à Rennes et dans les autres villes, comme leur nom l'indique. Le but recherché, comme l'a noté Thomas Kirszbaum[53], est l'immédiateté de la réponse. La lenteur de la procédure administrative doit faire place à la réponse en temps réel. L'intervention se fait dans l'urgence. La réponse est légère. D'ailleurs, les incivilités, du fait même de leur définition, ne peuvent pas être traitées par des interventions lourdes : trop éloignées du trouble, trop coûteuses, elles sont impraticables.

L'enjeu d'une prise en charge de l'espace collectif pour le sécuriser est de trouver un moyen de l'unifier, ou tout du moins de réduire sa fragmentation. Or, pour le citoyen, la mairie incarne, plus que toute autre entité, l'unité du territoire communal. Ce n'est donc pas un hasard si le projet le plus englobant, l'office municipal de la tranquillité qui couvre toute une commune et ambitionne de coordonner différents services, est mis en œuvre par un élu local.

Les expériences portant sur la tranquillité ont adopté une posture particulière : les promoteurs tentent de ne pas raisonner en termes uniquement sectoriels, mais en termes de management de l'espace. Des réflexes comme « ça n'est pas à moi de sécuriser cette rue puisqu'elle ne m'appartient pas » cèdent parfois la place à des attitudes différentes : à Vénissieux, les bailleurs ont entrepris d'assurer une présence « en pied d'immeuble », qui comprend les allées et venues autour des immeubles, et jusqu'au centre commercial ou à l'école par exemple. Nous avons rencontré cette évolution dans d'autres villes, notamment à Romans, avec la réflexion de la mairie sur les présences à assurer lors de la sortie des élèves des établissements scolaires.

La police nationale peut-elle contribuer à cette présence dans les espaces publics ? Sans doute. Mais, il ne suffit pas de mettre plus de personnel sur le terrain pour améliorer le travail. Déjà, on a pu savoir que l'arrivée des adjoints de sécurité (ADS, les emplois-jeunes de la police) a submergé les brigades d'îlotage. Christian Mouhanna montre comment à Grigny les 10 policiers auxiliaires doivent encadrer 14 ADS, et à Sainte-Geneviève les 6 îlotiers en voient 14 arriver. Ce ratio fait des îlotiers des agents d'encadrement pour les jeunes recrues[54]. À Vénissieux, il y a 15 ADS pour 20 agents au total chez les îlotiers. L'objectif de présence sur le terrain est, en théorie, celui de la réforme de la police de proximité. Mais la vitesse avec laquelle le gouvernement est passé du stade de l'expérimentation locale avec des moyens supplémentaires à la généralisation nationale sans moyens conséquents permet de douter du résultat général, ce qui n'exclut pas des réussites locales. Et ce d'autant plus que la carte policière est inchangée : la répartition des effectifs n'a toujours pas été adaptée à celle de la population du pays.

Dans l'espace organisationnel

Nous avons recueilli des témoignages quant aux collaborations entre organismes. Il est vrai qu'elles appartiennent à la rhétorique obligée de l'action publique. Ces collaborations institutionnalisées semblent nombreuses, mais il s'agit souvent de réflexions, de rencontres et de partage du problème. Ainsi, un responsable sécurité SNCF explique : « Des responsables SNCF participent aux réunions du Comité Intercommunal de Prévention de la Délinquance. Il y a des commissions. On siège à la commission sur le transport. On a fait une grille des incidents. On fait tous le même constat, SNCF, RATP, société d'autobus, directeur de supermarché, on appelle ça les petits désordres sociaux. Personne n'est capable d'apporter une solution au problème. » Le responsable d'une agence HLM dit : « Il y a une multiplication des réunions organisée par la ville depuis quatre ou cinq mois. Il y a des Antennes locales, des Missions locales, etc. Dans ces réunions, il y a 15 ou 20 personnes, et finalement on y voit de moins en moins d'habitants. L'habitant est comme moi, il est perdu. » Les acteurs qui occupent des postes de responsabilité font le constat de l'écart entre le haut et le bas des hiérarchies. On peut citer un magistrat de Pontoise : « À Cergy, j'ai fait et je referai des réunions avec gendarmes et policiers pour expliquer ce qu'est la MJD. Il y a des contacts assez organisés, les réunions sont fréquentes entre police et gendarmerie. Mais nous faisons les réunions avec la hiérarchie et ça ne redescend pas toujours. »

A fortiori, on comprend que la coordination entre les métiers nobles et ceux qui relèvent du « travail méprisé » au sens de Hughes, mais qui est peut-être en train de gagner ses lettres de démocratie, est loin d'être assurée. On le voit à la fois avec les relations entre, d'une part, les policiers nationaux et les municipaux, et, d'autre part, entre les correspondants de nuit et les autres professionnels.

À Chambéry, nous avons eu la possibilité de détailler les relations qui se mettent en place entre les correspondants et les autres services. En interrogeant les personnels des organisations impliquées par la sécurité du quartier, nous avons constaté que les liens avec la Maison de justice et du droit[55] sont presque inexistants. Dans les transports en commun, on ne fait pas du tout appel aux correspondants : « Il n'est pas dans nos usages de passer outre le superviseur, je vois mal les conducteurs équipés d'un téléphone mobile court-circuiter la maîtrise pour appeler directement les correspondants de nuit. » Les relations des correspondants sont décrites comme étant lâches avec les bailleurs, et ce de part et d'autre : à l'office on nous signale, par exemple, une demande de présence rue du Bertillet faite depuis deux mois. Pour le responsable du poste de police de Chambéry-le-Haut, il serait souhaitable d'améliorer « le retour d'activité en direction de la police : les missions précises ne sont pas bien connues, il existe une main courante des CDN (je l'ai appris récemment), mais on ne peut pas la consulter ». Du côté des correspondants, on se sent perçu comme des « bornes de renseignement », c'est-à-dire qu'on attend d'eux de l'information, ce qui serait une manière de les confiner dans l'inaction.

Dans la région parisienne, Jacques de Maillard arrive aux mêmes conclusions : il parle « de relations distantes voire d'hostilité » entre la police et les agents de médiation, il nous explique que ces derniers « ont parfois l'impression que les policiers veulent leur faire jouer le rôle de balance ». Il rapporte que les éducateurs de prévention « estiment ne pas avoir à partager leurs informations avec des jeunes sympathiques mais bien peu professionnels ». Un chef d'antenne HLM reconnaît même qu'il a « du mal à comprendre le contenu de leur travail, et qu'il est un peu déstabilisé[56] ». Analysant l'expérience de Rennes, Kirszbaum rapportait en 1998 que les correspondants avaient eu du mal à surmonter la défiance de la police, des travailleurs sociaux et éducateurs[57]. Après deux ans de fonctionnement, Dartiguenave insiste sur le fait que « la légitimité de la profession et de la corporation a été rapidement acquise auprès de la majorité des intervenants locaux », et que, dans cette ville, « chacun a le sentiment d'un prolongement de son action[58] ». Ces déclarations traduisent l'évolution progressive de la situation dans le temps. On comprend pourquoi à Chambéry, avec une expérience nettement plus jeune, on ne saurait avoir de coordination spontanée : cette dernière repose sur l'acquisition d'une légitimité par l'expérience.

Certains commentateurs ont pu indiquer que les correspondants favorisaient la production d'interstices. Ils se réfèrent notamment à leurs comportements par rapport à des infractions, délits et crimes. Kirszbaum pense ainsi qu'à Rennes « un contrat tacite semble avoir été passé avec les jeunes : les correspondants ne signalent pas les petits délits, les jeunes répondent à leurs injonctions quand ils troublent la quiétude de la cité[59] ». Si l'on entend par « contrat tacite » que les correspondants ne font rien pour s'opposer à la consommation de haschich, on peut accepter cette idée. Mais, la police n'est guère plus offensive en la matière. Au-delà, il ne nous semble pas démontré à ce jour que les correspondants facilitent la délinquance.

Il faut plutôt retenir que la question des relations des agents de l'ordre en public avec la police se pose et que des règles d'action précises font défaut aux correspondants. Nous avons plusieurs exemples qui montrent comment, bien qu'étant dans une position encore incertaine, la philosophie d'action commence à se constituer sur le point des délits. À Chambéry, lorsque les correspondants sont témoins d'une dégradation, la règle est d'en informer le directeur de la Régie. Le directeur a déjà porté plainte et témoigné pour ces faits. Dans le cas d'incendies de poubelles à répétition, le directeur a témoigné « sous x » pour les correspondants concernés. Enfin, l'un d'eux a été licencié pour cause de trafic, après s'être fait agresser dans leur local dans le cadre d'un règlement de compte. Pour l'élu référent, il n'est pas souhaitable que les correspondants déposent une plainte à la place des habitants, même s'ils peuvent « les aider à le faire ». À Romans, les « régulateurs sociaux » qui ont été mis en place ont eu les mêmes difficultés à se situer : lors du vol d'une camionnette municipale devant leur local, ils n'ont pas informé la police de l'identité de l'auteur qu'ils avaient croisé au volant du véhicule. Ceci a occasionné des discussions avec les représentants de la mairie sur la nécessité pour les agents de se positionner comme appartenant au personnel municipal avec les devoirs que cela implique.

Ces exemples illustrent le cheminement de la construction d'un rôle professionnel. Pour les correspondants ou régulateurs, il apparaît qu'ils reçoivent l'injonction de ne se substituer ni aux habitants, ni à la police, ni aux travailleurs sociaux. De plus, leur objectif n'est pas de réprimer les délits, mais de garantir la tranquillité. Leur élu référent cherche également à garder de bonnes relations avec la police. Cela retentit sur leur appréhension des délits.

Police nationale et police municipale

La police municipale, en principe préventive, est généralement tournée vers le modèle de la police noble, la police répressive. Éric Macé l'a souligné pour Le Havre dont il dit qu'elle « est marquée d'un fort tropisme policier » : le mimétisme de la tenue et de l'organisation réactive — un appel génère une intervention — au détriment des patrouilles à pied, le traitement de l'information valorisant l'activité des services plutôt que l'intelligence des « situations locales d'insécurité[60] ».

Les agents que nous avons interviewés dans l'étude de municipalités du Val d'Oise montrent également ce comportement mimétique.

Alors que les responsables municipaux voient dans la police municipale une force de police administrative, le « modèle » est incarné par la police nationale qui fait de la police judiciaire, des enquêtes, bref de la haute police. Un agent de la force municipale l'exprime simplement : « La police nationale ne se déplace pas pour des peccadilles. » Les choses sérieuses ne se confondent pas avec celles qui ne le sont pas. Dans une autre commune, un policier municipal de Villiers-le-Bel explique : « La police municipale n'a pas de pouvoirs. Alors, on fait de la présence. On fait la sortie des écoles, on surveille. Mais ça ne fait que déplacer le problème. » Pour un policier, traiter un problème revient d'abord à rechercher l'auteur de faits et rassembler les éléments qui permettent de l'arrêter : ceci est perçu comme une solution. Les policiers municipaux nous parlent du « flag » réalisé : l'arrestation d'un pédophile sur dénonciation de jeunes filles, la rédaction d'un rapport de mise à disposition suivi de l'arrivée de la police nationale quelques minutes après. Le reste de l'activité, c'est-à-dire l'essentiel, semble moins stimuler les hommes. À Cergy, l'écho est semblable : « On a fait quelques belles prises. On fait des planques aussi. » L'imaginaire de la police, c'est, pour tous, la répression. Réciproquement, dans les mêmes communes, la police nationale tient à se démarquer des forces municipales[61], et rappelle qu'elles doivent se limiter à appliquer les arrêtés municipaux, n'ont pas le droit de demander les papiers pour vérification d'identité[62] et n'interpellent que dans le cadre de l'article 73 du Code de procédure pénale. Bref, ils doivent soulager la police nationale et se limiter à de l'îlotage. Les contacts avec la police municipale sont chargés d'une valeur plutôt négative, et ce même si l'îlotier (police nationale) estime que son travail n'est pas répressif, et pourrait donc s'apparenter à celui d'un îlotier municipal. Dans la même veine, Christian Mouhanna a noté comment les policiers nationaux de l'Essonne qualifient les policiers municipaux de « garde urbaine[63] ».

Saint-Étienne apparaît comme un autre exemple concordant. Les caractéristiques valorisantes renvoient à l'usage de la force, au nom de la loi, et au « travail noble » d'investigation. La police nationale et ses attributs sont valorisés tandis que les tâches de la police municipale ne le sont pas, aux yeux même de ses agents. D'abord, les policiers municipaux mettent l'accent sur l'entraînement au tir qui était prévu. Et aux situations d'interventions musclées : « À Orange on apprenait à faire circuler, à appréhender quelqu'un avec le menottage[64]. » Les symboles de la professionnalité sont, bien sûr, la compétence générale (culture, connaissance du code pénal) que doit donner la formation, mais surtout le fait de disposer des signes distinctifs et notamment les uniformes, les menottes et les armes. Les policiers municipaux n'ont pas d'arme, et un brigadier-chef le regrette : « c'est dommage, c'est un peu dans la fonction ».

Ensuite, un trait notable de la définition des missions réside dans le partage avec la police nationale. Les missions de la police municipale s'inscrivent en creux par rapport à la police nationale, il s'agit de missions dont cette dernière semble ne plus vouloir ou pouvoir se saisir. D'une manière générale, la police nationale est le donneur d'ordre, elle ne saurait en recevoir de la municipale, témoigne un brigadier : « Le carnaval n'intéresse pas la police nationale, on nous le laisse, pourquoi pas, c'est populaire. » L'enlèvement des voitures également, nous l'avons déjà montré. Et, dans la hiérarchisation des tâches, si la police municipale récupère les peu nobles, elle laisse filer certaines de celles-ci, les moins nobles des peu nobles, à d'autres, moins professionnels. Ainsi, la police municipale « faisait les sorties d'écoles, puis elle a abandonné, alors des TUC ou des CES qui dépendent de la Direction départementale du travail ont été placés là pour l'année avec le panneau stop plus la parka sécurité école », nous confie un brigadier.

Lors d'un partage d'une tâche avec la police nationale, il n'y a pas de collaboration ou de patrouilles en commun sur une même zone, mais on coupe la ville en deux sous-ensembles. On peut partager certaines fonctions secondaires de police en public, mais pas travailler ensemble en face à face, ou même communiquer avec les moyens radio compatibles, ceci constituerait probablement un symbole d'égalité des conditions[65] : « Pour la fête de la musique et les problèmes de bagarre, la ville est partagée en deux avec la police nationale » ; « On se partage les deux mois d'été avec la police nationale, on a fait deux zones », précise le brigadier, tandis que l'élu chargé de la sécurité confie : « Avec la police nationale, il n'y a pas de possibilité de liaison radio sur le terrain, mais la possibilité de relier les deux salles de commandement. »

Les relations avec la police sont faites de distances et de contacts. La distance est liée à la professionnalité : les agents municipaux ne font pas de la police au sens plein. Mais, il faut cependant organiser des contacts — « tous les lundis matin avec la police nationale, avec les majors pendant une heure », explique le brigadier —, car il est difficile au commissaire en charge d'ignorer le maire d'une municipalité importante, et encore plus le député-maire. Le directeur de la police municipale, qui n'est pas un policier, a des réunions chaque quinzaine avec les commissaires voie publique. Les sollicitations d'intervention ne sont pas toujours bien prises par la police nationale, nous confie un élu, « de nombreuses interventions sont liées aux différends familiaux, de voisinage, par exemple un voisin qui fait du bruit, qui a un gyrophare devant sa porte, alors on envoie un motocycliste de la police municipale pour lui dire de l'enlever, et si on n'est pas compétent, on renvoie l'info sur la police nationale. Si c'est un tapage nocturne, c'est de l'ordre public, c'est pas la police municipale. Je leur écris beaucoup, ça les agace un peu ».

Il y a ainsi des chevauchements ou des vides et la définition des tâches ne peut pas être aussi claire que les déclarations de principe sur leur complémentarité et la confusion des rôles à éviter le laissent penser. Une rivalité latente (également nommée « complémentarité plus poussée ») se mêle à une fascination pour la « vraie police ».

On comprend que le modèle du garant des lieux n'est pas le plus attractif pour les policiers municipaux qui restent plus attirés par le côté policier que par l'aspect municipal de leur statut et des fonctions qu'ils souhaitent leurs. La coordination entre les services de la police municipale et les différents agents nouveaux serait pourtant logique étant donné la proximité de leurs tâches. Mais, les policiers municipaux ne souhaitent pas être identifiés pour ce qu'ils sont la plupart du temps : des agents de l'ordre en public.

La sécurité : entre la commune et le marché

La naissance d'un nouveau champ professionnel de « l'ordre en public » dans les villes est patent : il recouvre une modification du référentiel de la sécurité qui se traduit par une modification des missions perçues comme nécessaires au bon fonctionnement des organisations (notamment en relation à l'espace), la création de nouveaux dispositifs et le recrutement de personnels chargés de « nouvelles tâches ». Nous avons essayé de décrire un changement social en train de se produire. Il ne doit pas être sous-estimé dans son ampleur. Mais, il serait inadéquat de présenter ces changements comme étant de complètes mutations des pratiques et des représentations des agents de terrain et de leurs hiérarchies.

Si presque tous les responsables hiérarchiques interrogés nous disent agir en partenariat avec d'autres structures, personne ne peut présenter un bilan un tant soit peu systématisé. Si le mot partenariat est passé dans le vocabulaire officiel de description des activités, on a, en pratique, des raisons de douter de la coordination. D'abord, parce que les logiques d'action des différentes organisations en présence sont très contrastées : certaines visent les auteurs de désordres dont les comportements devraient d'après la loi être réprimés, d'autres se concentrent sur les auteurs mais les perçoivent comme des victimes de la société qu'il faut protéger, d'autres encore ont essentiellement pour tâche de réparer les dommages ou les victimes sans devoir s'intéresser aux causes et aux auteurs.

Ensuite, parce qu'il y a conflit sur la détermination du pilote des dispositifs interorganisationnels, quant à la circulation des informations entre services locaux et administrations nationales, principalement les appareils policiers et judiciaires, qui assimilent la transmission d'information à la sujétion hiérarchique[66]. Lorsque des agents de médiations sont officiellement présentés par les responsables comme s'inscrivant dans une logique de partenariat, on s'aperçoit souvent que les agents eux-mêmes ne sont pas au courant du tout de cet aspect des choses[67]. Enfin, parce que les diverses organisations ne présentent pas toutes une image légitime face à leurs partenaires virtuels, que le partage des tâches et des responsabilités reste à opérer. La coordination entre polices reste un objectif plus qu'une réalité, la police nationale ne s'encombrant guère de la municipale dans son action. Cette dernière cherchant sa légitimité dans les contacts qu'elle entretient avec la première montre peu d'intérêt pour les agents de l'ordre en public et a pratiquement peu de relations avec eux.

De plus, la nature des tâches redéfinies pose question : les bailleurs, par exemple, ne revendiquent pas le rôle de co-initiateur du projet de surveillance des parkings[68]. Ceci se comprend par rapport au métier : un bailleur dispose-t-il de la compétence pour surveiller des parkings publics ? Cela ne cache-t-il pas une délégation du pouvoir de police du maire, lequel est, en droit, non délégable, et, cela ne revient-il pas, en ce qui concerne le stationnement, à mordre sur une compétence de la communauté urbaine ? Répondre à une demande de sécurité, en l'occurrence des véhicules, bouscule la division administrative du travail et la nature des métiers.

La médiation est souvent mise en avant : l'expression a été retenue par le gouvernement, elle est plus correcte, politiquement parlant, que d'autres comme surveillance, sécurisation ou même ordre en public. Mais, l'unité n'est que de façade[69]. La notion de médiation rassemble des pratiques très variables : nous avons repéré, en plus de la médiation pénale, des tâches aussi différentes qu'offrir un service administratif, surveiller les caves ou les parkings, orienter les clients dans les autobus aux heures de pointe. La médiation pénale cache du classement des poursuites sous conditions[70]. La médiation par les bailleurs se fait sous la menace de l'expulsion. La médiation dans les autobus ressemble à la surveillance : « On est agent de surveillance, moi ça me fait un peu rire cette histoire d'agent d'accompagnement », leur radio signifie qu'ils peuvent appeler des renforts[71]. C'est pourquoi nous lui avons préféré les notions de garants des lieux collectifs et d'ordre en public, car il se joue bien une définition de l'ordre social ordinaire, même si cela repose sur l'accord de plusieurs parties. La médiation au sens précis du terme est un des outils de leur travail[72].

Les différentes fonctions des agents de l'ordre en public recouvrent des modalités d'action et des ambitions variables et leur coordination externe n'est pas aisée à assurer : ce sont des opérations qui bousculent, au sein de chaque organisation, les modes de fonctionnement. Dans l'Éducation nationale, on rencontre les mêmes effets : l'introduction de nouveaux personnels est un facteur de perturbation des services. Dominique Glassman l'a noté pour l'école : il écrit que les aides éducateurs (les emplois-jeunes de l'Éducation nationale) contribuent à une « redéfinition de la division du travail au sein des collèges », « à redistribuer les rôles[73] ». Les professionnels de la prévention sociale, étant certifiés et formés à cette tâche, se sentent parfois rabaissés par la comparaison avec les agents de l'ordre en public. Les agacements sont aussi dus aux questions de statut, de niveau de diplôme, concours, de stabilité et de pérennité de l'emploi, au-delà des tâches elles-mêmes. Se sentir proche de « protoprofessionnels » en contrat précaire est un facteur d'inquiétude. Par ailleurs, la difficulté à faire cohabiter tâches de « médiation » et police est renforcée, comme le note Christian Mouhanna, par la création des agents locaux de médiation sociale : leur arrivée sur les mêmes terrains « renforce encore l'idée selon laquelle ce n'est pas à la police de mener une action de médiation. Sinon, pourquoi les dirigeants auraient-ils éprouvé le besoin de les créer[74] ? ».

Le paradoxe de la professionnalisation de l'ordre en public est que les tâches qui lui sont liées apparaissent comme une nécessité dans les écoles, le transport, les rues, etc. Mais, si les missions sont valorisées, le personnel qui les assure est peu qualifié, et souvent dévalorisé par les professions qui occupent des secteurs touchés par la mutation (police, transport, éducation, logement).

On ne peut manquer de remarquer que les municipalités et le marché constituent deux cadres de production de la sécurité. Ce changement soulève de nombreuses questions : il est avéré que le financement et la réalisation des services a des sources multiples. L'État qui, il y a peu encore, ne voyait pas d'autres mains que les siennes prendre la défense des citoyens a révisé son discours. Pour les transports en commun, par exemple, le ministre de l'Intérieur Michel Poniatowski, en 1976 encore, en réponse à des agressions, affirmait pouvoir garantir les voyageurs et les agents du métro grâce aux seuls policiers en civil ou en tenue opérant dans le métro[75]. En 2000, dans le métro comme ailleurs, la production de sécurité est hybride : les fonctionnaires de police y côtoient d'autres professionnels. Dans le même temps, l'actuel ministre de l'Intérieur nous explique que la « sécurité est l'affaire de tous ».

Le contexte général de cette professionnalisation de l'ordre en public est celui d'une vaste redéfinition de ce qu'est l'insécurité ainsi que de la construction des acteurs légitimes à s'en saisir. La nature du garant de la sécurité des personnes est en train de se transformer profondément. Les collectivités locales et les organisations qui assurent des services seront de plus en plus amenées à s'y impliquer très activement. La police nationale généraliste répondant à tous les appels va laisser place à une autre modalité d'organisation. On va voir naître une sécurité par activité, autrement dit le fait de vendre un service va impliquer d'en assurer la sécurité.

En France, comme dans le reste de l'Union européenne, le modèle d'un État assurant, seul, la sécurité au titre de ses fonctions régaliennes a probablement vécu. Il apparaît ainsi que la sécurité n'est pas exclusivement assurée par des forces d'État, qu'elle est payante et intégrée à un service, bref que la sécurité n'est pas un bien collectif pur. En cela, les expérimentations traduisent bien le changement radical de paradigme qui s'opère en ce début de XXIe siècle.

Conclusion

CONSTRUIRE DES RÈGLES D'HOSPITALITÉ ET LIMITER LA DÉLINQUANCE

Les comportements délictueux sont généralement interprétés comme un défaut de socialisation. On considère que ceux qui se comportent comme des prédateurs (agressions, vols et même homicides) le font parce que leur « fabrication sociale » aurait eu des ratés. Autrement dit, on fait de leurs comportements dans les lieux collectifs — places, rues, transports en commun, halls d'immeubles, etc. — le résultat de processus qui se jouent ailleurs, dans la famille et à l'école. On fait encore comme si seul le déficit de répression expliquait le passage à l'acte. Ces deux ensembles de causes existent bien : la socialisation par les parents et l'école ont des effets durables sur les comportements et l'impunité pousse à la délinquance. Mais, il ne faudrait pas passer à côté d'un autre facteur, tellement évident qu'on oublierait de le mentionner : la manière dont ces espaces collectifs sont organisés favorise aussi les incivilités et, partant, la délinquance.

Les désordres et la ville

Il y a une dimension socio-économique des tensions sur la civilité et de la délinquance : nous pensons aux jeunes maintenus dans le système scolaire sans espoir et sans illusion de trouver un emploi, ou des jeunes qui sont sortis de l'école et se retrouvent sans emploi. Ils occupent les lieux à leur manière, leur existence sociale passe par leur capacité à tenir des espaces. Tous ces adolescents qui ne sont plus à l'école et qui ne sont pas au travail doivent bien se trouver physiquement quelque part : ils sont dans les rues, au pied des immeubles. S'il n'est pas possible de favoriser leur accès à l'emploi rapidement, pour des raisons liées à l'offre ou à leur employabilité, on ne doit pas pour autant se priver de tout moyen d'agir sur les désordres. Il faudrait à la fois limiter ces troubles dans leurs conséquences négatives pour leur environnement social sans renforcer la mise à l'écart de ces jeunes.

On ne saurait non plus négliger la dimension spatiale de fabrication de l'insécurité. Depuis plus de quarante ans, la structure spatiale des villes s'est complètement transformée. L'intensification des échanges suppose une circulation ininterrompue des biens et des personnes. Les transports en commun et le véhicule privé sont devenus omniprésents, le nombre de kilomètres parcourus chaque année par rapport à l'année précédente ne cesse de croître. Les quartiers populaires des villes, qui formaient des entités cohérentes quadrillées par les bistrots, ont fait place à des cités de banlieues. Des lieux nouveaux par leur taille sont apparus, comme les centres commerciaux organisés autour des hypermarchés. D'une manière générale, les voisinages sont des lieux d'échange de services mais plus guère de production de solidarités. La ville exige la mobilité. En conséquence, les rapports sociaux sont de moins en moins ancrés sur un territoire, l'impersonnalité progresse et les parents ont plus de mal à superviser leurs enfants. Cela a indiscutablement des conséquences que nous jugeons positives : chacun est plus libre. Mais également d'autres négatives : les lieux collectifs n'ont plus de garants naturels, c'est-à-dire non spécialisés. La structure même de l'espace urbain, fait de canaux de circulation impersonnels, est propice aux comportements incivils. Les espaces collectifs sont devenus des lieux d'opportunité délinquante.

Dans les espaces collectifs, la sécurité liée à leur agencement a été négligée au profit du service rendu ou vendu. Distinguons deux aspects. D'abord, historiquement, l'urgence était de loger, de scolariser, de transporter en masse. L'organisation des espaces ne s'encombrait ni de leur sécurisation, ni de leur aménagement en fonction des usagers. Les organisations ont longtemps omis l'effet de son aménagement, de son entretien sur le comportement de chacun. Elles ont favorisé un déficit de règles d'usage. Le deuxième aspect est relatif à la multiplication des organisations qui quadrillent la ville et offrent leurs services. Dans la société contemporaine, l'ouverture des dispositifs et leur adaptation à des publics renouvelés et aux demandes changeantes est essentielle. Qu'est-ce qu'une société offre au citoyen au sortir de chez lui ? Une école, des équipements sociaux ou culturels, des policiers, des hôpitaux, etc. Ces territoires et ces organisations spécifiques ont des règles d'accès et d'usage qui sont la clé de la vie moderne et de l'intégration dans la cité. On doit donc réfléchir à leur accessibilité —

coût, horaires, filtrage des usagers. Par exemple, en matière de « sports inorganisés », sans adhésion à un club structuré, nous avons vu à Villefontaine, une commune de la périphérie lyonnaise, comment les jeunes se sentent tenus à l'écart des lieux municipaux cogérés avec les associations structurées. Pour les structures ouvertes au public, on comprend qu'il est utile que le garant des lieux se fasse « serviteur de son hôte[1] ». Et la remarque vaut pour les administrations en général : l'hospitalité de la police lors du dépôt de plainte laisse encore à désirer, celle de la justice, appelée de ses vœux par le magistrat Didier Peyrat écrivant qu'il faut « intégrer la préoccupation de l'hospitalité dans le fonctionnement institutionnel[2] », n'est guère plus satisfaisante.

L'enjeu de la prise en compte des désordres est donc de réussir à combiner une attention aux lieux et aux caractéristiques des publics qui les fréquentent.

Les enjeux de la notion d'incivilité

Dans ce contexte, l'introduction de « l'incivilité » a plusieurs enjeux. Le premier est de ne pas se contenter de l'opposition entre faits délictueux ou non délictueux, entre infractions et actes légaux pour comprendre la vie sociale. En effet, la qualification juridique des faits, elle-même aboutissement d'un processus historique et organisationnel, n'est qu'une codification parmi d'autres et ne saurait rendre compte de toute l'épaisseur des comportements. Nous sommes tous des policiers et des juges dans la vie quotidienne : nous constatons des incidents, nous formons des jugements à leur égard et nous réagissons parfois ou nous restons silencieux ce qui vaut acquiescement. Par le terme « civil » on indique que, contrairement à l'invocation de la loi et de la sanction actuellement en vogue, la nature des réponses ne saurait être exclusivement pénale. Il faut s'interroger sur les relations civiles entre les personnes humaines, quand bien même elles portent un uniforme ou une toge, autant que sur les relations des justiciables ou ayants droit au système pénal.

À moins de penser que la finalité de la justice soit simplement de judiciariser la vie sociale, il apparaît indispensable de réfléchir aux finalités de l'appareil judiciaire et à leur inscription dans une logique de garant des lieux. C'est pourquoi le second enjeu est de pousser polices et justice à s'interroger sur la résolution des problèmes qui finissent par avoir une qualification pénale : les organisations pénales doivent contribuer en amont au traitement des incivilités. Et donc se mettre au service la logique de garant qui les englobe et les dépasse. L'objectif final de la police ne peut être de faire beaucoup d'arrestations et la justice de prononcer de nombreuses et justes peines, mais de faire en sorte que les vols et agressions diminuent. Cela revient à travailler différemment, et il convient de s'y atteler.

Un troisième enjeu est lié à la compréhension du mécanisme par lequel les désordres favorisent la délinquance. Ne pas s'occuper des incivilités engendre une spirale du déclin. On peut faire l'hypothèse complémentaire que prendre en compte ces désordres par une gestion plus attentive des lieux permet de lutter contre le sentiment d'insécurité, la baisse de confiance dans les institutions et la délinquance. Une fois la dynamique lancée, amorcer une spirale positive est possible. Cela tend à décourager les incivilités, à augmenter le sentiment de sécurité, à renforcer le bien-fondé du respect de l'usage par chacun. L'appropriation des lieux est moins superficielle et chacun se sent un peu moins indifférent à l'autre, on évite la privatisation des lieux que ce soit le fond de la cour de récréation ou de l'autobus, ou un parc public. En conséquence, nombre de petits délits sont bloqués ou désamorcés. Il ne s'agit pas d'en faire un remède miracle qui rendrait inutile la répression. Mais, cette prise en considération de l'importance des lieux collectifs pourrait orienter la sécurisation vers l'établissement de d'hospitalité. L'intérêt de cette notion de règles d'hospitalité est de coupler l'attention aux règles d'usage avec le souci de l'hospitalité. Le diagnostic d'une faillite morale, d'une société sans règle est souvent dressé. Celui d'une société discriminatoire également. Les deux seraient des causes de violences. Mais les tenants d'une thèse s'opposent alors aux tenants de l'autre. Avec les règles d'hospitalité, il s'agit de tenir dans une même main la nécessité des règles, non comme morale intériorisée mais en relation aux autres usagers du lieu, aux « prises » qui sont offertes par les organisations qui gèrent l'espace, et l'hospitalité des lieux évaluée d'après son fonctionnement concret, que ce soit l'adaptation des horaires ou la non-discrimination de l'accès.

On peut défendre qu'il existe une voie pour lutter contre les incivilités et réduire ainsi la petite délinquance. Cela suppose d'instaurer un garant des lieux qui aura pour charge d'établir des règles d'hospitalité. Il s'agirait de combiner l'attention aux règles d'usage et l'adaptation du lieu à son environnement humain. La particularité de cette hospitalité est de s'appliquer à des lieux qui sont par nature collectifs et ouverts à un large public alors qu'on tend plutôt à réfléchir sur sa dimension privée. Elle traduit un refus de considérer qu'il faut tolérer les incivilités tout comme à clamer qu'elles doivent être l'objet d'une « tolérance zéro ».

Revenons sur le deuxième enjeu, à savoir que la police et la justice se donnent comme priorité de défendre les règles d'usage des lieux collectifs. Cette défense de l'usage par les forces pénales que sont la justice et la police ne suppose pas uniquement une répression des comportements déviants mais aussi une veille de la part du garant des lieux qui doit donner de manière continue des signes de présence, faute de quoi les incivilités alimenteront toujours les vols et agressions.

Mener réellement une réforme des institutions judiciaires et policières supposerait, non de considérer leur fonctionnement comme une fin en soi, mais au contraire de rechercher leur contribution à la fabrication de garants des lieux. Mais, la tendance actuelle est orientée vers la spécialisation des fonctions et l'invocation magique du système pénal. Tout se passe comme si l'on croyait de plus en plus que l'identification de l'auteur (parfois) et sa traduction devant une cour (rarement) allaient résoudre les problèmes pour peu que les peines s'alourdissent. La réforme de la police de proximité apparaît, de ce point de vue, en décalage avec celle de la réponse aux incivilités. On tente d'en faire une police qui se focaliserait sur la répression de la délinquance, chaque policier tendant à avoir des compétences de « police judiciaire », c'est-à-dire d'investigation. L'idée qui domine est que les « tâches indues » doivent être éliminées : il s'agit de celles qui donnaient à la police des occasions de contact avec les administrés et qui ne sont pas centrées sur la course après l'auteur du délit. Nous avons donné des exemples de la tentation de se retirer des tâches comme les sorties d'école dans des grandes villes de province, mais c'est également vrai à Paris où le nouveau maire abonde dans ce sens en prenant à la charge de la municipalité des fonctions dites sociales qui permettraient en théorie d'avoir plus de fonctionnaires de police disponibles pour lutter contre la délinquance, au sens pénal du terme. Le prix de cette spécialisation est de ne plus appréhender globalement une situation, mais uniquement suivant la logique d'une profession et avec un faible pouvoir de se coordonner entre métiers — et il ne faudrait pas se laisser abuser par les affirmations qui fleurissent sur le travail en partenariat, nous avons donné bien des illustrations du décalage entre la rhétorique et la réalité.

Principes pour établir des règles d'hospitalité dans les lieux publics

Pour établir ces règles, il me semble qu'on peut partir des prémisses suivantes. D'abord, il faut se convaincre qu'il est possible de le faire, et ce pour divers lieux collectifs : transports en public, rues et places, établissements scolaires, groupe d'immeubles, etc. Si l'on en n'est pas convaincu, on ne tentera rien dans cette direction. Or, actuellement, la croyance suivant laquelle « on ne peut rien faire contre la délinquance » est encore bien répandue dans notre pays. Prenons bien conscience que si des règles communes ne sont pas établies, on va voir grandir une ségrégation des publics, c'est-à-dire de moins en moins de mixité. On risque aussi d'assister à une privatisation des lieux collectifs, c'est-à-dire soit à une occupation par une classe d'individus aux dépens des autres, soit à une fermeture physique des lieux. Faute d'existence de règles d'usage partagées, les gens vont aller rechercher, ailleurs, des personnes qui leur ressemblent. Seules les règles d'usage permettent le brassage social.

Ensuite, assurer ces règles suppose de passer d'une logique de la loi pénale à une logique de gestion des lieux : comment réagit-on aux demandes des usagers, surtout quand ils sont peu solvables ou subventionnés, et donc captifs. Plus que de « tolérance zéro », il s'agit de réparer les vitres brisées. Cela n'exclut pas le recours à la sanction pénale, par exemple contre les plus déterminés des auteurs de déprédations. Pour cela, il faut se demander qui est le garant. Or aujourd'hui, cela est loin d'être toujours clair, notamment dans les espaces collectifs, les transports ou l'habitat social. Il y a une fragmentation organisationnelle de l'espace si bien que la veille représente une véritable gageure.

Enfin, cette défense des règles d'usage ne saurait ressembler à une politique d'éviction des lieux (refus de laisser entrer, abandon de la desserte d'un quartier, etc.). Si cela se pratique dans des lieux privés — en provoquant un ressentiment —, il est exclu de le faire dans les lieux collectifs urbains qui doivent être régis par l'hospitalité. La monétisation des rapports sociaux, et donc de la ville, pose le problème de l'hospitalité en termes financiers. La pauvreté ferme la ville. Il n'y a pas de différence entre « l'hospitalité don » et « l'hospitalité marché » contrairement à ce que Godbout a écrit[3]. Il s'agit par exemple d'assurer l'accès aux équipements, aux transports en commun par une tarification adaptée aux ressources, des plus modestes, mais aussi de favoriser le règlement civil des conflits. Il s'agit encore de mêler aide aux personnes — appel du SAMU, aller chercher des médicaments la nuit — et surveillance des lieux. Dans une société où les inégalités économiques n'ont pas régressé depuis près de quinze ans et où tous les services sont devenus marchands et donc payants, la protection de l'usage des lieux est une priorité. Le principe d'hospitalité doit s'accompagner de la défense des règles d'usage.

Comment faire pratiquement ?

Pour construire des règles d'hospitalité, il convient de promouvoir la naissance d'un garant qui construira un « seuil » pour définir son territoire d'action. Il aura alors trois actions principales : installer des prises (agencer les lieux), rappeler les règles de manière juste et essayer d'y associer les utilisateurs.

Pour défendre un espace, il faut donc un garant. Il a la charge de défendre des règles d'usage. Il est particulièrement attentif à l'accueil des personnes (par exemple des nouveaux arrivants dans un immeuble), à sa capacité de veiller sur les lieux, de savoir ce qui s'y passe, et de pouvoir porter assistance à ses clients ou simples citadins. La construction d'un seuil est la condition de son existence. Cela implique d'être en mesure d'en contrôler l'accès s'il s'agit d'un lieu où un service est consommé, ou encore de matérialiser symboliquement son pourtour.

L'hospitalité combine une exigence d'ouverture du lieu à tous les publics et une réflexion sur les droits des agents qui y travaillent et des usagers ou des clients qui l'empruntent. Certes, il y a la question de l'accès aux équipements[4] aux transports, ou de la manière dont les services publics ont intégré la dimension de l'écoute dans l'accueil aux guichets. Réciproquement, payer sa place dans un lieu collectif ne revient pas, pour l'usager, à avoir tous les droits. Il n'acquiert pas un bien privé dont il pourrait jouir comme il l'entend : « J'ai payé, je fais ce que je veux. » Il a acquis un droit d'entrer et de partager un espace avec des personnes qui ont des attentes variées. Il doit donc y avoir des règles d'usage qui s'imposent à tous. Coupler les règles et l'hospitalité dans un même dispositif suppose ainsi de mettre à plat non seulement le comportement des usagers, mais également celui des professionnels et les logiques des organisations qui les emploient.

De manière très pratique, construire le garant des lieux passe donc par la définition d'un seuil. On ne peut accueillir dans un lieu tout en y défendant des règles d'usage qu'après l'avoir borné. Anne Gotman[5] a indiqué que la première caractéristique de l'hospitalité est le seuil ou la limite. On ne peut construire des règles d'usage sans définir un territoire d'application, on ne peut décréter de veille sans en avoir défini les seuils. Le mot de « seuil » est préférable à celui de « limite » qui pourrait évoquer la fermeture physique. Le seuil existe parce qu'il est rendu réel par le garant des lieux, la limite physique est une simple indication. Cela milite en faveur du marquage des seuils dans les écoles — une entrée où tous se croisent — mais aussi dans les autobus : favoriser la montée par l'avant plutôt que par toutes les portes. Les seuils sont l'occasion de contacts personnalisés : ce sont des lieux d'échanges, de contacts, en dépit des difficultés liées au nombre d'usagers. La ritualisation des rapports sociaux est essentielle pour donner un sentiment de considération.

Revenons sur les seuils physiques ou même symboliques. Nous avons vu, à la fin de l'année 2000, comment la transformation de l'accès aux cinémas multiplexes a été l'occasion de troubles. Les « pass » qui permettent de voir un nombre illimité de films ont provoqué, dans la clientèle pourtant identique, des changements de comportements : sortir d'une projection pour se rendre dans une autre salle au milieu du film, passer des appels téléphoniques pour commenter le film d'une salle à l'autre pendant la projection. Le mode d'accès permis par l'opérateur du cinéma a une influence directe sur les comportements. Dans les autobus, on sait que les agressions verbales ou physiques ont lieu principalement à l'occasion du contrôle des titres de transport. Mais, il n'est peut-être pas inutile de rappeler que ce sont les transporteurs qui ont favorisé la fraude de masse : ils ont supprimé les contrôleurs de billets, permis d'entrer par l'arrière des véhicules avec la création des titres de transport à validité étendue et même discrédité le contrôle. En effet, au lieu d'exiger que chacun présente son titre de transport au conducteur, en laissant chacun monter dans le véhicule, tout contrôle des billets suppose de commencer par un individu qui peut se demander « pourquoi moi ? ».

Le garant des lieux doit donner des indications claires quant au comportement attendu des utilisateurs, que ce soit explicitement ou par l'agencement de l'espace. Le sociologue Isaac Joseph écrit : « Ce que l'espace peut offrir à tout usager, ce sont des prises : le cendrier indique les endroits où l'on peut fumer[6]. » En effet, cela montre dans quelle mesure le lieu nous invite à faire telle ou telle chose. Et, ce qui est vrai pour le fait de fumer l'est également pour le fait de voler ou de porter secours à quelqu'un en difficulté. Les incivilités et les désordres sont « des prises ». Cette mission du garant commence dès l'abord des lieux : que ce soit la zone autour de la porte d'entrée de l'établissement scolaire, la salle d'attente d'un bailleur social ou l'organisation de la file d'attente à une piscine. Soit l'usager perçoit que le garant a veillé, dès cet instant, à organiser les rapports entre les usagers eux-mêmes, mais aussi avec le service auquel ils vont avoir accès. Soit il ne le perçoit pas, et entrevoit alors que le lieu n'est pas très structuré en termes de son usage. Puisque la file d'attente est organisée « n'importe comment », c'est sans doute qu'on peut se comporter « comme on veut », ou même « n'importe comment ». Si, par exemple, il y a plusieurs guichets qui traitent les clients en parallèle, et que, comme c'est souvent le cas, certaines files avancent plus vite, avant même d'avoir pénétré dans l'équipement, l'usager potentiel a déjà un sentiment de ressentiment, et s'est peut-être même accroché avec un autre client ou un agent. Il faut engendrer directement des « prises positives » : faire en sorte que toutes les indications sur la manière de se comporter civilement aillent de soi. Sur le plan du quartier, on peut aussi favoriser une « économie de rez-de-chaussée » qui contribuerait, à sa manière, à l'hospitalité des lieux environnant les logements populaires du fait de leur utilisation collective et de la sociabilité qu'elle engendre[7].

L'affichage et l'évocation humaine des règles sont indispensables. Il est fondamental que ceux qui ont en charge ce rappel soient justes dans cette mission. L'application partiale de la règle d'usage achève de lui faire perdre tout crédit. Mieux, la violer devient une question d'égalité et de justice. Écoutons un élève : « C'est interdit de fumer dans le collège et il y a des profs qui fument dans le collège, alors si dans le règlement tu vois qu'il est interdit de fumer, toi tu signes, tes parents signent et tu vois des profs fumer, tu pètes les plombs, ils se foutent de notre gueule, ils passent avec leur cigarette devant nous... Écoute ! si les adultes ne respectent pas le règlement, pourquoi on doit le respecter ? Moi aussi je me mets à fumer et je l'ai fait, oui j'ai été viré deux jours, mais je l'ai fait[8]. » Nous avons indiqué comment les adultes dans les établissements scolaires se parent du droit de faire, comment les contrôleurs des autobus peuvent jouer aux chasseurs de tête, les conducteurs s'ériger en seuls maîtres à bord, les policiers ou gendarmes contrôler les identités à répétition, les agents de sécurité des commerces filtrer à la tête du client. Si la présence humaine a un caractère aléatoire et discriminatoire, elle renforce l'idée d'arbitraire et provoque des comportements de désordre et de violence[9]. Si elle est systématique et juste, la surveillance est mieux

Dès la prise de contact entre le garant des lieux et l'usager, on devrait pouvoir favoriser un accueil qui serait l'occasion de préciser comment fonctionne l'usage des lieux. La procédure de présentation ou de rappel des règles est en elle-même cruciale, car comme le rappelle Tom Tyler « lorsqu'on a le sentiment d'avoir été traité de manière impartiale, on se sent moralement obligé d'obéir[10] ». Le rappel des usages est nécessaire parce que les règles sociales ne s'imposent pas d'elles-mêmes. Des règles expliquées gagnent en légitimité, ne serait-ce que parce qu'elles sont mieux comprises et que les points flous sont gommés. Dans les immeubles où les locataires changent souvent, il est encore plus utile de s'y livrer. Sur ce point, les autres résidants volontaires pourraient tout à fait jouer un rôle dans un tel dispositif.

À l'évidence, la manière de gérer l'espace et d'y construire les relations interpersonnelles a une importance énorme. Des études menées en Angleterre ont montré que les comportements des élèves sont associés à la gestion de la classe, à la qualité des conditions de travail, aux relations qui unissent enseignants et élèves ainsi qu'aux gratifications positives qui sont renvoyées aux enfants[11]. Il est aujourd'hui plus courant de rechercher un entretien réactif des espaces. C'est, par exemple, le cas dans nombre de communes pour effacer les tags en réponse à un appel de la population. La *réactivité* de l'entretien est sans doute plus importante que la vétusté des lieux dans l'appréciation que porte l'habitant. En effet, elle montre la présence *continue* du garant.

La veille sur les lieux peut passer par l'usage de la technologie : que ce soit les détecteurs de métaux, les portiques de filtrage d'accès ou encore la télé et la vidéosurveillance. Il s'agit là d'instruments techniques qui doivent être intégrés à une politique générale de gestion de l'espace, dont l'usage ne saurait constituer une fin en soi et qui ne sont pas des outils suffisants en eux-mêmes. On aurait cependant tort de se priver de leur utilité. En effet, il est difficile d'être présent partout au même moment, mettons dans l'espace d'une commune. Voir à distance permet de réagir. Dans le même esprit, si la détection aléatoire des armes blanches dans un établissement scolaire particulièrement difficile permet d'éviter les blessures graves, pourquoi s'en priver ?

Quelle est la contribution de l'usager à la mission du garant des lieux ? Le garant ne se confond pas avec un maître des lieux tout-puissant. Dans l'idéal, établir des règles d'hospitalité revient à associer étroitement l'affirmation de règles d'usage dans des lieux et l'accueil de tous les utilisateurs de ces mêmes espaces. Le garant des lieux collectifs a une exigence d'hospitalité : les deux aspects s'interpénètrent. Comme l'écrit Godbout : « L'hospitalité ne consiste pas à donner un espace à l'autre, mais à recevoir l'autre dans son espace[12]. » L'affirmation d'un garant des lieux collectifs, elle, ne se résume pas à la définition d'un « gardien du lieu » dès lors que ce lieu n'est pas un espace privé. D'ailleurs, même les lieux commerciaux qui reçoivent du public, les autobus, les centres commerciaux, etc., doivent être considérés comme collectifs dans une société marchande. On devrait donc savoir associer les usagers ou les habitants à la production de la sécurité sans en faire des professionnels : les élèves peuvent être conviés à la formulation des règles et donc ne pas y être confrontés comme à la « loi des adultes », les locataires peuvent organiser des chartes d'usage bien plus collectives que les obligations contenues dans le bail entre logeur et logé, et ainsi de suite. Ce n'est pas une douce utopie : depuis l'année 2000, l'Union nationale des bailleurs sociaux a commencé à réfléchir à des « chartes de voisinage », et essaie de développer une méthode pour les mettre en place. Ils identifient des « facteurs de réussite » : l'implication du personnel de proximité, sa qualification, travailler à l'échelle pertinente, favoriser la décentralisation des antennes de gestion[13].

Il apparaît crucial de souligner que l'hospitalité est constitutive d'un rapport d'usage des lieux asymétrique : le simple usager, de passage pour tous les canaux de circulation urbains, ne peut être tenu pour le responsable des lieux, même si son comportement a une influence sur celui des autres. Il faut éviter dans tous les cas de tomber dans le mythe autogestionnaire des lieux par l'usager. Il en va de même dans un établissement scolaire : réfléchir à la place des élèves ne revient pas à placer tout le monde sur un pied d'égalité à tous égards. Les adultes de l'établissement sont en position d'autorité, ce qui n'est pas contradictoire avec le fait de construire un garant des lieux qui donne une place aux élèves. Cela permet d'avoir une relation réciproque : recevoir et être reçu à son tour. C'est d'ailleurs dans cet esprit qu'un établissement scolaire (cf. chapitre 9) fait organiser des événements festifs par les élèves au cours desquels ils sont ceux qui reçoivent. La fonction du garant peut également être de faciliter l'autoprotection des usagers du lieu. La SNCF en a donné un exemple intéressant au début de l'année 2001. En soirée, elle propose des rames réduites de RER afin de rassembler les voyageurs au centre du train, avec un renforcement de la présence humaine. Le fait d'être nombreux n'est pas une garantie absolue qu'aucun incident ne se produira, mais il y a en général une recherche de tranquillité et d'absence de témoins par les agresseurs.

D'une manière générale, il me semble que la voie à explorer n'est ni celle de la participation spontanée, généreuse et durable de la population (laquelle d'ailleurs ?), ni celle de la seule réponse des professionnels. Tout le défi réside dans la découverte d'équilibres et de modalités nouvelles. D'un côté, les voies dites de « médiation » témoignent de l'orientation professionnelle, avec les problèmes soulignés. D'un autre côté, les habitants ne peuvent intervenir sans caution des pouvoirs publics. La « brigade des parents » de Stockholm, et de vingt autres villes suédoises, en offre un exemple. Le soir, des pères et mères volontaires déambulent dans les rues, recherchent le contact avec des jeunes qui traînent. Lorsque la situation est critique, ils sont en lien avec la police. Ils portent un blouson avec la mention « papas en ville » ou « mamans en ville[14] ». Cela signifie clairement qu'un père ou une mère ne peut pas aller dans les rues à la rencontre des jeunes sans porter sur soi un signe distinctif qui confère une légitimité pour le faire. Ce mixte d'implication des habitants dans l'espace collectif et de reconnaissance institutionnelle est une formule intéressante en ce qu'elle limite l'ampleur de la délégation aux professionnels. En France, certaines municipalités en appellent aux parents de bonne volonté pour lutter contre les incivilités, comme la commune de Saint-Herblain par exemple, par l'intermédiaire de son journal *Le Petit Civil illustré*. Il reste à organiser concrètement ces actions, et surtout à les pérenniser.

Les défis à relever

Nous avons défendu l'idée que ce sont les organisations qui créent l'espace. Or il y a fort à faire pour améliorer la coordination des services. En matière de police, si un délinquant traverse le périphérique parisien, les agents à sa poursuite sont dans l'incapacité de communiquer, ne serait-ce que par radio, avec leurs collègues de la commune voisine : il y a une barrière départementale. Ce phénomène bien connu existe en matière de réponses aux désordres, par exemple pour l'entretien des espaces du bailleur (le trottoir) et de la commune (le caniveau du même trottoir). Les correspondants de nuit de la mairie, souvent, ne sont pas en contact avec les policiers municipaux car leurs horaires respectifs ne s'y prêtent pas : les uns prennent leur service quand les autres le terminent. L'information ne peut donc pas circuler. Dans l'organigramme d'un transporteur, agents d'ambiance, contrôleurs et responsables des abribus ne communiquent pas nécessairement : leurs logiques d'action ne sont pas coordonnées. Les exemples sont légion. Nous avons montré comment les travailleurs sociaux d'un même quartier ne se soucient pas de partager la connaissance du public qu'ils sont censés avoir en commun ou d'établir des stratégies coordonnées à partir d'une vision globale du lieu dans lequel ils opèrent tous.

Le défi des institutions publiques consiste, d'une part, en leur propre coordination et, d'autre part, en une adéquation entre le territoire de coordination et celui du problème social à résoudre. Autrement dit, si la délinquance est supra communale, la coordination ne peut se contenter d'être intra communale.

Dès lors que construire le garant implique plusieurs organisations, cela suppose une certaine stabilité des hommes sur un lieu. Or on peut avancer que règne une confusion entre la continuité des institutions légales et la pérennité des hommes. Les cadres nationaux changent en permanence : que ce soit le patron des gendarmes, des policiers, des enseignants, des magistrats ou même les préfets. Nommés, ils doivent découvrir leur terrain d'action, puis rapidement ils ont les yeux tournés vers leur prochaine mutation. Or cette valse des fonctionnaires rend improbable toute stabilisation des coordinations entre administrations ou équipes. Ce qui est vrai au niveau des cadres l'est également des agents. La stabilité territoriale constituera un des défis pour l'administration et notamment pour la police de proximité : seule sa réalisation donnera chair à la réforme, en changeant les relations interpersonnelles. On voit que l'organisation actuelle des intérêts sociaux et des administrations est une entrave à la coordination, mais qu'elle n'interdit pas les évolutions. Le paradoxe est que moins la société est localisée, plus les citoyens sont mobiles, et plus les responsables de la sécurité devront avoir un enracinement local fort.

On l'a perçu pour la police ou l'Éducation nationale, et des réformes ont vu le jour. Le recrutement des policiers se fera de plus en plus systématiquement au plan régional. Dans les écoles, le ministre concerné a décidé en 2001 de renforcer la cohérence des équipes éducatives, c'est-à-dire de l'ensemble des personnels d'un établissement, et pour cela, il a l'ambition de limiter la rotation des enseignants et de permettre au chef d'établissement de rassembler autour de lui des volontaires, dont la carrière sera bonifiée s'ils restent cinq années dans l'établissement choisi. De telles avancées méritent d'être soulignées. Elles relèvent d'une logique managériale, preuve que l'État peut évoluer. Tout comme l'opposition syndicale à de telles mesures : ces critères qui visent à l'efficacité ne font pas partie de leur culture des droits acquis et des points d'indice obtenus à l'ancienneté. Ces réformes qui tentent de mettre en place une « nouvelle fonction publique » entrent en conflit avec les règles anciennes qui prévalent largement.

Les organisations publiques et privées ont souvent perçu le défi des désordres mais elles n'ont pas nécessairement adapté leurs structures. Quelles sont les motivations concrètes des salariés pour traiter les petits troubles ? Ceux à qui on les confie sont tout en bas des lignes hiérarchiques et l'on estime qu'il n'y faut guère de qualification. Est-ce que l'agent qui se soucie des besoins de l'usager peut en espérer quelque reconnaissance par son employeur ? Le plus souvent, ce ne sont pas ces comportements qui sont valorisés et permettent de faire carrière. Si les transporteurs, les logeurs, les écoles, veulent des réponses aux désordres, ils doivent avoir des hommes parmi les plus motivés pour les conduire. De nombreuses études sociologiques ont montré que la contribution d'une collectivité au niveau de délinquance est très importante : favoriser la cohésion locale apporte des bénéfices incontestables. Les policiers ou magistrats le savent, le gouvernement en a fait un leitmotiv. Mais, tant qu'on ne valorisera pas les activités pénales dans cette direction, les organisations répressives continueront à chercher à « faire du chiffre », c'est-à-dire à poursuivre les délinquants, donc à miser sur la seule approche policière quels que soient ses effets réels, plutôt qu'à chercher à diminuer la délinquance par différents moyens, notamment en stimulant les réponses par la population elle-même. La manière dont fonctionnent les organisations contribue à expliquer la prolifération des désordres et le fait qu'on n'y apporte pas de réponse efficace[15].

On entend dire de plus en plus que le problème des incivilités et de la délinquance serait réglé s'il y avait une meilleure codification et cela se traduit par la fabrication de guides, comme le code des sanctions, adressé aux établissements scolaires par un récent ministre de l'Éducation nationale, Claude Allègre. Si l'on avait de meilleurs textes qui nous disent quoi faire, il n'y aurait plus guère de problème, telle est l'analyse. Dans *La Mort du sens commun*, Philipp Howard a écrit quelque chose d'assez éclairant à propos de la prolifération des procédures bureaucratiques de codification. Une fois qu'on a l'idée de couvrir explicitement toutes les situations par des règlements, la loi déborde et s'étend en permanence. Le point de certitude suffisante n'est jamais atteint : à chaque fois, le fait d'avoir codifié pousse à trouver de nouveaux trous dans la codification et à la compléter. On s'engage alors dans un processus qui a de fortes chances de ne jamais aboutir : la codification n'est jamais suffisamment précise pour ceux qui vont avoir à l'utiliser effectivement. Il y a une conséquence non voulue à cela : plus on codifie, plus on va se focaliser sur le langage légal, sur le langage de la codification par le droit, comme si l'homme de loi était une sorte d'oracle. La tentation du responsable de terrain est de changer son comportement et d'agir ou refuser d'agir en fonction de la légalité des actes. Il s'arrête de se poser la question de bon sens, il ne se demande pas « qu'est-ce qu'il faut faire ? », mais « que doit-on faire pour respecter la procédure codifiée ? ».

Dans cette configuration, les personnes n'ont pas à réfléchir par elles-mêmes. Plus la codification est complète, plus l'idée sous-jacente est que les individus n'auront pas besoin de penser. Par exemple, l'idée serait que le responsable de l'établissement n'a pas besoin de réfléchir à la situation, il doit consulter le texte et y trouver les éléments de codification qui vont lui permettre de trouver une réponse à son problème et de se garantir d'avoir bien fait son travail au regard de son employeur ou son supérieur. Dans une culture de précision légale, ceux qui fabriquent la loi sélectionnent plutôt les situations à propos desquelles ils peuvent écrire des règles claires. Autrement dit, ceux qui conçoivent les règles ne cherchent pas à résoudre le problème visé, ils rédigent des codes à propos des objets qui s'y prêtent. C'est pourquoi il apparaît plus judicieux de chercher à établir des règles constitutionnelles s'appliquant aux usages dans les lieux collectifs, des principes généraux qui guident la pratique d'hommes et de femmes réfléchissant à la solution d'un problème et ne se contentant pas de consulter un code écrit.

Défendant l'idée que le problème s'alimente à la structure de l'espace urbain, que des interstices se creusent avec l'impersonnalité de l'espace collectif, il s'agirait plutôt de formuler des règles d'usage des lieux collectifs et de se donner les moyens de les faire respecter. Ces règles d'hospitalité ne peuvent pas être assimilées à un cours de citoyenneté, un savoir désincarné. Il ne s'agit pas non plus d'afficher un règlement intérieur avec des punaises à l'entrée des bâtiments. Il s'agit d'en faire une connaissance chaude. Cela suppose un garant des lieux qui ne se comporte pas de manière arbitraire et qui tende son énergie vers la résolution des problèmes plus que l'application de codes généraux. Dans l'esprit de Philipp Howard, il me semble qu'il est crucial de chercher à constituer les individus en tant que collectif qui réfléchit à ce qui lui arrive : l'important est d'avoir des « principes constitutionnels », au sens de principes généraux que les individus appliquent intelligemment de façon toujours différente. Cela est aussi vrai dans un établissement scolaire que sur une ligne d'autobus, dans un ensemble de logements ou une ville tout entière. Cela suppose, non pas de multiplier les codifications légales, mais de faire confiance et donner les moyens à ceux qui ont pour mission de décliner ces principes généraux dans un lieu particulier. Il faudrait faire en sorte que ces règles soient hospitalières vis-à-vis de tous, bref qu'elles ne soient pas une manière déguisée de fermer la porte aux plus démunis, et qu'elles ne soient pas non plus suspendues dans leur application au motif de cette condition sociale.

ANNEXE

Sources empiriques issues des recherches personnelles

Ce livre est issu de six années d'études et recherches. Elles ont été conduites pour l'essentiel lors de travaux collectifs sous ma responsabilité dans des communes ou agglomérations situées en région parisienne (dans le Val d'Oise : Villiers-le-Bel, Cergy-Pontoise, Arnouville, Éragny et Argenteuil) et en région Rhône-Alpes (Chambéry, Romans, Grenoble, Saint-Étienne, Villefontaine, Vénissieux, Villeurbanne). Il faut également mentionner la ville de Marseille ainsi que des journées d'études dans les communes d'Orléans, Belfort ou de Vauréal d'où sont rapportés des témoignages de la population.

Ces travaux ont fait l'objet de publications grises, de rapports de recherche. Les principaux documents référencés figurent ci-après. On peut distinguer les enquêtes quantitatives et les travaux qualitatifs à partir d'entretiens.

Enquêtes quantitatives

Enquête de délinquance auto-rapportée portant sur 2 280 jeunes de 13 à 19 ans échantillonnés par tirage aléatoire sur liste dans les établissements scolaires des agglomérations de Grenoble et Saint-Étienne en mai et juin 1999. Voir Roché Sebastian (sld), Astor Sandrine, Boulé Sylvie (2000), *Enquête sur la délinquance auto-rapportée des jeunes, rapport final pour la Fondation MAIF, les ministères de la Justice, l'Intérieur, la Défense, la Semitag, CERAT, Grenoble*. L'UTP a contribué à l'analyse approfondie de ces données.

Enquête sur les incivilités portant sur un échantillon de 920 personnes représentatif de la population âgée de 18 ans de Saint-Étienne, échantillonné suivant la méthode des quotas croisés (sexe, âge, situation professionnelle) et stratifié par quartier (les 28 zones Insee) de mai et juillet 1995. Voir Roché S. (sld), Four P.-A., Poisblaud K., Blattier C., Courtaud P., Grasset Y. (1998), *L'ordre social et la loi ou le problème des incivilités*, Grenoble, CERAT, rapport pour le ministère de la Justice et la Délégation interministérielle à la Ville. Volume 2 : Résultats d'un sondage représentatif de la ville de Saint-Étienne, 149 pages.

Deux enquêtes (en 1998 et 2000), sur les incivilités portant sur un échantillon de 701 personnes représentatif de la population âgée de 18 ans de Romans (soit au total 1 400 enquêtés), échantillonné suivant la méthode des quotas croisés (sexe, âge, situation professionnelle) et stratifié par quartier (les 6 zones Insee) en juin 1998. Voir Roché S. (sld) & Boulé S. (1998), *Sentiment d'insécurité, victimation et incivilités, une enquête représentative de la population de Romans*, Grenoble, CERAT, rapport de recherche pour la ville de Romans et la préfecture de la Drôme, 125 pages. Voir également Roché S. et Astor S. (2000), *Sentiment d'insécurité, victimation et incivilités. Évolutions 1998-2000.* Rapport d'étude pour la commune de Romans, Cerat, Grenoble, et Roché S. et Astor S. (2000), L'insécurité dans la commune de Romans. Analyse détaillée des enquêtes de 1998 et 2000. Rapport d'étude pour la commune de Romans, CERAT, Grenoble.

Enquête sur la perception du comportement des jeunes auprès de 632 commerces du centre de Grenoble, « échantillonnage » intégral : interrogation d'une personne dans chaque petit commerce (i.e. hors grands magasins) présent dans la zone retenue. Voir Roché S. (1990a) *Le commerce, les jeunes et la sécurité*, Grenoble, rapport pour le CoDASE et le Conseil général, 25 pages.

Enquêtes qualitatives

Roché S., Four P.-A. (1999), *Rapport d'évaluation du service des correspondants de nuit*, pour la Mairie de Chambéry, l'OPAC de Chambéry et la SAIEM, Grenoble, 31 pages.

Roché S., Four P.-A. (1999), *Médiation et sécurité dans la commune de Vénissieux*, rapport pour la Mairie de Vénissieux, Grenoble, 36 pages.

Roché S. (1999), *Réduction des incivilités, note de synthèse n°2*, Villeurbanne, document polycopié, 4 pages.

Roché S. (sld), Four P.-A., Poisblaud K., Blattier C., Courtaud P., Grasset Y. (1998) *L'ordre social et la loi ou le problème des incivilités*, Grenoble, CERAT, rapport pour le ministère de la Justice et la Délégation interministérielle à la Ville. Volume 1: les professionnels de l'ordre en public, p. 201.

Roché S., Four P.-A. (1998c), *Diagnostic local de sécurité de la commune de Villefontaine*, Villefontaine, Mairie, 54 pages.

Roché S. (en collaboration avec), Dubouchet L., Berlioz G. (1998), *Diagnostic local de sécurité pour Marseille*, Châteauneuf-le-Rouge, rapport pour la ville de Marseille et la Préfecture des Bouches-du-Rhône, document polycopié, 128 pages.

Roché S. (sld) avec Blatier C. et Four P.-A. (1995), *Incivilités et désordres dans le Val d'Oise*, Rapport pour le ministère de la Justice (TGI de Pontoise), 60 pages.

Tous mes remerciements vont aux financeurs privés et publics de ces études et recherches, ainsi qu'aux municipalités et aux établissements scolaires, et également aux personnes interrogées qui ont permis la réalisation de ces travaux.

NOTES

INTRODUCTION : Face aux incivilités : l'excuse ou la tolérance zéro ?

1. Nous utiliserons les mots « incivilité » et « désordre » comme des synonymes.

2. Villiers-le-Bel, Cergy-Pontoise, Arnouville, Éragny, Argenteuil, Vauréal, Chambéry, Romans, Grenoble, Saint-Étienne, Villefontaine, Vénissieux, Villeurbanne, Orléans, Belfort.

3. Les données empiriques recueillies dans une dizaine de villes de France depuis 1995 sont décrites dans l'annexe 1. Nous nous y référons dans le texte en nous contentant de citer le nom des villes.

4. Ce fait est bien connu des autorités, ces chiffres sont tirés du rapport sur « Une meilleure répartition des effectifs de la police et de la gendarmerie pour une meilleure sécurité publique » du député Roland Carraz et du sénateur Jacques Hyest, remis au Premier ministre en avril 1998.

CHAPITRE PREMIER : La théorie de la vitre brisée ; la tolérance zéro

1. L'article est consultable sur le site internet de la revue *Atlantic Monthly*.

2. J'avais rassemblé ces analyses en 1996 dans *La Société incivile* (Seuil).

3. Voir notamment Jean-Paul Payet qui publie un article intitulé « Civilité et ethnicité dans les collèges de banlieue » dès 1992.

4. Des criminologues et historiens américains l'ont souligné les premiers parce que les États-Unis ont été touchés plus tôt et plus massivement. On parle de la théorie de « l'inversion de la tendance à la pacification des mœurs » (Lane, 1989) ou de la « courbe en U » (Gurr, 1989), c'est-à-dire de la remontée du nombre de meurtres après une baisse de plusieurs siècles. Depuis plus de quinze ans, le caractère international a été souligné par des Américains (Archer et Gardner, 1984), des Canadiens (Cusson, 1990) et des Européens (Van Dijk, 1991 ; Eisner 1995 ; Smith, 1995).

5. Anderson, 2001 : 9.

6. Anderson, 2001 : 9.

7. Le plus souvent la cartographie consiste à faire, sur la carte des quartiers d'une commune, des « taches » dont la taille varie avec le nombre de délits. Mais il existe cependant des villes équipées d'un système de cartographie par numéro de rue mis à jour quotidiennement, notamment Paris (il laisse cependant échapper les

délits commis à Paris, mais déclarés dans les communes périphériques par la masse des victimes de banlieue qui rentrent chez elles le soir).

8. Innes, 1999 : 399.

9. Le pamphlet du magistrat Georges Fenech, *En finir avec la criminalité et les violences urbaines*, Grasset, 2001, qui se prépare à briguer un mandat de député dans le Rhône en 2002, en est un exemple.

10. En anglais, on parle de « communauté de voisinage », mais il faut savoir que le mot est polysémique : on parle de communauté pour tout, aussi bien l'école que le quartier, la ville entière ou le groupe ethnique par exemple.

11. Voir son article « Broken Windows versus A New Look », *Law Enforcement News*, 15 mars 2001, page 9.

12. William W. Bratton et Peter Knobler, *Turnaround : How America's Top Cop reversed the Crime Epidemic*, NY, Random House, 1998.

13. Chamboredon, 1970 : 19-20.

14. Ce qui n'ôte aucune légitimité à la dissertation comme forme du travail scientifique.

15. J'ai présenté l'évolution des courbes du chômage et des délits dans *La délinquance des jeunes*, Seuil, 2001.

16. Sur ce point, voir les travaux de Vincent Tournier et Laurent Bègue.

17. Par exemple Maxfield, 1984 ; Sampson et Cohen, 1988 ; Skogan, 1990.

18. Conklin, 1975.

19. Maxfield, 1984.

20. Beck et Willis, 1995.

21. Taylor, 1997.

22. Payet, 1992.

23. Telle a été l'expérience de l'auteur lors de ses premiers travaux à Grenoble au milieu des années 1980 (voir Roché, 1991). Voir aussi à Marseille les analyses de Michel Anselme, 1993.

24. On pourrait ainsi citer, sans que la liste soit limitative, Ackerman, Jeudy et Dulong qui parlent de « Ces riens [qui] constituent précisément les faits qui alimentent le commentaire et consolident l'argument de l'insécurité » (Ackermann et *alii*, 1983 : 55) et aussi un peu plus tard François Dubet et Didier Lapeyronnie pour qui « les risques sont très largement surestimés » étant entendu que les « habitants ne pouvaient décrire que peu de cas de délinquance explicite » (1992 : 71).

25. À propos de l'étude des mains courantes tenues par la police, voir Bonaffé-Schmitt, 1992 : 178.

26. Soulignées par Rosanvallon et Fitoussi, 1996.

27. Pour les transports en commun, voir Kokoreff, 1991, ou Baradel, 1992, pour l'habitat social voir Boucaud, Haudebourg et Léon, 1993, ou Anselme, 1993 ; pour les espaces commerciaux, Midol, 1995.

28. Rosanvallon, 1990.

29. Wieviorka, 1996.

30. Dès le début de l'analyse des risques, Chauncey Starr (1969) a le premier mis en valeur ces biais perceptifs. C'est ainsi que les accidents d'avion frappent plus l'imagination que ceux de voitures, bien que nous continuions à mourir bien plus au total sur la route chaque année : imaginez seulement que les morts dans des accidents aériens soient de l'ordre de 8 000 à 9 000 par an en France ! Or c'est bien le tribut que nous payons à la route.

31. Les institutions ne perçoivent pas les choses autrement, voir notamment l'écho obtenu par l'échelle des violences urbaines, qu'on devrait plutôt appeler échelle des tremblements sociaux, calquée sur celle de Richter et diffusée par Lucienne Bui-Trong (1993) des Renseignements généraux. Ce type d'outil n'a pas de fonction scientifique bien qu'il soit susceptible d'aider les décideurs à se forger un langage commun et les acteurs locaux à motiver leurs actions et réactions. Avec Richter, on peut comparer l'intensité de deux séismes. Mais, avec les tremblements

urbains, le séisme c'est l'émeute, mais c'est aussi le plus haut barreau de l'échelle. Une échelle améliorée voudrait enregistrer les caractéristiques qualitatives des différentes émeutes. Il serait alors moins facile de les hiérarchiser sur une échelle unidimensionnelle : le tremblement social se laisse appréhender sous différents angles dont chacun jugera l'importance à l'aune de sa position.

32. Arendt, 1972.
33. Boudon, 1995 : 350.
34. Expressions empruntées à Harold Garfinkel, 1967.
35. Arendt, 1972 : 185.
36. Ogien, 1995.
37. Downs et Rock, 1988 : 1.
38. *Ibid.* : 3.
39. Castan, 1975.
40. Sauf à les utiliser comme système de marquage du territoire et pression instrumentale destinée à faire fuir les résidants d'un espace pour l'occuper en vue d'un commerce illégal par exemple.

CHAPITRE 2 : La notion d'incivilité

1. Michèle Tribalat en donne un exemple avec le vol de « tartes maison » à la fenêtre d'un petit commerce de la commune de Dreux. Les voleurs viennent charrier le commerçant le lendemain à propos de ses faibles capacités à la course à pied : il avait échoué à les rattraper (1999 : 68).
2. Voir la revue de la littérature dans Cusson, 1999.
3. Stoetzel, 1984 et Riffault, 1994.
4. Sellin et Wolfgang, 1964 puis Wolfgang et *alii*, 1995.
5. On ne saurait cependant ignorer les fluctuations historiques de cette distinction : l'idée que, par exemple, il existe une sphère privée comme le domicile et à l'intérieur de ce dernier des espaces de privauté pour les individus s'est construit progressivement depuis le XVIIIe siècle, voir Ariès, 1984.
6. Khir, 1999 : 39.
7. Il s'agit de personnels recrutés par la municipalité ou travaillant en liaison avec elle et qui sont censés être proches des jeunes, par l'âge, l'origine ethnique notamment.
8. Bordet, 1998.
9. Vidal-Naquet, 1998 : 37.
10. Ballion, 1997 : 53.
11. Safia Khir rapporte le témoignage d'une concierge : « À chaque fois qu'elle change son gamin, elle jette la couche par la fenêtre », « la dame avant, quand elle n'avait pas de bébé, il n'y avait pas de couche, maintenant qu'elle a son bébé, on a des couches » (1999 : 39). À Vénissieux, la concierge d'un ensemble d'immeubles des Minguettes nous rapporte que l'on trouve également des locataires adultes qui mettent leurs déchets à côté du vide-ordures, laissent leur électroménager devant les portes palières. Ce peut être le fait de personnes âgées qui veulent enlever une cuisinière et qui n'ayant pas de voiture ne peuvent pas aller à la déchetterie. Les adultes jettent des serviettes hygiéniques ou des couches pour bébés sur les pelouses. Par la fenêtre, on envoie « des plats complets, pâtes, riz, couscous ».
12. Les pouvoirs publics font une sorte d'audit suivi de préconisations d'actions.
13. Chantelat, Fodimbi, Camy, 1998 : 41.
14. Adamkievicz, 1998 : 52.
15. Communication du Principal, Claude Charbonnier, au Plan national de formation « De l'incivilité à la conscience citoyenne », Grenoble, UPMF, 8 mars 2000.
16. Payet, 1999 : 25.
17. Ballion, 1997 : 54.

18. André et Lelord, 1999 : 198.
19. Tribalat, 1999 : 66.
20. Lepoutre, 1997.
21. Pour un tour d'horizon socio-historique, voir le dictionnaire de Alain Montandon, 1995.
22. Cf. l'histoire de la désodorisation par Alain Corbin, 1986, de l'hygiène par George Vigarello, 1985.
23. Elias, 1973.
24. Becker, 1985 : 33.
25. Goffman, 1973.
26. Becker, 1985 : 33.
27. Debarbieux, 1999.
28. Villechaise-Dupont, 1999 : 114.
29. Raffestin, 1997 : 176.
30. Becker, 1985 : 33.
31. Le contexte a changé depuis la première publication de *Outsiders* en 1963. La tolérance vis-à-vis de nombre de comportements a augmenté, qu'il s'agisse de l'homosexualité, de l'usage de marijuana ou même du vol — sur ce dernier point entre 1975 et 1989, voir Percheron, 1989.

Chapitre 3 : Les incivilités sont-elles des délits ?

1. Pour simplifier, nous allons utiliser les mots « infraction » et « délit » comme des synonymes.
2. Même si en longue période le règne de la loi et la civilisation des mœurs ont marché d'un même pas, voir le rapprochement des travaux de Norbert Elias (1973) et de la criminologie quantitative historique (T. R. Gurr, 1989).
3. Adamkiewicz, 1998 : 50.
4. Comme le disent Chantelat, Fodimbi, Camy, 1998 : 43.
5. Riffault, 1994.
6. Qui sont la très grande majorité, voir les volumes annuels d'*Aspects de la délinquance et de la criminalité en France*, Paris, la Documentation française.
7. Ainsi : les destructions, dégradations ou détériorations sont qualifiées juridiquement comme délits (art 322-1 du Code pénal), et s'il y a un dommage léger, ce sont des contraventions de 5e classe (art R 635-1). Les graffitis sur façades, mobilier urbain, voie publique et véhicule sont des délits (art 322-1 alinéa 2). Les jets de matériaux ou dépôts de matériaux sont des contraventions de 2e classe (art R 632-1), les injures ordinaires des contraventions de 1re classe et de 4e classe si elles sont racistes (R 624-4). Les menaces sont des contraventions de 3e classe, tout comme les bruits et tapages injurieux ou nocturnes (R 623-1). Voir la présentation reproduite par Julien Damon (2000 : 10).
8. À propos de la circulation automobile, voir Zauberman, 1998.
9. Salvetti, 1996.
10. Les enquêtes britanniques montrent que le vandalisme est très mal pris en compte par les statistiques officielles de police. En 1987, le *British Crime Survey* estime à 305 000 le nombre de ces actes enregistrés, à 400 000 ceux portés à la connaissance de la police et à 2 200 000 ceux qui sont commis, c'est-à-dire 5 fois plus. Et encore, dans les statistiques officielles, le nombre d'actes de vandalisme enregistrés a-t-il augmenté de 52 % de 1981 à 1987 (Mayhew, Elliott, Dowds, 1989 : 15), ce qui a dû « améliorer » la statistique officielle. D'après le BCS, sur la même période, le nombre d'actes de vandalisme (1993) a crû de 9 %, et le taux de notification à la police est passé de 22,2 à 23,7 (soit une augmentation de 7 %) (Mayhew, Elliott, Dowds 1989 : 16).

11. Comme lorsque six enfants sont morts noyés au cours d'une sortie scolaire. La réaction du procureur général, J.-F. Burgelin lors du procès du Drac a été de souligner les limites de la pénalisation (*Le Monde* du 8 février 2000).

12. À ce propos, notons que le garde des Sceaux a parlé, cette fois, de « tendre à répondre à tous les délits » et non de répondre à tous les délits contrairement à ce qu'en a rapporté *Le Monde*. Peut-être cela a-t-il une signification ?

13. Les policiers soulignent volontiers cet aspect, comme l'a fait Hubert Weigel, directeur départemental de la sécurité publique de la Drôme (1999 : 22-23).

14. Hogwood, 1987.

15. Déclaration largement reproduite dans *La Vie du rail* n° 2666, 14 octobre 1998.

16. Voir le document « Lutte contre la violence en milieu scolaire », publié au BO n° 11, le 15 octobre 1998 (hors série).

17. Apap, 1990 : 57.

18. Cela n'empêche pas certains de se poser sérieusement la question des incivilités. Voir les réflexions du magistrat Didier Peyrat (1999) ou du commissaire Michel Felkay (1998) par exemple.

19. Wyvekens, 1995.

20. Foucault, 1975.

21. Pour des exemples comparables dont sont saisis les conseils municipaux, voir Bailleau et Garioud, 1991.

22. Cohen, 1955.

23. Comme l'explique le commissaire Weigel, 1999 : 23.

24. Les faits divers abondent. À la suite d'un décès à l'hôpital de Châteaudun, l'un des chirurgiens a été suspendu en avril 2000. Des extraits du rapport de l'enquête administrative de l'Agence régionale d'hospitalisation (publiés dans *Le Monde*, 14 avril 2000, page 9) montrent que le docteur B « a une attitude dictatoriale et interpelle le personnel dans des termes grossiers et insultants ».

25. On pourrait d'ailleurs faire l'hypothèse générale que les incivilités favorisent la désorganisation, aussi bien celle des quartiers pauvres que d'un service : par exemple, la mésentente entre les chirurgiens A et B est une cause possible du décès d'un patient à l'hôpital, les comportements outranciers des passagers des avions qui perturbent le service des hôtesses, etc. Cela dit, si l'on cherche en quoi les incivilités favorisent la délinquance de rue, force est de se tourner vers les comportements des populations qui contribuent le plus à cette délinquance, par opposition à celle qui se réalise en col blanc.

26. Nightingale, 1993.

27. Éditorial de Bernard Plasait, 15 janvier 1998.

28. Dujols, 1999 : 22-23.

29. Wacquant, 1999 : 22.

CHAPITRE 4 : Désordres et méfiance

1. Voir annexe 1 pour la description des sources empiriques.

2. Bien que nous ayons essayé de prendre des mesures variées d'un phénomène multiforme, il est utile de préciser que les résultats laissent de côté certaines formes de comportements comme ceux qui concernent les automobilistes ou encore les usagers du train, de l'avion, etc. Les sondages sont centrés sur la vie de voisinage et la description de ce qui se passe dans cet espace.

3. Pour les détails techniques, nous renvoyons au rapport d'enquête. L'indice reprend les 4 thèmes évoqués précédemment : consommation d'alcool ou de drogue en public, gêne de voisinage, entretien et dégradations. Il permet de connaître la fréquence des problèmes que les personnes interrogées disent rencontrer dans leurs quartiers. Pour la création de cet indice global, les 4 indices précédents ont été

recalculés sur un mode binaire (en deux positions — pas de problèmes ou existence d'un problème) de manière à donner un poids égal à chacun d'entre eux. En effet, on ne pouvait pas additionner les scores de l'indice de dégradations dans le quartier (noté sur 16), celui d'entretien du quartier (noté sur 12) et celui de présence de drogue (noté en 2 positions). Cette attitude aurait conduit à donner un poids aux variables qui reposait uniquement sur les principes de codage, bref les conventions de rédaction du questionnaire.

4. La question des dégradations est abordé dans cinq questions : boîtes aux lettre abîmées, vitres d'entrée casées, abribus, cabines téléphoniques dégradées, graffitis, traces sur les murs, voitures abîmées. On calcule une note globale de dégradations comprise entre 5 et 20, des dégradations fréquentes correspondant à une note de 5. La variable a ensuite été recodée et 3 niveaux de dégradations ont été créés : dégradations fréquentes (note comprise entre 5 et 11), dégradations moyennes (note comprise entre 12 et 16), dégradations rares (note comprise entre 17 et 20).

5. L'indice global synthétise les différents désordres présents dans les voisinages. Il reprend 4 thèmes : consommation de drogue ou d'alcool en public, gêne de voisinage, entretien et dégradations. Sur la construction de cet indice, cf. note 3, *supra*. L'indice global d'incivilité correspond au nombre de fois que les personnes interrogées ont été classées dans la catégorie des témoins d'incivilités sur les 4 variables binaires (drogue, gêne par les voisins, mauvais entretien du quartier ou dégradations importantes). L'indice compte 5 modalités : pas de désordre ; 1 désordre ; 2 désordres ; 3 désordres ; 4 désordres. Elles sont regroupées en 3 pour les contrôles.

6. Ces résultats ont été publiés dans la *Revue française de science politique*, voir Roché, 1998, et sont conformes à ceux de Maxfield (1984) pour la Grande-Bretagne calculés à partir du *British Crime Survey*.

7. Par convention, il faut qu'ils soient inférieurs à 0,05.

8. Sur les aspects de méthode et pour le rapport d'enquête, voir Roché, 1990.

9. La corrélation mesurée par le V de Cramer est de 0,18 ; p = 0,000.

10. On voit que le V de Cramer augmente et atteint 0,33 ; p = 0,000.

11. Pour le bruit se combine un effet du type d'habitat — les locataires en dehors du centre-ville en souffrent le plus, suivi des propriétaires hors du centre-ville ou en centre-ville et les personnes qui habitent en maison sont le plus préservées — et de la zone géographique, les quartiers défavorisés étant les plus touchés, suivis, certes de plus loin, par les quartiers résidentiels, ce qui place les quartiers moyens de la ville comme ceux où ces gênes sont les plus rares.

12. La corrélation est forte : V de Cramer = 0,22 ; p = 0,0000.

13. On trouve au niveau national des résultats convergents en matière de perception du bruit ou des dégradations : les plus âgés ne se disent pas plus exposés (Crenner, 1999 : 108).

14. Voir par exemple le volet français de l'*International Crime Victimization Survey*, Grémy, 1996 ; ou la dernière enquête nationale conduite par l'INSEE, Crenner, 1996.

15. Killias, 1988.

16. Les modalités de réponse étant « oui, à cause de ces incidents », « oui, mais pour d'autres raisons », « je désire, j'essaie de le faire », « non, je ne désire pas déménager ».

17. Il s'avère que leur inclusion ou leur exclusion des calculs ne modifie pas la structure des résultats.

18. Respectivement tau b =.18, p =.000 et tau b =.23, p =.000.

19. Pour les Stéphanois, le sentiment d'insécurité est lié à la perception que l'on va être victime d'un cambriolage l'année prochaine : tau b =.18 ; p =.01. Mais aussi à l'installation d'une alarme tau b =.19 ; p =.000 et encore au renforcement des portes tau b =.21, p =.000. Pour les Romanais, le sentiment d'insécurité est lié à l'indice du nombre de protections installées au domicile (chaîne de sécurité, blindage, alarme, etc.) par son occupant, tau b =.22, p =.000.

20. D'une manière générale, le désir de déménager se renforce avec l'intensité des désordres. Les résultats des enquêtes sur le logement de l'INSEE suggèrent la même chose avec le bruit et sur l'environnement du logement (en dépit d'une formulation de question un peu imprécise) : il y a deux fois plus d'insatisfaits de leur logement HLM en 1988 qu'en 1973, et parmi ceux qui trouvent leur logement bruyant ou son environnement déplaisant, respectivement 32 et 23 % en font un motif de déménagement (*Données sociales*, 1993 : 427-8).

21. tau b = 0.12, p = 0.008.

22. Les effectifs plus limités nous ont amenés à restreindre le nombre de cases pour la variable de revenus étant donné le nombre de valeurs manquantes à cette question.

23. Macé, 1997 : 496.

24. Voir Choffel, 1996 : 132. Cela est vrai alors même que l'enquête permanente sur les conditions de vie des ménages de janvier 1997 montre que les taux moyens de victimes de vols et d'agressions ne sont pas plus élevés dans les cités que dans le reste des grandes agglomérations (Crenner, 1998). Nous revenons au chapitre suivant sur l'interprétation de ce résultat en liaison avec la pression des désordres. Techniquement, dans l'étude de l'INSEE, il s'agit des quartiers prioritaires qui sont classés en « DSQ » et « CDQ ».

25. Crenner, 1998 : 104-5.

CHAPITRE 5 : Plus d'incivilités, plus de délinquance

1. Zimbardo, 1970.

2. Sur le détail de cette enquête, voir Roché, 2001.

3. Il s'agit d'une enquête qui porte sur une population donnée — les jeunes de 13 à 19 ans — et non sur toute la population. Or les jeunes de cette tranche d'âge ne sont pas les seuls contributeurs aux vols ou agressions. Les résultats présentés mériteraient donc d'être complétés par des recherches ultérieures.

4. Sur la méthode, voir Roché, 2001.

5. Il s'agit presque exclusivement d'une arme blanche. Pour le dernier acte commis, lorsqu'il y avait port d'arme, c'est-à-dire dans 251 cas, cette arme était une arme blanche uniquement dans 81,5 % des cas, une arme à feu, exclusivement ou en combinaison avec une arme blanche, dans 10,5 % des cas et une autre arme, du type bâton, dans 8 % des cas.

6. La profession est celle déclarée en clair par l'enquêté, puis recodée par l'enquêteur. La profession retenue dans les couples avec deux actifs est celle de niveau le plus élevé. Les quelques agriculteurs vivant dans les agglomérations ainsi que les artisans et commerçants ne sont pas inclus dans ces calculs. Les effectifs réduits ne permettent pas les contrôles.

7. Sur ce point voir Vincent Tournier, 2000.

8. Popper, 1973.

9. Sur la défection et la rétraction, voir les emprunts faits par l'auteur à Henri Laborit et à Albert Hirshman qui sont détaillés dans *La Société incivile*, Roché, 1996.

10. Il paraîtra peut-être incongru d'emprunter le concept de « monde commun » à Hannah Arendt : elle le comprenait comme un défi pour l'humanité de se penser comme telle après la bombe et l'holocauste. D'autres auteurs en ont fait une utilisation décalée, notamment Irène Théry (1995). Il s'agit pour Arendt d'un espace mental et physique à caractère collectif qui « relierait [les hommes] et les séparerait en même temps » (Arendt, 1972 : 119-120) par opposition à un mode de vie qui les oblige à vivre dans « la séparation et l'isolement » ou les « presse en une masse ».

11. La propension à déposer plainte n'est pas liée principalement à la gravité d'un acte dont on est victime. Les enquêtes françaises sur les victimes montrent

ainsi que les agressions sont parmi les faits les moins connus de la police ou la gendarmerie (pour la France, voir Jean-Paul Grémy, 1996, pour les autres pays européens voir Mayhew & Van Dijk, 1997). Nous retrouvons ces résultats : 43 % des agressions physiques ont été déclarées à Romans et 52 % à Saint-Étienne contre, respectivement, 83 et 89 % des cambriolages ou plus de 95 % des vols de voiture.

12. C'est vrai en France, selon Grémy, 1996, et en Grande-Bretagne selon l'enquête sur les victimes de 1992.

13. Monjardet, 1996.

14. Voir également l'enquête nationale de l'Insee de 1997, Crenner, 1998.

15. Voir Roché, *La Délinquance des jeunes*, 2001.

16. Les enquêtes nationales le confirment, Riffault, 1994.

17. Cusson, 1990.

18. V de Cramer =.26, p =.000.

19. V de Cramer =.14, p =.002.

20. V de Cramer =.14, p =.004.

21. Nadau, 1995.

22. Ballion, 2000 : 97.

23. Il s'agit d'un type d'analyse de régression multiple. On distingue deux catégories de coefficients : ceux dits « de régression partielle » (*path*) qui mesurent les effets directs, et ceux qui rendent compte des effets indirects. Soit trois variables A, B, C. Cette technique permet de voir qu'une variable A influe sur une autre variable B et comment B affecte C alors que A n'a pas d'influence directe sur C. On peut alors voir les effets indirects de A sur C à travers B. Tous ces coefficients sont linéaires.

24. Skogan, 1990 : 75.

25. Voir notamment Bennet, 1991 ; Maxfield, 1987 ; Hindelang, Gottfredson, Garofalo, 1978 ; et surtout Cohen et Felson, 1979.

26. Birbeck et LaFree, 1993.

27. Pour Philadelphie par exemple, voir Bennet, DiIulio et Walters, 1996 ; sur l'expérience de New York, voir Kelling et Coles, 1996.

28. Voir le chapitre 8 de *La Délinquance des jeunes*, Roché, 2001.

29. Sebastian Roché, Sandrine Astor, 2001.

30. Les diagnostics locaux de sécurité préalables aux contrats locaux signés entre l'État et les maires apportent des éléments intéressants. À Paris, le document de la préfecture (1998) indique que les 45 500 auteurs mis en cause pour délinquance en 1997 sont domiciliés dans la capitale pour 48 % tandis que 44 % le sont dans la périphérie de Paris, et deux tiers de ces derniers résident en petite couronne, dont 50 % en Seine-Saint-Denis. Hugues Lagrange a montré que, dans plusieurs villes de France, les délinquants qui opèrent au centre-ville sont largement issus des quartiers d'habitat social périphériques où les jeunes d'origine étrangère sont très présents (2001).

31. Skogan, 1990.

32. Au plan national, l'INSEE donne un taux annuel de victimation par agressions de 5 % en moyenne, 6 % pour les agglomérations et 8 % pour les cités et les grands ensembles (Crenner, 1997). À Romans, le taux de victimes d'agression sur cinq ans est de 5,2 % pour la ville et de 8,9 % pour les quartiers d'habitat social. Le taux de chômage des jeunes y contribue. Au plan départemental, il y a une corrélation entre le taux de chômage des jeunes et la fréquence des coups et blessures (Roché, 1998). On la retrouve dans une grande ville comme Marseille : plus il y a de jeunes chômeurs dans l'arrondissement, plus le taux de coups et blessures est élevé (R. de Pearson = 0,56), voir le *Diagnostic local de sécurité de Marseille* (Dubouchet et Roché, 1998).

33. Crenner, 1996.

34. Sorties le soir, fréquentation d'établissements où l'on peut consommer de l'alcool, comportement « viril ».

35. Grémy, 1996 ; Berthuit, Hatchuel, Loisel, 1997.

36. En France, 69 % des cambriolages de résidence principale se sont déroulés dans des maisons, Grémy, 2001 : 88.

37. À Romans, il est le même qu'au centre-ville (11 % sur cinq ans), et plus haut que les autres quartiers (ni le centre-ville, ni les quartiers d'habitat social avec 7 %). De même, les atteintes au véhicule (vols dans et de voitures) qui se sont déroulées dans le quartier de résidence du répondant sur la même période de référence touchent 35 % des personnes des quartiers défavorisés contre 29 % de ceux du centre-ville et 23 % des autres quartiers. À Saint-Étienne, les taux de cambriolage des quartiers défavorisés sont de 21,3 % contre 16,9 % en moyenne dans la ville ; si l'on cumule le cambriolage et les atteintes aux véhicules, le taux de victimation de ces quartiers est de 42,3 % contre 42,5 % en moyenne. Au plan national, les données de l'INSEE montrent un taux de cambriolage pour l'année passée de 4 % en moyenne, de 4 % pour les habitants des agglomérations et de 3 % pour les grands ensembles ; pour le vol de voitures et dans les voitures, les chiffres sont de 14 % (moyenne pour la France), 17 % (agglomérations) et 20 % (grands ensembles) (Crenner, 1997).

38. Voir Chamboredon, 1971. Chiffres et citation extraits de l'article reproduit en 1997, p. 186.

39. Comme les données rassemblées par Smith (1995) le montrent pour plusieurs pays européens. Pour les jeunes, en France, le nombre de chômeurs et le nombre de délits sont mal corrélés (Roché, 2001).

40. Comme l'a fait Field (1993), en incluant des mesures sur la consommation des ménages qui rendent compte des variations du niveau de revenus et des modes de vie.

41. Une situation délinquante n'est pas déterminée économiquement : l'effet de l'économie ne se comprend que s'il est mis en relation avec un contexte donné d'incitations, d'opportunités et de protection.

Chapitre 6 : Incivilités et mutations de l'insécurité

1. Les théories des années 1970 croyaient que la délinquance était créée par les mécanismes de la réponse pénale : la justice ou la police, en collant une étiquette de déviant à un jeune, le stigmatise et « fabrique » le délinquant. Bref, ce qui fait la délinquance, c'est le professionnel de la sécurité. Ce type d'approche a disparu (Horwitz, 1990). Les criminologues actuels ont montré que la délinquance n'est pas réductible à la réaction pénale (voir Cusson, 1998).

2. Muller, 1990.

3. À la fin du XIXe siècle, le vol est puni plus durement que l'homicide, voir Martinage, 1989.

4. Body-Gendrot et *al.*, 1998.

5. Pour définir les couches moyennes, en dehors d'une stricte approche empirique, nous nous référons à l'approche de Alain Touraine qui parle d'un « accès à ce qui est considéré comme normal dans l'ordre de la consommation » ainsi qu'à « la protection sociale » (1992 : 164), ou à Henri Mendras qui voit un groupe étendu à cheval sur les catégories socioprofessionnelles, et donc défini par son niveau de vie plus que par sa place dans l'appareil de production (1988).

6. Les travaux sur le sentiment d'insécurité ont souligné la nécessité d'une visibilité du risque à travers des signes matériels qui le laissent anticiper (voir Stinchcombe, Adams, Heimer et *al.*, 1980). Si la mauvaise réputation du quartier est sans doute liée à la visibilité des désordres, elle ne saurait bien sûr s'y résumer.

7. Une enquête réalisée pour le plus gros bailleur social français fait les mêmes constats : ses locataires (N = 2 500) déplorent deux fois plus souvent le vandalisme et le trafic de drogue, trois fois plus souvent les petits vols des enfants que dans un échantillon représentatif (N = 1 000) de la France entière (SCIC, 1995).

8. Dubet, 1987.

9. Sur ce point, on verra avec intérêt la tentative de Bruno Hérault et Didier Lapeyronnie (1998) de faire entrer la délinquance dans le champ des nouvelles luttes en introduction de leur article, sans pour autant arriver à tenir la position jusqu'à la conclusion. Mais le débat que ces auteurs abordent à juste titre reste ouvert : la politisation de leur action par les délinquants est-elle impossible à l'avenir ?

10. Guy Michelat et Michel Simon, 1997 : 175.

11. Villechaise-Dupont, 1999 : 33.

12. Macé, 1999.

13. Au contraire d'autres pays européens, et notamment de la Grande-Bretagne.

14. Roché, 1993.

15. Voir les actes publiés par le ministère de l'Intérieur (1998).

16. Cité dans *Le Monde*, 28 octobre 1997.

17. Au plan national, Crenner, 1996 ; au plan local, voir notamment nos enquêtes de 1995, 1998 et 2000.

18. Il y a vingt ans, les universitaires publiaient des textes qui fustigeaient la prise en compte du sentiment d'insécurité. Ainsi, à la fin de son *Histoire de la violence*, Jean-Claude Chesnais (1981) déclare qu'on ne saurait pas plus tenir compte du sentiment d'insécurité pour orienter une politique pénale que de la perception de l'inflation pour une politique économique. Les autres ouvrages publiés ont pour titre *Imaginaire de l'insécurité* (Ackermann, Jeudy et Dulong, 1983), qui se passe de tout commentaire, ou encore *Insécurité urbaine : une arme pour le pouvoir ?* qui explique comment l'insécurité ressentie par les citoyens est le résultat d'une manipulation d'État (Coing et Meunier, 1980).

19. Voir la circulaire d'octobre 1997 sur les Contrats locaux de sécurité.

20. *Le Monde*, jeudi 25 mai 1995, p10.

21. Circulaire du 15 juillet 1998 relative à la politique pénale en matière de délinquance juvénile.

22. Voir Lucienne Bui-Trong, 1993 : 73.

23. Cf. Ingelhart, 1993, et en France voir Schweisguth, 1998.

24. Chamboredon et Lemaire, 1970 : 19-20.

25. Kaufmann, 1983 : 90.

26. Les auteurs citent notamment un compte rendu du conseil municipal du 27 septembre 1979 qui mentionne le fait de lancer par les fenêtres des sacs-poubelle, un caddie, un réfrigérateur, des bouteilles, 1991 : 214.

27. Villechaise-Dupont, 1999 : 266.

28. Coing, 1966 : 74.

29. Kaufmann, 1983 : 96.

30. Selon Susanna Magri, plus loin de nous, au XIXe siècle, « les familles de la bourgeoisie locale dominent, elles ont toutes chances d'imposer le mode des relations entre voisins » (Magri : 1993 : 165). De ce fait, la proximité d'une population socialement dissemblable est mieux acceptée.

31. Forsé et Langlois, 1995 : 12.

32. Pour une discussion de ce point, voir Taylor, 1992.

33. Mais pas forcément légales. La criminologie appelle les tags et les dégradations « délinquance expressive » — Graham et Bowling, 1995.

34. Sennet, 1979 : 204.

35. Sur la polysémie de la notion, voir l'ouvrage collectif dirigé par Paugam, 1996. Toute manifestation peut alors être interprétée comme une forme de révolte traduisant une frustration (Young, 1999).

36. Au sens de l'école de sociologie de Chicago, de personnes non connues, et non du code de nationalité.

37. L'autocinèse est le déplacement par rapport au milieu (d'après Henri Laborit, 1970).

CHAPITRE 7 : Réponse à l'insécurité. La tolérance zéro : un modèle pour la France ?

1. Nous ne traitons pas dans ce chapitre des avancées et des dangers liés à la politique de tolérance zéro à New York. Le sujet est insuffisamment documenté et les positions prises dérivent dans l'Hexagone d'*a priori* idéologiques. D'un côté, on se félicite de la baisse des violences de rue tout à fait réelle dont bénéficient les plus défavorisés qui étaient les plus touchés par les homicides ; de l'autre, on souligne que les policiers commettent des abus dans les secteurs pauvres de la ville : ainsi, on sait que 80 % des plaintes viennent du tiers des voisinages les plus pauvres (Greene, 1999). Pour autant, le nombre de personnes tuées par les policiers n'a pas évolué au cours des années 1990 : 27 en 1990, 29 en 1994, 20 en 1997 (Karmen, 1998). La décrue s'est poursuivie puisqu'on en compte 17 en 2000.

2. Brodeur, 1997.

3. Les sources disponibles pour décrire la délinquance et la criminalité sont de trois types : 1. les statistiques de police et de gendarmerie, 2. les sondages sur les victimes et 3. les statistiques sanitaires. On sait que les atteintes aux personnes sont nettement moins fréquentes que les vols. Les statistiques de police rejoignent ici les résultats des enquêtes de victimation à l'instar des autres pays européens et même des États-Unis (Killias *et al.*, 1995). D'une manière générale, les pays qui ont mis au point des enquêtes de victimation notent une convergence globale avec les statistiques officielles (pour un bilan, voir Cusson, 1990).

4. Ce chiffre inclut les tentatives, qui ne sont, à l'époque, pas isolées des actes menés à terme. La comparaison n'est donc possible que sur cette base entre 1972 et aujourd'hui.

5. Pour les statistiques sanitaires, il est de 1,1 en 1993, sachant qu'il y a là une sous-estimation d'après les spécialistes de ces sources. Aux États-Unis, les taux sanitaires et policiers sont identiques.

6. Il est de 5,7 en 1999. US Department of Justice, FBI, Criminal Justice Information Services Division.

7. US Department of Justice, Crime Data.

8. En 1996, d'après l'ICVS (International Crime Victimization Survey), Mayhew et van Dijk, 1999, et pour 1999 voir Justidata, numéro 27, mai 2001, Generalitat de Catalunya, Department de Justicia.

9. Russell et Warner, 1995 : 5.

10. Par exemple Donziger, 1996, mais aussi le révérend Jessy Jackson.

11. Pour un même crime, les États-Unis sont-ils un pays où les criminels sont plus punis à des peines d'emprisonnement qu'ils purgent effectivement ? Rien n'est moins sûr. Il est de notoriété publique que le taux d'incarcération est très élevé, c'est-à-dire le pourcentage de personnes en prison par rapport à la population totale, avec un score de près de 500 pour 100 000, mais il n'empêche que l'usage de la prison est limité si l'on considère l'ampleur de la criminalité. Bennet, DiIulio et Walters (1996 : 94) montrent que des personnes jugées criminels violents ne sont pas incarcérées dans les proportions suivantes : 47 % de ceux qui sont reconnus coupables d'un crime violent, 31 % de ceux qui sont reconnus coupables de deux crimes violents, et 23 % de ceux qui sont reconnus coupables de trois crimes violents. De ce fait, les prisons retiennent les plus durs des criminels : on y compte 94 % de prisonniers qui ont été auteurs de crimes violents (Survey of State Prison Inmates, 1991, Bureau of Justice Statistics, 1992). En moyenne, pour les criminels violents condamnés à de la prison, la peine effectuée est égale à 48 % de la durée de la peine prononcée, y compris pour les homicides ou les agressions avec l'intention de blesser — *assaults* (Bennet, DiIulio et Walters 1996 : 102). En dépit des dénonciations de la dérive pénale américaine (Wacquant, 1998), la lecture des taux d'emprisonnement sans ajustement par la fré-

quence des violences nous semble insuffisante pour tirer des conclusions définitives quant à la punitivité d'un État. Sans pour autant nier le rôle des politiques publiques, il convient de ne pas faire de l'État « le producteur » de tous les rapports sociaux.

12. Roché, 1998.
13. Pour les jeunes, Barreyre, 1992.
14. Sur la drogue, voir Duprez et Kokoreff, 1997.
15. Lepoutre, 1997.
16. Voir les données urbaines rassemblées par Pumain et F. Godard, 1996.
17. Cusson, 1998.
18. Wilson, 1975 : XV.
19. Clarke, 1980.
20. Kelling et Coles, 1996 : 5.
21. Par W. Bratton (1995), George L. Kelling et Catherine M. Coles (1996), ou Eli B. Siverman (1998).
22. L'avantage du métro new-yorkais est de se trouver dans une seule municipalité, et donc sous une autorité unique.
23. Bratton, 1995.
24. Kelling, Coles, 1996 : 117. Kelling a été conseiller du New York Transportation Police Department.
25. Kelling, Coles, 1996 : 134.
26. Qui est en train d'évoluer vers le COMPASS, par la combinaison de données issues de différentes sources (sociales, économiques) dans une banque avec visualisation de l'incidence spatiale, qui sera géré par une agence municipale et non par la police elle-même (Law Enforcement News, XXV — 513 : 1 & 11). Le Compass devrait donc permettre de mieux coordonner la police et les autres services sociaux ou techniques de la ville.
27. Depuis 1993, une étude nationale des forces de police de plus de 100 agents montre que la prise de décision est plus décentralisée, la territorialisation plus fréquente et que la hiérarchie est aplatie. Mais loin de constituer une révolution, cela se traduit par un changement lent d'après Ed Maguire, 1999 : 8.
28. Silverman, 1999.
29. Dans les années 1960, le travail policier était centré sur le jeu. À l'époque, les policiers étaient des généralistes couvrant un *precint*. La commission Knapp, à la fin des années 1960, révéla que les policiers recevaient d'importantes sommes d'argent de la part des joueurs clandestins. Le nouveau *Chief Commissioner*, Patrick Murphy, interdit aux policiers d'un *precint* d'arrêter les joueurs afin d'éviter la corruption destinée à leur faire fermer les yeux. Les arrestations pour vente de drogue par les agents du *precint* furent découragées : des unités spéciales opérant au niveau de la ville furent créées à cet effet (O'Rourke, 1999 : 12).
30. L'accent que Silverman met sur la stratégie policière est justifié par le fait que la population jeune est stable, que les emprisonnements pour petits délits n'ont pas augmenté, que le taux de chômage a augmenté, puis diminué tandis que la tendance à la baisse des homicides était constante.
31. *New York Times*, 2 février 2001.
32. Body-Gendrot, 1998 : 123.
33. Si les populations défavorisées souffrent des mauvaises pratiques policières, ils sont aussi bénéficiaires de la baisse du taux d'homicidité. C'est sans doute pourquoi, à New York, les Noirs votent plus pour les Républicains qu'ils ne l'ont fait depuis plusieurs élections, et leur opinion favorable à la politique de sécurité de Rudolph Guiliani rejoint celle des autres communautés.
34. Bouza, 1997 ; Karmen, 1996.
35. Silverman, 1999.
36. Skogan, 1990.
37. Par exemple, à Washington on comptait 489 homicides en 1991, 397 en 1996 et 301 en 1997. À Los Angeles, on dénombrait 574 homicides en 1977, 709 en

1996 et 566 en 1997, soit un retour au-dessous du niveau le plus bas depuis vingt ans. L'évolution du nombre d'homicides dans une ville libertaire comme San Francisco, dont James Q. Wilson a dit que sa police était l'une des moins agressives, suit donc la même tendance que pour le modèle que constitue New York (entretien accordé, à l'occasion de la publication des chiffres du FBI, au *New York Times*, 2 juin 1997).

38. Il s'agit du seul cas d'augmentation dans l'ensemble des 10 plus grandes villes américaines, chiffres donnés par Xinhua News Agency, 30-12 1997.

39. Certes, entre 1991 et 1997 des villes comme Dallas et Houston ont connu des baisses du nombre d'homicides de près de 50 %. Mais à New York, nous sommes très loin en 1997 du niveau atteint en 1992 avec 2 262 meurtres recensés, il y a eu une baisse de 66 % environ (et même 73 % avec les chiffres de 1998). De plus, on sait que pour l'ensemble des États-Unis, la baisse n'est pas aussi spectaculaire : entre 1990 et 1996, on passe de 23 440 à 19 650 meurtres, soit une baisse de 16 % « seulement » contre 56 % pour New York sur la même période. Même en prenant la période la plus favorable à la décrue nationale, soit 1993-1996, on trouve une baisse nationale moyenne de 23 %. Notons que le bilan de New York, ville qui pèse d'un poids lourd dans la criminalité, a influencé la moyenne calculée pour l'ensemble des grandes villes américaines. Enfin, la tendance s'est interrompue en 2000 avec 673 homicides à New York. Il en va de même pour Boston, San Diego et Los Angeles.

40. Skogan et Hartnett, 1997, et le compte rendu de Damon, 1999.

41. Walsh, 1997.

42. Cité par Young, 1999 : 125.

43. Kelling, 1999 : 9 et 14.

44. Bourgeois, 1995.

45. Pour les petits délits (*misdeameanor arrests*), le nombre passe de 109 000 en 1991 à 132 000 en 1994 et 275 000 en 1998, soit presque un triplement. Aux mêmes dates, les homicides sont de 2166, 1572 et 606.

46. Il faut distinguer une première période, jusqu'en 1996-1997, d'une seconde période au cours de laquelle la lutte contre les désordres est devenue une fin en soi : traverser la rue hors des passages cloutés, sortir son chien sans laisse, etc.

47. Raudenbaush, Sampson, 1999.

48. Wilson, 1985 : 74.

49. Graham, 1990.

50. Il ne s'agit pas de promouvoir les milices (c'est l'expression consacrée en France, les Américains parlent de *vigilantism*), il s'agit d'ailleurs d'un phénomène extrêmement rare aux États-Unis en dépit de la fréquence des crimes. Sur la définition du phénomène, voir Johnston (1996).

51. Cela est avéré dans les pays occidentaux (en France, Monjardet, 1996 ; en Grande-Bretagne, Horton et Smith, 1988).

52. Aux États-Unis, la motorisation des patrouilles dotées également de radios a été la première marche de l'escalier qui conduit à la coupure entre police et population (Skogan, 1990) et le système centralisé des appels par le numéro de téléphone 911 constitue le parangon de la transformation du travail policier depuis 1945.

53. Kelling et Coles, 1996 : 9.

54. Dans un autre registre empirique, mais avec les mêmes remarques, voir le travail de Lucien Jaume sur les paradoxes du libéralisme français (1997).

CHAPITRE 8 : La stimulation des incivilités par les espaces et les organisations

1. Habermas, 1978.

2. Roustang, 1997 : 61.

3. J'ai longuement développé ce point dans *Sociologie politique de l'insécurité* (1998).

4. Saunders, 1981.

5. C'est pourquoi, en matière d'agression, les auteurs restent largement inconnus à la fois des victimes et des policiers. Seulement 17 % des victimes d'agressions connaissent leur agresseur à Saint-Étienne et 28 % à Romans qui n'est qu'une petite ville, et encore ces taux sont-ils très élevés par rapport à l'ensemble des atteintes : les agressions sont les seuls actes où il y a une confrontation. Quant aux policiers, les taux nationaux d'élucidation pour les vols avec violence sur la voie publique sont de l'ordre de 27,5 % à 18,7 % suivant que l'on considère les vols avec arme à feu ou sans arme et ils varient entre 10 % et 15 % pour les autres vols.

6. Kaes, 1963 : 307.

7. Pour la théorie, voir Newman, 1973, et pour sa discussion sur la base de données empiriques, voir Taylor, Gottfredson, Brower, 1980.

8. Clarke, 1980.

9. Joseph, 1997 : 1333.

10. Il faut préciser qu'une caractéristique de l'urbanisme des cités est d'offrir de nombreux espaces libres propices aux jeux collectifs et notamment le foot, le basket ou le tennis de rue, les rodéos en scooter ou voiture. Les villes centres sont structurées différemment.

11. Blakely, Snyder : 1998.

12. Vidal-Naquet : 1998 : 45.

13. Roché, 1996.

14. Coing, 1966 : 76.

15. Le lien citoyen se conçoit par rapport à une entité macro-sociale, l'État, et dans un rapport politique. Il exclut tous ceux qui ne sont pas citoyens par leur défaut de compétence objective (ils n'ont pas la nationalité, ils n'ont pas l'âge requis, etc.), ou subjective (ils ne se sentent pas concernés par cette appartenance sanctionnée par l'acte de vote).

16. Waltzer, 1983.

17. Pharo, 1985 : 167-8.

18. Peroni, 1991.

19. Source : *La Vie du rail*, 14 octobre 1998, page 8. Ces chiffres additionnent la Suge (surveillance générale : +61 %), les agents en EEX (agents commerciaux en établissement d'exploitation : +30 %), les GCB (groupe contrôle banlieue : +75 %), les AST (agents du service commercial train : – 22 %).

20. Voir les déclarations de Daniel Larriere Cardoso (1999 : 36) qui est secrétaire général du Syndicat national des transports urbains (SNTU-CFDT).

21. Source : Direction générale de la Police nationale, année 1998.

22. Monjardet 1999 : 24.

23. Mouhanna, 1999 : 50.

24. Mouhanna, 1999 : 18.

25. Mouhanna, 1997.

26. Mouhanna, 1999 : 19.

27. En 1999, il y aurait 450 policiers nationaux dans le service de protection et de sécurité du métro le jour et 250 policiers des brigades anti-criminalité la nuit selon *Le Monde* (4 juin 1999).

28. Constat n° 8, cité par Monjardet, 1996 : 220.

29. Mouhanna, 1999 : 9.

30. Dossier « Police municipale » dans *Saint-Étienne aujourd'hui*, n° 135, janvier-février 1996, p. 33.

31. Programme de Alain Audoubert avant son élection, cité par *Libération*, 31 décembre 2001.

32. Sociétés Anonymes et Fondation HLM (1999), *Effectifs salaires et formation professionnelle, éléments statistiques*, 1998, négociation annuelle 1999, Paris, documents polycopiés. Ces chiffres ont été rassemblés par Olivier Hassid.

33. Pierre Bédier, entretien publié dans *Le Parisien*, mercredi 2 janvier 2002.

34. Mouhanna, 1999 : 52.
35. Mouhanna, 1999 : 43.
36. Debarbieux, 1999.
37. Paillet, 1999 : 27.
38. Meirieu, 1996.
39. Rapporté par Jacques Bertail, 1998 : 77.
40. Plazaola et *alii*, 1999.
41. Plazaola, 1999, vol. 2 : 2.
42. Macé, 1997 : 489.
43. Macé, 1999 : 16.
44. Un exemple est donné par Azouz Begag et Reynald Rossini. La frontière entre la fonction supposée de médiation et le contrôle de la fraude est floue comme l'explique un agent d'ambiance : « Nous, on n'était ni flic ni contrôleur. Je n'ai pas à faire les validations et à regarder si quelqu'un vole ou pas. Parce qu'il y a des agents qui sont là pour ça » (1999 : 95).
45. Jacques de Plazaola dit, avec André Midol, « maîtrise des lieux », mais nous préférons parler de « garant » par référence au rôle que les usagers et clients jouent dans la définition du lieu.
46. Berlioz, 2001 : 18.
47. Aldrich, 1976.
48. Voir le rapport de recherche effectuée par Sebastian Roché, Pierre-Alain Four, Catherine Blatier, Pascale Courtaud, Yves Grasset et Carine Poisblaud (1998).
49. C'est-à-dire rester sur place, comme un planton devant un bâtiment.
50. Roché et Four, 1999.
51. Séminaire de Cergy. Argenteuil, lié à la recherche dans le Val d'Oise, présenté dans Roché, Blatier et Four, 1995.
52. Sur les fonctions nouvelles qui émergent dans les organigrammes des municipalités — chargé de la tranquillité, ou prévention sécurité, directeur de quartier etc. —, voir le chapitre 10.
53. Habermas, 1981.
54. Muller, 1990.
55. Estèbe, Léon : 1999 : 137.
56. Ils n'ont ni les mêmes objets ni les mêmes pilotes, et celui qui englobe l'autre (le contrat local de sécurité) n'a pas de ligne budgétaire propre.
57. Van Deth, 1997 : 1.
58. Huet, 1987 : 137.
59. De Swann, 1988.
60. L'argument est assez paradoxal dans la mesure où cet agent reconnaît quand même que les habitants réagissent, mais pour des cas graves (« une famille sème la terreur ; la police intervient à la demande d'habitants ») pour lesquels, précisément, il nous semble que les représailles pourraient s'exercer plus vivement.
61. Dartiguenave, 1998 : 26.
62. Sur la médiation pénale, son décalage avec le fonctionnement de l'appareil judiciaire, voir Faget, 1998.
63. Quand on connaît les modes de médiations judiciaires qui s'apparentent à des classements sous conditions sous l'autorité du magistrat (Wyvekens, 1995), c'est-à-dire à une injonction de réaliser la médiation en contrepartie d'un classement sans suite de l'affaire, on est en droit de s'interroger sur la sincérité de ce type de déclarations.
64. On le voit par défaut. Aujourd'hui, la SNCF a un architecte en chef de la politique des gares. Il explique par exemple que « toute la matière grise de la SNCF était focalisée sur le système de transport lui-même. Ainsi, dans le programme RER, on avait oublié de songer aux gares de banlieue ». On a également oublié de créer un « chef de gare voyageur » chargé de veiller sur cet espace et les services

offerts à la clientèle (*Le Monde*, 13 novembre 1999). Cela revient à vouloir modifier le climat social des gares.

65. Joseph, 1997 : 133.

Chapitre 9 : Actions publiques : construire le garant des lieux

1. Elle constitue le cadre de rattachement des correspondants qui ne forment pas un service municipal au sens administratif. À Rennes, ils dépendent aussi d'une association, la régie Optima, mais en revanche, ils portent un blouson identique portant la mention « Correspondants de nuit ».

2. Dartiguenave, 1999 : 1-2.

3. Ménard, 2000 : 39.

4. Il s'agit d'une structure d'insertion chargée d'offrir des services dans le quartier qu'elle couvre.

5. Pour le recrutement des agents locaux de médiation sociale (ALMS) en général, les villes sont souvent moins sévères. Le forum européen pour la sécurité urbaine (FESU) présente les résultats d'une étude sur 185 communes et 441 ALMS qui montre qu'il est demandé à la police des renseignements préalables au recrutement dans 22 % des cas (FESU, 1999 : 13).

6. Un psychologue a en outre rendu un avis sur les personnes retenues. Il ressort des entretiens que nous avons menés que les CDN ont une personnalité affirmée et font montre de sérénité. Ils semblent être au courant des principes de sélection puisque l'un d'entre eux dira que son « charisme » est à l'origine de son recrutement. L'étude du FESU souligne également que la motivation, la capacité à communiquer et la reconnaissance sociale sont 3 des 4 critères d'embauche retenus (1999 : 16). Le niveau de formation vient en dernier.

7. On retrouve cette caractéristique dans les agents pour les bus : « À Lyon, 80 % des candidats sélectionnés sont d'origine maghrébine et 10 % d'origine noire africaine, 85 % sont des hommes ; à Saint-Étienne, 10 sur 30 sont d'origine maghrébine, 20 sur 30 sont des hommes » (Begag, Rossini, 1999 : 75). Pour les ALMS, 30 % sont d'origine étrangère, 7,5 % étrangers, 74,5 % sont des hommes (Fesu, 1999 : 67). La préfecture de Paris indique que « sur les 278 ALMS actuellement en poste, 35 % sont issus de l'immigration » (cité par *Le Monde*, 21 septembre 1999).

8. Cela est vrai d'une manière générale. À Saint-Étienne, les agents dans les bus sont appelés les « Chicago de la STAS » ; à Lyon, les agents d'Accueil Médiation Information Service (AMIS) sont surnommés « inspecteurs Colombo ».

9. Ménard, 2000 : 41.

10. « L'approche fonctionnaliste énonce que la véritable socialisation des jeunes passe par l'expérience pédagogique du projet au sein d'une institution, le club ou l'association (...). En un mot, seul le projet peut donner sens à leur existence » (Chantelat, Fodimbi, Camy, 1998 : 48).

11. Basson, Smith, 1998 : 33.

12. Certains travailleurs sociaux le reconnaissent et le déplorent, comme Yazid Kherfi (2000).

13. Dartiguenave, 1999 : 9.

14. Dartiguenave, 1999 : 11.

15. Cité par *Le Monde*, 19 septembre 1997.

16. Dartiguenave, 1999 : 6.

17. C'est exactement l'impression que nous avons eu en interrogeant ces différents professionnels.

18. Four, 1996.

19. Vidal-Naquet, 1998 : 48-50.

20. 1998 : 49.

21. 1998 : 50.

22. Il s'agit d'une forme de coordinateur des questions de sécurité à la mairie.
23. Faget et de Maillard (2000 : 186-7).
24. Charbonnier, 1994.
25. Charbonnier, 1994.
26. Charbonnier et Rebuffet, 2000 : 1.
27. L'expérience a été suivie durant une année pour un mémoire de diplôme de l'Institut d'études politiques, voir Jauffret, 1994.
28. D'après les documents internes et comptes rendus de « l'opération de médiation » au conseil général.
29. On notera le choix de la musique (Charles Trenet) qui, dans ce contexte de tension, est mal vécu par les jeunes. Ils y voient une brimade. La musique devient une source de tensions, à propos de la programmation ou du volume sonore.
30. Ces comportements du personnel des transports se retrouve dans d'autres villes : ainsi à Lyon, en 1993, les contrôleurs ont été changés car ils avaient tendance à « se considérer comme des justiciers et des chasseurs de tête » provoquant ainsi des agressions (Begag, Rossini, 1999 : 42-3). Mouhanna le décrit aussi pour la police : « Pour nous, les jeunes de couleur, on est persécutés par les flics (...). Et les CRS, ils ne sont même pas courtois, c'est toi, viens ici. Même à vélo je me fais arrêter trois fois de suite quand je traverse la cité » (1999 : 68).
31. Les conducteurs sont pris en tenaille entre les obligations de sécurité (ne pas charger plus d'un nombre maximum de passagers) et de service (ramener le soir les élèves chargés le matin).
32. Il est publié par le Conseil général du territoire de Belfort comme « code départemental de bonne conduite dans les transports scolaires » et touche à la montée dans le car, au contrôle du titre de transport, au comportement à bord — hurler, ouvrir les portes, etc., entraîne des sanctions graduées, de la lettre recommandée à l'exclusion temporaire puis définitive —, les obligations du conducteur, du transporteur, du conseil général.
33. Société des transports de l'agglomération stéphanoise (STAS, 1999), *Citoyenneté et respect des règles dans les transports et déplacements*, dossier de candidature au prix Adem-Gart, document polycopié.
34. Begag et Rossini, 1999 : 99.
35. Les chiffres de la délinquance et de la criminalité constatée dans la Loire, essentiellement liés à l'agglomération de Saint-Étienne, montrent que l'on passe de 46 000 faits constatés en 1996 à 41 000 en 1999 (derniers chiffres officiels de la police et la gendarmerie publiés).
36. Le document de la STAS (1999) rapporte que dans la période de dégradation de la sécurité, des conducteurs avaient publiquement affichés qu'ils s'étaient armés.
37. Suite à l'incendie du centre commercial pendant l'été 1999, une société grenobloise a obtenu le marché de la surveillance du chantier.
38. Les emplois-jeunes, en théorie, l'exigent, leur financement est en effet conditionné par le non-recouvrement avec des métiers existants, d'où les hybridations de métiers constatées.
39. Le rôle des agents « Présence Plus » est précisément défini dans un document préparatoire : vérifier les portes, les lumières, les ascenseurs, rondes sur les parkings, repérer les voitures ventouses, faire des rondes autour des espaces verts et de jeux, réaliser une intervention s'ils notent la présence d'enfants au-delà de 20 heures pour les inciter à rentrer chez eux, intervention en cas de dégradations, vérification que les groupes qui stationnent dans les halls ne gênent pas les locataires, intervention en cas de tapage nocturne, avec instruction de prévenir la police en cas de conflits constatés. « Dans toutes les situations qui impliquent un dialogue avec les personnes concernées, le mode d'intervention est celui de la médiation. »
40. « On sait que Présence Plus va entraîner une croissance des demandes des locataires. Si on affiche notre présence en soirée, cela veut dire qu'il est légitime

que nous soyons là, or il faut faire attention à ne pas tout faire », nous dit le responsable de Présence Plus. Par exemple, lors d'une réunion avec les habitants, le responsable rapporte des demandes nouvelles : « Il nous faut des gardiens qui travaillent le dimanche, parce que sans l'OPAC, on est orphelins. »

41. La première année, 10 classes ont été vues, explique le responsable prévention des TCL après avoir « bataillé pour faire reculer les réticences des enseignants », aujourd'hui, ce sont 600 à 700 classes par an qui sont informées dans l'agglomération… « et on ne peut pas satisfaire toutes les demandes ». Sur le secteur de Vénissieux, Saint-Fons et Saint-Priest, 91 classes ont été informées, soit 2 400 enfants.

42. S'il y a nécessité d'une intervention d'EDF, une cellule spéciale du commissariat fournit l'information utile pour les contacter. De plus, les grosses organisations comme EDF n'ont jamais de permanences locales : il y a donc nécessité de réfléchir au plan supra-communal sur la liaison des cellules de veille des différents organismes publics, privés et mixtes.

43. Tillier, 2001. Je remercie Muriel Tillier pour son aide documentaire.

44. Cela consiste à comparer les changements de la délinquance dans un quartier A qui connaît la mise en place d'un couvre-feu avec le quartier B qui ne bénéficie pas de la mesure.

45. Il semblerait, de plus, que la mesure ne soit guère mise en pratique. Le nombre de reconduites à leur domicile de mineurs au cours de l'été, au plan national, serait de l'ordre de 25 en tout et pour tout. Ce sont les chiffres officieux dont j'ai pu avoir connaissance par la police nationale. Ils mériteraient d'être confirmés.

46. À Belfort, une « analyse sommaire auprès des autres départements français » par le transporteur montre qu'il existe un règlement de sécurité dans moins de la moitié des départements. Il est souvent réduit (2 articles). Seuls trois départements raisonnent en termes d'obligations du chauffeur ou du transporteur en matière de sécurité, et aucun ne se donne pour cible les obligations du conducteur vis-à-vis de la clientèle.

47. De Maillard, 2001.

48. Pour ces fonctions, les interlocuteurs mettent l'accent sur la personnalisation des relations comme une des conditions de la réussite : « On bénéficie d'un statut particulier, parce qu'on est là depuis longtemps. On a fait nos preuves. Mais ce n'est pas parce qu'on est enseignant qu'on est respecté d'emblée. Tous les nouveaux enseignants sont testés » (directrice d'école à Cergy). C'est peut-être encore plus net avec une société de transport, lorsqu'un responsable décrit les fonctions remplies par ses agents d'ambiance : « Ils font aussi de la prévention scolaire pour qu'ils soient connus et reconnus par un maximum de jeunes. Ils expliquent pourquoi on paie. Dans les écoles on explique le prix d'un bus, pourquoi il ne faut pas lacérer. On participe aux stages sur la citoyenneté en leur donnant beaucoup de renseignements de façon qu'ils sachent les risques juridiques et ce que ça coûte à la société. » « À force de nous connaître, ils commencent à comprendre que ça ne sert à rien de dégrader. » Cette dernière phrase, qui pourrait sonner comme incohérente, nous semble au contraire extrêmement significative de l'orientation donnée aux fonctions nouvelles. La légitimité des autobus à traverser tel lieu ou des contrôleurs à vérifier les titres de transport a aussi pour base la connaissance réciproque des individus. Il n'y a pas d'autorité naturelle liée à la fonction — le chauffeur pour dire les règles dans les autobus ou les contrôleurs pour les tickets —, mais une constitution de relations interindividuelles comme support à toute tâche d'autorité. La personnalisation est valable pour toutes les présences dans l'espace collectif. Christian Mouhanna note ainsi que « le défaut d'expérience des jeunes policiers les laisse parfois sans réactions face aux habitants des quartiers qu'ils ne savent pas aborder ». Les policiers eux-mêmes expliquent comment « leur bonne connaissance des jeunes, et notamment de ceux qui appartiennent à la partie la moins recommandable de la population, constitue pour eux une assurance », à la fois parce que la propen-

sion à se battre décline et que le policier connaît le nom et l'adresse de la personne (1999 : 30-32). Le défi est de passer du statut d'anonyme en uniforme à celui de personnalité en qui on peut avoir confiance (1999 : 35).

49. Voir le développement des groupes de parole dans les services publics de la communauté urbaine de Strasbourg (Sciamma, 1999).

CHAPITRE 10 : Les métiers de l'ordre en public

1. En revanche, les actions abondent, cf. chapitre 9. Les mots de « tranquillité », « présence dans les lieux publics » et de « médiation » sont les expressions convenues pour nommer le but et les moyens utilisés dans la langue administrative, mais il ne s'agit pas de notions sociologiques.

2. Les prescriptions uniformes (règlements, circulaires, procédures) pour l'ensemble du territoire fait que « les horaires des brigades de roulement seront fixés identiquement de Dieppe à Gap, et de Neuilly à Vaulx-en-Velin » (Monjardet, 1999b : 21). Il faudrait ajouter à cette rigidité celle de la co-gestion syndicale : pour changer l'horaire de début des patrouilles d'une demi-heure, il faut passer en commission technique paritaire.

3. C'est le terme qu'il faut utiliser pour décrire la prise en charge de la sécurité par des acteurs hétérogènes (privés et publics, mais aussi municipaux, régionaux et nationaux), voir Roché, 1999.

4. La loi date du 16 octobre 1997. Elle permet la prise en charge par l'État d'une très large part du coût des emplois.

5. Il reste qu'elle n'est pas encore une réalité à ce jour, et donc qu'il est prématuré de l'intégrer à la description des changements.

6. Couronne parisienne, grandes et moyennes villes du Centre et du Sud-Est.

7. Estèbe et Léon, 1999.

8. Les « métiers de la ville » ou les « agents urbains » s'installent dans le paysage social. En 1998, pour la première fois en France à notre connaissance, « un chargé de mission prévention des risques d'incivilités » est recruté (par le conseil général du territoire de Belfort). Cette personne serait chargée de conduire la politique départementale. La petite annonce en question a été publiée par *Le Monde* le 20 mai 1998.

9. C'est notamment le cas de Grenoble avec sa campagne d'affichage « T'as vu ta ville », dont la mairie a même fait un outil de communication au plan national. La commune de Saint-Herblain édite depuis plusieurs années *Le petit civil illustré* et le présente comme un outil de sensibilisation des plus jeunes. Au-delà, les publications municipales consacrant des dossiers aux incivilités sont légion.

10. Voir Rochette, Marchandet, 1996. À Saint-Martin-d'Hères, l'ensemble des bâtiments a été placé sous télésurveillance ; nous avons déjà décrit cette réalisation, Roché, 1998.

11. Dans le second degré, pour les 10 premiers mois de 2001, 30 % des incidents déclarés par les chefs d'établissement au ministère sont des violences physiques, et 80 % d'entre elles ont lieu dans la cour de récréation. *Le Monde*, 22 décembre 2001.

12. Chefs de projet de développement social urbain (pour coordonner différents acteurs sur un territoire), chef de projet thématique (sur un projet précis), chef de projet territorial, auxquels il faut ajouter les agents de développement qui opèrent à un niveau en dessous dans la hiérarchie (Dugué, Mouton, 1997 : 68-73).

13. Bien qu'ils n'aient pas d'autorité sur les autres services, pas de statut officiel, etc.

14. Dugué, Mouton, 1997.

15. Le terme évoquait une relation informelle, non professionnelle, uniquement liée à l'existence de contacts personnels avec le public des jeunes (De Maillard, 2001).

16. Le mouvement dépasse le champ de la sécurité : voir l'analyse de deux nouveaux métiers du stationnement, agent encaisseur à Dijon, agent d'accueil à Nantes où l'on voit également la combinaison des fonctions (Certu, 1999). Par ailleurs, les emplois-jeunes, nous l'avons rappelé, exigent ce genre de mélange pour ne pas entrer en concurrence avec les métiers existants. Ce point est en évolution.

17. En mars 2000, il est prévu de recruter deux mille techniciens et ouvriers de service. La CGT a reconnu que « la surveillance des couloirs et des locaux, au-delà de la loge de la concierge » peut « être considérée comme une nouvelle fonction » (*Le Monde*, 4 mars 2000).

18. De Maillard, 2001 : 13.

19. Des bailleurs ont également utilisé une association comme dans le projet Présence Plus à Vénissieux.

20. Éric Macé a noté comment, à la RATP, l'expérience des grands frères s'était heurtée à l'hostilité syndicale sur le point des formules d'embauches dérogatoires (Macé, 1999 : 87).

21. *Le Monde* du 5 juin 2001. Source : ministère de l'Emploi. Suivant la même source ministérielle, il y aurait eu 275 000 titulaires fin 2001. Ils ont coûté 175 milliards de francs, soit 6 fois le budget du ministère de la Justice.

22. D'après l'Association des maires des grandes villes de France, *Le Monde*, 13 octobre 1998.

23. Cité par *Le Monde*, 8 octobre 1998.

24. DARES, 1999.

25. CRDSU, 1999 : 2.

26. FESU, 1999 : 70. Il y a plusieurs cibles possibles pour un même agent, ce qui explique que les pourcentages ne somment pas à 100 %.

27. C'est la définition de Jacques Faget, 1998.

28. Ménard, 2000.

29. Les mêmes remarques pourraient être faites pour les chefs de projet qui, dans la politique de la ville, ne sont pas plus des « chefs » ayant une autorité et un pouvoir transversal.

30. Mouhanna, 1999 : 27.

31. Sciamma, 1999 : 83.

32. Payet, 1999 : 23.

33. Il donne les citations suivantes à propos d'une classe de troisième : « Ils crient, ils rotent, ils pètent ! Ils font des bruits d'animaux, ils se sont spécialisés, chaque élève fait un cri d'animal. »

34. Payet, 1999 : 23.

35. Payet, 1999 : 27.

36. Cette profession fait partie des « nouveaux métiers » de l'insertion qui consistent à concevoir un projet social collectif, à le mettre en œuvre et à le suivre.

37. Hughes parle de « sale boulot » dans la traduction française de ses travaux (1997 : 83), mais l'expression « travail méprisé » nous paraît plus appropriée.

38. Des formations émergent notamment sous le titre d'AMIS (agents de médiation information service, avec une option « agents urbains ») qui est en cours d'homologation par le ministère du Travail (voir *Villes et quartiers Rhône-Alpes*, n° 23, novembre 1997). Le premier diplôme créé fut le certificat d'aptitude professionnelle d'agent de médiation information service de l'AFPA (diplôme de niveau V), puis le CAP d'agent de médiation et de prévention (niveau VI) du GRETA. Un brevet d'État d'animateur technicien de l'éducation populaire (BATEP) agréé par le ministère de la Jeunesse et des Sports intitulé « Animation et médiation sociale » (niveau IV) est maintenant proposé par les écoles de travailleurs sociaux. Elles préparent au diplôme

de technicien en service de médiation (niveau IV). C'est l'esquisse d'une filière professionnelle (voir *Villes et quartiers Rhône-Alpes*, n° 47, octobre 2001).

39. Kirszbaum rapporte que la Confédération nationale des régies de quartier a publié un texte intitulé « Pour un cadrage éthique et méthodologique de la fonction des correspondants de nuit » (1998 : 87). Nous avons retrouvé pour la police municipale à Saint-Étienne la préparation d'un code de déontologie.

40. Une fois par mois, deux correspondants de nuit de chaque régie se rendent à Paris et travaillent sur les études concrètes de cas d'intervention (voir le document du CNLRQ intitulé *La professionnalisation des métiers de la médiation coproduite*). La Confédération nationale des régies de quartier définit ces métiers comme de restauration du lien social, d'action « en prévention dans le cadre plus large d'une mission de veille sociale » (CNLRQ, 1999 : 2-3).

41. Glassman, 1999 : 24-25.

42. Mouhanna, 1999 : 41.

43. Ainsi, au collège Gambetta, un appelé du contingent aidait à la surveillance de la récréation ; à la bibliothèque de Tarentaize, une médiatrice culturelle a été recrutée en CDD.

44. FESU, 1999 : 68.

45. *Ouest-France*, 7 novembre 1999.

46. *Le Monde*, 1-2 avril 2001.

47. Et ce par le fait d'un accord cadre passé avec les grandes entreprises, *Le Monde*, 23 mai 2000.

48. Cela ne prend pas en compte l'ensemble des emplois-jeunes liés à d'autres types de fonctions et laisse de côté les 120 aides éducateurs dans l'Éducation nationale de la maternelle au lycée.

49. Sur Toulon, voir *Le Monde*, 1-2 avril 2001.

50. Dans un échantillon lyonnais, sa durée varie de 8 jours à un mois suivant les communes et services (CRDSU, 1999 : 3).

51. L'idée n'est pas nouvelle. Déjà, en 1977, sont lancés les Pactes pour l'emploi des jeunes par Raymond Barre.

52. Wieviorka, 1999.

53. Kirzbaum, 1998 : 79.

54. Mouhanna, 1999 : 56.

55. Qui fonctionne dans le quartier depuis le début de l'année 1997.

56. De Maillard, 2001 : 20 et 25.

57. Kirszbaum, 1998 : 84.

58. Dartiguenave, 1999 : 32.

59. Kirszbaum, 1998 : 85.

60. Macé, 1998 : 18.

61. Dans un des deux cas étudiés, les municipaux ne sont d'ailleurs que trois ou quatre dans la commune couverte par le commissariat, qui est lui-même dans une commune voisine.

62. Ce point a évolué depuis la réalisation du terrain.

63. Mouhanna, 1999 : 14.

64. L'agent qui a eu l'école de police d'Orange comme cadre de formation initiale (2 mois) déplore que, avec le décret de 1994, le stage de tir obligatoire disparaisse de l'enseignement du Centre national de la fonction publique territoriale « où il n'y a que de la théorie ».

65. Des villes comme Dreux ont développé des moyens de communication communs aux deux polices avec le souci de les intégrer. Il y a là un choix politique qui repose sur la coopération entre l'Hôtel de ville et le commissariat.

66. Ce denier point est l'objet d'un changement partiel et progressif : la place croissante des municipalités et d'autres organisations comme les HLM et les transports génère de leur part la production d'informations statistiques qui font l'objet de troc dans les réunions.

67. De Maillard, 2001.

68. Alors même que ce nouveau service à Vénissieux est annoncé par les journaux d'information des locataires.

69. D'autres auteurs arrivent aux mêmes résultats à partir d'une analyse des actions grenobloises, Daran, Bouquin, 1997.

70. Faget, 1998 ; Wyvekens, 1995.

71. Begag, Rossini, 1999 : 94.

72. Sur l'école, voir Bonafé-Schmitt, 1997.

73. Glassman, 1999 : 3.

74. Mouhanna, 1999 : 24.

75. Il se félicitait du fait que, dans le métro, le nombre d'agressions contre les voyageurs et les agents, comme les vols à la tire, aient diminué fortement : « Ces résultats ont été obtenus grâce à la mise en œuvre d'actions assez massives puisque certains jours, près de 800 policiers en civil ou en tenue opéraient dans le métro ». Et, surtout, il annonçait : « Nous allons progressivement relayer ces actions par la mise en place d'une véritable police permanente du métro. » « Des policiers en civil seront présents sur certains trains de nuit, des brigades spécialement chargées d'assurer la sécurité dans les trains » (28 octobre 1976).

CONCLUSION :
Construire des règles d'hospitalité et limiter la délinquance

1. Centlivres, 1997.

2. Didier Peyrat, 2001 : 9.

3. Godbout, 1997 : 44.

4. Notamment sportifs, comme à Villefontaine où, passé 19 heures, ces bâtiments éclairés « attirent les jeunes comme des papillons », selon un responsable municipal. Or les jeunes qui pratiquent des « sports sauvages », c'est-à-dire en partie dans la rue et hors structure associative, n'y ont pas accès.

5. Gotman, 1997.

6. Joseph, 1997 : 134.

7. Roustang, 1997.

8. Cité par Jacques Bertail, 1998 : 78.

9. Éric Macé indique que les personnels de la RATP qui sécurisent le réseau « par la surveillance et la répression, peuvent, à leur tour, contribuer à alimenter la spirale des provocations et représailles, consacrant une image de la RATP doublement répressive (économiquement [par l'absence de tarification adaptée] et policièrement envers ses populations les plus captives) » (1997 : 487).

10. Tom Tyler, « Le respect des lois aux États-Unis : justice procédurale et sentiment d'équité », usinfo. state. gov/journals/itdhr/0701/ijdf/frtyler. htm.

11. Rutter, 1997 : 53.

12. Godbout, 1997 : 41.

13. Voir la mission du développement social et urbain de l'UNHLM, document de travail, janvier 2001.

14. *Le Point*, 13 septembre 1997.

15. Il serait logique que la police se batte pour forcer les organisations qui administrent des lieux à respecter la loi. La qualité des espaces dépend de la manière dont ils sont entretenus. Et les obligations des bailleurs, gestionnaires d'équipements, mairies ou organismes de transport public doivent être respectées.

RÉFÉRENCES BIBLIOGRAPHIQUES

ACKERMANN W., DULONG R., JEUDY H. P. (1983), *Imaginaires de l'insécurité*, Paris, Librairie des Méridiens.

ADAMKIEWICZ Éric (1998), Les performances sportives de rue, *Les Annales de la Recherche Urbaine*, 73 : 50-57.

ALDRICH H. (1976), Ressource dependence and interorganizational relations, *Administration and Society* : 7-4.

ANDERSON David (2001), « The stakes and prospects in EU police and judicial cooperation in criminal matters », Colloque de l'Association française de science politique « L'action publique en matière de sécurité intérieure : prévention et répression », jeudi et vendredi 19 octobre 2001.

ANDRÉ Christophe et LELORD François (1999), *L'Estime de soi*, Paris, Éditions Odile Jacob.

ANSELME Michel (1993), Le lien sécuritaire : mettre en ordre le désordre quotidien, *RIAC*, 30/70 : 29-38.

APAP Georges (1990), La conciliation pénale à Valence, *Revue de science criminelle*, juillet-septembre.

ARCHER Dane, GARDNER Rosemary (1984), *Violence and Crime in Cross-National Perspective*, London, Yale University Press.

ARENDT Hannah (1972), *La Crise de la culture*, Paris, Gallimard.

ARIÈS Ph. (1985), introduction in ARIÈS Ph., CHARTIER R. (sld) *Histoire de la vie privée*, Paris, Seuil (vol. 3).

BACHMANN C., LEGUENNEC N. (1996), *Violences urbaines*, Paris, Albin Michel.

BAILLEAU & GARIOUD (1991), L'insécurité, objet central des politiques locales : créer la ville, le cas d'une commune de banlieue parisienne, *Déviance et Société*, 15-3 : 329-338.

BALLION Robert (1997), Les difficultés des lycées vues à travers les transgressions, CHARLOT B. et ÉMIN J.-C. (sld.) *Violence à l'école, État des savoirs*, Paris, Armand Colin, p. 41-59.

BALLION Robert (2000), *Les Conduites déviantes des lycéens*, Paris, Hachette.

BARADEL V. (1992), Les relations entre les agents de station et les voyageurs. L'impact du sentiment d'insécurité sur l'implication professionnelle, rapport pour le département Environnement et sécurité de la RATP, Paris, document polycopié.

BARREYRE Jean-Yves (1992), *Les Loubards*, Paris, L'Harmattan.

BASSON Jean-Charles, SMITH Andy (1998), La socialisation par le sport : revers et contre-pied, *Les Annales de la Recherche Urbaine*, 73 : 33-39.
BECK Adrian et WILLIS Andrew (1995), *Crime and Security, Managing the risk to safe shopping*, Leicester, Perpetuity Press.
BECKER Howard (1985), *Outsiders*, Paris, Métaillié.
BEGAG Azouz, ROSSINI Reynald (1999), *Du bon usage de la distance chez les sauvageons*, Paris, Seuil.
BEGUE Laurent (2000), Attachements sociaux, croyances conventionnelles et délinquance, Rapport de recherche pour l'IHESI, Grenoble, Université Pierre Mendès France.
BELORGEY J.-M. (1991), *La Police au rapport*, Nancy, Presses universitaires de Nancy.
BENNET R. & BASIOTIS P. (1991), Structural correlates of Juvenile Property Crime : a Cross National, Time-Series Analysis, *Journal of Reseach in Crime and Delinquency*, 28 : 262-87.
BENNET R. (1991), Routine activities : a cross national assesment of a criminological perspective, *Social Forces* 70-1.
BENNET William J., DIIULIO John J. Jr., WALTERS John P. (1996), *Body Counts*, NY, Simon and Schuster.
BERLIOZ Gilbert (2001), *Évaluation du « dispositif 16-25 ans » mis en place dans le quartier Mermoz*, rapport pour le Centre social Mermoz, Comité de pilotage du dispositif 16-25 ans, Dubouchet et Berlioz Consultants, document polycopié.
BERTAIL Jacques (1998), *Incivilité, déviance et processus d'affiliation*, Lyon, mémoire pour le diplôme supérieur du travail social, sous la direction de Sebastian Roché.
BERTHUIT Frank, HATCHUEL Georges, LOISEL Jean-Pierre (1997), *Les Inquiétudes des Français de 1982 à 1996*, Paris, Credoc.
BIRBECK C. et LAFREE K. (1993), The situational analysis of crime and deviance, *Annual Review of Sociology*, 19.
BLAKELY Ye et SNYDER M. (1998), Forting up : gated communities in the US, *Journal of Achitectural and Planning Research*, 15-1 : 61-71.
BODY-GENDROT Sophie, LE GUENNEC Nicole, HERROU Michel (1998), *Mission sur les violences urbaines*, Paris, La Documentation française.
BONAFE-SCHMITT J.-P. (1992), *La Médiation : une justice douce*, Paris, Syros.
BONAFE-SCHMITT J.-P. (1997), *La Médiation scolaire*, in Charlot B. et Émin J. C. (éd.) *Violence à l'école, État des savoirs*, Paris, Armand Colin : 255-284.
BONNEMAISON Gilbert (1982), *Face à la délinquance : prévention, répression, solidarité*, Commission des maires sur la sécurité, rapport au Premier ministre, La Documentation française.
BORDET Joëlle (1998), *Les Jeunes de la cité*, Paris, PUF.
BOUCAUD Dominique, HAUDEBOURG Jean-François et LÉON Hervé (1993), Les clichés d'une insécurité ordinaire, analyse des pratiques et représentations sécuritaires dans la cité HLM des Dervallières à Nantes, AURES Nantes, rapport pour l'IHESI.
BOUDON Raymond (1995), *Le Juste, le vrai*, Paris, Fayard.
BOUZA T. (1997) NYPD Blues : Good, Lucky or Both ?, *Law Enforcement News*, vol. XXIII, n° 460, January 31, p. 8-9.
BRATTON William (1995), The New York City Police Department's Civil Enforcement of Quality of Life Crimes, *Journal of Law and Policy*, p. 447-464.
BRODEUR Jean-Paul (1997), La police en Amérique du Nord : modèles ou effets de mode, *Cahiers de la sécurité intérieure*, 28 : 171-184.
BUI-TRONG Lucienne (1993), L'insécurité des quartiers sensibles : une échelle d'évaluation, *Les Cahiers de la sécurité intérieure*, 14 (août-octobre) : 235-247.

BUI-TRONG Lucienne (2000), *Violences urbaines*, Paris, Bayard.

CARRAZ Roland, HYEST Jacques (1998), Une meilleure répartition des effectifs de la police et de la gendarmerie pour une meilleure sécurité publique, rapport au Premier ministre, document polycopié.

CASTAN Yves (1975), *Honnêteté et relations sociales en Languedoc, 1715-1780*, Paris, Plon.

CENTLIVRES Pierre (1997), *Hospitalité, État et naturalisation*, Communications, 65 : 99-108.

CERTU (1999), Deux nouveaux métiers du stationnement, agent encaisseur à Dijon, agent d'accueil à Nantes, Paris, ministère de l'Équipement et du Logement, Certu.

CHAMBOREDON Jean-Claude (1971), La délinquance juvénile, essai de construction d'objet, *Revue française de sociologie*, 12-3. Article reproduit en 1997 dans les *Cahiers de la sécurité intérieure*, 29 : 167-210.

CHAMBOREDON Jean-Claude, LEMAIRE Madeleine (1970), Proximité spatiale et distance sociale : les grands ensembles et leur peuplement, *Revue française de sociologie*, 11 : 3-33.

CHANTELAT Pascal, FODIMBI Michel, CAMY Jean (1998), Les groupes de jeunes sportifs dans la ville, *Les Annales de la recherche urbaine*, 73 : 41-49.

CHARBONNIER Claude (1994), Fabrication des règles de vie au collège, *Les Cahiers du développement social urbain*, 3 : 25-26.

CHARBONNIER Claude, REBUFFET Frank (2000), *Réconcilier les jeunes avec la loi*, Saint-Martin d'Hères, document synthèse polycopié.

CHARLOT B. et ÉMIN J.-C. (1997), *Violence à l'école, État des savoirs*, Paris, Armand Colin.

CHESNAIS J.-C. (1981), *Histoire de la violence en Occident de 1800 à nos jours*, Paris, Laffont.

CHEVALIER Louis (1978), *Classes laborieuses et classes dangereuses*, Paris, Hachette.

CHOFFEL Philippe (1996), Les conditions de vie dans les quartiers prioritaires de la politique de la ville, in PUMAIN Denise, GODARD Francis, *Données urbaines*, Paris, Anthropos, p. 123-133.

CHOQUET Marie et LEDOUX Sylvie (1994), *Adolescents, enquête nationale*, Paris, Inserm.

CLARKE R. (1980), Situational crime prevention : theory and practice, *British Journal of Criminology*, 20 : 136-47.

CNLRQ (1999), La professionnalisation des métiers de la médiation coproduite, correspondants de nuit, de proximité, de jour, de parking, de quartier, médiateurs urbains, éducateurs canins, AG du CNLRQ à Dourdan, 17 pages.

COHEN Albert (1955), *Delinquent Boys*, NY, The Free Press.

COHEN Le, FELSON M. (1979), Social change and crime rate trends : a routine activity approach, *American Sociological Review*, vol. 44 : 588-608.

COING H. (1966), Rénovation urbaine et changement social, l'ilôt numéro 4, Paris XIIIe, Paris, Les Éditions ouvrières.

COING H., MEUNIER C. (1980), *Insécurité urbaine : une arme pour le pouvoir ?*, Paris, Anthropos.

CONKLIN Je (1975), *The Impact of Crime*, NY, Mac Millan Publisher Co., Inc.

CORBIN Alain (1986), *Le Miasme et la Jonquille : l'odorat et l'imaginaire social, XVIIIe-XIXe siècles*, Paris, Flammarion.

CRDSU (1999), Groupe de travail agent local de médiation sociale, synthèse des réflexions et discussions, Lyon, CRDU, document polycopié.

CRENNER Emmanuelle (1996), Insécurité et sentiment d'insécurité, *Insee Première*, 501 (décembre).

CRENNER Emmanuelle (1998), Cadre de vie et sentiment d'insécurité, *Données urbaines* (volume 2), Paris, Anthropos – Économica.
CRENNER Emmanuelle (1999), Insécurité et préoccupations sécuritaires, *Données sociales*, Paris, Insee, p. 366-372.
CUSSON Maurice (1990), *Criminologie actuelle*, Paris, PUF.
CUSSON Maurice (1990), *Croissance et décroissance du crime*, Paris, PUF.
DAMON Julien (1999), Compte rendu de l'ouvrage de SKOGAN et HARTNETT, Community Policing, *Les Cahiers de la sécurité intérieure*, 35 : 213-215.
DAMON Julien (2000), Les incivilités, *Problèmes politiques et sociaux*, n° 836, Paris, La Documentation française.
DARAN Michèle, BOUQUIN Nadège (1997), *La Médiation sociale dans les quartiers*, Grenoble, Grefoss-IEP.
DARES (1999), *Les Emplois-jeunes, d'octobre 1997 à octobre 1998*, Paris, ministère de l'Emploi et de la Solidarité, Direction de l'animation de la recherche, des études et des statistiques.
DARTIGUENAVE Jean-Yves (1998), *Les Correspondants de nuit : vers un nouvel outil de gestion de la cohabitation résidentielle, synthèse de l'étude ;* recherche réalisée avec RÉTO Nathalie, PRIOU Nathalie, AUFFRAY Frédéric, Rennes, Lares, Université Rennes-II.
DE MAILLARD (2001), Les agents locaux de médiation sociale : vecteur de recomposition de l'action publique en matière de sécurité intérieure ?, synthèse d'une recherche, article non publié.
FAGET Jacques, DE MAILLARD Jacques (2000), La régulation locale des incivilités, in BAILLEAU Francis, GORGEON Catherine (éd.) *Prévention et sécurité*, Paris, Les éditions de la DIV.
DE SWAAN Abram (1988), *In Care of The State : Health Care, Education and Welfare in Europe and the USA in The Modern Era*, Cambridge, Polity Press.
DEBARBIEUX Éric (1997), Insécurité et clivages sociaux, *Les Annales de la recherche urbaine*, 75 : 43-50.
DEBARBIEUX Éric *et al.* (1999), *La Violence en milieu scolaire*, Paris, ESF éditeurs, volume 2.
DONNÉES SOCIALES (1993), *La Société française*, Paris, Insee.
DOWNS D. et ROCK P. (1988), *Understanding Deviance*, Oxford, Clarendon Press.
DUBET F. (1987), *La Galère*, Paris, Seuil.
DUBET F., LAPEYRONNIE D. (1992), *Les Quartiers d'exil*, Paris, Seuil.
DUBOUCHET L., ROCHÉ S., BERLIOZ G. (1998), *Diagnostic local de sécurité de la commune de Marseille*, Marseille, document ronéotypé pour la Mairie.
DUGUE Élisabeth, MOUTON Philippe (1997), *Le Développement social urbain : des qualifications en émergence*, Paris, CNFPT Éditions.
DUJOLS Dominique (1999), Des concepts à partager, *Habitat et Société*, 13, mars, p. 22-24.
DUPREZ D. et KOKOREFF M. (1997), Trafics de drogue et quartiers pauvres, cinquièmes journées de l'IFRESI, Lille, 23-24 mars.
EISNER Manuel (1995), Crime and Economy, proceedings of the 11 th Criminological Colloquium (1994), *Criminological Research*, vol. XXXII : 13-51.
ÉLIAS Norbert (1973), *La Civilisation des mœurs*, Paris, Calmann-Lévy.
ÉLIAS Norbert, SCOTSON John L. (1965), *The Established and the Outsiders*, London, Sage (traduction française : *Les Logiques de l'exclusion*, Paris, Fayard, 1997).
ESTÈBE Philippe, LÉON Hervé (1999), L'émergence des politiques locales de tranquillité publique, l'exemple des pays de Loire, *Les Cahiers de la sécurité intérieure*, 33-3 : 129-148.
FAGET Jacques (1998), *La Médiation : essai sur la politique pénale*, Paris, Érès.

FELKAY Michel (1998), *Traitement des nuisances en zones de cités urbaines*, juillet, document polycopié.

FESU (1999), *Profils, missions et perspectives des agents locaux de médiation sociale*, Paris, Forum français pour la sécurité urbaine.

FIELD Simon (1993), *Les tendances de la criminalité et leur interprétation, étude de la criminalité enregistrée en Angleterre et au Pays de Galles depuis la Seconde Guerre mondiale*, Paris, IHESI (traduction du rapport n° 119 pour le Home Office, 1990).

FORSE Michel, LANGLOIS Simon (1995), *Tendances comparées des sociétés post-industrielles*, Paris, PUF.

FOUCAULT Michel (1975), *Surveiller et punir*, Paris, Gallimard.

FOUR Pierre-Alain (1996), *Synthèse formation action GPTI*, Centre scientifique et technique du bâtiment, Saint-Martin-d'Hères, document polycopié.

FOX James Alan (1996), *Trends in Juvenile Violence*, Bureau of Justice Statistics, March.

GARFINKEL Harold (1967), *Studies in Ethnomethodology*, Engelwood Cliffs, Prentice Hall.

GLASSMAN Dominique (1999), *Les Aides éducateurs au sein des établissements scolaires*, Grenoble, CERAT.

GODBOUT Jacques T. (1997), Recevoir, c'est donner, *Communications*, 65 : 35-48.

GOFFMAN Erwing (1973), *La Mise en scène de la vie quotidienne*, Paris, Minuit.

GOTMAN Anne (1997), La question de l'hospitalité aujourd'hui, *Communications*, 65 : 5-18.

GRAHAM John & BOWLING Benjamin (1995), *Young people and crime*, London, Home Office.

GRAHAM John (1990), *Crime Prevention Strategies in Europe and North America*, Helsinki, HEUNI, 18.

GREENE Judith A. (1999), Zero Tolerance : A Case Study of police Practices in New york City, *Crime and Delinquency*, 2 (avril) : 171-187.

GREMY Jean-Paul (1996), La délinquance permet-elle d'expliquer le sentiment d'insécurité ?, *Les Cahiers de la sécurité intérieure*, 23-1 : 44-67.

GREMY Jean-Paul (2001), *Mesurer la délinquance à partir du témoignage des victimes*, Paris, IHESI.

GURR Ted Robert (1989), Historical Trends in Violent Crime : Europe and the United States, in Gurr T. R. (ed.) *Violence in America : the History of Crime*, Newbury Park, California, volume 1 : 21-54.

HABERMAS Jurgen (1978), *L'Espace public : archéologie de la publicité comme dimension constitutive de la société bourgeoise*, Paris, Payot.

HABERMAS Jurgen (1981), *Théorie de l'agir communicationnel*, Paris, Fayard.

HEAL Felicity (1990), *Hospitality in Early Modern England*, Oxford, Clarendon Press.

HERAULT Bruno, LAPEYRONNIE Didier (1998), Le Statut et l'identité. Les conflits sociaux et la protestation collective, *in* GALLAND Olivier, LEMEL Yannick (éd.), *La Nouvelle Société française*, Paris, Armand Colin : 181-212.

HINDELANG M., GOTTFREDSON M., GAROFALO J. (1978), *Victims of personnal Crime*, Cambridge, Ballinger.

HOGWOOD B. W. (1987), *From Crisis to Complacency : Shaping Public Policy in Britain*, Oxford, Oxford University Press.

HORTON C. & SMITH D. (1988), *Evaluating Police Work. An action Research Project*, London, Policy Studies Institute.

HORWITZ Allan V. (1990), *The Logic of Social Control*, NY, Plenum Press.

HOWARD Philipp (1994), *The Death of Common Sense*, NY, Warner Books.

HUET A. (1987), *Du résident à l'habitant : la conquête de la civilité*, document polycopié, Rennes, Lares, Université Rennes-II.

HUGHES E.-C. (1997), Le travail et le soi in CHAPOULIE J.-M. (éd.) *Le Regard sociologique, extraits choisis*, Paris, Éditions de L'EHESS : 75-85.

INGELHART Ronald (1993), *La Transition culturelle dans les sociétés industrielles avancées*, Paris, Economica.

INNES Martin (1999), An Iron Fist in an Iron Glove ? The Zero Tolerance Policing Debate, *The Howard Journal*, 38-4 : 397-410.

JAUFFRET Marie (1994), *La Perception des désordres par les adolescents*, Grenoble, mémoire pour le diplôme de l'IEP Grenoble, direction de S. Roché.

JAUME Lucien (1997), *L'Individu effacé ou le paradoxe du libéralisme français*, Paris, Fayard.

JOHNSTON Les (1996), What is Vigilantism, *British Journal of Criminology*, 36-2 : 220-236.

JOSEPH Isaac (1997), Prises, réserves, épreuves, *Communications*, 65 : 131-142.

KAES René (1963), *Vivre dans les grands ensembles*, Paris, Les Éditions ouvrières.

KARMEN A. (1996), What's Driving NY's Crime Rate Down ? Is Improved Policing Responsible for the Sharp Drop in Murder Rates ? *Law Enforcement News*, vol. XXII, n° 456, January 31, p. 8-10.

KARMEN A. (1998) (sld), *Crime And Justice in New York City*, NY, MacGraw-Hill Cie, Primis Custom Publishing.

KAUFMAN J. C. (1983), *La Vie HLM, usages et conflits*, Paris, Les Éditions ouvrières.

KELLING George (1999), Fixing Broken Windows, an Interview, *Law Enforcement News*, vol. XXII, n° 511-2, May 15/31 : 8-14.

KELLING George L. & COLES Catherine M. (1996), *Fixing Broken Windows, Restoring Order and Reducing Crime in Our Communities*, NY, The Free Press.

KHERFI Yarzid (2000), *Repris de justesse*, Paris, Syros.

KHIR Safia (1999), *HLM et incivilités*, Paris, IFMO – La conférence des acteurs de la ville : 37-52, document photocopié, extrait d'un mémoire de fin de stage professionnel.

KILLIAS Martin & *alii* (1995), *European Sourcebook of Crime and Criminal Justice Statistics*, Council of Europe, Draft Model version 9.

KILLIAS Martin (1988), *Vulnerability : towards a better understanding of a key variable in the genesis of fear of crime*, communication au congrès de l'Association internationale de criminologie, Hambourg.

KIRSZBAUM T. (1998), Correspondants de nuit, *Esprit*, mars-avril (À quoi sert le travail social ?).

KOKOREFF Michel (1991), Tags et zoulous, une nouvelle violence urbaine, *Esprit*, février.

LABORIT Henri (1970), *L'Agressivité détournée*, Paris, Éditions 10-18.

LAGRANGE Hugues (1998), La délinquance des mineurs et les violences, *Regards sur l'actualité*, juillet-août, p. 3-24.

LAGRANGE Hugues (2001), *De l'affrontement à l'esquive*, Paris, Syros.

LANE Roger (1989), On the Social Meaning of Homicide Trends in American Gurr T. R. (ed.) *Violence in America : the History of Crime*, Newbury Park, California, volume 1 : 55-79.

LARRIERE CARDOSO Daniel (1999), Vaincre la violence dans les transports urbains, *La Revue de la CFDT*, 19 : 34-38.

LE GALL Gérard (1994), Les Français et la sécurité, *L'État de l'Opinion*, Paris, Seuil.

LEPOUTRE David (1997), *Coeur de banlieue*, Paris, Éditions Odile Jacob.

LOTT John R. Jr. (1998), *More Guns, Less Crime : Understanding Crime and Gun Control Laws*, Chicago, Chicago University Press.

MACÉ Éric (1997), Service public et banlieues populaires : une coproduction de l'insécurité. Le cas du réseau bus de la RATP, *Sociologie du travail*, 4 : 473-498.

MACÉ Éric (1998), La médiation : paradigmes et référentiels des politiques publiques de sécurité, *Les Cahiers de la sécurité intérieure*, 33 : 7-20.

MACÉ Éric (1999), Face à l'insécurité, la médiation. Les Grands Frères de la RATP, in WIEVIORKA Michel (sld) *Violence en France*, Paris, Seuil, p. 77-115.

MAGRI Susanna (1993), Villes, quartiers : proximités et distances sociales dans l'habitat urbain, *Genèses*, 13 : 151-165.

MAGUIRE Ed (1999), How far has CJ Research come in 10 years, *Law Enforcement News*, June, p. 8-11.

MARTINAGE R. (1989), *Punir le crime*, Paris, L'Espace juridique.

MAUGER Gérard (1998), Bandes et valeurs de virilité, *Regards sur l'actualité*, juillet-août, p. 29-39.

MAXFIELD M. G. (1984), *Fear of crime in England and Wales*, London, Home Office Research Study, 78 : 15.

MAXFIELD M. G. (1987), Lifestyle and routine activity theories of crime : empirical studies of victimization, delinquency and offender decision making, *Journal of Quantitative Criminology*, 3-2 : 75-81.

MAYHEW Pat, ELLIOTT David, DOWDS Lizanne (1989), *The 1988 British Crime Survey*, Home Office Research Study, 111, London, HMSO.

MÉNARD François (2000), À propos des correspondants de nuit, *Sauvegarde de l'enfance*, 55-1 : 38-41.

MENDRAS Henri (1988), *La Seconde Révolution française*, Paris, Gallimard.

MERIEU P. (1996), Les violences à l'école et le déni pédagogique, *Le Monde*, 24 février.

MICHELAT Guy et SIMON Michel (1996), 1981-1995 : changements de société, changements d'opinion, in DUHAMEL Olivier, JAFFRE Jérôme, MECHET Philippe (sld), *L'État de l'Opinion*, Paris, Seuil.

MIDOL André (1995), *La Sécurité dans les espaces publics*, Paris, rapport pour l'IHESI.

MINISTÈRE DE L'INTÉRIEUR (1998), *Des Villes sûres pour des citoyens libres,* actes du colloque de Villepinte, Paris, Sirp.

MONJARDET Dominique (1996), *Ce que fait la police*, Paris, La Découverte.

MONJARDET Dominique (1999 a), Pour une police urbaine, une police de proximité, *La Revue de la CFDT*, 19 : 14-23.

MONJARDET Dominique (1999b), Réinventer la police urbaine. Le travail policier à la question dans les quartiers, *Les Annales de la recherche urbaine*, Paris, ministère de l'Équipement, des Transports et du Logement, 83-4 : 15-22.

MONTANDON Alain (1995), *Dictionnaire raisonné de la politesse et du savoir-vivre*, Paris, Seuil.

MOUHANNA Christian (1997), *Quelles évolutions pour la police de proximité ? L'exemple de Montfermeil*, 1991-19996, Paris, IHESI.

MOUHANNA Christian (1999), *Une Police de proximité judiciarisée : de l'îlotage au renseignement judiciaire*, Paris, CAFI-IHESI.

MULLER Pierre (1990), *Les Politiques publiques*, Paris, PUF.

NADAU Christophe (1995), *Fraude, tricherie et corruption*, L'État de l'opinion, Paris, Seuil, p. 213-230.

NEWMAN Oscar (1973), *Defensible Space*, NY, Macmillan.

NIGHTINGALE C. (1993), *On the Edge*, NY, Basic Books.

NOIRIEL Gérard (1988), *Le Creuset Français*, Paris, Seuil.

O'ROURKE Hugh E. (1999), Crime Reduction : All Credit To The Police ?, *Law Enforcement News*, vol. XXV, 522, novembre 1930, p. 12.

OGIEN Albert (1995), *Sociologie de la déviance*, Paris, Armand Colin.

PAUGAM Serge (1996), *L'Exclusion, l'état des savoirs*, Paris, La Découverte.

PAYET Jean-Paul (1992), Civilité et ethnicité dans les collèges de banlieue : enjeux, résistances et dérives d'une action scolaire territorialisés, *Revue française de pédagogie*, n° 101.

PAYET J.P. (1999), Le sale boulot, division morale du travail dans un collège en banlieue, *Les Annales de la recherche urbaine*, 75 : 19-31.

PERCHERON Annick (1989), Peut-on encore parler d'héritage politique en 1989 ?, *Idéologies, partis politiques et groupes sociaux*, études réunies par Yves Mény pour Georges Lavau, Paris, PFNSP.

PERONI Michel (1991), Témoignages d'insécurité, espace public et identité personnelle, *L'Homme et la société*, n° 119.

PEYRAT Didier (1999), Liberté, égalité, civilité, *La Gazette du Palais*, septembre, p. 15-22.

PEYREFITTE Alain (1977), *Réponses à la violence*, rapport du Comité d'études sur la violence, la criminalité et la délinquance présidée par Alain Peyrefitte, Paris, Presses Pocket.

PHARO Patrick (1985), *Le Civisme ordinaire*, Paris, Méridien.

PLAZAOLA J. (1999), *Recherche sur les stratégies de sûreté et d'ambiance dans les transports en public*, Via-GTI et Predit, Paris, document polycopié.

POPPER Karl (1973), *La Logique de la découverte scientifique*, Paris, Payot.

PRÉFECTURE DE POLICE DE PARIS (1998), *Contribution à l'élaboration du contrat local de sécurité de Paris, éléments de diagnostic de sécurité*, Paris, publié par la Préfecture de Police de Paris, 240 pages.

RAFFESTIN Claude (1997), Réinventer l'hospitalité, *Communications*, 65 : 165-178.

RIFFAULT Hélène (1994, sld), *Les Valeurs des Français*, Paris, PUF, p. 201-225.

ROCHÉ Sebastian (1990), *Le Commerce, les jeunes et la sécurité*, Grenoble, CODASE, Grenoble, CERAT, rapport pour le CODASE et le Conseil général, 25 pages.

ROCHÉ Sebastian (1991), Insécurité : incivilités, citoyenneté et ordre public, BERNARD Yvonne et SEGAUD Marion (éd.), *Habitat et sentiment d'insécurité*, Paris, éditions de l'Espace européen, p. 136-155.

ROCHÉ Sebastian (1993), *Le Sentiment d'insécurité*, Paris, PUF.

ROCHÉ Sebastian (1996), *La Société incivile*, Paris, Seuil.

ROCHÉ Sebastian (1998), Expliquer le sentiment d'insécurité : pression, exposition, vulnérabilité et acceptabilité, *RFSP*, vol. 48-2 : 274-305.

ROCHÉ Sebastian (1998), *Sociologie politique de l'insécurité*, Paris, PUF.

ROCHÉ Sebastian (2000), *La Délinquance des jeunes : les 13-19 ans racontent leurs délits*, Paris, Seuil.

ROCHÉ Sebastian (sld) avec BLATIER Catherine et FOUR Pierre-Alain (1995), *Incivilités et désordres dans le Val d'Oise*, rapport pour le ministère de la Justice (TGI de Pontoise), 60 pages.

ROCHÉ Sebastian, BOULE Sylvie (1998), *Sentiment d'insécurité, victimation et incivilités, une enquête quantitative dans la commune de Romans*, Grenoble, rapport d'enquête, CERAT-ville de Romans.

ROCHÉ Sebastian (sld) FOUR P.-A., BLATTIER C., COURTAUD P., GRASSET Y., POISBLAUD C. (1998), *La Loi et l'ordre social ou le problème des incivilités*, Grenoble, CERAT, rapport pour le GIP Droit et Justice et la DIV, 2 volumes (vol 1 : les professionnels de l'ordre en public, vol. 2 : les désordres urbains, une enquête quantitative dans la commune de Saint-Étienne).

ROCHÉ Sebastian, FOUR Pierre-Alain (1999), *Médiation et sécurité dans la commune de Vénissieux*, rapport pour la Mairie de Vénissieux, Grenoble, 36 pages.

ROCHÉ Sebastian, ASTOR Sandrine, IVALDI Gilles, TOURNIER Vincent (2000), Enquête sur la délinquance autodéclarée des jeunes, rapport final d'une recherche pour la Fondation MAIF, le ministère de l'Intérieur (IHESI), le ministère de la Justice (GIP Droit et Justice, PJJ), le Centre de prospective de la Gendarmerie nationale, la SEMITAG, Grenoble, CERAT, 125 pages.

ROCHÉ Sebastian, ASTOR Sandrine (2001), *La Délinquance des jeunes et les Transports en commun*, rapport final pour l'UTP.

ROCHÉ Sebastian, ASTOR Sandrine, BOULE Sylvie (2000), *Enquête sur la délinquance autorapportée des jeunes,* rapport final pour la Fondation MAIF, les ministères de la Justice, de l'Intérieur, de la Défense, la Semitag, CERAT, Grenoble.

ROCHÉ Sebastian, ASTOR Sandrine (2000), *Sentiment d'insécurité, victimation et incivilités. Évolutions 1998 – 2000.* Rapport d'étude pour la commune de Romans, CERAT, Grenoble.

ROCHÉ Sebastian et ASTOR Sandrine (2000), *L'Insécurité dans la commune de Romans. Analyse détaillée des enquêtes de 1998 et 2000.* Rapport d'étude pour la commune de Romans, CERAT, Grenoble.

ROCHETTE Bernard, MARCHANDET Éric (1996), *Technologies de communication et politiques municipales de sécurité*, Paris, ARIS rapport pour le PIR-villes et l'IHESI.

ROSANVALLON Pierre (1990), *L'État en France*, Paris, Seuil.

ROSANVALLON Pierre, FITOUSSI Jean-Paul (1996), *Le Nouvel Âge des inégalités*, Paris, Seuil.

ROUSTANG Guy (1997), Quartiers en difficulté et économie du rez-de-chaussée, *Urbanisme*, 297 (nov.-déc.) : 61-65.

RUSSELL Don, WARNER Bob (1995), Fairhill : city's Deadliest Turf in 1994, *Philadelphia Daily News*, January, 9 : 4-5.

RUTTER Michael *et alii* (1997), Heterogeneity of Antisocial Behavior : Causes, Continuities and Consequences, Wayne D. OSGOOD (ed.) *Motivation and Delinquency*, Nebraska Symposium on Motivation, Lincoln, University of Nebraska Press, p. 45-118.

SALVETTI Denise (1996), *Rapports bailleurs — locataires et sécurité urbaine*, IFMO, documentation du séminaire du 19 et 20 mars 1996.

SAMPSON Robert J., RAUDENBUSH Stephen W. (1999), Systematic Social Observation of Public Spaces : A New Look at Disorder in Urban Neighborhoods, *American Journal of Sociology*, 105-3 (nov) : 603-651.

SAMPSON R. & COHEN J. (1988), Deterrent effects of the police on crime : a replication and theoritical extension, *Law and Society Review*, 22 : 163-90.

SAUNDERS Peter (1981), *Social Theory and the Urban Question*, London, Unwin Hyman.

SCHWEISGUTH Étienne (1998), France : le mythe du néoconservatisme, *Futuribles*, janvier, p. 21-34.

SCIAMMA Gabriel (1999), Face aux violences dans les services au public : les groupes de parole, *Économie et Humanisme*, 351 (décembre) : 81-86.

SCIC (1995), *Banlieue de vie*, synthèse de l'étude faite par la SOFRES et le BIPE, rapport d'enquête.

SELLIN T., WOLFGANG M. E. (1964), *The Measurment of Delinquency*, NY, Wiley.

SENNET Richard (1979), *La Tyrannie de l'intimité*, Paris, Seuil.

SHERMAN Lawrence W., GOTTFREDSON Denise, MACKENZIE Doris (1996), *Preventing Crime : What Works, What Doesn't, What's Promising*, A Report To The United States Congress, Washington, the National Institute of Justice.

SILVERMAN Eli B. (1999), *NYPD Batles Crime, Innovative Strategies in Policing*, Boston, Northeastern University Press.
SIMULA Pierre (1999), *La Dynamique des emplois dans la sécurité*, Paris, IHESI.
SKOGAN Wesley G. (1990), *Disorder and Decline : Crime and the Spiral of Decay in American Neighborhoods*, NY, The Free Press.
SKOGAN Wesley G., HARTNETT Susan M. (1997), *Community Policing, Chicago Style*, NY, NY University Press
SMITH David J. (1995), *Crime Prevention, the National Picture*, communication donnée lors de la « Crime Concern Scotland Annual Conference », 25 May, 8 pages.
STARR Chauncey (1969), Social Benefit versus Technological Risk, *Science*, 165 : 1232-38.
STINCHCOMBE A., ADAMS R., HEIMER C., SCHEPELE K, SMITH T, TAYLOR G. (1980), *Crime and punishment : changing attitudes in America*, San Francisco, Washington, London, Jossey-Bass Publishers.
STOETZEL J. (1984), *Les Valeurs du temps présent*, Paris, PUF.
SVENDSEN J. et BLATTIER C. (1996), *Psychopathologie et modèles cognitivo-comportementaux*, Grenoble, PUG.
TAYLOR Charles (1992), *Le Malaise de la modernité*, Paris, Cerf.
TAYLOR R., GOTTFREDSON S. O., BROWER S. M. (1980), The Defensibility of Defensible Space, in HIRSCHI T., GOTTFREDSON K. (ed.) *Understanding Crime*, Beverly Hills, Sage.
TAYLOR Ralph (1997), in LAB Steven P. (ed.), *Crime Prevention at a Crossraods*, Cincinnati, OH, Anderson Publishing Co.
THÉRY Irène (1995), Vie privée et monde commun. Réflexions sur l'enlisement gestionnaire du droit, *Le Débat*, 85 : 137-154.
TILLIER Muriel (2001), *Bilan des missions de l'office public de la tranquillité du 22 mai 2000 au 30 septembre 2001*, Vénissieux, polycopié.
TOURAINE Alain (1992), Inégalités de la société industrielle, exclusion du marché.
AFFICHARD J., FOUCAUD J. B. (éds), Justice sociale et inégalités, Paris, *Esprit*.
TRIBALAT Michèle (1999), *Dreux, le malaise français*, Paris, Syros.
VAN DETH Jan (1997), Social Involvment and Democratic Politics, in VAN DETH Jan (ed.) *Private groups and public life*, London, Routledge.
VAN DIJK Jan J. M. (1991), More than a Matter of Security : Trends in Crime Prevention in Europe, in HEIDENSOHN Frances and FARRELL Martin (ed.) *Crime in Europe*, London, Routledge, p. 27-42.
VAN DIJK Jan J. M., MAYHEW Pat (1997), *Criminal Victimization in Eleven Industrialized Countries, Key findings of the 1996 International Crime Victims Survey*, Amsterdam, WOC.
VAN KESTEREN John, MAYHEW Pat, NIEUWBEERTA Paul (2001), *Criminal Victimisation in Seventeen Industrialised Countries; key findings from the 2000 International Crime Victims*, The Hague, Onderzoek en beleid, n° 187.
VIDAL-NAQUET Pierre (1998), *Médiations et Incivilités*, Lyon, CERPE.
VIGARELLO Georges (1985), *Le Sain et le malsain*, Paris, Seuil.
VILLECHAISE-DUPONT Agnès (1999), *Amère Banlieue : les gens des grands ensembles*, Paris, Grasset – *Le Monde*.
WACQUANT Loïc (1999), *Les Prisons de la misère*, Paris, Seuil.
WALSH B. (1997), Can Fixing Broken Windows Help Mend Cities, *Urban Environement Today*, 23 : 8-9.
WALTZER Michael (1983), *Spheres of Justice*, NY, Basic Books.
WEIGEL Hubert (1999) Caractériser et traiter les incivilités : quelle pertinence de l'intervention policière, *Cahiers du DSU* (mars), p. 22-23.
WIEVIORKA Michel (1997), *Une Société fragmentée*, Paris, La Découverte.
WIEVIORKA Michel (1999), *Violence en France*, Paris, Seuil.

WILSON J.Q., KELLING G. (1982), Broken Windows, *The Atlantic Monthly*, March, p. 29-38. Traduction (1994), Vitres cassées, *Les Cahiers de la sécurité intérieure*, 15 (1er trimestre) : 163-180.
WILSON James Q. (1985), *Thinking About Crime*, NY, Vintage Books Ed, 1re édition en 1975, révisée en 1983.
WOLFGANG M. E. et *alii* (1985), *The National Survey of Crime Severity*, Whashington, USDoJ, Bureau of Justice Statistic.
WOUTERS Cas (1977), Informalization and the civilizing process, in GLEICHMAN P. R. *et alii* (ed.), *Human Figurations : essays for Norbert Elias*, Amsterdam, Sociologish Tijdschrift.
WOUTERS Cas (1986), Formalization and Informalization : Changing Tension Balances in Civilizing Proces, *Theory, Culture, Society*, 3-2 : 1-18.
WYVEKENS Anne (1995), *Analyse de l'activité des maisons de justice et du droit du tribunal de grande instance de Lyon*, Montpellier, rapport de recherche.
WYVEKENS Anne (1995), Traitement de la délinquance urbaine dans les maisons de justice, *Justices*, 2 : 93-102.
YOUNG Jock (1999), *The Exclusive Society*, London, Sage.
ZAUBERMAN Renée (1998), Le gendarme comme juge, *Sociologie du travail*, XL-1 : 43-64.
ZIMBARDO P. (1970), The Human Choice. Individuation, Reason, and ordrer versus deindividuation, impulse and chaos, in ARNOLD W.J. et LEVINE D. (eds), *Nebraska Symposium on Motivation*, Lincoln, University of Nebraska Press, p. 237-307.

INDEX

TABLE

DU MÊME AUTEUR
CHEZ D'AUTRES ÉDITEURS

Le Sentiment d'insécurité, Paris, PUF, 1993.

Insécurité et Liberté, Paris, Seuil, 1994.

La Société incivile, Paris, Seuil, 1996.

Sociologie politique de l'insécurité : violences urbaines, inégalités et globalisation, Paris, PUF, 1998.

La Société d'hospitalité, Paris, Seuil, 2000.

La Délinquance des jeunes. Les 13-19 ans racontent leurs délits, Paris, Seuil, 2001.

Ouvrage proposé par Gérard Jorland
et publié sous sa responsabilité éditoriale

Cet ouvrage a été transcodé et mis en pages
chez Nord Compo (Villeneuve d'Ascq)
et achevé d'imprimer sur Roto-Page
par l'Imprimerie Floch (Mayenne)
en avril 2002

N° d'impression : 54066
N° d'édition : 7381-1100-X
Dépôt légal : avril 2002

Imprimé en France